▲作者與妻葉純惠在2000年除夕倒數計秒跨年到2001年，合照於澳洲黃金海岸。

▲1991年作者闔家歡照，作者（中右二，台大材研所教授）、妻葉純惠（中左二，台大教職員國畫班教師）；長子一民（後中，台大土木系畢）、長媳吳燕秋（中左一，台大商學系畢）；女兒嵐音（中右一，台大醫技系畢）、女婿徐和志（後右，台大醫學系畢）；幼子毅中（後左，台大材研所博士）。一家都是台大人。

▲1959年作者著海軍上尉軍服的結婚照。

▲1979年家庭照，前排為作者夫妻倆，這一年剛好子女大、中、小分別
畢業於大、中、小學；大兒子一民（後排中，畢業於台大）、女兒嵐音
（後排右，畢業於一女中）、小兒子毅中（後排左，畢業中山小學）。

▲作者兒女合照，由右至左為長子一民、女兒嵐音、幼兒毅中。欣欣251公車木柵到台北，不必轉車，男孩子可以讀建中、女孩子讀北一女，升大學可一起讀台大和台大醫學院，他（她）們都做到了。

▲作者（左二）與長子一民（右二）、孫女瑋芸（右一）、孫兒傑昇（左一）合攝於澳洲黃金海岸，瑋芸於2004年獲史丹福入學許可，今後將與爸爸、爺爺合組史丹福三代校友會。

▲1999年作者與妻純惠赴澳前，與女兒嵐音、兒子毅中兩家合攝於台北。

▲2000千禧年，純惠繪壽桃賀作者七秩壽。

▶一九八九年前總統李登輝（中）宴
請中科院同仁，與作者（右一）握
手留影，左一為兼院長郝柏村。

◀一九八四年兼院長郝柏村
至中科院材料研發中心視
導。

▶一九八七年作者與中科院
黃孝宗代院長合照。

▲1994年作者獲頒「中山文化學術著作獎」與妻子兒女合照於台北市中山南路國家圖書館。

▲1992年教師節與台大材研所全體受業門生及眷屬的謝師宴合影，其中已有25位獲國內外大學博士學位。

▲1999年李國鼎先生九秩晉三華誕合照。

▲1981年中央銀行總裁俞國華、副總裁郭婉容在中央印製廠合影。

▶ 1998年膺選澳洲國家科技暨工程學院（ATSE）外籍院士，在西澳伯斯受頒證書。

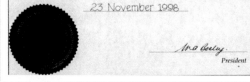

AUSTRALIAN ACADEMY OF
TECHNOLOGICAL SCIENCES
AND ENGINEERING

This is to certify that

Hsu Shu-en

was elected

a

FOREIGN FELLOW OF THE ACADEMY

on

23 November 1998

President

◀ 澳大利亞國家科技暨工程學院外籍院士（FTSE）證書。

材料也神奇

科技學者許樹恩的一生傳奇

許樹恩　著

歲月之河，綿延如大江流水，

人生，就只是如此，也不只是如此，

一如你我，在歷史長河中總有著不同的人生，

也或許在某個階段，有你最特別的回憶！

鄭 序

鄭兆輝

　　我這輩子從來沒有為一本書作過序，同學好友許樹恩兄寫自傳幾十萬字，書名《材料也神奇》，挽我作序，真有被打鴨子上架之感。推卸無方，祇有勉力為之。

　　許兄和我，於民國三十七年高中畢業後，投效海軍學工程。我倆同在平津區初試，同船往南京覆試，在上海海軍機械學校同班不同系。再遷到台灣，五年畢業後為海軍效力。他在服務多年，軍階升到少校後，又重拾書本，遠赴國外多年苦讀，終獲美國西北大學碩士，再獲史丹福大學博士學位。

　　他是我國第一位材料科學博士，回國後的許多年，的確是為國家作了不少事，也使我國在世界上材料科學領域裡佔有一席地位。這些事證，讀者可在其著作中看得到。最難能可貴的是，他忠愛國家，無論為軍官或從事公務或教職，均能恪守本份，對公事全力以赴，對自己則絕不私心自用，讀者也可在書中感覺的到。

　　承他看得起，這本《材料也神奇》完稿不久，即分章航郵寄給我，要我提修正意見，因為我對他的本行是門外漢，所以祇能在文辭上提出些修正，或在人物褒貶上提點意見，認為寫文章總應以厚道為好。每次他都回信來說：「照單全收」，倒使我汗顏不已，但也高興未負所託，替他做了些事。

　　因此，我對此書是已先睹為快了。此書真是使我學到了不少，也使我回憶和瞭解我們的國家，在抗日、國共內戰、經營台灣，以迄如今的歷史過程中的許多大事。

　　這本書雖說是許兄個人大半生的記錄，應也是時代的見證。應

是各層人士均可一讀的書，因為它深入淺出的說明了一些我們見所未見、聞所未聞的科學新知，也說了些很有深度的話和有趣的小故事。

我建議大家讀此書，不妨先讀第十五章「若有所失，若有所悟」，然後再從頭讀起，可收倒吃甘蔗之效。書在大家手中，可以看到內容。寫書人是什麼樣人，除了他在書中偶而自我介紹的以外，我來補充一些我對他的所知：

他是河北玉田人，北方人所稱的「老坦」，就是他們那邊人的統稱，代表忠厚、樸實、苦幹和執著。

他在北平上學，說一口京片子，口才一流，文字好，常識也豐富。

他吃過苦，高中時因戰亂原因，家中接濟斷絕，曾度過全以蕃茄充飢的日子。

他體胖，年青時小胖子，年長時依然。我所知他除游泳外，好像田徑、球類運動等都沒有他的份。

他的頭髮自然有波浪，很漂亮。但當年他怕人家說他愛時髦，多請理髮師將它燙平，現在大概是聽其自然了。

他到美國讀書時，已婚。年紀較大，又有家室之累，前後凡六年。孤身在外，和一群年輕人競相苦讀，其中滋味，他說非親身經歷無法得知。而純惠嫂待在台北帶三個孩子，當年時有帶小孩由台北乘公路局長途車至郊區某些地方，再又購票折返，以消磨長日之舉，其中辛苦，當亦是非身歷者不知也。

他在中央印製廠時，住公家官舍。離職的翌日，即將官舍、座車交還原單位。

他一門俊彥，一家五口，三位博士（他自己和兩個兒子），一位碩士（女兒），一位學士（他太太），真是難得。

他太太葉純惠在大學讀經濟，國文程度好，以後師邵幼軒習畫，甚有成就。她的奮鬥可譽為時代女傑，如果不是不幸患中風，

應是許兄寫自傳的好幫手。但書中作者自己說，就是因為太太病了，自己為照顧她才能處在一個安靜的環境中，也因此才興起了寫自傳的意念，也才有這本書的問世。有一次，她女兒嵐音帶兩個小外孫到澳洲看望她們，嵐音安排兩個小外孫在病榻旁，輪讀自傳初稿裡有外婆那一段，帶給她含淚的微笑。世間事有些真是環環相扣，真難料，真難說也！請大家祝福他們！

鄭以仲
二〇〇四年春於
美國馬利闌州銀泉市

自 序

許 樹 恩

　　醞釀寫自傳，時在2000年，退休後僑居澳洲昆省黃金海岸。最初，寫自傳的動機是十分消極的，只想將一生崎嶇坎坷的經歷，寫下留給子女看。動筆之前確實猶豫了許久，主要思考有沒有記載的價值。胡適先生曾經鼓勵人們寫自傳，他認為自傳是文學，但以一個既無文學修養，又非達官顯要，更無顯赫身世的小人物，居然也寫自傳，豈非大言不慚？

　　當2000年除夕，倒數計時的一刻，我發覺我們不但經歷了二十世紀跨越到二十一世紀，同時更從公元第二個一千年，進入第三個一千年。2001年第一秒、第一分、第一小時、第一天、第一個月、第一年，更有趣的也是第一週的星期一，真是一元復始，千載難逢，堪稱是一個新時代的到臨。當然與我同時一起度過這一瞬間的世人何止十億？但如果再將時空倒錯，將一生蹈履過曲折的旅程一併記錄，有類似經驗的人則確屬絕無僅有。

　　待自傳全部脫稿後，自己檢閱全文時，彷彿又進入時空隧道，察覺自己穿越的曲徑，竟是如是的艱辛。

　　在成長的過程，一面求生、一面求知，活像一隻有預感的小老鼠，總是在遇有重大災難前逃離鼠窩，到處流竄，不同於鼠類的是，能在流竄的環境中，求生亦求知。所以我在不同的機緣下，讀過鄉立、縣立、省立、市立、國立、公立、私立、國防立、國外立的學校，其中包括從未聽聞的訓練班，也包括舉世首屈一指的研究院。

　　在貢獻給社會的工作舞台上，又頗像是四川劇的「變臉」戲，我曾扮演過多種角色。我曾是軍人、文人、工程師、總經理、科學

家、發明人、大學教授，以及研發主管。所從事的工作，有些十分怪異，有些相當不調和，譬如我當過艦上政工官，也做過海軍工程師；我曾主持印鈔票，也曾主持做飛彈；我曾主導科技研發，同時又是國內外大學教授；我曾扮演過搞笑的小丑，我卻又膺選為外國國家科技學院外籍院士。

　　一生奔波活動的空間，曾遊走中國大江南北、台海東西兩岸，世界歐亞美洲、地球南北兩半。在這錯綜複雜時空交錯的演變中，無形中把我塑成一種多重的性格，難怪有位同事老先生說我性格不南不北，意指亦南（方）亦北（方）。其實我豈止是不南不北，也不東不西、不上不下、不古不今。而難能可貴的是環境並未將我磨蝕成一個圓滑、鄉愿、四海和模稜兩可的性格，反而令我成為一種堅韌、執著、不服輸、不信邪、反傳統、逆潮流，甚至不按牌理出牌的人。自傳中有兩件事例說明我引以自傲的經驗：其一是以我獨創「愚公移山」的精神，來克服國防材料科技的困境，「什麼都想做，什麼都不會做，怎麼辦？去讀書！」終於在無外援，買不到的國際政治環境下，奠定了多項自主國防的科技基礎（參閱本書第十章）；其二是完全以本土的資源和國內的研究環境，進軍國際學術社會，居然能在最尖端的科技問題上，與世界級學術團體一較長短（參閱本書第十三章）。只此兩端，本自傳堪為青年學子以及他們的家長，引為借鏡。

　　檢討我這一生，曾遭遇兩大重要轉捩點。一為意外地與材料結了不解緣；二為退休後遠泊澳洲寫自傳。而自傳仍以材料為主軸，並給自傳命名為《材料也神奇》。

　　在自傳最後一章中，寫出了我領悟到的一些材料與物理、材料與人生，以及材料與自傳間的哲理。從材料與物理的關係中，延伸「能與變率」關係式，擬議「物質波」、「電磁波」與「意識波」的新概念。從材料與人生的關係中，把「材料」擴大為廣義範疇，

包括生物、非生物、人，以及有生命的活材料。再以數位概念論及奈米材料和奈米生物科技，而引至任何物種獨有的密碼DNA。人的思想和作為是靠意識波在腦細胞內激盪所產生的能量變化，所以人腦死了，人就由活材料變為死材料，除了能精確自行複製DNA外，一切人在生前的功名、成就、財富、計畫等均隨之與其隔絕。寫自傳就是在人死之前，在人體以外的材料上留下記號，所謂給歷史留點記錄。

這樣看起來，寫自傳是有其積極意義的，而照顧療養中的愛妻純惠正好是我寫自傳的原動力。本自傳全部電腦打字由女兒嵐音一手完成，電腦技藝則由幼子毅中傳授。他在台大讀博士時，我的角色亦師亦父，而老來學電腦，他卻成為我的亦師亦子。

提起「材料」，一般觀感都認為是身外之「物」，像是木頭、石頭，為與文雅、靈性相對應的實體。即使進入現代社會，當材料科學和材料工程成為現代科技的硬體，依然與人文、或文藝不相調和。如果以材料為題材寫自傳，不僅怪異而且聞所未聞。胡適說「自傳是文學」，但文學總非科學。如今妄想將材料科技以自傳方式出版，可能難為出版社所接受，更殊難認同於一般傳記文學之出版風格，復加上第十五章純科學論述以西式橫寫為主，一直恐於傳統出版有實際困難。此時再度觸動我「反傳統」的想法，一切DIY自己來的執拗思維，何不自撰、自編、自排、自製成完整光碟，伺機自費出版？我預期在我死後，自傳或成為暢銷書。

然而就在這自傳撰寫已完成，而苦於難以傳統方式出版的時刻，忽然在報紙上看到「隨需出版」（Books On Demand, BOD）的消息，經與兼營出版社的秀威資訊科技公司連繫，認為本書合於隨需出版原則，雙方合作出版應無問題。難能可貴的是秀威公司協理李坤城先生，他獨具慧眼，他認為自傳內容有出版之價值與意義，若以BOD少量出版殊為可惜。他慨然承諾，依BOD出版方式對

作者優惠，而以傳統出版大量印刷發行。他並發揮他的敬業精神和
專業智能，將文稿重新潤飾妥為編排，得使自傳以嶄新面貌與國人
見面。我並接受李協理的建議，將第十五章純以科學論述的部分，
闢為第十六章，並以「材料也神奇」為本章之內容。爾後，我倆密
切配合相關編輯事宜，相信此書出版後，將令讀者覺得非常值得一
讀，並開卷有益。自傳之能以傳統方式出版，對我來說，不締是另
一個奇蹟。

撰寫于澳洲、昆省、黃金海岸

2004年4月17日

〔適為純惠兩年前中風住院日〕

目次

鄭　　序　　　　　　　　　　　　　　　　　　3

自　　序　　　　　　　　　　　　　　　　　　7

第 一 章　我的家世與家庭　　　　　　　　　15

　　　　童年的時與空 / 海峽這一邊的家庭

第 二 章　年少求學的坎坷歷程　　　　　　　29

　　　　玉田縣立沽小 / 鄉村車禍，大難不死 / 河北省立唐中 /
　　　　北平市立九中與匯文中學 / 國立北平高工

第 三 章　考入海軍機械學校　　　　　　　　49

　　　　平津區初試 / 南京複試 / 上海入學和入伍 / 南遷馬尾 /
　　　　崑崙艦歷險記 / 海軍機校在馬尾 / 從馬尾、馬公到左營
　　　　/ 白色恐怖 / 機校教育在左營 / 機校生活片段和張天心
　　　　先生 / 機校五年竟無學位 / 海軍機校的崛起與消失

第 四 章　機校畢業後的國內外短期訓練　　　79

　　　　畢業海上見習去日本 / 軍援出國受訓──水雷維修保養
　　　　及教官訓練 / 珍珠港光儀修護工廠實習 / 軍官外語學校
　　　　留美儲訓班 / 國內研究所進修補習班

第 五 章　軍事學校畢業生當棋子的日子　　　95

　　　　棋子與種籽 / 主編「海軍機械」月刊和奇人伍法岳 /
　　　　信陽軍艦政工官 / 水雷場大火 / 人事官軼聞

第 六 章　考取國防科技獎學金和留美西北大學　111

　　　　國防科技中山獎學金 / 中年留學的特色 / 西北大學簡介

/ 材料科學研究所 / 獲頒西北碩士學位 / 留學生生活情趣 / 風雲際會定期返國 / 籌備中山科學研究院 / 兩件特殊第一手資料

第 七 章　史丹福大學讀博士　　　139

至史丹福大學的機運與世局 / 史丹福概況 / 材料科學暨工程研究所 / 留學生活情趣 / 博士學位與校友會

第 八 章　中山科學院造飛彈　　　163

中科院即景 / 太空世紀與航太材料 / 任務導向與重點突破 / 中央銀行徵調函

第 九 章　異類的經歷—印鈔票　　　181

中央印製廠總經理 / 安全維護下馬威 / 印製生涯二千天 / 技援沙國，G to G到P to P / 印鈔經驗愛與憎

第 十 章　重返中山科學研究院　　　217

返院經緯 / 成立「材料研發中心」的辛酸 / 材料科技如愚公移山 / 材料研發成功因素

第十一章　飛彈重振雄風與航太工業　　　245

雄風飛彈發展經過 / 客串雄風神醫，妙手回春 / 專業中心對主計畫的貢獻 / 材料過程與航太工業 / 航太工程學會 / 航太工業發展委員會（CASID）

第十二章　一九八八年前後的中山科學院　　　269

全盛時期的巔峰 / 巔峰過後的瘦身 / 材料研發中心揚名中外 / 材發中心十周年慶 / 升格為材料暨光電研究所 / 張憲義舉家叛逃 / 中科院、核研所劃清界線 / 對國家核能發展的影響 / 中科院三十年的中流砥柱 / 李登輝時代的中科院

第十三章　台大教授二十六年和材料科學學術鑽研　291

台大、中科院合聘制度 / 台大機研所專任教授 / 台大材研所兼任教授 / 學術研究涉獵領域 / 成立中國材料科學學會 / 材料科技與國防和國家重點科技 / 中國近代科技之父──李國鼎先生 / 我的學術耕耘與收穫 / 創新材料合成技術 / 研究興趣大轉移 / 夏克萊的故事

第十四章　數十萬里，海外遊蹤　329

新南威爾斯大學榮譽客座教授 / 香港科技大學訪問教授 / 學術會議重回故土 / 膺選澳洲國家科技暨工程學院外籍院士 / 空中飛人趣聞拾遺

第十五章　若有所失，若有所悟　343

人生逆旅 / 與材料結了不解緣 / 移居澳洲退休安養與照顧愛妻 / 澳洲的醫保和社福 / 寫自傳的經緯和原動力

第十六章　材料也神奇　355

材料科學與物理 / 材料探源 / 奈米的世界 / 材料與人生 / 材料對未來世界的影響 / 究竟人腦是如何工作的呢？ / 超意識、超自然、暗能與神

附錄一　作者歷年在國際學術學刊發表之論文篇名　395
附錄二　許樹恩年譜　409

第一章　我的家世與家庭

　　西元1928年，龍年，農曆八月二十九日，我誕生在中國大陸河北省玉田縣許家橋村。

　　玉田縣位於冀東的中心地帶，北臨燕山、南向渤海、東至山海關、西達北京城，自古屬燕趙古國，宋、元、明以還，是遼、金、蒙、漢爭戰的地盤，滿清入關，明代覆亡，冀東是主要戰場，豐（豐潤）、玉（玉田）、遵（遵化）成為京畿腹地，因而清東陵都建在遵化境內。民國初年，軍閥割據，北洋軍閥的吳（佩孚）奉（張作霖）戰爭，冀東還是爭奪要地。日寇入侵，八年抗戰，冀東則淪陷了八年；日軍在關外建立了偽滿政權，在關內第一個垂涎窺伺的獵物，就是冀東。這樣一塊既肥沃又落後的土地，很自然的變成共產革命的溫床。所以早在日本鐵蹄踐踏前，武裝的八路軍和便衣的共產黨，已在這塊土地上，有計畫的育種與插秧。抗戰勝利後，國府的兵力無暇也無力推展到華北，只有限度地控制了點與線；而共產黨則接收了日寇與敵偽的質與面，解放後，舉凡試驗性的共產制度實施手段，如清算、鬥爭、三反、五反、土改、十年文革等等，無一不在冀東實驗與實踐。

　　中國北方農村，本來就是一個自我封閉、文化落後的社會，加上文革十年的教育真空，將冀東造成一個文盲的世界。連年的戰亂以及一些人為災害之外，隨著又發生一連串的自然災害—水災、旱災、蝗災、冰雹災，都是我親眼見過的，而1976年歷史上有名的「唐山大地震」，死亡二十四萬人，其中包括我的親人，竟也發生在冀東。原來「唐山」只是個代表性的地理名詞，唐山市下面的開灤煤礦，礦坑道縱橫蔓延數百公里，家鄉玉田縣距唐山三十餘公

里，正是地震斷層的震央所在。在這樣一個天怒人怨的世界裡，能
夠平安的活過來，真是僥倖。

童年的時與空

許家橋是玉田縣境內，「還鄉河」中游西畔的一個小農村。
還鄉河由北流向南，經村東轉向西。在平時，河面僅三、四十公
尺寬，但在漲水時，可達三百公尺，全靠兩岸的河堤（北方稱「河
埝」）來堰護。河堤距水面高約八公尺，堤頂寬約二公尺，河堤由
南北轉而東西，轉彎處建有木橋。全村住戶都姓「許」，故因有橋
而將村命名為「許家橋」。那裡，有我憧憬的童年家園。

北方農村的建築，大多是茅草屋頂，土坯磚牆，四邊環以高樑
櫛籬笆，偶有磚牆瓦頂的四合院，多半代表著家境與經濟的差異。
記憶中，我的家庭相當特殊，是一片青磚灰瓦建起的建築群，縱
深有六重南北向的正房，間隔著不少東西向的廂房，橫寬則為四幢
正房並列。圍在四角建有兩層崗樓的圍牆，向南最前面的四幢，各
置對開的鐵門。鐵門外建有月台，中間的一幢，門前佈有一對L形
的「上馬石」，是供人上下馬之用。顯然在清朝時，院裡有人做過
官。這一大棟像是堡壘的宅院，村民稱之為「許家大院」，從河埝
上眺望，鱗次櫛比，確很壯觀。我的童年，就在大院東側靠南的一
棟中度過。

顯然，大院的內外非常不協調，不只是生活環境的懸殊，連
思想、志趣都有相當大的差距。院裡的人似乎仍然承襲著遜清時
代的傳統思維，所謂「書香門第」只要「忠厚傳家，詩書繼世」就
好，傳承祖宗留下來的產業和土地，不事生產，相信書中自有黃金
屋。好的方面來說，先天有一付書卷氣，但壞的方面，往往養成一
些「驕奢淫逸」公子哥兒的壞習性，甚或有吸毒納妾的敗類出現。
相對地，院外的人，仍持日出而作、日沒而息的勤儉美德，但始

終浸淫於這樣的民俗與鄉土氣氛下，過著保守與封閉的生活。畢竟自耕農是少數，大多數是佃農，他們一年辛勤的收入，大部分錢糧要納給院內不事生產的人，本來就不盡情理，自然成為無產階級革命的種因。但是突然間讓窮人翻身，去把院內的人掃地出門揪出來殺掉，卻也非善良的老百姓所能做到。所以中國共產黨必須建立「仇」與「恨」的「造反有理」的觀念，破除一切「親情」、「仁愛」、「忠孝」、「慈愛」、「仁厚」……等封建思想，這些都交由兒童團、共青團、紅衛兵來執行。先經除四舊開始，跟著鬥爭，對象是雙親、是同胞、是一向受尊重的老師。於是，一陣腥風血雨的流血鬥爭，隨著幾年日本鬼子的蹂躪屠殺之後而展開了。尤有甚者，把院內的幼小列為黑五類，黑五類是無資格受教育的。舊封建的朝代，有所謂的「株連九族」，都比不上新封建時代的「株連子孫」來得更徹底。

　　祖父祥墀公，是清代的人，兄弟四人，族系各稱「仁和堂」、「義和堂」、「禮和堂」及「智和堂」。他們合建了「許家大院」，分別居住在四列大院、猶記得很多正屋中堂懸有科舉中第的匾額。祖父居長，為「仁和堂」大家長。三位祖母共育七男九女，父親（諱元龍字季高）行七，是父儕輩中最小的一個。中國舊社會中，一個長幼懸殊的家庭，輩份稱謂十分好笑。所謂「長門轉小輩」，意指長門的長子，很可能比幼弟大很多。譬如我大伯父的兒子（我的堂兄）比我父親人二十多歲，堂兄的兒了又比我大十幾歲，這樣一來，在大院內喚我作「爺爺」的小孩很多，但一出大院，很多村裡的小孩，則要換我喚他們為「爺爺」或「太爺」。

　　僅「仁和堂」一系，就是很龐大的家族，大院內容不下後，只有向外發展。六伯父就在村西蓋了一幢三重正房，含有兩個四合院的磚瓦房。早在我出生前，清末民初時，這個大家庭就分了家。分家是分祖產、分田地也分女眷。分家，女性是沒有份的，出閣後，

分派給不同的兄弟聯繫與照顧。父親行七,分家時他只有十幾歲,也均分得幾百畝地和照顧八姑、九姑,以及分得大院內最靠東側一列南端的二重正房,中間夾著兩個只有東廂房的四合院。後來,父親將大門改成可以讓馬車進入的鐵皮門,在第一個四合院內,東廂房可以飼養騾馬。父親因為年紀小,分家幾年後就成了家,娶了比他大六歲的母親(許果士文),母親的娘家在僅數里之外的定府莊。記憶中,家中掛有外祖父畫的山水畫,想來,它是位擅於畫國畫的紳商。我小時候,外祖父和二個舅舅(果士哲、果士良)分別在天津和窩洛沽鎮經營薑售農產和小型錢莊,我在外讀書的經濟來源都是經由他們的手。

父母育我兄弟三人,我居長,二弟盛恩、三弟慶恩分別幼我三歲和七歲。雖然在我十二歲離家住校前(1940年),已有多次舉家逃難的記憶,但年少不知愁滋味,猶記只要一家五口在一起的時候,那是一個非常溫馨和睦的家庭。父親出生在清末,但成長在民初,仍然他先天承襲著大院內的傳統思維和私塾教育,但他也在民初受過新時代的教育,曾在省立遵化中學讀書,後因照顧家庭而中輟,所以他勇於脫掉士大夫型的外衣,走出大院和院外勞動者農民鄉親共同耕耘,他將大門改裝為可讓騾車進出的門,四合院內可曬穀糧,並購置一些手動農產加工機械,因為鄉下沒有電動力,他裝置腳動飛輪棉花軋籽機,賣棉絮來增加棉花的附加價值,並逐年增加自耕的面積以減少收佃農餘糧的比例。他既慷慨又仁厚,不久,就受到村里及外鄉的尊重。而這樣一位肯自我改造又心地善良的人,卻正是日本鬼子和共產黨雙重迫害的對象,所以父親在1944年,也就是日寇投降的前一年,竟被冠以地主、善霸等莫須有的罪名,與大院內俊英、俊傑、俊哲四位祖姪同時被害了。

父親被害時,我十六歲,正在唐山中學讀初二,初時只是震驚了鄉里,母親帶著我和兩個幼弟,悽慘之情可想而知。及至次年日本

投降後，共產黨由地下轉至地上，冀東地區正式成為解放區，隨之清算、鬥爭、土改、三反、五反……。大院內的人，首當其衝，母親被掃地出門，過著乞討的日子。那時，我在北平，自然經濟支援也斷了線，過去一向大門不出、二門不邁的母親，最後想到把二弟送到北平找我，希望舅舅對我倆有個照應。她一個人帶著幼小的三弟，過著非人的生活。她哪裡知道舅舅家也自顧不暇，未能給我們絲毫的幫助。更讓她錐心刺骨的，倒不是她所受的痛苦，而是她掛念的大兒子怎麼活著？或者死了？尤有甚者，是傳來說老大當了「國特」（國民黨軍隊的通稱），這更增加了她黑五類的罪惡，不久，就在貧病交迫下過世了。為人子者，一世未對雙親盡任何孝道，反而讓她受活罪，真是罪過，念及此，刻骨銘心之痛，難以自己。

　　讀歷史，有時像翻書一樣，一不留神，五十頁掀過去了，也像看電視，情節進展，常出現「多少年後」……。

　　「五十年後」的1994年，當我已自文職退休，最急迫期待的是回老家看看，雖已得知母親過世多年，但總盼望有一天能到它的墳前祭拜，尤其是再看看兒時長大的城堡大院，院內的人已被掃地出門，那麼，究竟院內現在住著什麼人？1994年9月底，終於有個在北京出席國際學術會議的機會，得以成行。我約了在美國就業的大兒子一民，也通知家鄉僅存的三弟慶恩，以及前國立北平高工時的摯友魯錡先生，借用他的座車及司機，一起返鄉。去京東，經通縣去薊縣、玉田的公路非常平坦，兩側或楊樹或楊柳，整齊美觀。但至玉田縣城，轉入南下鄉道，則景象轉變，或許是時令暮秋，正是秋後收割的景象，看著家鄉的大地，怎會一片蕭穆淒涼？觸目所及，黃土、黃橋、黃屋、黃堤，一片黃，到了三弟的黃磚屋之後，第一件事是找尋母親的墳墓，和走上河埝，看一看夢中兒時的「許家大院」。

　　天哪！那裡還有什麼「許家大院」，原來整座大院早在清算鬥爭之後徹底剷平了。是藉口防止「還鄉河」氾濫的水利工程，

將原來由北向南，再由南轉西的河道，截彎取直，而將西岸河堤西移五百公尺。這樣一來，許家大院悉數剷平，埋在河床下，真正所謂「滄海桑田」、「十年河東，十年河西」，這真是配合水利工程，剷除封建餘燼的偉大傑作。觸景傷情，我不禁雙目低垂、潸然淚下。揉了揉鼻子，跟著姪兒們找尋母親的墳墓和兒時記憶中祖先的墳地。但，那裡還有墳地？墳地早被挖掘填平，改為農地，沿堤埝內側一片較突起的黃土堆，姪兒說奶奶就埋在附近，當時，真想跪拜下去，心裡嗔怨兩個弟弟，怎麼母親的墳墓都不顧？但隨即抑制自己，自己不能克盡孝道，侍奉老母，又有什麼資格責怪弟弟？何況隨著人禍而來的，是史上有名的天災──「唐山大地震」。

走遍大江南北，海峽兩岸，還很難見到像家鄉這樣人禍加天災的苦難世界。唐山大地震，死難二十四萬人，其中包括我的二弟盛恩，他是地震屋塌受傷無藥救治而死亡。當時村中房屋無論瓦房磚房，百分之百倒塌，愈是瓦屋，死傷愈重。「許家大院」那時早已剷平填在河床下，不然更會寸瓦無存。六伯父一家曾因大院內人滿為患，在村西自建了那幢瓦房，被掃地出門後，遷進去七家新房客，地震後，僅此一宅就挖出二十一具屍體。雖經多年的復建，待我返鄉時，仍殘留災後景象，那裡還有童年印象中「許家橋」的影子。想及此，當時活著的人自顧都不暇，那還有人顧念死者的墳墓？

二弟死難後，不識字的二弟妹，帶大四個兒女。我返鄉時，四個姪兒帶著他（她）們的家人一齊來迎我。不知是「人民政府」蓄意的令黑五類下一代不准讀書，還是「十年文革」教育斷層的結果，以致二弟的孩子們每個都是文盲，惡性循環，文盲的子女更難有機會受教育。當我與一民返鄉時，看到一群大小文盲用呆癡的眼光看著我們，我們像是另一個世界來的外星人，我感到一陣酸楚。

　　三弟慶恩是家鄉劫後餘生的倖存者，他幼我七歲，我離家住校時，他僅五歲，我1994年返鄉時，他已六十歲，但看起來比我蒼老很多。他已是退休的中學教員，文革前，他讀什麼學校，我不清楚，但他能教中學，卻也難得。既為老師退休，可領月退休俸而不配田，收入並不低於農民。據說我也配有農地和房舍，返家時，我就住在新建的一幢。多難的家鄉，在解放初期，如果有家人在海外或台灣，則此人不是被指為「國特」，也是「大毒草」，避之唯恐不及，誰敢承認那關係是事實。但時代改變了，自「小平同志」執政後，實施開放政策，與在台灣的國府關係也漸漸冰溶，兩岸可以通訊及探親。自1980年以後，我每年可以透過在美讀書的一民寄些美金回家，他們收到美帝的美鈔，不但可以懸殊比例換人民幣，還可以領到等值的「外匯券」，此券可以買到一般人民買不到的物資。這樣一來，過去在台灣的國特，或在美國的大毒草，搖身一變都成了「財神爺」或「救星」。

　　1980年左右，三弟已有個女兒曉麗，依照人民政府人口政策，一家只准生一個孩子，並且執行十分嚴格，甚至強制墮胎。但當時，三弟他們第二個孩子即將臨盆，而且是個兒子，在重男輕女的鄉村社會裡，這是個多麼重大的祈望！後來，他找到在北京的我的好友，設法疏通，加上我自美國匯去五百美元的代價，終於保住了這條小命，三弟給他命名「大為」。這一事實說明中國大陸上是「生命有價」而非「生命無價」。現在，這兩個孩子，在我的資助下，正受著良好的教育，也靠他倆資賦不錯，目前，曉麗以相當優異的成績畢業於石家莊河北科技大學電機系，並可望於十月份拿到電機及管理雙學位，她已經為家鄉一電子公司所羅致；但是大為並未考取他志願的理想學校，正為明年重考而努力。希望他們都能擺脫被鬥爭為黑五類家庭的陰影，將來可有所作為。

海峽這一邊的家庭

在海峽另一邊的台灣，我有一個十分美滿的家庭。雖然也是在艱苦的環境中組成，但卻排除在封建與鬥爭的命運之外。1959年，在台北，我與葉純惠女士結婚，是在好友林育平與黃芳卿女士結婚典禮中相遇，經相識、相戀、相愛而結合。結婚時，葉小姐還是大學生，在省立法商學院（中興大學前身）經濟系半工半讀，晚間在新生報社上班，當助理編輯。她畢業時，老大一民已出生，畢業典禮上，她穿著旗袍（我只見過她穿旗袍那麼一次），頭戴學士帽，抱著未滿一歲的兒子參加典禮，堪稱法商畢業典禮一景。我們結婚時，我是海軍上尉，收入菲薄，除公證結婚外，我向好友楊注宣借了一百元美金，完成了婚禮。當時的生活，全靠她身兼三職維生，她白天上學，晚上報社當助編，下班照顧孩子，其辛苦窘狀可想而知。

我們的結合堪稱「氣味相投」、「門當戶對」，因為我倆都沒家，都反傳統，也都學會在逆境中求生存，逆來順受。結婚新居就臨時設在她新生報單身宿舍裡，因為新生報助理編輯沒有資格配雙人房，被迫遷至新店二十張路另一個宿舍，寄居在新生報總務課長客廳後不足四坪的半幢房，我在後面廁所旁，用籬笆圍起兩坪的空間作為書房和飯廳，過著名符其實的「寄人籬下」生活。我們結婚很像兒戲扮家家酒，結婚前一天，同學好友鄭兆輝、張明堂到家替我們縫被子，倒把被子和床單聯在一起。結婚之夜，有同學去鬧洞房，誰知新人不見了，因我們乾脆去住旅館。我們的臥室與課長的客廳之間，以滑動木板門相隔。課長的內弟大概是位流行歌曲的歌唱家，每天從木板門後傳來「櫻花戀」的主題歌，一聲聲「撒油拿辣……」（Sayo Nala）。果然，沒有多久，總務先生竟然遽逝，以後就再也未聽到隔壁傳來的嘹亮歌聲。

　　1959年，我被調職在海總人事署上班，那一年，人事署配到一幢眷舍，署內夠資格配宿舍的有三位軍官，最迫切需要的當然是「寄人籬下」的我。配給誰由抽籤決定，三個白紙捲，只有一捲上面寫「有」，其餘兩支空白。當我抽到寫「有」這一支籤時，其內心的興奮真是難以言喻。為了感受這支「天無絕人之路」的「聖籤」，我將這支寫有「有」的紙條，封存了好幾年，待以後再搬遷時，發現這支紙條，我自己都好笑。自此之後，我們遷居到大直後山海軍眷舍，開始有個屬於自己的家，變成有殼的蝸牛。

　　遷到大直後，純惠仍維持夜晚在新生報上班的工作。當我在台北時，晚上她上班，我當媬姆，當我不在台北時，她則帶著民兒去上班。有一天，他抱著民兒去上班，警覺後面有人在跟著她。她搭公車，那人也上車，她下車時，那人也下車，待她進入新生報編輯部，坐定，將孩子放在辦公桌上，那位年輕人也進入辦公室，純惠笑著對他說：「你找誰？」那位年輕人很禮貌地回答說：「我送你上班」，鞠個躬就走了。原來，因為大直後山那時還未鑿通大路，後山出入的眷屬必須爬過一山路，穿過海總搭公車，山坡內側駐有海軍儀隊，儀隊同志看到每晚都有位後山的女士爬越山坡去台北，感到好奇。自此之後，每晚她深夜回家，爬越山坡穿過竹林時，總會發覺後面有個身影，在護送她越過黑暗的山路回家。這段往事，我們回想起來，都感到一陣溫馨。

　　妻葉純惠，出生在日據時代的台灣彰化縣和美鎮，為四姊妹、一兄長的貧苦家庭最幼者。雙親早逝，依靠當時為護士的二姐帶大。日本投降時，她讀小學，當時都赤腳上學，自小學、初中、彰化商職，都是成績冠全班，為彰商第一屆女生班的班長。因家境清寒但成績優異，特別受到該校校長古鼎和一位大陸來台、國學深厚的王庭楷老師的鍾愛和資助。以致能由商職考取省立法商學院，迄今彰商都引以為榮。大學時，則全靠她自己半工半讀並貼補家用。

　　純惠堪稱時代才女，她的才華、機智、果斷、毅力，不讓任何鬚眉，我也自嘆不如。當我們艱困時，她同我同甘共苦；當我受到挫折時，她會給我最大的安慰與鼓勵；當我負笈赴美唸書，讀碩士兩年、博士四年，以及多次離家工作時，全賴她一手扶養三個孩子。三個兒女都是他親自哺母乳長大，這裡我們要特別感謝她讀法商學院的謝延庚教官和他的夫人王秋娥女士，她們容許純惠下課時在她們家餵孩子 (謝延庚教授後來任教於東海大學)。畢業後，當她不能兼顧三個孩子又要上班工作時，她毫不猶豫地辭掉工作。法商畢業後，她曾任教於台北松山高商、高雄高商、彰化高商和新竹高工，每位校長都非常器重她。她曾在松山高商時擔任註冊組長，聯合招生時展現過她的才華，但配合我南下工作，他不假思索地辭掉工作，舉家南遷。

　　純惠也頗有藝術天才，拜師於邵幼軒老師學花鳥、袁天一老師學松竹。她也曾參加省展入選，並任教於政大、陽明、和台大的教職員繪畫班，但當她一旦發覺學畫、教畫也要戴勢利眼的有色眼鏡時，便立刻棄學或辭教。她厭棄不走正道的人，我們的朋友或學生們，如果讓子女在國外蓄意跳機、逃避兵役當小留學生，她會嗤之以鼻。我的部屬主管來家拜訪，一旦她發現是有所求而來時，她會連人帶禮請出家門。她更嫉惡如仇，當她懷疑同學女友，奪其所愛時，立即拒絕往來，甚至拒絕參加同學會。電影明星張艾嘉、楊惠珊，大家都稱讚他們的藝術成就，但純惠非常討厭她倆，因為她們搶了別人的丈夫。她大學畢業已經四十多年了，論年齡和經歷，她的大學同學，多已擔任金融界的經理或公司董事長，但她絲毫不以為意。論才華，我確信她可以任中學校長或金融機關的總經理，是為了支持我的奮鬥與三個孩子的教育，而犧牲了她自己，為此，我常常感到對愛妻的愧疚。

　　我們育子女三人，長子一民、女兒嵐音、幼兒毅中，現均已

長大成人。深值我們安慰的是他們都已成家立業，各有所長。他們隨著我們在艱苦奮鬥中長大，我們在潛移默化無形中作了一些他們的榜樣。我們並未在他們的教育過程中，作任何特意的安排（如家教、惡補等），只是讓他們儘量避免再走我所走過坎坷的求學路，讓他們儘可能有個比較安適的讀書環境。中華民國播遷台灣，最成功的是「教育」政策，其次才是「經濟」。有好的教育制度，才能培養一流的人才，有了人才，才能搞好經濟。儘管多少人批評「聯考制度」，但如果沒有公平的聯考，那能讓貧富階級有差異的青年接受平等的教育？在那戰亂年代，自己深受流離之苦，我們一定要讓下一代，在無教育歧視的制度下唸好書，至於如何在良好的基礎上發揮他們的天才，是他們自己的事。我們對子女的教育有三不管，一不管讀什麼系，二不管選什麼課，三不管就什麼業。但在課業這一部份，他們自己都作得不錯。

在他們幼小時，我們經過數度搬遷，最後選在台北木柵、景美地區（今稱文山區）為寓居地。除了這地區房子較便宜外，主要因為交通工具「欣欣251」公車可到台北。在這一條交通路線上，不必轉車，男孩子可以念建國中學，女孩子可以讀北一女，大學可以一起讀台大或台大醫學院。這些都是明星學校，是青年學子嚮往的好學校。值得我們安慰的是，他們都做到了。我曾親嚐每一個孩子參加聯考而陪考受日曬的滋味，當然也享受到每一個孩子能考取他們理想學校時看榜的樂趣。

一民畢業於建中、台大土木系，服兵役後，申請到美國史丹福大學讀力學，他九個月就拿到碩士，三年後在俄亥俄州立大學取得力學博士學位。與吳燕秋女士（台大商學系學士）結婚，已育孫女瑋芸(Megan)和長孫傑昇（Jason）。一民與燕秋都在美國福特公司服務，一民擔任跑（賽）車氣動力設計工作。2004年，瑋芸已獲史丹福大學入學許可，因而我們成為祖孫三代史丹福校友。

女兒嵐音於北一女中、台大醫學院醫技系畢業後，申請到美國馬里蘭大學攻讀微生物學，獲碩士學位後返國，曾在台大醫院工作。與徐和志醫師（台大醫學系畢業，任醫院主治醫師）結婚，已育兩個外孫翰泰和詠泰。我對女兒較偏愛，總覺得他比哥哥、弟弟更聰穎、更智慧。曾鼓勵她攻讀博士，她國外的教授也同樣建議，但她認為培育兩個兒子更重要，所以也辭去工作專心在家照顧他們，這大概是受了母親的影響。果然，兩個小外孫資質超人，各方面都出類拔萃，也都崇拜外公，他們繞在外公身邊笑與跳，是我們老伴兒的最大安慰。

幼子毅中，在建中畢業、台大機械系畢業前，因成績合於直升研究所，他決定在國內進修而不出國。經他自己審慎考慮後告訴我，願意改攻本校材料工程研究所。我的學生吳錫侃教授願擔任他的指導教授，而我則成了他的亦父亦師。由於他的研究興趣和個性，以致他直攻博士讀得並不很順利，經過我們的疏導和老師的鼓勵，他終於在台大材料所以不錯的成績獲得博士學位。先後他在台大讀了八年，比較起來，台大的博士取得比國外更難。在準備博士論文口試過程，我教了他一手像是軍中的作戰計畫，讓他在幾乎不可能完成的時程內，以分秒必爭克服據點的方式達成預定目標，當然博士論文內容、電腦打字、電腦繪圖等還要靠他自己。事後，我聽到兒子平生第一句佩服老爸的話。我退休後，身邊再沒有秘書或助理，電腦的運作和技巧，完全要重新學起，在這方面，他則成了我的亦師亦子。2000年，他服務於工業研究院時，與夏薇薇小姐在台北結婚，夏小姐為國立師範大學中國文學研究所碩士。她研究「章法學」，碩士論文已經出版為書，且為海峽彼岸文學界所讚賞。她性情溫柔，侍親至孝，現執教中學。教學認真，學有專精。夙為她的學生所喜愛。毅中現在德商的光電公司服務，欣見他在創造發明上已漸展現出實力，並已擢升為部門主管。

　　在台灣，雖然有好的教育制度和公平的聯考，但畢竟粥少而僧多，考試難，考取好學校更難。為此，升學的壓力，無論子女或家庭都承受莫大的負擔。在這方面，我的家庭卻是幸運者，既未感到重大的壓力，也從未花過為孩子補習的錢。這當然欣慰於他們還算爭氣，但有一點是要公正的說，這是他們的母親為他們犧牲的代價。

第二章　年少求學的坎坷歷程

　　生於一個被認為是「書香門第」的家庭，卻長在一個兵荒馬亂、家破人亡的時代與空間，孩子的教育成了大問題，三餐都不濟，哪裡還談教育？在我的記憶裡，國小四年級以前，我讀過村小及家塾，老師是堂侄俊元。隨父母逃難也讀過蘆台小學及唐山市立小學，讀多久，或幾年級，已記不清了。正式有記憶，比較完整的兩年小學教育，是在距家鄉5公里的窩洛沽鎮，時在1940年，我十二歲。

　　回首我這一生，活像是一隻有預感的小老鼠，總是在遇有重大苦難前逃離鼠窩，到處流竄，而且一再發生。當家鄉變故時，我在唐山念初中；當冀東巨變時，我在北平（現稱北京），北平城陷（人民政府稱解放）前，我到了上海；共軍渡江解放上海時，我們到了馬尾；大陸全面變色時，我們已在台灣。現在遷居來澳洲了，希望這不是給台灣帶來的惡兆頭。

　　在這一連串的流浪中，與其說是找個學校（或機構）受教育，還不如說尋一個能求知的場合填飽肚子。因而我在不同的機運下，讀過鄉立、市立、縣立、省立、國立、私立、公立、軍事立、國外立等各種不同「立」的學校，但能完整讀畢全程的則沒有幾個學校。玉田縣立窩洛沽鎮小學（簡稱沽小）是其中之一，下面我就敘述一下這些學校裡值得懷念的人與事。

玉田縣立沽小

　　窩洛沽鎮是距家鄉五公里處最近的集鎮，雖然只有五公里，但對一個高小一年（五年級）的孩子來說，仍是長途。所以那時除了鎮上的孩子走讀外，大半同學皆住校，學校是廟宇改建，學生就住

在廟裡，一個炕床、一床棉被下擠幾個孩子。嚴冬時，寒風瑟瑟，從門窗吹進來，吱吱作響，有時間雜著叭叭地節奏聲，有人說那是黃鼠狼踏木屐學人走路，所以一聽到此聲，每個人都縮到被窩裡，誰也不敢看。

當時沽小只有高小一、高小二兩班，級任老師好像叫陳慕韓，教我們算術和自然。國文老師劉佐臣，國學根基很深，晚上在一個小木屋曾幫他寫過鋼板，是些宣傳的文字，事後得知他是個地下工作人員。寫字與做勞作都從趙亞夫老師學，他年紀較大，但可與同學打成一片。

同班同學來自許家橋村的還有俊仁、俊興、寶存。與我感情最好的同學叫孫鴻印，他跟我常睡在一起，他常渾身冰冷，據說是因家裡養了一隻綿羊，吃羊奶長大的。後來直到高中，仍保持聯絡的是張守誠和齊育英。齊育英在兩年裡包辦四學期的第一名，他不稱做「奇人」，也稱「怪人」，他是影響我這一生很深遠的人。這位仁兄的奇人奇事，留待本章後文「北平市立九中」那一節再作敘述。1994年返北京時，見到張守誠，他已是包鋼（包頭鋼鐵廠）的設計總院高級工程師。他告訴我，堂侄俊興當了北京市的警察局長，令我十分驚訝。我順便打聽齊育英的消息，他則說不詳。

仍記得在高小二（六年級）時，老師問同學的志願，和現在孩子一樣，多數意願當警察或者當總統，但是我卻填了當「學者」，這個名詞大多數同學還未聽說，當時老師也很訝異。

沽小畢業後，大多數同學回家耕田或隨家人做生意，考取中學出來讀書的同學並不多。我與齊育英考取了唐山中學，許俊仁和孫鴻印考取唐山豐灤中學，張守誠則直接到北平去唸書。

鄉村車禍，大難不死

1942年，沽小畢業考取唐中，準備上學的暑假，那是比較平

靜的一年。有一天隨父親到窩洛沽鎮去趕集，去賣糧食籌學費。同行的人很多，套了馬車裝滿八麻袋糧米，麻袋上面乘坐八口人，連同把勢（趕車師傅）共九人，因為車重，套了兩口騾子拉車，父親和我坐在最前面第二層麻袋上。走至村西二華里處，忽聽趕車把勢喊：「各位小心了，前面有摘窩」（北方土話，意指二車轍凹陷不平，會左右擺動），隨即馬鞭一揚，加速駛過。但他話還未說完，我已滑下，父親在旁未拉住我，我已被馬車左輪碾過，當時我頭在兩輪內，兩腳在輪外，面朝上，背朝下。車上每個人都驚叫一聲，車停下來，兩位女眷手矇臉不敢看。父親抱起我，只見我腹部衣服上，留有車輪泥痕。我卻站起來，試走幾步，似無大礙。我還想上車繼續趕集，父親哪裡允許，請一位鄉親送我回家，在大院鐵皮門外敲門，母親問是誰，鄉親說：「大少爺被車碰了一下」，很久門才開，原來母親已嚇暈，倒在門內了。

很快，許家大少爺受車碾未死的消息傳遍沽鎮和鄉里。當然，母親少不了又上香又念佛。連我自己也感到納悶，未被壓斷成二截，真是奇蹟。依照力學觀點是有可能未斷的，因為泥濘轍溝，右輪陷入的瞬間，馬車快速前進時，可能將左輪稍微抬起，就在稍微抬起的瞬間，車輪從我身上碾過，而碾過的部位剛好是腹部，該處只有脊椎骨，而鐵輪車連其載重何止兩千公斤？在這樣存活率近乎零的機運，應可稱為「大難不死」。那麼也可依「靈異事件」來解釋，說這是「命硬」。

五十三年後當我返鄉時，已不會有人認識我，但一提到這位就是五十幾年前，車碾不死的那位，年老者還能記起我的奶名，但也有人說我屬「龍」，命硬剋死了父親，他屬「虎」。

這種近乎靈異的事件，在我在台灣的日子裡，也發生了幾次。一次是在水雷場服務的期間，大家蹲著檢查自建「中山室」的地基，我忽然站起來，舒展一下筋骨，就是這一瞬間，一捆削尖了的

竹籤，從樑上掉下來，削尖的一端朝下，如果我不動，將正好插進頭顱。呀！好險，一身冷汗。

另一次是在中山科學院服務，下班搭迷你巴士返新竹的時候。我有坐車睡覺的習慣，那次坐在最後排座位右側，將頭靠在窗玻璃上大睡，在到一橋上時，忽然醒了一下，將頭擺正，就在這一刻，一輛滿載鋼筋的卡車駛過，鋼筋掃碎玻璃插入車內，如果我還在睡，頭一定稀爛，結果只見碎玻璃灑滿全身。

河北省立唐中

唐山中學本是家鄉子弟嚮往的學校，但在1942年，當我考取入學的時候，正是日本和敵偽政權控管的年代，多少年輕有為的老師不甘奴役，陸續逃往大後方，留下的也無心施教，加上連中小學也要參加支援「大東亞共榮圈」的「勤勞奉仕」（勞動服務），例如闢建唐山軍用機場的機坪整地的割草和撿石頭工作，大家都敢怒不敢言，哪還有心情教書唸書？

二年級時，唐山中學與豐灤中學兩校合併，初中部遷到豐灤中學原址，兩校並不相容，直接間接也都影響學生唸書。這個時期，日軍已敗相畢露，太平洋戰爭美軍已作逐島反攻，唐山地區已出現「神風特攻隊」（自殺飛機）的蹤跡。每當天空出現像是銀針的B-29飛過時，空襲警報響起，高射砲砲彈一朵朵的炸開，像是小雲花。事實上飛機飛行高度遠超過高射砲的射程，同學們都從防空洞跑出來，昂頭觀賞。另一方面，家鄉地區共產黨已由在地下蠢動，而漸漸露頭翻到地上，於是，白天是日本鬼子屠殺燒掠的時間，晚上則是八路軍活動和共產黨清算運動的契機，就在我初二的暑期，父親被迫害，我哪有機會翻書？

初三那年，我承受著家破人亡、逃難避險的心情，離家到唐中，那是日本投降的前一年，人心惶惶，謠言四起，同學們一腦仇

日、仇校，放棄唸書的心理。還記得寒假前，在南齋宿舍用爐火取暖時，連木床都劈碎送進爐裡燒光的情景。

所幸，當時有股「一定要升學」的潛在意識，自己一定要發憤圖強溫習功課，考取一個好學校，好離開這個鬼地方。在初中畢業時，我們三個同學躲進同學孫兆元的家裡，他父親當過駐大韓民國新義州的領事，住在外鄉，唐山的空屋就只留他一人住，連夜晚的照明都是他偷接鄰居工廠的電來用。

那時，還未聽過「升學補習班」這個名詞，升學補習全靠自己自修，溫習將考的功課。在他家自修一個月後，我們到北平參加升學考，我報考了三個學校，北平市立中學聯考的北平九中、師大附中和河北高中。結果我考取了第一志願——市立北平九中，遺憾的是我那兩個同學並未考取好學校。

在唐山中學讀初中的三年，是在不安全的時局、紊亂的社會和破碎的家庭中度過，幾乎想不出我懷念的老師，倒是有幾位同學讓我沒齒難忘。

齊育英，我的沽小同學，我倆一起考取唐中。在唐中初一時，我們並不在同一班，而且他在唐中初一後，就已轉學到北平六中，但在北平九中時，我們又重逢了。

吳曉峘，是我初中時的同班同學，功課好，品學兼優，成績列前茅。他在初三時即轉學到北平，我們只同窗兩年，但在以後的歲月裡，我們曾經共患難，成為莫逆之交，兩家也有通家之好，下面我就追憶一下共患難的經過。

▲患難之交，終生摯友。許樹恩（左）吳曉峘（右）1953年合攝於台灣左營。

　　1945年，是抗戰勝利、日本投降的一年，也正是我初中畢業的那一年。考取北平市立九中後，曾懷著興奮的心情返回許家橋。雖然那時仍是白天日本、晚上八路軍活躍的時代，但是還容許處理自己的產業，母親帶著兩個弟弟各處奔波，將產業換錢，作為我去北平讀書的學費。就在這時，忽然傳來喜訊，說日本投降了。有人偷聽重慶中央電台的廣播，聽到八路軍轉回延安的消息，都說八年抗戰勝利了。但淪陷區的華北，只傳聞說日本跪聽天皇的詔書，說就地「無條件投降」，向當地盟軍繳械，可是在華北地區，無論盟軍或中央軍都無力也無法到此來接管，共軍就名不正言不順地明目張膽來接受。於是日軍接受重慶訓令，受降前負責維持華北秩序，所以唐山及冀東地區仍維持投降前的局面，但更加混亂，因為已不容許以殺戮作為鎮壓的手段。

　　我攜帶了可能帶走的學費和衣物，告別了母親和弟弟，獨自去唐山轉北平，幸運地在唐山車站遇見吳曉峘。他自初三後在北平讀書，趁初中畢業返灤縣家鄉省親，得在車站與我相遇，開始了我倆驚險、共患難的旅程。本來北寧鐵路自唐山經天津到北平，快車只有四小時的旅途，慢車六、七小時總可到達，但我倆卻走了一個星期。

　　那是一列擠滿了難民的列車，上車時無論有票或無票都得一起擠，擠出票口和擠上車門都要受到偽警的一陣敲打。好不容易擠進車廂，哪裡還有座位，連車頂上都爬上了人，到處是喊叫聲、謾罵聲，火車在雜亂中像是一條長滿刺的爬蟲，終於蠕動了，走走停停到天津時已是深夜。傳言說前面路軌已斷，不開了。

　　我與曉峘提行李走出車站，兩個孩子深夜到一個從未去過的地方找住宿，多麼悽慘！這個時候哪裡還有旅社？後來終於找到一家小得不能再小的小旅館，在我們近乎哀求的聲音中，那位天津腔的老闆，同意我倆就睡在一進門的地上。那時地上也擠了不少人，他

們擠了擠，空出兩條縫讓我們睡下去。我倆已睏得要死，但還要照顧身邊的行李，因為裡面有我們賴以維生的財源和學費。

次日清晨，趕緊把行李搬回原車廂，擠進的人並不比來時少，車啟動了，大家慶幸終於可上路，孰知，行至郊區，忽然車外槍聲大作，跟著一陣慘叫聲，列車就在郊外停下來，接著又一陣騷亂和槍聲後，才傳來說前面鐵路被破壞了，不能再前進。不久感到列車在後退，進進退退不知多少次，退到天津北站（天津有二個車站）。天色已晚，大家再被逐出車站，乍見許多屍首陳在車站廣場，我倆嚇得幾乎哭出來，只有別過臉隨著逃難的人群擠出站外，再找到比昨夜大不了多少的小旅館住下，隨便買了幾個燒餅填肚子。

這列火車在天津與豐台之間試探著前進，行不通後，退走了兩三天，多半是退到一個小站上，這時會擠進來一些小販，賣水和食物，都貴得出奇，但多被搶購而供不應求。大家都睡在車上，曉岠和我多半輪流著睡。我身材小，他比我高很多，我們把貨架上的行李搬到走道上，讓我爬到貨架上睡。有一次，火車不能退到小站，就停在前不著村、後不著店的荒野上。夜裡仍有兩側傳來的槍聲，我倆只有伏在地板上屏息。

最後，還是靠日本兵，他們想了個辦法，就是找了兩個火車頭，一在前、一在後，前後火車頭前端連接一節平板車，上面裝載著鐵軌、修路器材和路工。最前面則架著機關槍，和那些已經投降但負責護送這列火車到北平的日本兵。就這樣以遇斷軌、修鐵軌，遇破壞、修鐵路，遇到攔截則武力衝鋒的方式前進。最後終於衝到豐台，而到了終點北平。在北平站前，我倆相擁在一起，互道珍重。在以後的歲月裡，一生都難忘這次生死與共的患難之旅。在高中時，我讀北平市立九中，他讀志成中學；我考進海軍機械學校到上海，曉岠進入國防醫學院也在上海。後來我們先後到了台灣，我

為海軍工程師，他是國防醫師。當我主持中央印製廠時，特請他為醫務室主任。多少年來，我們的交往從未中斷。

吳曉岠醫師堪稱最標準的正人君子，他才華橫溢，除本職醫學外，他的音樂和英文的造詣也高人一等，他在醫學、音樂方面都有著作或譯作。但我認為他最大的成就很類似內子葉純惠，純惠犧牲了自己的一生，輔助了我和孩子，而曉岠是犧牲他自己，不出國，而襄助她太太馬鳳岐成為護理博士，而後為十大女青年、三軍總醫院護理部主任，以及陽明大學教授和所長。

北平市立九中與匯文中學

北平市立九中在對日戰爭前是私立匯文中學，學校在北平崇文門內船板胡同，解放後，拆除內外城的城牆，北平車站遷到東城，也就是原來匯文中學附近連同城牆的地區。所以，現在早已找不到船板胡同和匯文中學的遺跡。

匯文中學原是教會學校，前身是匯文大學，與協合大學合併後，移到西郊改為燕京大學，也就是現在北京大學的校址，匯文中學和慕貞女中（都在船板胡同），以及在東四牌樓附近的育英中學和貝滿女中都是美國美以美教會主辦的學校。對日抗戰後，美國教會被接管，育英中學稱市立八中、匯文中學為市立九中、貝滿女中為四女中、慕貞女中則改稱為五女中。這四個學校都是當初的好學校，只是私立教會學校較貴族化，而改為市立學校較平民化。我們嚮往的是市立九中（後稱之為「偽九中」），高一的下學期匯文復校後，又改稱匯文，反而覺得不如九中。

因為匯文的前身是大學，所以讀九中時，無論校舍、教室、教學和老師在北平都堪稱一流明星學校，學生制服也特別，藍色上衣口袋挖個洞，插入一卡片，上寫九中、年級和學號，穿起來，和後來台北一女中穿綠衣服一樣的神氣。在偽政府時代，北平中學有

所謂幾大名教員，如代數四大名教員、物理幾大名教員，我讀高一時，校內老師就有好幾位屬於四大。在九中的一年，所學的幾門課都為我奠定了很深的基礎。猶記得教生物的老師侯恩鉅，把生物教得出神入化，作實驗時，兩個人一具顯微鏡，將一門枯燥的課變成學生盼著上的課。幾門數學的課，直到我上研究院時仍受用無窮。在我前半輩子坎坷的求知路上，我知道自己，只要老師教得好，我就學得好，老師教得爛，我就考得爛；老師不教，我就也不懂。記得一學期後，我成績單的成績足可說名列前茅，當寒假最後一次偷偷返鄉時，我把成績單說給母親聽，她雖然不懂，但從她的笑容看，她感到滿意和引為驕傲的心情，那也是她印在我心中最後的遺容。

　　1945年9月，是我到北平市立九中讀高一的時候，也正是日本投降、抗戰勝利的時候，雖然家鄉已全面被共軍接管，但北平城內，特別是青年學生，久已受壓抑的愛國情緒十分激昂，對城內日本居民的報復和殺害屢有所聞。城內治安暫由偽政府維持，中央政府一再訓令要對投降的日本人加以保護，但效力仍然有限。

　　九中報到的第一天，我就遇見了齊育英，他是我小學、唐中初一的同學，在市立九中能第三次同學，兩人都非常高興。兩人住在同一宿舍，吃飯在一起、生活在一起，除上課分到不同班次外，我們幾乎是形影不離。有一天週末，他忽然對我說：「走！我們去ㄎㄟ（北京土話，是揍或扁的意思）日本人。」於是我倆各買了條皮褲帶，沿東單大街找日本人。當時年輕的日本人，尤其是女人，早已躲起來，哪敢外出。但這時忽然看到一位年約五十歲的老先生從前面走過來，從衣著看像是老師或商人。齊育英上前問：「你是哪國人？」那人聽不懂，不回答，齊再問：「是不是日本人？」那人說：「是」，齊育英不待分辨，一皮帶就抽下去，那位日本人一邊雙手抱著頭，一邊彎腰鞠九十度躬，口中說：「Ha-yi！」。齊育英一面掄皮帶抽他，一面回頭對我說：「打呀！」我個子也小，見

了這種場面，心中實在不忍，就說：「算了，饒了他吧！」齊也歇
了手，喝了聲：「滾！」那日本人再鞠大躬，趕快離去。齊又對我
說：「你知道他殺了多少中國人？」一個亡了國的喪家犬大概也理
應如此下場。

在北平九中的好景不長，真正感到「戰勝國」的榮耀，並沒有
幾天。儘管我們生在、長在淪陷又經常是被征伐的地區，但對於我
們身為「世界四強」、「五強」、「五常任理事國之一」的事情，
仍感到民族的自尊和榮耀。但這種榮耀感，沒有幾天就消退了，跟
著報上的新聞出現蘇俄佔據東北的消息、國軍接收受阻的消息、國
共調處執行部的消息。

那時在九中，同學們集體到長安街排隊歡迎中央軍參謀總長
何應欽，也到太和殿參加蔣委員長對北平大中學校青年的講話。接
著，參加過反對中蘇友好和約大遊行、反對雅爾達密約和張莘夫慘
案（張莘夫是中央派往東北的工程師，慘遭蘇聯軍隊殺害）在中央
公園行追悼會，公園門口掛有輓聯，上寫：「君為河山揮血淚，我
為血淚哭英雄」。再以後就是「反飢餓」、「反迫害」的活動，領
導活動的是復原青年軍，響應的則是領有公費的大學生。

之後，我和齊育英已經無暇參加這些活動了。因為在高一下，
我們的家鄉已全部被解放。最後一次回家，是極度隱密的行程，
回家去看看母親。那時雖還未被掃地出門，但已極難籌錢唸書。跟
著，交通中斷，音訊隔絕，就這樣拜別了母親和兒時的故鄉。

高一結束前，我和齊育英已經三餐不濟，退出伙食團，購些最
便宜的食品裹腹，每天最重要的就是看廣告，找尋有沒有打工或家
教的工作，當時類似我們處境的人實在太多，所以工作哪裡輪得到
我們。那時，三青團夏令營是個吃飯的機會，但我們又未入團，有
一天，齊育英對我說：「走！我們去考海軍官校。」結果報名時，
沒有「同等學歷」不准報名。又一天，他說：「走！我們去考國立

大學吧。」但那時雖然肚子餓，以一個高一學生報考國立大學，我實在沒有膽量。結果，他一個人去報考國立山東大學醫學院，可以「同等學歷」資格報考，兩個月後他接到通知，居然錄取了。事後想起來，卻也並不偶然，因為醫學院考生物、數學、國文，在市立九中一年，這些科他都不弱於任何高三畢業者，僅理化一門少拿幾分，也無關緊要。後來，他真的去念了，至1948年，我考海軍機校經青島轉南京複試時，還在青島國立山東大學醫學院他宿舍住了一天，此是後話。又有一天，我倆同時發現「國立北平高工」招考，我們都未聽過這個學校，但是「國立」有公費，吸引了我們，不約而同的前往報考。結果我倆都錄取，齊育英在礦冶科，我在電機科。九月份，我倆欣然前往國立高工上課，雖然在年級上，相當自動降了一級，但畢竟解決了我們的民生問題。但國立高工開學一個月後，齊育英就接到山東大學錄取通知，不久，他就束裝去念大學了。

　　齊育英這個人，我在前面沽小同學那一段，曾提及他不稱之為「奇人」，也可叫「怪人」。我再未見過像他那樣，對事物反應的「尖銳」、對任何政治活動都「狂熱」的人。他在敵偽控制的北平六中念初中時，就在被窩裡用手電筒看「三民主義」，在九中的宿舍裡，忽然在夾牆中他發現了一些藏書，於是開始研讀「馬列主義」、「唯物辯證法」和「資本論」。他永遠要在他的周遭豎立理想敵人，他經常考第一，但對第二名一定不友善。他喜歡給人起外號，班上有位英文老師，大概恨透了日本人，經常罵搗蛋的學生「高麗棒子」（亡國奴的意思）。齊育英聽了非常不順耳，於是就發起各種作

▲不稱奇人也稱怪人的齊育英。在沽小、唐中、北平九中和國立高工四度與我同學。

為，包括寫密函罵老師，並且就給這位老師起了個別號叫「高麗棒子」，後來，據說這位老師乾脆辭職不教了。高二有位復員來的插班生，頭髮全部偏一邊，他就給他起了個外號叫「歪毛」，歪毛的英文很好，每天自己出張英文壁報貼在安德堂教室大樓外，齊育英就每天偷偷的用紅筆改他的英文。從這些事蹟看，他慫恿我去打日本人、他高一就考進國立山東大學，也就不奇怪了！他去青島山東大學念醫學院後，有一次寫封信給我，是寫他參觀泊在青島灣的峨嵋軍艦報導。他也許無心作宣傳，但卻無意中，誘導了我參加海軍的志向。

我們在市立九中時，他發現當時任華北稽察司令部的司令齊慶斌，可能是他失散了八年的堂叔，就寫了封信探詢。一個晚上來了兩個黑衣人，談了幾句，他就隨黑衣人一起走，大家都嚇壞了，以為他出了事。深夜他很高興的回來，告訴我說齊慶斌果然是他的堂叔。華北稽察司令部相當于華北地區警備司令部，齊慶斌同時兼任北平特警班的教育長，校長則是戴笠，由此得知齊慶斌是當時北平的特務頭子。齊育英告訴我，那時他村裡有位共產黨世家的耆碩張老先生，其兩個兒子張家生和張家俊，以及一個女兒張家蘭都是共產黨幹部。老二張家俊當時在北大物理系讀大三，因為搞學潮被抓，主辦此案的正是稽察司令齊慶斌，當齊知道張家俊是他同村的世侄後，就把他放了，因此而受到戴笠的申斥。戴笠後來在飛返南京的路上，撞山逝世。而齊慶斌在1949年天津解放時，被捕、被殺，當時他是天津市警察局長。齊育英考取青島山東大學，去報到時，一路上車船的照料與護送，完全由這位堂叔交代處理。

五十年後，1998年，當我重返北京，探詢這位奇怪同學的消息時，知道這名字的人並不多。據說他被列為「四人幫」的次級幹部，曾紅極一時，現已在河南被打入地獄。據我所識齊育英的「狂熱」性格，這絕對是可能的。

國立北平高工

國立北平高工有別於北平市立高工，後者在東城已有悠久歷史，而國立北平高工成立於戰後，是當時教育部在北平成立的四個國立高職之一，四個國立高職分別為國立北平高工、國立成達師範（回族）、國立蒙藏學校及國立助產學校。

國立北平高工在西城順承王府的位置，成立時，共有機械科、電機科和礦冶科三科，後來又擴充有中技科，先後招生四期，共約四百人。這四百人在國民政府成立後，均成為工業技術方面的中堅。1946年學校成立時，由平津教育復員輔導委員會主任沈兼士先生主持籌建，由曾留學法、比的工程師陳光熙擔任校長，聘請輔仁大學費致德教授為教務主任，和郝德元（平劇名花臉郝壽臣之子）為訓育主任。

我考入國立高工第二期電機科，同班同學三十人，大多數同學都類似我的狀況，由中學高一考入國立高工一年級，主要是時局所迫，面臨家庭經濟斷絕和瀕臨失學之苦。國立高工直隸教育部，全部同學均有公費，不只學雜費、住宿、置裝全免，每月尚有相當四十四公斤白米或四十三公斤麵粉的膳食費。因為學校舊址為接管日偽「華北高等工業學校」（只准日本僑民子弟就讀）的部分校產，所以學校也接管了「華北高工」的部分物資。如同學所穿的制服，黑色學生帽、黑色上下裝、白襯衫外翻領，像極了台北一女中的冬季制服。早晚上下學，同學們排隊往返於「順承王府」至西直門附近的宿舍。訓育主任郝德元當時是輔大的英文講師，他好像是緬甸遠征軍的復員學生，在國立高工時，對同學們像是軍事管理，面惡心善，大嗓門，家傳黑頭特質。同學用餐前，全體起立，高唱「鋤禾日當午，汗滴禾下土。誰知盤中飧，粒粒皆辛苦。」他親自教唱，唱畢後再喊「坐下，開動！」始能用餐。雖然多半啃窩頭，加

一個菜、一碗湯,但大家都感到滿意,因為那時國立高工是唯一免費供餐的學校,何況節約的伙食費發給同學,可作每月的零用錢。

而對我來說,這筆零用錢更是珍貴,因為家庭被清算後,母親請人將二弟盛恩帶到北京來找我,我協助他考取北京市立二中,除將些微的餘款馨盡外,在國立北平高工的節餘伙食費還要支持二弟的生活,我兄弟倆當時的拮据可想而知。有一次,我到東城去看他,同時到崇文門外一家店去找舅舅的朋友,因為聽說母親託帶一點首飾請他們轉交我,孰知並無著落,結果身上的錢連買電車票都不夠,害得我從東城走路走回西直門宿舍。在這種窘境下,二弟實在難以繼學,終於在一個學期之後,他到一個通信部隊當了通訊兵,我將一些日用衣物給了他,不久,他隨部隊調動而離開了北平,哪知這次的分別竟是永別。

因為國立北平高工的教育目的與一般中學迥異,所以我對一些課程的安排感到不適或也新奇。一般中學列為升學競爭的主科——化學與物理,在高工多以總綱的方式講授,且以實用的內容為主。數學方面不再依三角、幾何、代數等分類施教,反而在高工一年級開微積分的課。其他如電機科的電工原理、機械設計等課,皆為濃縮大學專科課程,原非一般中學所開的課。機械製圖一課,我的印象最深,老師是一位留法的輔大教授,其嚴肅和認真的教學態度,使這門課讓我一生受用無窮。每週有兩個下午是工廠實習,從鉗工、木工、鍛工、車工、機工及電工,無一不靠雙手實作。此時學了不少實作的技能,在日後我家庭中的DIY的雜工就派上用場了。

魯錡是我在國立高工同班的同學和摯友,他來自遵化縣城內。當時冀東地區城鎮內的情形較鄉村稍微安定,但遵化縣城卻經歷過守城的國軍與攻城的共軍浴血戰鬥的慘烈時日,所以他和姊姊在北平經濟拮据的狀況,比我好不了多少。因而在國立北平高工的兩年,無論生活、上課、實習、運動,我倆都在一起,包括苦中作樂

的假日郊區旅遊。有一次，我倆湊足錢各買了一雙高筒運動鞋，為了延長鞋子的壽命，在新鞋面縫了層新帆布，孰知反而弄巧成拙減少了壽命。

由於國立北平高工是當時北平相當獨特的國立中學，可以享受到一些一般中學所享受不到的優遇，如善後救濟總署的救濟物資和一些美軍的剩餘物資，有些都會分配到學校來，同學們都愛吃美軍乾糧包內的波羅罐頭（北方沒有鳳梨）。有一次，一個同學用鑰匙拗開罐頭時，其他同學在旁叫喊「波羅！」、「波羅！」，誰知裡面竟是「蘿蔔」，大家「啊！」了一聲，表示失望。美軍救濟物資有時是衣物，遇到女裝時，我們都讓魯錡送給姊姊。另一方面，北平市內的各種運動和政治活動，國立北平高工都有權拒絕參加。

儘管城內外學生「反飢餓」、「反迫害」、「反美帝」、「反蘇俄」等各種運動如火如荼；「打倒美國帝國主義」、「打倒土豪劣紳會」（指市議會）、「沈崇事件」、「台灣二二八事件」等事相繼發生，但國立高工校園內依然相當平靜，偶有幾位思想偏左（稱為「前進」）的同學，或是早已潛伏在校內的共產黨員，伺機發表議論，認為國民政府是一株被蟲蛀的老樹，除了剷除外已無法發芽新生，但當我在國立北平高工的時期（1948年），學校內仍無具體的響應行動，但在人心上已岌岌可危。

就在這時，我與魯錡發現海軍官校和機校在平津地區聯合招生的消息，但不妙的是並不能以同等學歷報考，所以我們作了生平第一件非法的事，買了張高中畢業的假文憑，在當時兵荒馬亂的年代，誰還管「偽造文書」這個罪名？在西單市場的書店裡，很容易就買得到假文憑，並且真偽難辨。我們就都買了張文憑到天津南開大學報考了海軍，一個月後我獲通知錄取，但我的朋友魯錡卻落榜。我之所以能錄取，還是靠市立九中的基礎，當時考八門課，其中有三角、幾何、解析幾何、大代數、物理、化學、國文、英文，

八門科中，我四門數學都滿分，雖然物理、化學成績較差，但八門平均成績還是很高。我在九中讀一年，高工讀二年，加起來高中剛好讀三年，但那裡也沒畢業。就這樣我離開了國立高工，也離開了好友魯錡，更遠離了戰亂的故鄉和北平。

五十年後，1994年，我偕長子一民重返故都，這時北平已稱北京。在魯錡家與久違半個世紀的同學重聚，也包括三個班上的女同學：曾昭學、張慧芬和徐連英。重逢真有「隔世」的感覺，以「隔世」來形容十分恰當，因為我與高工同學們像是來自兩個不同的世界，我對他們的遭遇、經歷、現況感到興趣，他們對我離開後的經歷、現狀也覺得新奇。讓我感到欣慰的是，同學們都在工作本位上，無論是電廠、礦場或重機廠，都有相當大的貢獻，大多數同學都做到高級工程師。曾昭學同學（我們叫他小曾），曾是我初戀女友（尚談不上情人），當我到上海時，還有書信往返。後來她就被派到貴州，在高山峻嶺中的雲貴高原工作了14年，她自比是高寒礦工區的「潘多」（登上珠穆朗碼峰的藏族女運動員）。我的好友魯錡是比較傑出的一位，他是「計委」，曾任節約能源局局長和中國華能工程技術開發公司總經理（華能集團股票是在美國上市的唯一中國大陸公司），被評為研究員級高級工程師。

五十年的「隔世」，兩個世界有很多不能共通的語言和名詞。「愛人」是指配偶，舊世界所說的「太太」或「先生」已被認為落伍或封建。「離休」也就是「退休」，但「離休」是離開工作崗位後，仍有配賦，應是對革命（或曾是黨員）有所貢獻的人的照顧。

「絕密」是當他們知道我曾當過「中央印製廠」總經理時，魯錡的愛人張淑英對我說，在我們這邊，你是屬於「絕密」的人。「絕密」是「絕對機密」分類的人，「絕密」的人要受國家特別保護的。同樣的，他們對另外一個世界來的人，更感到好奇，一個同學就開門見山的問我：「聽說你的愛人是蔣××的女兒？」真令我

▲上：魯錡（左）許樹恩（右）於1948年合攝於北平高工。
　下：四十六年後魯錡（計委）許樹恩（教授）重聚於北京。

啼笑皆非。他們只知道我當了「國民黨海軍」，若不是有特殊後台豈能當了「絕密」的人？

魯錡給了我一本國立北平高工校友錄，我的名字出現在後面「失聯校友」。從上面可以較詳細地知道了些同學的現況，有些令我很訝異，譬如同班同學劉國憲，在我南下前，大家都知道他是較左傾的青年，是共產黨始祖李大釗（樂亭縣）的小同鄉，國立高工畢業後，他還在長春一所科技大學教授共黨理論，但他在文革期間，居然也被打入「思想右傾」而被下放。

他們都稱十年文化大革命為「十年動亂」，大概每個人都被「下放」過，魯錡也被下放到「北大荒」，直到現在他的小腿仍在包紮著，即使是夏天。他的愛人是個例外，她當時是煤炭部設計總院的財務負責人，工作無人取代。魯錡有三個女兒，但當女兒結婚後，每家只准生一個，而每個女兒又都生了個女兒，所以魯錡對我說他「絕子絕孫」了。

魯錡是「計委」，這個頭銜令我感到好奇。一次他到北京機場去接我，北京科技大學材料研究所的所長也在，當大家寒暄並自我介紹時，魯錡並不說他是什麼總經理、甚至工程師之類的，他只說，我是「計委」，那位所長似乎馬上肅然起敬。以後我才知道「計委」是「國家發展計畫委員會」的委員，是掌握國家政策的人，如同軍隊有「軍委」、高等學校有「學委」、黨部有「黨委」等。而「計委」似乎更超然，難怪我倆重聚時，他常不經意地說出「宏觀」的看法。我倆到天安門重遊時，見到除前門外，其他城牆都變成馬路，魯錡說「後來我們檢討，認為這是一個錯誤」。又有一次，他陪我到甘肅洽購稀土金屬，到一非常偏遠的山區，魯錡說「當初把第三線重工業放在山區，這決定是一種浪費」。這時我想到，如果（歷史是沒有「如果」的）魯錡與我同時考取海軍，會不會有第二個許樹恩？如果我仍留在國立北平高工，我也許早被打入地獄了。

　　「國立北平高工」當然已是歷史名詞了，但很難得的是在北平市被解放後仍叫「國立高工」，直到1951年更名為「北京重工業學校」，改隸重工業部。1953年，重工業學校分設「鋼鐵工業學校」和「機械製造學校」。「鋼鐵工業學校」幾經改制，1985年改為今天的「北方工業大學」；「北京機械製造學校」幾經變革，1973年遷往西安，與原陝西工業大學合併成為今天的「陝西機械學院」。

第三章　考入海軍機械學校

　　1945年，二次世界大戰結束，我國抗戰勝利，領海盡復，但百廢待興。海軍圖自立建軍，而艦艇要自造自足，首需科技工程人才，乃有籌設「海軍機械學校」之議。1947年，海軍機械學校與海軍軍官學校聯合招生，招考一百名，在上海建校為第一期。

　　1948年，海軍機校與海軍官校第二度聯合招生，全國設上海、南京、平津、武漢、青島、重慶、廣州、廈門、台灣等九個考區。各考區初試後，一起到南京複試，錄取一百名，然後到上海高昌廟（原海校舊址）海軍機械學校入學，為第二期生，其中包括我在內，因在民國四十二年（1953年）畢業，所以稱為42年班。

平津區初試

　　我是平津地區的考生，那裡錄取率奇低，報考生多的原因有：一個愛國從軍的機會、嚮往海軍的熱忱、對工程科技的嚮往，及時局求生的契機。我自己就深深地憧憬著上述這四個原因，報名後的初試包括筆試三天和口試，地點在天津南開大學。

　　說起選在南開大學為初試地點，也有個因緣故事。在中國近代史上，中國海軍幾乎找不到非常光輝的日子，空軍有空軍節、陸軍有陸軍節，海軍則只有「國恥日」──甲午戰役。甲午一役不但全軍覆沒，也輸掉了滿清。但是在學術上，海軍卻出了兩位名人，一位是嚴復（幾道），一位是張伯苓。前者是清代留英海軍，曾與日本伊藤博文同學，伊藤回國後曾主宰了「明治維新」，打敗了滿清。嚴復返國後，則從事學術譯著，將「四書五經」傳播到國外去，也將達爾文的《天演論》譯成中文，迄今，我們還在感受著「優勝劣

敗、適者生存」的教訓。這兩位同學誰有成就，只有歷史來評斷。另一位張伯苓是近代的海軍耆宿，他變成了教育家，抗戰時曾是西南聯大校長，勝利後，南開大學在天津復校，但他曾是海軍的緣源，樂於見到戰後海軍「官、機」兩校借用他的學校辦理招生。

1948年7月底公佈初試錄取結果，，海軍機校錄取一百三十八名，包括平津區錄取新生十八名，各考區初試錄取生於八月初集中南京複試，最後錄取海軍官校兩百名，海軍機校一百名，錄取生再一起分赴青島海校及上海海機校報到。平津區機校淘汰六名，但大家都知道這六位都是故意在複試被淘汰，因為他們都有十足把握在清華、北大聯考中錄取，只是藉海軍招生複試的機會，免費到上海、南京一遊。

五十六年後，2004年，我將平津區考取「海軍機校」的另十一位同學現狀書於此：

> 謝鴻倡，RIT碩士，中科院副主任；王森，MIT博士，邁阿密教授；羅剛，美國RCA工程師；劉玉芒，已逝，中船設計處長；王守綱，美國海軍PG博士，在美；劉光銘，美國海軍PG碩士，教授、系主任；任吉忠，早逝；鄭兆輝，中船副總經理；杜清波，加拿大博士，加國教授；楊注宣紐約大學碩士，中科院組長；華祖恕，已逝。

猶記得初試錄取名單公佈後，大家向天津海軍大沽巡防處報到，巡防處長徐錫崐上校指定蘇世澍、謝鴻倡分別為海軍官校及海軍機校初試錄取生領隊，徐處長親自乘砲艇送我們到塘沽，轉乘來興輪開往青島，在青島轉乘「中建號」登陸艦泊了三天，開往上海，同時青島考區錄取生登艦同行。那泊船三天內，我有機會會見在國立山東大學醫學院的齊育英，他同我在中建登陸艇通艙內住了一夜，我也在山東大學住了一夜，有機會到山東大學醫學院的實驗

室參觀，見到同學們抱著死人頭顱背醫學名詞的恐怖，但也發現他似乎忙著作「學運」的活動，以後是否在醫學院畢了業，就不得而知了。

南京複試

中建號軍艦到了上海，泊黃埔江碼頭，與上海考生會合。每人胸前別上一布條，上寫「海軍軍官及機械學校初試錄取生」，顯露此布條乘無軌電車可免票。於是大家無目的的遨遊上海灘，新奇而有趣。兩天後，乘中建號溯長江西上。初到江南，對兩岸之秀美，河山之壯麗，感到無限欣悅。

大約是8月中旬，我們泊在南京下關，大家住在中基軍艦上，白天到中大附中參加複試。複試科目與初試相同，但體檢則似乎有些吹毛求疵，廣州區的林育平同學，體檢量身高160公分，

海軍軍官機械學校卅七年度各區初試錄取新生通告

恰合標準，但測量後，那位醫師對他說：「喂！回來！」再用比較精確的尺重測，說他只有159.5公分，不合格，他只好回廣州。後來再獲通知，准他報到，以致他較其他同學遲三週報到。

複試過後等放榜，為時將近十日，感到焦慮與無聊，我之緊張更甚於他人，因為我憂慮若未錄取，國立北平高工已開課，將如何解決民生問題？當時大家都住在艦上，海總安排一些參觀節目，那時英國政府贈與的「重慶號」巡洋艦及「靈甫號」驅逐艦剛好駛抵國門，同學們有機會前往參觀，初次見到那麼大的船，對艦上的裝備管理和活動，無一不感到新奇。等放榜的日子，同學也可外出，有機會瀏覽南京的名勝玄武湖和中山陵，但我終因阮囊羞澀和心情上的壓力，限制了自己的活動範圍。

複試終於放榜了，幸運地我未列入淘汰之列。自此海軍官校與海軍機校錄取生分別乘軍艦去青島和乘火車去上海，行前總司令桂永清親自點名訓話，我第一次身穿白色海軍制服，感到十分光彩和帥氣。

上海入學和入伍

在上海高昌廟海軍機械學校校址，先行三個月的入伍訓練。在此期間，同學要剃光頭，不准外出。入伍訓練之日起，即開始軍事訓練，也就相當於軍人洗禮。入伍前為「老百姓」，入伍後則要有「軍人氣質」。那麼「軍人氣質」是什麼呢？簡單的說，就是要「絕對服從」，具體而言就是要「守時、守分、守法」。

上海報到後，首先見到的是學生大隊副大隊長曹正樑。他用四川腔介紹他

▲1948年作者攝於上海，就讀海軍機械學校的英姿。

自己：「曹正樑，曹操的曹」，在陸軍的眼光裡，他應是個標準的陸軍軍官，寡言鮮笑，但笑起來愈發像曹操。初入軍旅的同學們對他的印象，是恐懼多於敬重。果然，在入伍後接著的一年內，他不但控制了同學的言行，而且掌握了「生殺大權」。入伍訓練單調且刺激，立正、稍息、看齊、拔正步就要半個月，但比較以後各期，在台灣入伍訓練要在鳳山陸軍官校或陸戰隊比起來，在上海的入伍訓練應該算是非常輕鬆的了。在最後的幾週「打野外」，在上海龍華郊區進行，爬在墳頭，一聲令下：「裝子彈」，順勢把子彈盒裝滿的餅乾送到嘴裡。大家苦中作樂，倒也有趣。早晚點名集合要迅速，一位湖南區的同學劉國九，一向都遲到，以後隊長宋超集合時，叫一聲：「劉國九」，如果應聲是「有」，那就是到齊了。

三個月的入伍訓練，在1948年底結束了，結訓典禮與第一學期結業典禮同時舉行，全體同學在卡爾登電影院看了場電影「杯弓蛇影」恐怖片。即日起，假日可以外出了。四川、重慶區的同學，放假第一件事是去上海火車站「看火車」，因為四川境內沒有鐵路，這件事可把其他考區的同學笑死了。

若問三個月的入伍訓練有何收穫？我倒覺得是養成「守時」的好習慣，特別是「在預定的時間內，完成你預定的任務」。這一守時的觀念讓我終身受用無窮，但也一輩子都作手錶的奴隸。

第一學期隨著入伍訓練而開始，先將海軍機校的教育與教學輪廓作一介紹。1947年建校時，原有MIT（美國麻省理工學院）出身的江南造船所所長馬德驥兼教育長，留英海軍專學造船的柳鶴圖為教務組主任。針對未來艦艇自建自造，分設造船、造機、造械及電機（以後分電力組與電訊組）四個學系。後來因馬與柳的職務調動，於1948年改派青島造船所副所長王先登專任校長，由該所工務課長楊椇任教務主任。楊椇先生亦留英，專習造船工程，因其同時亦任教上海交通大學，以致學期開始除少數教授來自同濟大學外，

幾全部來自交通大學。

　　海機校教學十分嚴格,第一期同學原本錄取一百名,我們二期入伍結束時,正是一期同學第二學年開始,卻有二十四名同學留級到第二期。第二期複試錄取一百名,增加二十四名後,共計一百二十四名。以後搬家、遷校……,學科上則未再淘汰,中間雖有些同學意外離開,但到畢業時仍有一百零七名,較梁山泊一百零八條好漢少一名。

南遷馬尾

　　入伍訓練時,內戰方酣,徐蚌會戰勝負已見分曉,至入伍結束之際,戰局更是急轉直下。1949年初,第一學期上課甫滿一個月,南京局勢已告急,海軍總部將遷來上海,在海軍機校上班,同時指令海機校即日起停課。於是,同學們無所事事,情緒異常低落。

　　雖然同學們被安排到黃埔江同側的江南造船廠實習,但仍然難以控制低沉的士氣。不能實習的假日,同學則三三兩兩搭軍人免票的車,擠進大光明等戲院或蘭心戲院看免費的電影和話劇。在校的同學,有人別出心裁的,到校內的小池裡釣魚,總部的長官周應聰藉機斥責了校長。校長責成大隊長嚴加管教,大隊長則將釣魚的同學關(禁閉)起來。被關的幾位同學則在禁閉室門上貼了招貼,上寫「釣魚犯」,此一消極的譏諷,引起了曹正樑的殺機,成了後來「白色恐怖」的火種。

　　海軍機校預定遷校到馬尾,同時海軍官校預定遷校到廈門。遷校不是件簡單的事,大家都希望「以不變應萬變」,但情勢比人強,到3月中旬,總部決定派崑崙艦為機校搬家。於是同學們有的擔任警衛,有的則擔任搬運器材上船,一直到4月3日停泊在外白渡橋海軍碼頭的崑崙艦,裝載了機校全部人員與裝備,準備啟航。

崑崙艦歷險記

　　此處先敘述一段插曲，有助於了解再來要說的「崑崙艦歷險記」。在決定派崑崙艦為機校遷校的一週內，忽然海總第五署（計劃署）署長周應聰少將，召集機校全體同學在飯廳訓話，其中有一句：「你們到那邊，生活會苦一點，但是非常有前途，大家要忍耐……。」當然，同學們並不感到意外，因為大家已經知道馬尾地瘠民貧，生活當然苦一點。但是後來這位周署長出任海總駐上海主任，升上副總司令，跟著正式宣告叛變（或稱起義），大家才知道他在導演一個大計劃：將官校遷煙台、機校遷威海衛，策反重慶號，留住江南廠。原來他所說的「那邊」，並不是馬尾，而是威海衛。

　　4月4日兒童節，對海軍機校的同學來說，那是一個難忘的日子。整裝待發的崑崙艦，下午五點離開碼頭，至黃埔江口高橋加油，當晚泊高橋。4月5日，下午離開高橋，夜晚時因機器故障拋錨於吳淞口外。4月7日晨，起錨南航，中午泊玉環島，下午繼續航行。4月8日，下午四點抵馬尾，泊羅星塔前。以上是錄自我手編「海軍機械學校42年班畢業同學錄」內之五年大事記。事實上，上海距馬尾，航程僅數百浬，即使是運輸艦，一晝夜的航行也可到達，怎會行駛四整天？原來，我們親身經歷了一齣「叛艦喋血記」。

　　此劇原著當然另有其人，但導演顯然是那位周署長，劇中人主角之一是艦長，之二是副長，主要演員是輪機長、通訊官和書記官，以及艦長的兒子和四名不知來歷的人。海軍機校的師生包括校長在內，全都只是路人甲、路人乙、丙、丁……。

　　海軍機校全體師生職員和他們的眷屬們，共約三百人，除校長和少數官員外，全部住在崑崙艦的後貨艙。前貨艙則裝滿學校的器材和校產。崑崙艦是遠洋貨輪改裝的運輸艦，駕駛台以下艙位則住艦上官員和士兵。海軍傳統的習慣是，無論來客階級多高，艦長室

永遠住艦長。機校校長當時階級是中校,與艦長是同階,也只有住副長室,而副長去住航海官室,依次下推。所以當演習時,來賓多階級也高,則往往艦上的官員只有委屈住在士兵艙。這次海機校遷校,預先將雙層床拼列在貨艙兩側,上下兩層通舖,睡滿了師生和眷屬。艙口只有一個,當然艙口很寬大,均以厚木板覆蓋,外蔽帆布,僅留狹窄出口用扶梯上下。所以,僅需一人在艙口持槍監視,艙內縱有多大武力,也休想逃出艙口。

話說1949年4月4日,上海黃埔江口,崑崙艦於下午五點離開碼頭,至高橋加油。當加油時,五位不速之客登艦直奔艦長室,因是艦長的客人,值更人員並未阻攔。這五位便裝不速客,其中一位是艦長的兒子,五人均暗藏武器,登艦後即分別監視副長及艦上官兵、機校校長、武器彈藥室和機校艙口。

艦長的兒子持領導的指令和策反函,要求崑崙艦出長江口後北駛。艦長本就模稜兩可,至此,決定與兒子相配合。當晚泊高橋,其實即已加滿油,但4月5日下午四時才離開高橋。原來,整個上午都在召開出航前艦務會議。這時,潛伏多年的書記官已表明身份,副長被監視中,表面上虛與委蛇。輪機長審察情勢,表示無意見,默不作聲。拖到下午駛離高橋,我們住在後艙的人,才聽到輪機聲,船也動了。但不多久,引擎停了,電也停了,片刻後,同學爬上扶梯,探頭外望,四週已一片汪洋。跟著錨鍊的絞車聲,原來已在拋錨作業中,地點是吳淞口外,正是駛向北或駛向南的轉捩點。原來是副長褚廉方中校與輪機長商量後,將無言的反對,付諸停機的行動。輪機長他徵求了一些輪機士官的意見,他們大多數原籍福建,一致反對北駛,於是在艦長下令轉舵盤北駛的當時,輪機長與一些輪機士官偷偷地下到機艙,停了主機,報告艦長說是機器故障停車了。

這是叛變小組百密一疏的重大失策,原來在這次行動中,沒有安排一個懂輪機的人,原以為只要掌控副長、航海、槍砲和通信,

書記官已是自己人，而艦艇航行的定位，並不要隨時報告艦指部，一旦總部發現崑崙艦的行蹤，恐怕那時已越過山東半島了。但是現在可不對了，諾大的一艘運輸艦，怎會長久在吳淞口外拋錨？4月6日雙方僵持了一整天。不諳輪機的人，機艙就像迷宮，既暗又熱，無人敢下艙。最後叛變小組的人終於妥協了，同意繼續南駛，邊駛邊談判，原則上先將家住福州的人先送馬尾，待有機會再北上。

於是，4月7日清晨，起錨升火，主機發動，目標馬尾，繼續南航。後艙的我們，在艙內悶了兩夜一天，都高興主機已經修復，終於續航。這時艦上也同意同學到甲板上走動，我們得觀賞黑藍色的海洋，偶爾飛躍幾條飛魚，煞是壯觀。中午泊浙江溫州附近之玉環島。我們那時都以為這是航程中預定的停泊地，實際上原來是他們走走談談人員撤離的著陸點。下午繼續航行，終於在下午四點抵達閩江口之際，有一小艇駛靠崑崙艦，帶走了幾位神秘的不速之客。繼續航行後，副長交代通信官打電報給桂老總。崑崙艦一到馬尾，巡防處派兵扣押了艦長和他的兒子，才結束了這齣「叛艦喋血記」。當時，我們雖未見到喋血，但幾個月後，在左營桃子園，艦長和他的兒子，雙雙被處決。

同樣的戲碼，也發生在海軍官校那邊，艦離青島灣後，同樣發生南駛北駛的問題，但同樣很快被制服，且並沒有拋錨修機的問題。

另外兩齣大戲，他們的計畫是成功的。一是重慶號叛變事件，艦長鄧兆祥指揮他的重慶號駛往渤海灣。政府雖派B—24轟炸，但重慶號打開海底門自沈，以後打撈浮起，成為共產黨中國的主力艦。而計畫中最成功的一齣，應是留住「江南造船廠」，結果大部份機器未能撤走，留下這一完整的造船廠，使得共產中國很快的有能力造船、造艦、造潛艦。

另一方面，有驚無險的海軍機校同學，一部份成為台船及中船的主力，校長王先登曾是首任中船董事長及總經理。副總經理及

廠長、工程師多是海軍機校校友。中船能躋入世界造船界之林，數年內即能承造數艘四十四萬噸超級油輪，確也是海軍機校的光榮。

海軍機校在馬尾

馬尾位於福建閩江下游之北岸，上溯福州，下達閩江口之馬祖島，兩岸多高山，至馬尾之一段，江面變寬且水深，成為一天然內陸港口，自清末即為海軍基地，設有巡防處、造船廠及海軍官校。民初曾置前學堂、後學堂，以及馬尾海校，但因叢山地區，地瘠民貧，對日抗戰前後，漸行衰退。

1949年4月8日，海軍機校遷來馬尾後，即遷入原馬尾海校舊址，仍處處顯得荒涼落寞。我們甫到的幾天，一部份同學駐艦警衛，大部分同學則擔任搬運工作，因當地交通不發達，本應由運輸工具搬運的工作，都必須由同學人力來負擔。本來寂靜又衰萎的馬尾小城，由於機校的遷入，一時似乎又熱鬧起來。

機校同學的兩百支日式步槍，當時也成為當地主要的武力。副大隊長曹正樑正可發揮他的陸軍特性，經常帶領同學打靶示威，並且教同學投擲手榴彈，故意製造爆破音響，目的是警告山城外的朋友：「少來惹我」。學校四周，晝夜由同學荷槍實彈站崗，感覺十分恐怖。校長住在校外的梅山，副大隊長派一隊的同學站崗保護，實際上是保護與監視兼而有之，因為他似乎對校長的可靠度也抱懷疑。教務主任楊樞先生隨艦來馬尾，但他實在無法在此山城發揮他教育行政的功能，所以在馬尾停留半個月之後即返上海，他這一走，更讓同學感到寂寞孤獨，一時感到前途茫茫，情緒低落到了極點。同學們難免發出一些抱怨和牢騷，聽在副大隊長的耳裡，他卻懷疑是不是在煽動學潮，平時較有聲望和領導能力的同學，此時都變成了他監視的對象。

　　遷到馬尾的第十七天，學校居然復了課，所開課程雖是大一的普通課程：物理、化學、微積分和英文，但在這窮鄉僻壤的山城，能夠找到適合的師資，確也不是件容易的事。所以這一時的活躍氣氛，使死寂的馬江（馬尾亦稱馬江）重又復甦。但事實上，弦歌的背後正蘊藏著另一種危機——設法使海軍機校就留在馬尾。海軍耆宿薩鎮冰要約校長談話，這樣一來，反倒使原本計畫將機校遷馬尾、官校遷廈門的海軍當局，遇到新的難題。

　　而當時國共內戰的局勢已急轉直下，南京已失守，共軍全面渡江，上海正進行保衛戰，福州也告急。比軍事潰敗更嚴重的是經濟的紊亂和幣制的崩潰，幾乎到金元券鈔票票面值，每天加個「0」的地步。在馬尾時，同學們領到的薪餉，只能買一張平信郵票。後來，鈔票還不如手紙貴，以致馬尾、福州一帶完全恢復「以物易物」的社會。我還記得在福州買一頂蚊帳，要用比紙還薄的金箔，店家用剪刀剪下以天平秤，真是難得親眼見到這聞所未聞的慘象。但當時同學們生活並不苦，主要原因是因為幣制已崩潰，海軍補給改發銀元（所謂袁大頭），而馬尾海軍巡防處視海軍機校為當地主要的供應單位，糧秣薪餉供應無缺。幣制已無用，而銀元如至寶，當時一個袁大頭可換幾十斤黃魚或豬肉，所以伙食團每天佐以黃魚，伙食委員不但免公差，也成為外面魚肉市場最歡迎的顧客。假日時，同學們不顧時局危急的憂愁，大家曾到福州名勝鼓山和湧泉寺一遊。鼓山亦堪稱中國名山，湧泉寺內有千人用齋飯大鍋，寺後有書齋，曾是朱熹讀書所在，寺內一佛堂曾是抗戰時掩護海軍官校內遷之最後根據地，及今遊之，觸景亦不勝感慨。

　　馬尾復課未滿一個月，1949年5月18日，再度停課，奉海軍總部命令，派「中海號」軍艦駛馬尾，協助海軍機校再度搬遷馬公。

從馬尾、馬公到左營

從上海遷馬尾之前，停課將近三個月，得以從容將校產搬運上艦。而這次從馬尾遷馬公，自5月16日校長宣布停課作應變準備，5月19日海總派中海號登陸艦到馬尾接運遷校，至5月26日啟航，中間只有一個星期裝艦，人力只有一、二期的同學。最後兩天，在大雨滂沱中搬運，既無吊車也無適當車輛，艱辛狀況可想而知，哪裡是遷校，實際上是在逃難，同學華祖恕就在搬運時車禍受傷。也難怪這時同學們牢騷滿腹，甚至顯露出桀傲不遜的表情。

一個月後在左營，有一次在較輕鬆的場合，大家檢討在馬尾裝艦時的險象時，曹副大隊長露出像曹操的笑容，親口以四川腔對三鐵大王柳士傑同學說：「我險些斃了你！」同學聽了，肩脊骨發涼。

澎湖列嶼是珊瑚礁疊積的島嶼群，馬公測天島是較大的一個島，軍港、要塞、造船廠和居民大多集中在這個島，但由於澎湖地處台灣海峽中間，海峽季候風異常強勁，且持續秋冬春三季，疾風過處飛砂走石，以致島上難見較屋頂高的大樹，榕樹多與房舍等高，且樹梢被疾風削平，像是被剪過的樹叢。鄉村牆壁多由珊瑚礁疊積，遠看像是一排排的骷髏，工作婦女皆以厚巾包頭，草笠下僅露雙目，她們的雙臂、雙腿也都包得緊緊的，據說一為防砂，二防男工想入非非。同學們都是初到澎湖，對這種裝飾無不感新奇。

中海艦在測天島海軍碼頭停泊了十一天，大家都住在船上。學校主管人員上岸勘查校址，同學們則到礁石砂的海灘游泳。看校址的人多敗興而歸，因為想在這一年中有九個月飛砂走石的離島辦個大學，豈非痴人說夢？既使五十年後的今天，偶爾聽說有人擬在澎湖投資建「國際賭場」，但還未聽過規劃個科技大學。於是在1949年6月4日，也就是離開上海的兩個月後，中海艦裝載海軍機校師生離開馬公，當晚抵達台灣左營。

　　左營，是台灣島西南隅、高雄港以北的一個漁村，但左營軍港卻是日據時代日本海軍未竟全功的前進基地。原來日本「軍國主義」是以陸、海同大，空軍分屬陸海，平行發展。侵華策略由陸軍執行，而太平洋地區則由海軍統帥。因而台灣西南岸，從南到北全部屬日本海軍勢力範圍。其中左營軍港為發展重心，且為南進指揮部。軍港水深，背後有壽山作天然屏障，壽山設有要塞，重砲維護，山中洞穴羅列，建築雄偉，大型卡車可長驅直入。戰爭末期，含指揮部在內，全部地下化。陸上則維持原有荒涼，一為防止盟軍空襲，二為掩飾軍事作為。

　　爾後更發現西岸之一切工業措施，無一不與海軍作戰相關，例如左營煉油廠（勝利後為資源委員會接收，後改為中國石油公司左營煉油廠），日治時期即為專供日本海軍航空隊及艦隊油料之煉油廠，現今新竹工研院化工所和以前的聯工所，當時均為日本海軍航空隊煉油之試驗室。現今之岡山空軍基地，當時亦即日本海軍航空隊基地。當今之東港，當初日本海軍曾建有海底機庫，其工程之浩大，野心之桀驁，以現代眼光觀之亦嘆為觀止。這些都已變成歷史陳跡，但可以想像的是，那些野心、陰謀的人力代價，全部都是台灣同胞的鮮血，據說為掩飾其軍事工程的機密性，多少同胞隨工程的竣工而消失，今天台灣的存在，已付過多麼慘重的代價啊！

　　插述這段悲慘的歷史，不難想像初到左營的景象，那真是滿目荊棘，觸目淒涼，海總部核定在軍港碼頭之西端、造船所面對的一片荒涼海灘上，籌建「海軍機械學校」。同學們在兩個月內三度遷移，由上海至馬尾，再經馬公而至左營，身心俱感疲憊，外加時局瞬變，面對前所未見的荒涼校舍，大伙想起一年前的壯志凌雲，原以為能在全國聯考取錄菁英而進入新海軍的MIT，孰知不到一年，幻夢成空，竟是落魄天涯海角，從割草、撿石頭開始，在荒寂的沙

灘上籌建一座理工學院。當時同學們的心境,確都如此,但實況比想像更令人失望的是,後來的「白色恐怖」。

白色恐怖

被指定為左營海軍機校校舍的地方,除遍佈荊棘外,只有一幢「工」型的平房建築,以及前院的一座「安瀾亭」。直到現在,我仍不懂日本人建此屋的目的,兩座長條形的建築,既像庫房,又像營舍,「工」字中間一條作為盥洗、廁所之用,尤其是在這荒蕪的海灘上蓋了一座不太相稱的「安瀾亭」,想來可能是在掩飾軍港而偽裝「風雅」。

機校同學們登岸後,與員工、眷屬分住在前後兩棟房舍內。同學們的上下床並列,變成兩列雙層通舖。因無教室,所以無書可讀也無事可做,於是再恢復入伍教育,白天勞動服務,集體拔草、撿石頭,空暇則到校旁小港去游泳。上海撤退時,每人領了些庫存多餘的軍服,到左營可以向潛入校區的蒙面女郎換香蕉。

有一天晚上,忽然大隊長緊急集合,說是有人來「查戶口」。軍營被查戶口是聞所未聞的新鮮事,但事後發現本班鄭兆輝、曲家琪和龔紹羆三位同學,以及學校辦公室主任莊懷遠中校失蹤了,這才發覺「查戶口」是恐怖行動的代名詞。自此以後,同學們風聲鶴唳,草木皆兵。誰還敢將不滿現狀的牢騷再說出口?又有一次夜間集合「查戶口」,命令全體同學將所有私人的雜物攤展在地上,當時有同學持有馬尾打靶的彈殼,或打獵用的子彈,或礦石收音機。這次查戶口帶走了十七位同學,雖然一週後被釋,但這是我此生親身經歷的「白色恐怖」。另外帶走了同學劉鳳岐,因為他的日記本被發現在海灘的草叢中。

白色恐怖的效應是事後都無人敢提及事件的恐怖,「白色」恐怖的根源是「紅色」恐怖。紅色代表共產黨,在長年國共內戰中,

國民黨和共產黨經常將思想意識傾向對方的民眾塗上顏色。被列為紅色趨向的人，紅色陣營稱之為「進步」，而白色陣營則稱之為「匪諜」；反之，被列為白色（實際應為「藍色」）趨向的人，白色陣營稱之為「忠貞」，而紅色陣營則稱之為「國特」。問題是，誰是主觀上塗顏色或戴帽子的人？

在左營海軍機校的恐怖事件中，顯然曹副大隊長是個關鍵人物，因為被關的三個同學都是在遷校過程中較突出的人物。鄭兆輝同學是天生的領袖人才，抗戰時曾參加青年軍，是忠誠的國民黨員，絕看不出有任何較偏激的思想，我想大概就是鋒芒顯露的領導作為害了他。而曲家琪同學是南遷馬尾那段中所述，據說在上海校舍的「釣魚犯」時，說了對桂老總不敬的話。第三位龔紹羆同學，據說他曾參與同濟大學同學反政府遊行的記錄。至於莊懷遠中校堪稱歷史悲劇的犧牲者，容後再做說明。

當海軍機校初抵左營的幾天裡，總司令桂永清分別單獨召見兩個人，一個是校長王先登，另一個則是學生大隊副大隊長曹正樑，接下來即開始「查戶口」。事後瞭解，執行的單位是海總政治部保防組左營情報隊，羈押的地點是「鳳山招待所」。這一所在一直是恐怖的象徵，羈押期間無人敢去看望，其實也不知關在哪裡，甚至也無人敢來談。鄭、曲兩同學於四個多月後，被釋放出來，保釋過程中，當時的指導員張天心出過力（張天心先生際遇容在後文說明），兩位同學返校後參加大一第一學期的學期考，順利通過，因而並未耽擱他們的學程。而龔紹羆和劉鳳岐同學則羈押更久並參加洗腦訓練，以致龔留到43年班，而劉則未見回校。

至於莊懷遠中校在可見的文獻裡，被列為失蹤海軍軍官，但實際上，他已在鳳山招待所自縊身亡。鄭兆輝同學親口告訴我，他曾抬出莊中校的屍體，他是在高不及腰的蚊帳中，用蚊帳布絞成繩自縊的，能在那有限高度的空間自殺，其必死的決心是可以想像的。

莊懷遠中校是留英海軍，溫文儒雅，中等身材，迄今我仍記得他標準海軍軍官的身影，何以竟不容於這個社會，這真是時代的悲劇。

經過這次白色恐怖的苦難，我一直覺得國家對不起他們。在校時，我的體型小，他們三位都比較高大，所以生活不在一起，但畢業後「抱不平」的心志，從未改變，所以一有機會總想找他們施展能幹的專才。我後來在「中央印製廠」任總經理時，曾請龔紹羆同學任我的副總經理；我重返中山科學院籌設材料研發中心時，遴請曲家琪同學作我的綜合室主任。我曾誠意地推薦鄭兆煇同學到中央印製廠輔佐我，然後接替我的工作，但為他所拒，因為那時他已任中船的總廠長。

我這支拙筆雖不能發揮「春秋大筆」之功，但仍願以較客觀的觀察來分析一下當時的史實及背景。在前面我曾提起，近百年的海軍歷史，沒有光榮日，只有「國恥日」，沒有團結史，只有派系史，馬尾派、煙台派、北洋派、黃埔派、電雷派等不一而足。對日抗戰沿海盡失，不管什麼派，一起變上山（四川萬縣）派。當局有鑑於此，將各派系依畢業年份統列為軍官班36年班、37年班，及38年班。自39年班起全國各地招生，40年班起官機兩校聯合招生，41年班起官機兩校第二次聯合招生，這樣就在無派系可分了。勝利後，選派黃埔一期桂永清為總司令，也是為了摒棄派系的關係。勝利前，在軍政部下設海軍總司令部，自然馬尾派的陳紹寬只有離職還鄉了。

歷史人物不能以好人、壞人二分法區分，更不能以平劇唱白臉和唱紅臉來區分。戰後的海軍官校和機校都是桂永清創議而親手成立，他曾出任國府駐英國和德國的武官，他知道海軍是科學的兵種，如果艦艇不能自造，海軍將永遠沒有獨立作戰能力。我在機校的五年中，他曾無數次親自到校視察或講話或點名。甚至他說成立機校的宗旨，並不限於貢獻海軍，而在全國的工業，他說：「你們

的成就，將勝過十個海軍總司令。」可是在另一方面，他仍然無法擺脫派系，特別是馬尾派對他的歧視，尤其是在國共內戰方酣，正要扭轉戰局時，福建派林遵率艦隊叛離，官機兩校遷校叛艦喋血和重慶號叛變等等為馬尾派周應聰所主使，甚至老桂隨身的侍從秘書也是匪諜，以致他把馬尾派和匪諜串在一起，所以他變成了「白色恐怖」的總司令，莊懷遠中校就是福建人而列為馬尾派。

與海機校「查戶口」的同時，海官校也發生恐怖的事件。尤有甚者，官校在廈門時竟有同學被裝在麻包丟到海裡。37年、38年軍官班的同學（其實被編為軍官班的同學，並不一定是馬尾派）最可憐了，去美接艦的「太平號」甫返基隆港，艦上人員還未及登岸就被逮捕了。鳳山招待所一時人滿為患，中間不少名將領，曾任海軍總司令及李登輝前總統所賞識的參謀總長劉和謙，也曾是招待所的座上賓。一位以後曾任海總人事署署長，曾參加籌劃成立馬尾同學會，在招待所只要他說出一位同學會會員，就抓一位，以致大家都叫他「臭狗屎」。（事實上，祇是籌劃成立同學會，當時青島區負責人曾耀華和上海區負責人莊懷遠，都還是擬議的籌劃人選。）如今桂永清早已作古了，這些歷史的悲劇該到哪兒去講理呢？

機校教育在左營

海軍機校在遷移左營前，將美軍遺留在馬尾的活動房屋、半圓形浪板，隨艦運到左營。在同學無所事事而承受白色恐怖的日子裡，將佈滿荊棘的荒野整成建地，更將浪板佈建成十幾棟活動房屋，這樣勞動了將近四個月，終於在1949年8月27日正式恢復上課了。

距離去年到上海報到，剛好荒廢學業一整年。王先登校長決定將學程延長一年，也就是說，大學四年教育改為五年，原來40年班的第一期同學改稱41年班，原來我們41年班的第二期同學改稱42年班。在理工學院教育進程來說，這是有必要的，但與海軍官校同

時聯合招生、同時入學，以「年班」來比較，機校的年資和階級就無形中遲了一年。機校同學當時都無異議於這種改變，但王校長在事後卻表示，這種改變十分唐突，他說如果在今天說不定會有「抗議」或「罷課」作訴求。

1949年秋，當海軍機校恢復上課時，海軍官、機兩校居然還辦了第三次聯合招生，但當時的考區已僅有廣州、廈門和台北了。機校招了五十人，他們改在鳳山陸軍官校行入伍教育，是為機校43年班，或稱第三期。我曾參加他們的結訓典禮，是由當時陸軍總司令孫立人將軍主持，從第三期同學口中聽到他們入伍訓練所嚐到的被整滋味，可真聞所未聞，嘆為觀止。

值得一提的是，43年班只招收五十人，仍分四個系，以後卻出了四位物理學家，剛好一系一位，他們是：伍法岳（電機），美國東北大學物理教授，其奇人事蹟留待第五章敘述；郭子斯（造機）美國普林斯頓大學物理教授；林爾康（造船），追隨吳大猷多年，曾任中研院物理所長；蘇青森（造械），清大核工院長、原子能委員會副主委。

恢復上課後，我們第二期生舉行了第一次分班考試，除第一組是第一期留下來的二十四位同學外，依成績分為了第二、第三和第四組。第一學年仍然重讀物理、化學、微積分、英文及國文，外加海軍常識及政治課。海總部同時撥一筆建校預算，鋪路、植樹、興建禮堂「萬能廳」、辦公廳、實習工廠、試驗室、教室和宿舍，在1950年次第落成。

如果以我後來所讀過世界名校美國史丹福大學的標準來看，當時的海軍機校，從任何角度看都不像個大學，但以當年台灣的現狀衡量，確實又覺得難能可貴。因為當時台灣本只有一個大學，是國立台灣大學，前身是日本台北帝大；還有三個學院，為台北師範學院、台中農學院和台南工學院。清華、交大和中大那時都還未復

校，倒是軍中遷來有國防醫學院、兵工工程學院、測量學校和海軍機械學校。除海軍機校外，其他院校都有其悠久歷史和諸多校友，但唯有海軍機校除了保有還不錯的學生素質外，可說是一無所有。一個大學，尤其是數理為主的理工學院，最重要的是師資。在上海時，多虧楊槱教務長，他為機校教育體制和架構釐定了一個輪廓，雖然交大和同濟大學的教授未能隨校來台，但依照他既定的體制和綱領，在來台後教務主任朱邦儀的策劃下，於台灣尋覓適當的師資，未到兩年，一個後起的海軍工程學府竟矗起於南台灣，也堪稱一個時代的奇蹟。

記得那時，機校校長不止一次到台北招聘教授。當時師資主要有三個來源，其一是聘請台南工學院教授來機校兼課，特別是抗戰時期由當時航空委員會選送去歐洲研習航空工程的人才，如張燕波、張象賢、張丹教授，以及朱良璽、李一匡、周達如、李詩長等教授。第二來源是聘請大陸陸續來台，分別在台灣各地任職的教授，包括厲汝尚、張霽秋、蔡英藩、曾啟新、劉耀翔、韓鏡塘、趙良五、朱耀衣、馬雲龍、蔡篤恭、楊寶林、張傳耀、張達禮、裘戀棠等教授。第三個來源是兵工界前輩如朱柏林、唐宏慶、鄧雨東、張錫綸、陳永棟、李錦文、魏傳曾等教授。

桂老總當初成立海軍機校的初衷，就是要「自力建軍」、「國艦國造」，因而海機校的教育宗旨就是要達成「國艦國造」。所以學校伊始即制訂教育架構為造船工程系、造機工程系、電機工程系（下分電力組及電訊組），以及造械工程系。此四個學系，除造械系儘可能承襲兵工學校的造兵系之外，其餘三系均直接師法大學工學院的造船系、機械系及電機系。海軍造艦當然以造船系為主，當時世界上有名的造船系並不多，所以教育行政主管即選訂以英國格拉斯哥大學造船系及美國MIT的造船系的教育計畫為藍本，幸虧曾在英國倫敦大學獲造船博士的厲汝尚教授在台灣，以及曾在英國

學造艦的夏新先生和柳鶴圖先生的精神指導，所以日後海軍機校校友，無論是在海軍造船廠、台船公司或中船公司，一直是造船界的主導。幾位在國外研修造船的校友，如王森在MIT造船研究所和陳學信、黃厚文在加州柏克萊大學造船研究所，都曾獲造船工程博士學位，對國外造船設計及學術上均留有相當建樹。

任何大學工學院的電機工程和機械工程都是不可或缺的主系，海軍機校自然亦不例外。隨著時代的進步，特別是電機系和電子工業突飛猛進，使得艦艇通訊、導航、定位、控制……，無一不日新又新。所以這兩個學系的發展不在此贅述。

特別值得一提的是「造械工程系」，也就是我所選讀的海軍機校「造械系」。「造械系」是既孤僻又冷門的一系，論重要性當然不輸任何一系，因為如果沒有軍械，所造的載具是商船而非軍艦，但製造海軍武器談何容易？全世界也未曾聽說過「海軍武器工程系」。當初設此系，我想應是只為了其重要性而忽視其可行性。當初我們選此系，也是為了好奇心而忽略了可讀性。當時總以為海軍武器與陸軍兵工相差無幾，海軍有大砲，陸軍也有大砲，海軍有水雷、魚雷，陸軍也有地雷；海軍有深水炸彈，陸軍也有手榴彈，所以造械系賴以為師的應就是兵器工程、兵器製造、外彈道學、內彈道學、火藥學……等。待至大二才發現全不是那麼回事！僅只海軍艦上主砲與陸上要塞砲來比較，其最大的不同是陸砲不動，而艦艇會動，不但左右擺（Rolling）、前後擺（Pitching），而且全方向搖（Yawing）。陸上可依外彈道計算的射程，但在海上一下子就落在水裡，其他水中兵器更不用提了，單指魚雷的動力系統和電源系統就足夠造船、機械和電機三系共同開發的了。

這樣一來，海軍機校造械系變成機校最脆弱的一系了。海軍軍械遑論自製？維護與保修均成最脆弱的一環。在以後的歲月裡，科技的發展與國際武器的競爭下，無論陸、海、空，作戰的觀念全變

了。飛彈（大陸稱導彈）取代了巨砲，導引技術取代了彈道計算，核能動力取代了高效率引擎。過去射程決定於初速，初速決定於口徑，初速不能遞增，所以射程也受限。如今飛彈射程取決於火箭動力，火箭速度可以遞增，導引方向也可以改變。過去巨砲、重裝甲的主力艦已被飛彈巡洋艦所取代，過去重轟炸機也被衛星導引的洲際飛彈所置換。這些改變愈發讓我感到羞愧，因為在海軍機校讀了五年造械系，實在是一無所獲，空手繳了白卷。

直到今天我寫這本回憶錄時，才慨然發覺，原來海軍造械的使命，我居然在三十年後，以迂迴路線從「材料科技」中，圓滿達成，細節容在以後章節中詳述。

機校生活片段和張天心先生

機校在左營復校後的四年裡，時局也發生重大的改變。1950年，國民政府全部遷台，總統蔣中正先生在台北復職。當年夏季，韓戰爆發，美國杜魯門總統宣布協防台灣，台灣頓時成為太平洋重要軍事基地。島內政治隨之穩定，轉而從事軍事、教育與經濟建設。

海軍機校從荊棘遍地的荒野中建起的新建築已陸續竣工，一時成為軍政活動的重要場地。蔣總統、蔣夫人和行政院長陳誠都多次到校視察，大演習的統帥部也設在校內，美國國務卿艾契遜及太平洋總司令都曾到校參觀。特別是新建禮堂「萬能廳」，一時成為南台灣重要集會場合，官校39年班、官機校40年班（機校已改稱41年班）的畢業典禮，都曾在「萬能廳」舉行，都曾由蔣總統親臨主持。官校39年班王葆琰（音「演」）點名時，被浙江奉化口音呼成「王葆淡」，王同學只有答「有」而不敢笑。（王葆琰曾在中科院同事，在美國西北大學獲博士學位，以後任教於國立的技術大學）。「萬能廳」經常作為名人講演及戲劇公演場地，機校喜愛戲劇的同學很高興有機會欣賞，但對大多數無興趣的同學則多了一份苦差事，因

為要經常陪著大官看戲，這是一般大專院校絕不會發生的現象。

1952年11月13日，強烈颱風「貝斯」侵襲左營，海軍機校損失最重，活動房屋十之八九全毀，已成蔭的大王椰，大半被浪型板削成兩段，圖書儀器損毀殆盡。學校被迫再度停課半月，幾耗半年重建始勉強恢復舊觀。

回憶起海軍機校的生活，有些特質是所有軍事學校所共有的，如軍事管理、政治教育。但也有些特質只發生在當時機校獨特的環境，譬如機校前三期學生，包括41、42和43年班，同學們在台灣幾乎都沒有家，以致學校變成了家，同學之間的感情像是兄弟手足的情誼，「貝斯」颱風之夜，我不顧自己的安危，下意識地要照顧身邊的弟弟姜達觀同學。另外一個特色是「純男性的社會」，因為當時軍校還未實施男女合校制度，同時因為大伙隨校遷台而在台灣又無親友，以致學校像是穿軍裝的和尚寺廟，再加上軍事管理、政治教育，因而在機校內萬難找到像是一般大學校園內自由讀書、自由戀愛、自由社團活動的青春氣息。

對這個軍事大家庭的成員來講，除了假日去高雄看電影，或蹲在宿舍打橋牌之外，似乎找不到其他消遣。因為生活起居均以學生區隊、高矮順序而分班分組，因而身材較短小的我，無形中與身材相若的姜達觀、陳永陵、林育平、楊超植、華藻、張明堂、楊順全等同學集結在一起，後來陳永陵和華藻在台北找到他們的親戚和表妹，機校畢業後，陳永陵與華藻與他們的表妹終成眷屬，兩位表妹倒成了「大家庭」兄弟間的維繫中心。

如前文「北平九中」一段所述，我是一個視「師教」才能念好書的人。老師教得好，我就讀得好，教得爛，我就讀得爛，老師不教，我也不念。因時局的關係，海軍機校當時尚無選課的制度，師資主要來源是台南工學院兼課的教授，而選系選了「造械系」，事實上也不可能由陸軍兵工的師資教好「海軍造械系」。姑不論海軍

陸軍的差異，既使在工學院的教授也對武器裝備所知有限。還記得台南工學院一位李教授上「火藥學」一課時說：「原子彈就如高爾夫球那麼大！」由此可知當時對近代武器無知的程度。如此一來，機校造械系若想配合其他三系來造艦，似乎是太難了。

　　儘管機校造械系是如此的脆弱，但我們的系主任朱柏林先生卻是我非常敬重的長者。他是兵工學校第二期的前輩，曾任六十兵工廠廠長，對輕兵器、步槍、機槍及子彈之自製有重大貢獻。他一生耿介清廉，為中國工程師之楷模，曾潛心研究「工時學」及工程設計之邏輯。他雖然自知以陸軍兵工之概念難以克服海軍造械問題，但他常以創新的概念來鼓勵我們克服工程上的問題，就這一點，他堪稱我的恩師。他的夫人朱師母，是我認識的婦女中最慈祥的母親，以致我們這一群無家的孩子，每個都像是他的親生兒子，逢年過節一起到老師家享受家庭的溫暖。

　　似乎我又屬於不甘寂寞的一型人，不讀書或無書可讀，那麼幾年來我又做了些什麼呢？於是我編刊物（海軍機械月刊）、出壁報、演話劇、參加演講比賽，甚至說相聲、演雙簧都有我的份。有一年的中秋節，我與張明堂同學把當時僅有四百位師生的名字，編成「中秋賞月」的故事，晚會上說給同學聽，最後一句我說：「你搞什麼名堂？」他說：「張明堂！」五十年後的今天，電視上稱之為「搞笑」。一個喜歡「搞笑」的人，四十年後會變成列名國際的學人，不僅當時的校長不相信，連自己也覺得「不倫不類」。

　　因為有辦壁報、寫文稿的興趣，在大一時結識了當時的政治指導員張天心、李澧和方有恆。他們都畢業於大陸時期的政大，雖然他們在海軍機校服務的時間並不久，但他們是畢業於文學校卻服務於軍事學校政工工作的先驅。特別是張天心先生，初到機校，他就勇於協助校長將白色恐怖受難的同學保釋出來。從他主編《中國海軍》而指導我寫作起，直到他後在美國華盛頓，及後因槍殺人被判

無期徒刑囚禁牢籠，先後五十幾年，我們仍都一直保持聯繫。他也是我此生所認識的奇人之一，我願在此以簡短的篇幅記述一下他的生平與事蹟。

張天心出生於海軍世家，父親為海軍宿將張承愈少將，自髫齡即投考清代「江南水師學堂」，先後六十年，從未脫掉海軍制服，退休後，曾任高雄市議會副議長。大哥張天淯，海校習航海，曾任著名的中山艦上尉副長，於抗戰初期調佈雷隊隊長，在湖北長江水域遭日機轟炸，壯烈陣亡。二哥張天鈞，畢業於電雷一期輪機班，為留德海軍，曾任美國贈輪「中正號」輪機長，抗戰末期，在印度洋遭日本潛艇襲擊，悲壯殉難。天心幼弟張天玖少將，海官校38年班，航輪兼修，不幸在赴左營鳳山公差車禍殉職。

天心本人是作家、畫家、京劇絃樂家，他出身政大，專攻政治，才華橫溢，在文藝界著有名聲。曾服務於海軍機校，後任海總政戰部主任趙龍文之機要秘書。因中英文俱佳，為救國團所羅致，

▲與張天心先生合影於台北市，文山（1986）。

派往美京華盛頓工作。他曾在美國大學讀書，先後在駐美大使館任周書楷大使的秘書，及駐比大使館文化專員等職。中比斷交返美京後，曾經營「北京樓」餐廳。天心文質彬彬，卻好義尚俠，廣交藝文人士，朋友有難，會傾囊以授，路見不平，更會拔刀相助。美京藝文圈中，無論作家、畫家、記者或京劇名角無不樂與為伍。他更拉得一手好胡琴，台港及國內一流京劇名角薛亞萍等，均留請他伴奏過，他也常為當時寓居夏威夷張學良先生的座上客。

1999年他憤於周某人破壞名譽及勒索鉅款，竟舉槍殺之，隨即自首繫獄，藝文界朋友無不感嘆，認為不值。張天心先生於2003年9月28日，病逝於華府獄中，享年八十歲。他對作者撰寫自傳，倍加鼓勵，曾親自校讀本書前九章，並予斧正。

一般大學教育為四年，我們卻讀了五年。在時間上，正值國共內戰；在空間上，同學來自全國各省，南京覆試，上海就學。復隨學校南遷，從上海遷馬尾，轉馬公到左營。同學五年變成患難戰友，如今要畢業了，難免有家人分別的情懷。畢業前，我們的42年班，造船、造機、造械、電機、電訊各系推選鄭兆輝、張傳衡、許樹恩、劉兆全、張延熙等五人，共組畢業籌備會。在無家、無業、無任何資源情形下，我們還是辦了謝師宴，另每人製備一具廉價皮箱和一本同學錄。同學錄由我與鄭兆輝共同主編，封面由姜達觀同學尊翁姜伯彰委員轉請于右任先生親題「海軍機械學校四十二年班畢業同學錄」。

畢業後，同學仍保持密切連繫，同學遇有困難，彼此熱情支援彌足珍貴。張傳衡同學與護專劉碧君小姐戀愛為劉府所反對，同學們對協助家庭革命最感興趣，他倆也終於破除障礙共組小家庭，和後來我結婚時一樣，連洞房被褥都由同學縫製。當我寫此自傳時，張傳衡夫妻已依子女移民美國，劉碧君女士在六十五歲高齡，仍能在Okalahoma大學取得博士學位。

機校五年竟無學位

海軍機械學校建校之初，同學們無人考慮「學位」問題，事實上也沒有頒與學士學位的必要。陸軍兵工學校、測量學校、國防醫學院均有悠久的歷史，也從未因學位的問題影響他們學術的地位，學校遷台過程中，更無暇顧及此一問題。直到機校41年班畢業前，方發覺總統授階「海軍機械少尉」，對於所受的大學教育並無直接關係，尤有甚者，在國內研究所陸續成立，研究所受理報考的條件是要具有相關科系的學士學位，這樣一來，才突顯出學位的重要性，以及沒有學位的嚴重性。

儘管我國各部會都有設置大學的權責，但授予學位的主管部會為教育部，教育部所依據的是立法院所通過的「學位授與法」，而在大陸時期所頒佈「學位授與法」，並無授予軍事院校學位之規定。如期授與在台建校的海軍機校學位，則必須由立法院修法或新頒「軍事院校學位授與法」，這是多麼複雜的工程！

在1950年代，海軍機校有四位校友的父親是立法委員，就是姜達觀同學令尊為姜伯彰委員、伍法岳令尊為伍委員、郭子斯同學令尊為郭委員，以及杜培春同學令尊為杜委員，他們都熱心於修法，但必須符合教育部的準則。於是選擇由國防醫學院、兵工工程學院、陸軍測量學校，以及海軍機械學校四校，分別提報教育計畫、課程標準、學分準則、教授陣容……等，由教育部提出審核意見，復交審查委員會實地查核，最後覆請立法院三讀通過立法，終於在1954年頒佈「國防院校學位授與法」。可是這遲來的喜悅並沒有我們第一、二期校友（41、42年班）的份兒，因為根據中華民國的法律，法令是以立法院三讀通過之日起生效，儘管一切教育內容標準是以本年班為依據，但真正授予「工學士」學位的是從43年班開始。當時王先登校長已離職，由新任校長袁鐵忱少將接任，當他聽

到同學的失望怨言後，說了句歷史名言：「享受革命成果的人，都不是革命先烈」。

就讀海軍機校時，另一件涉及同學權益的事是「兵科」的問題。原來海軍分為「海軍兵科」與「海軍業科」兩類，兵科軍官（Line officer）是指揮作戰的「通才」系統，而業科軍官是專業限職軍官，包括機械、工程、財務、補給、軍醫、軍法、測量……等科別。兵科軍官可以擔任任何專業機構的指揮官，但業科軍官只能擔任與本職相關的主管官。在軍官服飾上也有明顯的區別，機械軍官是齒輪，工程軍官是城門，軍醫是醫生標誌，軍法則為一天平。初時並不以為意，畢業時，任官令上亦稱「海軍機械少尉」，但久之則感到不平，海軍官、機校本就聯合招生，甚至機校平均成績超過官校20分，怎麼同樣讀了四年（41、42年班為五年），畢業後，機校同學不能去當艦長也就罷了，官校同學不讀理工，反而可當廠長？這種「不平」並非由機校同學反應，是由海軍總部主動發覺，自44年起更改官科，凡海軍機校畢業生（含41、42、43年班）與官校畢業生同樣授與「海軍兵科軍官」。孰知這樣一來也產生了副作用，副作用的後果是結束了「海軍機校」的生命。

海軍機校的崛起與消失

海軍機械學校自1947年在大陸上首屆與官校聯合招生起，至1958年在台灣招收第七期（47年班）學生止，先後共11年，共招收八期學生約五百二十餘人。第一、二期均在大陸分九個考區聯合招生，並分初試與複試，第三期亦在大陸聯招，但僅有三個考區，自第四期起均在台灣招生。

海軍機校是因時勢需要而成立，以期達成「自力建軍」、「國艦國造」，那麼十年後，海軍機校的消失是否因為時勢的「不需要」？四十年後，我們客觀的檢討，我認為答案是否定的。機校的

消失主要原因有二:一是機校校友的出路有限,第二個原因是阻礙了官校同學的出路。

這兩個原因都是現實的問題,儘管機校校友取得了與官校同學同樣的官科與官階,甚至配得了工學士的學位,但在「專業」的型態上,永遠是工程、技術的軍官,而在海軍工作的範疇裡,屬於工程與技術的職位實在有限,在僅有的幾個造船廠,很快呈現飽和。另一方面則是改成「海軍兵科軍官」的副作用,固然說機校出身的兵科軍官永遠不會去當艦長,或作艦隊指揮官,但是指揮官以外的職務,例如古嘉謨同學做了馬紀壯總司令的侍從參謀,後來馬先生作了駐泰大使以及中鋼董事長,古一直跟隨他,直到馬先生任總統府秘書長,他才將古外放。而這一侍從參謀的職缺,本就應該由官校出身的軍官來擔任。當這些事例交由幾位海軍指揮官分析,藉以研究改進海軍教育體制時,很自然的引出「海軍領導一元化」的結論,終而導致海軍機校改制,並停止招生。畢竟軍事將領中,秉持像桂老總「為國儲才」眼光的人少之又少。

首先是將「海軍機械學校」的校名改為「海軍專科學院」,停止對外招生,將已錄取的48年班,可依志願改分發至其他軍事學校。機校曾招考兩組二年制的「廠務專修科」,重新召回續讀兩年改修電子工程,並授與學位,稱「43年班乙組」。已經在校的45、46、47年班,則仍依海軍機校名義讀畢全程。此時,並增設學員班,專門收取海軍官校已經畢業,現職軍官有志於電子工程專業者,受訓時間為三年。直到1964年,學校再改制,成立「海軍工程學院」,恢復對外招生,招收57、58、59、60等四個年班。這些軍官到後來很多成為中山科學院的骨幹,包括海工院57年班電子系畢業曾任院長的劉金陵中將。

當海軍機校停止對外招生時,國防部已醞釀成立囊括海、陸、空、聯勤的理工大學。後來經過幾年的籌備、規劃、勘測,終於核

定以兵工工程學院、海軍工程學院、與聯勤測量學校，三個學校為基礎，在桃園縣大溪鎮員樹林成立「中正理工學院」。隨著中正理工學院的誕生，「海軍機械學校」已納入時代洪流，成為歷史名詞了。

1998年10月31日，中正理工學院院慶，我以「榮譽校友」名義受邀返校接受表揚。榮耀有餘，但總覺得缺少「歸屬感」。

時光荏苒，海機校最後年班（47年班）畢業的校友，如今健在的平均年齡也已68歲了。當本書出版前，我將海軍機校42年班一百零七位同班同學的現況，作了如下的統計：仍在台灣者四十四人，海外落戶者三十七人（大多在美國），已故二十人，失聯六人。本班同學海外獲博士學位者十二人，獲國內外碩士學位者二十七人。在已經畢業約五百二十位校友中，我作了如下的統計：

海軍二級上將一位：劉曙晞

海軍中將三位：伍作海（改陸軍兵科）、陸寶蓀、周敢

海軍少將九位：孫可時、于潛心、陳本楨、張延熙、劉永國、
　　　　　　　孫善田、袁杰、吳德鈞、韓光渭

獲國內外博士學位者：五十六位（國內三位）

獲選中央研究院院士者：韓光渭

獲選澳洲國家科技工程學院外籍院士者：許樹恩（唯一中國人）

因手邊的資料有限，或有遺漏者。

第四章　機校畢業後的國內外短期訓練

　　1953年6月，海軍機校畢業後，同學們被分發到艦艇上參加海上見習三個月，我們七人：謝鴻昌、鄭兆輝（以上造船系）、李舒炯、劉家琳（以上造機系）、陳永陵、許樹恩（以上造械系）和馮凌定（以上電機系）分發到「峨嵋號」軍艦為見習官。

畢業海上見習去日本

　　峨嵋號是當時中國海軍最大的一艘軍艦，雖然是運輸艦，卻有十分光榮的歷史。它曾於二次世界大戰參加過多次戰役，是屬於運輸、補給兼修護的船隻。美國海軍尼米茲上將曾經在艦上當輪機長，並且在艦上工廠裡傷過小手指，此艦在戰後依租借法案撥交我國。在前文「國立北平高工」那段文裡曾經提及，齊育英讀山東大學醫學院時，曾參觀青島灣內的峨嵋艦，寫信給我，他雖無意為海軍作宣傳，我卻因他報導此艦而嚮往海軍。而經投效海軍五年後，居然分派到這艘軍艦上見習，所以報到後，我對這艘船倍感親切。

　　更令我興奮的是，峨嵋艦將遠航日本，軍事任務部份當然我們沒有必要知道，但因海上見習而有機會平生第一次出國，總是夢寐以求的事。艦艇出國遠航，對艦上的軍官而言也是大事，我們見到艦上出航前的忙碌。但好事多磨，就在啟航的前夕，主機試車時竟將鋼纜纏在車葉上，出此紕漏又不敢聲張，一整夜排除故障，找水鬼水下燒焊，終於在次日準時啟航。這時全艦官兵包括我們七個見習官在內，大家才鬆了一口氣，擦了擦冷汗。

　　巨艦航行在海上，平穩舒適，途經中國東海，海水由碧藍轉深藍，百年前這一海域不就是大清海軍全軍覆沒的地方嗎？歷史上演

諷刺劇，百年來，中國人受盡日本人的凌辱，百年後我們竟乘艦駛向戰敗國日本。海風習習，偶爾捲起艦首浪花，灑在臉上味鹹而苦澀，憑欄遠眺，記起讀沽小上音樂課時的《遠航歌》：「今日離別故鄉，橫渡這太平洋。肩膀上責任重，手掌裡事業長。我熱血如潮湧，我心底比朝陽。要衝破萬里浪，謀幸福為國光。汽笛高聲前進，國旗隨風飄揚。回頭祝我中華，萬歲無疆。」今天寫出，看起來似乎有些唱高調，但當時二十幾歲的年輕學生，確實懷此凌雲壯志。

海上見習官不同於醫院的見習醫生，見習官的職務就是「見習」，不必真的動手，所以見習官可在艦上各處走走，各處看看。你可以到駕駛台看艦長指揮航海士官的權威，看他喊：「左車進三」或「右滿舵」，航海士達成轉舵盤及轉達機艙速度的任務後，要重複艦長口令。航海官則隨時作海圖測量與定位，特別是在航經島嶼或燈塔時，值勤的官兵就要忙上一陣子。當然，我們更要下機艙，見習主、輔機的運作，因為海機校的見習官將來是要主管輪機的修造者。見習官既是軍官也是士官，用膳集會時是軍官，活動與見習時則是士官，所以與全艦官兵打成一片。

峨嵋艦駛抵日本後，泊東京灣內之橫須賀（Yokosuka）美軍基地，此時已是二次大戰束後的第八年，日本的都市市容，已逐漸恢復往日的繁華。鄰近美軍軍港的街道仍然酒吧林立，特別是「花街柳巷」真的垂柳成行。我們幾位小見習官有時搭乘軍區巴士外出，只要一上車，車內的日本人，無論男女老少，全部站起來讓座，初時感到驚訝，後來我們不得不佩服日本民族的「能屈能伸」。侵略中國時那種窮兇惡極相，與無條件投降後那種「卑躬屈膝」的德行，日本人都扮演得淋漓盡致。直到2000年以後，全世界旅遊勝地，只要看到日本人的減少，你即刻就可推斷日本經濟也在不景氣。其實，並不是經濟不景氣減少了旅遊的費用，而是國家經濟不

景氣，每個國民都要自動束緊腰帶，就如同天皇宣告投降，每個國民都要當亡國奴一樣。

到了日本，當然少不了去東京一遊，我們是真正所謂「窮遊」，因為大家本來就囊空如洗，艦上發給幾天的出國旅費，僅能作為購車票。在東京旅遊的重點，就是皇宮四周和上野公園、淺草。皇宮對面的聯總（聯軍總部）當時尚在，日本天皇曾親自到聯總向麥克阿瑟將軍拜謁。歷史就是這樣殘酷，神聖不可侵犯的天皇要向佔領軍統帥屈膝也是應有的禮貌。

我國是主要的戰勝國，也是日寇侵華受害最慘的一國。戰後收復原本就屬於中國的台灣外，對佔領日本，我們並未顯示具體的行動。包括維持日本天皇制度在內的「以德報怨」，究竟是「正確」或「錯誤」的決定，仍有待歷史家去評斷。三十年後，一個原屬中國的「釣魚台」小島，仍被戰敗國據為己有，國人方始警覺，對日本人「以德報怨」不是施德而是窩囊。此時尚有下台的總統說「釣魚台」是日本的領土，部份中國人更感窩囊的是，怎麼選了個日本人來當總統。

日本明仁天皇曾訪中國大陸，行程中曾安排其參觀西安的「碑林」，我覺得這一安排非常得體，是讓小日本的天皇來體驗一下中國文化的長遠、博大而精深，竟試圖侵略、蠶食而併吞中國，豈非痴人說夢？但另一方面，我也奇怪，這幾千年留下來幾千個民族資產的石碑，怎會在「文化大革命」之後尚能倖存？

軍援出國受訓──水雷維修保養及教官訓練

凡接受美國軍援的國家，接受任何軍事裝備，都必須附帶使用維護保養該項裝備的職前訓練，以及傳授給相關人員的教官訓練。美國各軍種都設置有訓練中心，各中心依專業性質設置各種學校，各校內再分不同的班次，訓練時間也因技藝的難度而各有長短。

較難的如電工班，授課時間長達五十二週，較易的如教官班則僅三週。因為接受美國軍援的國家很多，所以訓練基地內的學員，來自除共產國家外的各個國家，儼然像是小型聯合國。各班的訓練教材，只求實用，不講理論，編寫得非常恰當且有效果。

軍援出國受訓的學員之訓練經費，全部由軍援項目支付，受訓學員之差旅費及日常生活費，亦直接由美金支付。因為國內待遇與國外待遇相差懸殊，以致受訓時間較久的班次，成為競爭激烈嚮往的目標。海軍總部每年舉辦軍援留美出國考試，除公布次年出國科別、報考資格及限制條件外，同時也制訂返國後工作的限職與再出國的管制。海軍軍援出國最熱門的科目是讀P.G. School（Post-graduate school），相當於美國海軍研究院。官校校友可報考一般兵科（General line），機校校友可報考兵器系、電機系及機械系，時間皆為兩年，亦可獲得學位。因為台灣當時軍人尚不准自行申請出國留學，因而軍援留美，特別是較久的科目，成為改善生活最好的途徑。至於受訓後的職務調動，反而成了次要問題。機校同班好友林育平的英文程度好，考取P.G.，但因一年後科目取消，他反而考取專為政工而設的「新聞班」，返國後，他不得不在國防部新聞局工作了一段時間。

1956年，我考取了水雷保養維護軍官班，當年同時錄取的名單為何炳鑫少校（官校39）、王興祖上尉（官校41）、許樹恩中尉（機校42造械）和歐陽旭中尉（機校43造械）。我們同時出國，這也是我第一次去美受訓，受訓地點在東海岸約克郡（York Town）。當時出國所乘飛機為四引擎運輸機，沿途停關島、瓜加連、夏威夷及舊金山。到舊金山後搭Pullman火車，車票早已備妥，乘坐四晝夜到東岸。按照美國習慣，軍官要坐頭等車廂，每人一單間，空間利用異常有效，沙發折起、牆壁拉平變床鋪，窗下板架拉起成書桌，座椅翻轉為馬桶。皮鞋脫下，放在門側在上的櫃架裡，隔夜有黑人從走廊取走擦亮再

放回原處。用餐在餐車內，當然費用可觀，只好減少用餐次數以節省費用。車到芝加哥停留六小時，特意安排了可到市區一遊。畢竟四晝夜的火車實在太久，疲倦單調取代了豪華與享受。

約克郡在維吉尼亞州諾福克（Norfolk）港之西郊，有約克河相通，為美海軍水下作戰基地。我們受訓的學校為「水雷作戰學校」，所受訓的班稱「水雷保養維護軍官班」。因為當時受援水雷裝備，只有六號繫留水雷(MK-6 mooring mine)，是當時水雷較落伍的一型。水雷的維護與保養本就是士官或士官長的工作，所以這一「水雷保養軍官班」是專為我們而開，雖然教官大半為美海軍士官長，但在上課或實習時，實驗室內一定蒙蒙蓋蓋，唯恐我們偷看了不應學的東西。儘管如此，感謝這學校，他們依然安排了一些比六號水雷更尖端技術的課，如參訪磁性水雷及壓力水雷的機構，以及講述偵測與反偵測原理。因為同行兩位官校軍官未來的服務單位將是水雷作戰，而不是水雷保養。

事實上，無論水雷設計或水雷作戰都是非常複雜而深奧的學科。水雷設計涉及利用各種物理能，如聲、光、電、磁、熱、力、化學等能量轉變為啟動水雷檢偵器（sensor）的機構，因而有聲雷、磁雷、壓力雷及合成詭密雷的設計。至於水雷作戰，則涉及佈雷、雷區設計、佈雷安全（不炸自己的船）及掃雷。難以想像的是，大學工學院的作業研究系（operation research）原始概念是源自「雷區設計」。

因受訓地點約克郡距美京華盛頓及紐約較近，我們曾親自目睹美國總統艾森豪就職的花車遊行場面。在白宮前行駛的板車上，一位球員將高爾夫球打起，讓艾森豪剛好接到，跟著是一陣掌聲。

我們四位曾到華盛頓郊區張天心先生的家裡，他與夫人胡道英女士熱誠接待。那是他們赴美後，第一次接待同儕的海軍。在他家裡，可以弈棋、可以打乒乓球。歐陽旭是球類高手（包括籃球、排

球、足球、及網球,日後他以網球教練名義為美商所聘),他的不敗記錄,在張府曾保留多年。

我自己曾於週末到紐約拜訪長輩張銓念先生,張先生是恩師朱柏林先生的連襟,我們稱他的夫人為姨母,他服務於聯合國秘書處多年。接我到家後,曾親自帶我參觀帝國大廈及聯合國總部,當時正開聯合國大會,他帶我進入會場,坐在最後一排,示意我戴上耳機,扭轉椅把上之English、French、Russian及Chinese(以後加Spanish)任一電鈕,則立刻聽到的是聯合國四種通用語言之一,而不管台上發言人講的是那國話,耳機中皆能聽到中國語發音,此刻方感到身為常任理事會員國的中國人的榮譽。張先生就是在秘書處翻譯組服務,我們所聽到的翻譯幾乎與原音同步,即所謂「直譯」。但如果發聲的是非洲奇怪的語言,則必須先譯成英文再轉譯為通用語言。如何能聽到像是「直譯」的聲音,我一直感到不解。張先生說了一個有關翻譯語言的笑話給我聽:聯合國秘書處有位語言專家,通百餘種語言,秘書處同仁給他起了個綽號叫「秘書處之怪」,當遇到非洲小國初到聯合國發言時,必須請這位怪物出來,請他將古怪的語言譯成英語。有一天,秘書處同仁捉弄他,拿一張唱片給他聽,請他譯成英語,只見他搖頭擺尾,終於承認聽不懂這是那國話。原來他們是將法國話唱片倒轉,聽得懂才怪!

張先生與劉姨母共生育三名子女,當我去紐約時,長女玨玨七歲、次女林林五歲、幼子朋朋二歲,都非常聰穎可愛。親友們常慫恿他們再生一個吧,張先生很幽默,說你如果能找到一個並生四劃的字,我們就再生一個。幾年後,恩師朱柏林先生告訴張先生說他找到了,他在康熙字典上發現了個古字「犬犬」,頗令張先生折服,但他們還是未再生。後來這三個孩子拿到四個博士,張玨是強‧霍普金斯的博士,張林是耶魯的文學博士,張朋拿到麻省理工學院的數學和物理博士。

　　我們一行人在水雷作戰學校結訓後，再搭火車到伊利諾州的大湖（Great Lakes）報到，接受為期三週的教官訓練。大湖位於美國最大的湖（Eric）之西岸，介於芝加哥和米瓦基之間，是美國海軍的潛艇基地，也是最大的訓練基地。大湖地區冬季酷寒，軍區規定天冷時可著大衣帶手套，但不准將手插入口袋裡，除非零下四十度。當然這是噱頭，意思是說這個地區到過零下四十度。零下四十度時，不管是攝氏或華氏都是 -40°（-40℃ = -40℉）。

　　前面已經提及美國海軍的職前訓練，非常普及有效率，不同的職科，調職要訓練；相同的職科，升等升級也要訓練；自己工作要訓練，教別人工作也要訓練。以艦艇上的職別來分，有航海、帆纜、槍砲、彈藥、通訊、雷達、聲納……等，每一科又分士官長、上士、中士、下士和上等兵、一二等兵的不同職掌，所以可以想像會有多少班。如果再算上援外訓練，依國別、依程度不同等，所以說，要維持一個強大的海軍，小而窮的國家那有可能？

　　教官班是最通用的一個班，是教你如何將本事教授給別人的班別。訓練班的教材大概是一群心理學的老師所編，一切均採機械式，或者數據化，譬如「引起學生注意」的方法，有念出來幾點，寫出來幾點，突然叫一聲幾點，敲黑板幾點，又念又敲幾點……等，然後以積點及統計曲線表示出來。又譬如當上課時忽然有一位漂亮的小姐從窗外經過，正常情形一定是你看、我看、大家看，提示給未看到的同學也看，引起一陣騷動，影響了上課。那麼，教官如何收拾這種場面？於是也用統計，教官說：「你看什麼？」幾點，說「不要看！」幾點，等一個個看完了再上課是幾點……等。結果，最有效的方法是教官說：「大家看，窗外有位小姐！」等大家一起擺頭看一下，「好，繼續講！」這樣恢復秩序最快。

　　實際上這種訓練是專為訓練士兵職訓而設計，左營士兵學校就沿用教官學校的教學方法，但在其他的教育單位則完全不適用，我

在台大教了二十六年書,就從未使用過這些招式。

在大湖基地遇到很多軍援出國受訓的我國海軍軍官,一到假日,就有一位美國老太太開車到基地來接同學們到她家,她叫陳德勒(Mrs. Chandler),家住瓦基根(Waukegan)的小城裡。到了她家,可以隨便做什麼,開冰箱、喝飲料、打乒乓、看電視,老先生從不干涉,他也從不嫌煩,老太太也從來不會客氣,所以同學們到了她家既像到了俱樂部,也像回到了家。廚房裡掛了張紙,上有編號,新去的人要簽名其上,我的編號好像是36號。如果有人第二次去大湖受訓,則在編號前加顆星。簽名單上掛了支小錦旗,上寫「中國海軍之家」。從簽名單上你可以知道誰曾去過大湖,早期的,有的當了艦長,有的當了司令。到軍援受訓停止前,名單上已簽滿了一百多人,去過的人一定都知道這位老太婆。

1983年海總曾安排她到台灣,在碧海山莊的歡迎會上,總司令親自主持,與會者同其眷屬達百餘人,他將每一位都視為自己的兒子,一時她真的像是作了「中國海軍之母」。多少年來,她這樣熱心的招待,又需可觀的消費,有些同僑懷疑她是受到美國政府的貼補或津貼,對這種想法當然無法證實或否定,而其實也都無關重要,她長久熱心對中華民國海軍的照顧總是感人的。1965年我在美國西北大學唸書時,地點在Evanston,距離大湖很近,當我告訴他我在西北後,她幾乎立刻開車來接我及其他機校同學回家。不但照顧我們,連黃錫麟(曾任海總參謀長)的兒子黃萬生夫婦,當時在CIT讀博士,她也一起接待,這時我才知道,她那種外表不會客套而內心熱情的慈愛,原來是她的本性。我與她這種母子交情淡如水的關係維持了二十年。大約十年前,她自費周遊世界兩周,用盡自己的儲蓄後,病逝於華府老人院。

大湖受訓結束後,學員分別賦歸,並可採不同途徑及方式。有家的軍官當然歸心似箭,可以採最快的陸上交通工具到舊金山向三

軍後勤聯合辦公室報到，對無家眷或不急於返國的軍官則可選擇搭Pullman火車、乘灰狗巴士或自己開車等三種方式的其中一種。任何一種選擇都可領九天差旅費，意指限九天內到舊金山報到。當然選擇自己開車比較自由，並可多看些地方，但必要條件是要有駕駛執照的。

　　美國主要三大汽車公司福特、通用及克萊斯勒生產重心，都在中、東部，芝加哥是集散中心，出廠新車輸運至東西岸均靠火車，每部車的運費可觀，因而汽車公司銷售部門鼓勵人民免費租車，只要你在兩週內將新車開往舊金山或洛杉磯，不但不收租金，還發予二十元美金做為酬勞，但路上油費要自己負擔。因當時會開車有執照的人少之又少，但居然還是有，官校兩位同學就搭原在大湖受訓人的租車回加州，我與歐陽旭則搭兩位韓國軍官所租的新車西返，因為他們也在找伴兒以分擔油錢，如此，我們就中韓合乘，開始這四、五千里的長途旅行。最初兩天，尚感新奇，白天趕路，餓了打尖，晚上則住路旁motel。本來原想藉此機會橫貫新大陸，旅遊觀光，孰知沿途各州Illinois、Iowa、Nebraska、Wyoming、Utah、Nevada、California一個比一個荒涼。有時走幾個鐘頭見不到一個人影，哪有心情欣賞荒郊野外風光，下午天未暗，若遇到motel，就趕快住下來，一是恐駕駛韓國朋友太累，二是未知前面尚有多遠才有住店。兩位韓國軍官並不協調，偶鬧意氣，其中一個竟然用罄袋中美鈔，還向歐陽旭借錢（一年後寄還）。好不容易於七天後駛到舊金山，每人一身疲憊，以後再也不敢做這種事。

　　我們同來的四位中華民國海軍軍官，聚齊後向舊金山區三軍聯合後勤辦事處大廈報到。讓我印象深刻的是安排陸海空軍受訓軍官返國的太平洋區負責人，竟是一位士官長。在台灣我服務過的一個單位，汽車隊隊長是個上校，比較起來，真是不可同日而語。他安排我們與去時不同的航站加油，最後一站是菲律賓的蘇比克灣，住

B.O.Q.（單身軍官宿舍）時，還要提防菲傭偷竊。返國後，派往新的工作單位，必須與受訓內容相符，我與歐陽旭同時派往水雷工廠服務。一年後，在水雷場工作期間，險些要了我的命，留在下一章說明。

珍珠港光儀修護工廠實習

先前所述，無論是學校讀書或國外受訓，當時我是單身漢，走到哪兒吃到哪兒，一個人吃飽無虞其他。但自本段起，無論是國內外受訓或讀研究所，當時我已結婚，除了個人溫飽外，更需要耽掛著我的另一半。

1961年（此年稱為Bottom up「倒轉年」，即上下看，倒轉看都一樣，以前的倒轉年有1881、1691、1111、1001等年份，但以後的倒轉年則要等到6009了，我曾考取軍援留美P.G.兵器班，那是可在美國蒙特芮（Monterey）P.G. school研讀兩年的學校，考取P.G.可先在國內軍官外語學校進修英文。但在出國前，此班名額忽然取消，是訓練經費的關係，因為一個長期班的經費，相當很多短期班的經費。於是我被徵詢要不要接受短期的光儀修護訓練，當時我已有家室之累，只有答應，主要的是受訓返國後必須調整工作與單位。

1961年冬，我們一行五人，張惠林（官校）、陸式祥、戴義國、劉宏光和我（均機校造械），同去珍珠港美國海軍造船廠實習，每人科目均不同，我的光儀訓練時間最短僅六週。砲儀訓練較久，為時四個月。光儀訓練是在工廠實地操作五吋砲測距儀和雙目望遠鏡的整修和維護，每天和工人一起上下班，因為工廠是實地修與造的單位，整修的光儀也都是從軍艦上卸下來的待修品，所以整舊如新的光儀不但是實習教材，也是將裝回艦艇的實用裝備。因此實習作業可馬虎不得，六週後，確實覺得此項實習訓練頗有收穫。

　　實習訓練之餘，我特別注意光儀工廠的工廠管理。因為光儀維修項目之一為雙目望遠鏡，雙目望遠鏡有很多種，主要一型是艦上艦長使用的，也有一型是民間旅行眺望用的，因而專門維修雙目望遠鏡的師傅，成為民間工廠或公司爭取的對象，有些則從事兼差，或請假兼職接工作。我留意工廠如何處理這類問題，有一天我發現經常請假師傅的桌上，壓著張紙條，大意是說：「這裡有桶水，你把胳膊伸下去，一定覺得你的拳頭佔據了很重要的一部份，若抽出來看來一定留下大窟窿。可是，你把胳膊抽出來試試，水面一陣波動後，那桶水還是那桶水，世界上沒有非你不可的事。」果然，第二天那位同仁就恢復了上班。

　　夏威夷珍珠港造船廠也就是日本偷襲珍珠港的主要目標，炸沈的一艘主力艦，至今甲板仍露出水面，每天有水兵去升旗，警示後代官兵，要承受戰爭的教訓。珍珠港被偷襲當日，當地時間12月7日是星期日，官兵放假，故大半主力艦、巡洋艦，泊於珍珠港內，幾乎全被日本空投魚雷炸沈，但是日本海軍百密一疏，居然未曾轟炸造船廠，雖然美國海軍損失了約百分之五十六的海上戰力，但日本卻低估了造船廠的修造能力，以致不到半年的時間，太平洋戰局就扭轉，終而導致覆亡。我們實習時有機會實地到造船廠各船塢碼頭及工廠參觀，憑添幾分感慨。

　　夏威夷州的行政及商業中心為檀香山火奴魯魯，一到機場當地女郎持花圈迎接，一聲「Aloha！」代表「歡迎！」、「你好！」、「祝你快樂！」，以及「再見！」。當地華僑十分熱情，聞知有祖國海軍在珍珠港受訓，必安排歡迎餐聚，盛情感人。尤其是老華僑，對國父孫中山先生曾在檀香山組興中會、倡革命，無不引以為榮。一位名雷華的老華僑邀我們到他家，他的房子在半山腰，是他親手建造，俯視可一覽珍珠港無遺。他指一座小屋給我們看，說在那屋內曾住一個年輕的日本間諜，耗費一兩年的時間，在那裡測

繪、照相、統計美艦的進出，難怪日本航空隊炸得那麼準。印象深刻的是雷老先生的客廳，天花板漆藍色，牆壁白色，地板漆紅色。置身其中，不忘「青天白日滿地紅」。他的感人事蹟，我曾寫了一篇「雷老英雄」刊載於中央日報副刊。

軍官外語學校留美儲訓班

上文提及我於1961年，曾經考取美國P.G. school，而獲准在軍官外語學校進修英文，攻讀為期六個月的留美儲訓班。對我而言，這是一個難得的機會補習英文。在一連串的坎坷求知路上，一直沒有一個好的環境、好的老師教我英文，我也一直認為英文是我脆弱的一環。既使已老邁的現在，我仍認為如果我有更好的英文基礎，學術成就會倍於現在。我時常鼓勵年輕人，在這個時代裡，幫助你攀登事業高峰的兩個最重要工具，一是電腦，一是英文。

畢竟軍官外語學校的留美儲訓英文班是專為留美學員而設，主要為留美受訓之實用，故課程重點多在會話與理解，若冀求英語程度之增進則屬奢求。無論如何，對我來說，這是一個難得的機會，對我後半生的學術研究，也有相當裨益。在此我願將在外語學校經驗的兩則趣聞記下，或可減少讀自傳的枯燥。

第一則「風趣的三民主義老師」：教我們英文三民主義課程的老師是張彝鼎，他曾任總政戰部主任，為人風趣。他說印度人的英語很難懂，他們將 "t" 的音唸成 "d"。有一天，印度甲被問："How old are you?" 印度甲答："I am dirty(thirty)." 再問："How old is your wife?" 印度甲再答："She is dirty, too (thirty-two)."

第二則「聰明的翻譯官」：國外的訓練中心有一次專為中國將領們開了一個「將官班」，並有翻譯官隨行，有一天，教官講了一個洋笑話，講完以後，沒有一人笑，因為大家都聽不懂。教官非常失望，請台下的翻譯官把笑話翻譯出來。這位翻譯官靈機一動，

向大家說：「方才他說了個笑話，大家都不笑，你們說好笑不好笑？」於是大家哄堂大笑，教官也滿意的笑了。

國內研究所進修補習班

　　1960年代，在台灣研究所已陸續成立。有的是因為大學部已具基礎，因向上提升而自然擴充的，如台大物理研究所，以及台南工學院的機械工程研究所。有的因為重點需要，先設置研究所而隨之進行復校，第一個是清華核子物理研究所，第二個是交大電子研究所，第三個是先設置在苗栗，爾後遷至中壢的中央大學地球物理研究所。當然成立研究所的首要條件是要有優良的師資，上述各研究所都是有原在大陸、美國，或台灣的各校學者校友暨校長登高一呼，方能成立。其次是要有優秀的研究生，選拔優秀學子的方法就是幾千年的掄才制度──考試。

　　六〇年代，軍職人員是不准自費出國的，既使有機會出國進修，學成而不歸也是要被通緝的。曾任中鋼技術副總的魏傳曾博士，兵工六期出身，在伊州大學獲學位，任教密州州立大學多年，也曾被通緝過。後來，海軍機校幾位有特殊背景的校友，如五位老立委之子，都是經過總統特准才有機會出國唸書的。所以一旦聽說國內成立研究所，大多數海軍機校的校友多心嚮往之。有多位校友未多作準備即能考取，包括我二期同學楊超植、沈士印考取交大電子研究所，朱漢云、陸式祥考取成大機械研究所，陳溶甫考取清華物理研究所，李永忠考取中央地球物理研究所。但大多數同學終因曾荒廢學業十年之久，只能望研究所興嘆了。

　　三期同學鍾平樂當時服務於海總人事署教育處，他鑑於實際的需求，著手擬定一史無前例的教育計畫，建議成立一補習班，專門輔導海軍軍官投考進修國內研究所，目的是培養理工碩士人才，以任教於軍官學校。這一計畫很快被海總核准，於是在左營海軍工程

學院內設置了為期半年的「國內研究所進修補習班」，同學稱之為「惡補班」，每班每期招收學員三十名，內分物理、機械及電子三個組，專門針對台大物理、清華核能、交大電子、台南機械及中央地球物理各研究所招生應考科目而開課，包括物理、數學（微分方程）、英文及國文，課程以複習及計算為主。幾年下來，惡補班的效果奇佳，多位校友因而得以考取國內各研究所，從而申請到國外大學研究院，包括本案計畫人鍾平樂，他後來任教於美國喬治亞州立大學。

我因曾在珍珠港受光儀訓練，返國後派在海軍第一造船廠任少校工程師，地點在左營。恩師朱柏林將海軍配給他的果貿新村眷舍，分文不取送給我。我於是將台北大直後山抽到的宿舍也分文不取的退還眷管處。妻葉純惠同時辭去新生報的編輯工作及松山商職教師兼組長的職務，攜帶三歲多的民兒，舉家南遷。

然而海軍一廠那有光儀修護的工作，於是我被派至總工程師室，擔任一些新技術開發的工作。當時總工程師是劉鐵燊上校，他是海軍有名的輪機專家，對供補作業瞭如指掌，新艦艇若主機故障，只要有他在，一定修得好。但他性格固執，偶有偏激，年度考績經常給我「特優」，同室同事則被打「特劣」。以後在他升少將任四廠廠長任內，因案繫獄，出獄後退役，到船舶設計中心任副執行長多年。我在台北時尚有往來，他後因癌症棄世。

在海軍一廠工作的兩年，是我一生中最晦暗的日子，不只學非所用，主要感到前途茫茫，海軍少校薪資菲薄，支持家用捉襟見肘，妻純惠辭去兩個工作，南下左營，一時難找適當工作，此時女兒嵐音誕生，我的十二指腸潰瘍復發，一家處於貧病交迫的窘境。

此時獲知投考研究所的「惡補班」再度招生，我徵得劉總工程師及廠長袁鐵忱的同意，逕自到專科學院報考，隨之錄取。深知突轉駕駛盤，即使考取國內研究所或者根本考不取，對於前途與出路是福

是禍都是未知數，但一經決定，一條道路走到黑是我的秉性。於是我恢復往日讀書的場景，在果貿三村第一排的大街上可以看到第三家有位少校，經常手捧著厚厚的大學物理啃讀，令人感到古怪。

　　惡補班苦讀五個月後，忽然接到海總通知，我們可以報考國防部第一屆的中山獎學金公費留學考試，對我而言，真如平地一聲春雷。國防部留學考試一個月後，正是國內各研究所招考的時候，惡補班的同學依志願報考了國內各研究所。就在這時，海軍總部轉達國防部通知，惡補班很多人考取了中山獎學金，其中也包括我。

　　事後我們檢討，當時五個月的輔導研究所進修，佔了很大便宜。在半生向上攀升奮鬥的途中，這一轉變使我的崎嶇命運峰迴路轉，真是「種豆得瓜」，無心插柳柳成蔭。有此國防中山獎學金的資助，我才能有機會赴美留學，在美國西北大學讀碩士，更在後來在史丹福大學讀博士。

第五章　軍事學校畢業生當棋子的日子

　　一個民間大學的畢業生和一個軍事學校的畢業生，畢業後在任職和出路上有很大的不同。前者，像是一顆成熟的種籽，撒在那裡，如何發芽，如何成長，全是你自己的事。後者則像一顆棋子，佈在那裡，如何走動，走到那裡，完全受控於奕棋人，在軍中，這稱之為「經歷管理」，移動時稱之為「經歷調任」，奕棋人是各軍種的人事部門，管理的原則是根據需求及人事政策。

棋子與種籽

　　1953年，當我們在海軍機校畢業時，當時官、機兩校同學，任官後，經歷管理的原則是必須擔任過：1.主隊職，官校在船上帶兵，機校派工廠任技術職；2.教育職，任助教教官或區隊長；3.參謀職，任行政及幕僚業務。機校同學畢業，海上見習結束後，都是本著這一原則行經歷調任。畢業三年後，人事政策上有些修正，即是經歷管理在主隊職、教育職與參謀職之外，要加上政工職。這是想比照空軍的模式辦理，而政工官，並不是人人可以勝任的，必須選擇合格人辦理，其目的是希望培植一些經歷齊全的軍官為骨幹，官機兩校同時試辦，機校同學中，左挑右選選中了鄭兆輝和我，於是我倆成為空前絕後的新棋子，車、馬、砲之外多了個「政工官」。

　　在1953年至1963年的整整十年，當棋子的歲月裡，我經歷了如下的經歷調任：

　　1953年，派修械所，任技佐，擔任軍械維修，為時一年。

　　1954年，調海機校，任區隊長，帶學生，並主編《海軍機械》月刊，凡兩年。

　　1956年，調艦指部，任修護官，勘驗艦艇保養，並協調顧問團，凡半年。調信陽艦，任政工官，兼代指導長，主辦黨工演習，四個月。軍援受訓出國，調學員，水雷維修軍官班及教官班受訓，三個月。

　　1957年，派水雷工場，任場主任，主持水雷保養及維修，一年半。

　　1959年，調海總人事署，任人事官，主辦技術軍官及將官人員調派，兩年。

　　1961年，調外語學校，調學員，留美儲訓外語班受訓，六個月。赴珍珠港造船廠，調學員，造船廠光儀工場實習，三個月。

　　1962年，派第一造船廠，任工程師，總工程師室技術開發，兩年。

　　1964年，調專科學院，調學員，研究所進修補習班受訓，六個月。調海總，調學員，考取國防中山獎學金出國。

　　以上當棋子的歲月裡，我當過技佐和修護官（主隊職）、區隊長和助教（教育職）、人事官（參謀職），以及政工官（政工職），真可說是經歷齊全的全才了。但，那又如何呢？到頭來，還是不當棋子而去當種籽，重新讓他發芽、生長。

　　除鄭兆煇同學我倆外，包括海軍官校軍官在內，罕少兼有「政工官」和「人事官」這兩個職銜者。所以以下就選擇數項當棋子時的經歷與遭遇來記述，有的可引人一笑，有的卻曾讓我在鬼門關繞過一回。

主編《海軍機械》月刊和奇人伍法岳

　　1954年，我機校畢業分發海軍修械所服務一年後，被調返母校擔任學生大隊區隊長，在第三區隊一同任區隊長的是同鄉好友楊注宣，但擔任區隊長甫滿一個月，校長袁鐵忱找我，要我到校部負責出版並主編《海軍機械》月刊。當時校內有印刷工廠，由43年班同

學，海軍男高音孔憲攸負責，同時調派43年班伍法岳同學協助出版事宜。我們籌劃成立「海軍機械出版社」，進行得很順利，「海軍機械」內容以海軍工程技術為主，同時做為海軍各造船廠技術交流之媒體，出刊後曾連續出版三年之久，也曾向內政部及雜誌協會登記，當時一度成為國內之正式技術性刊物，十年後，當我在史丹福大學讀書時，我竟在胡佛圖書館發現《海軍機械》月刊，令我很訝異，也像是找到失蹤的孩子。

在擔任《海軍機械》主編之同時，我也在學校兼助教，並在海軍官校兼任44年班「外彈道學」的教官，課餘，蔡英藩教授找我作他屏東農專（今為農業技術學院）微積分助教，負責改習題。

這裡最值得記述的是我的副主編伍法岳同學，他是我所少見的天才兒童。他的父親是立法委員，他的舅舅是羅家倫先生，他寡言且幽默，也從不以家世示人。他考取清華研究所後，就讀美國華盛頓州之華盛頓大學。當時赴國外讀書之軍人，要限期返國，即使延期也要奉准。當時我在海總人事署做人事官，海總曾收到華盛頓大學校長寄給黎玉璽總司令的親筆信（很少見到美國人的鋼筆字親筆函）。他說伍法岳是罕見的物理天才，又他說伍法岳如果讀更好的學校，他的成就是驚人的（很少聽說一個大學校長認為自己的學校不夠好）。當然此信的目的，是推薦伍法岳能讀完Ph.D.（哲學博士），總司令看到這封信，當然會同意他延期。伍法岳博士現任教於美國波士頓的東北大學，曾多次返清華客座，也曾被提名中研院院士，但未錄選，這可能是他的校長不幸言中。

伍法岳很多小玩意兒，非常人所及，他的頭奇大，張開口敲頭可聞共鳴聲。他喜歡像雜耍特技一樣，將東西頂在鼻子上，搖搖擺擺而不墜。他的棋藝和橋藝都超群，特別是象棋，不但奕得好，且會下「盲棋」。他與同班同學方成光兩人都會下盲棋，當然兩人對奕就不必用棋盤了，晚飯後，常見這兩位，背對背坐在草地上，

倆個人念念有詞「馬 5 平 6 吃你的車」、「卒 7 進 8 吃你的馬」
……，一會兒，一個人說：「你輸了」，另一位就也承認他輸了，
就這樣結束這一局。如果一位明眼人跟他奕盲棋，則必須有第三者
代他奕，他隔一段距離閉目指揮，有一次，在高雄他與棋力不錯的
二總醫院蔣院長對奕，蔣讓他個馬，他下盲棋，結果平手和局。蔣
院長也嘖嘖稱奇。

　　下面敘述一段他親口告訴我的趣聞：當年國防部總政治部主
任張彝鼎中將，酷愛象棋，他有一天到左營，在桂永清總司令官邸
找人奕象棋，老桂說：「我找個同學跟你下」，於是找伍法岳來，
張主任自恃棋力頗高，不以為意，結果奕了兩局，張都敗陣，待
下第三局時，張已臉紅脖子粗，奕至中途，伍忽感覺背後有人拉他
衣襟，於是這一局很快就結束了，結果 3：0，張三局全輸。待張
主任離開，老桂含笑，但卻厲聲說：「你怎麼搞的，我讓你讓他一
局！」伍法岳回答說：「報告總司令，我以為你在為我加油，速戰
速決。」

　　法岳告訴我的另一件趣聞是：有一年，他去美國軍援受訓返
國，搭總統級郵輪橫渡太平洋，同船，有位自稱西洋棋棋王的擺
擂台，果然一星期下來，無敵手。伍法岳原本不會西洋棋，也從未
看過奕西洋棋，待他觀棋一星期後，他對棋王說：「讓我試試跟你
奕」，棋王不屑一顧的接受挑戰。結果，棋王敗了，他這才驚覺原
來船上還有高手，深藏不露，於是他禮貌地要求能不能再奕一局？
伍法岳說可以啊！結果，棋王又輸了。棋王服氣之餘問伍法岳：
「你奕過多少年西洋棋？」伍法岳笑著說：「一個星期，跟你學
的！」

　　行筆至此，附加一插曲，江才健所著《楊振寧傳》①，其中第
354頁至360頁，敘述楊振寧自1971年回中國大陸訪問後，以後又連
續多次參訪，返美後曾大力為共產大陸宣傳，引起一個叫《波士頓

通訊》刊物的反感，在該刊上一位署名楊武風的作者投書，寫一篇「楊振寧不靈了」的文章，文中除攻擊楊振寧七次進出中國大陸，自認為特權階級外，該文並提醒楊振寧「你已經好幾年沒有論文發表了……。」

當時在東北大學任教的伍法岳，早幾年因發表有關統計物理的論文，與紐約大學石溪分校的楊振寧及其研究團隊曾有合作的關係。伍法岳見到《波士頓通訊》的報導之後，感到不平，他列舉了1975年至1978年三年中，曾有楊振寧的論文十八篇在四個重要物理期刊發表，希望《波士頓通訊》原文照刊以示負責。隨之筆仗開始打起來，包括作者楊武風對伍法岳的指責：「出身軍方，在台灣受過教育，如今又是波士頓地區清華校友會長，理應才德過人，足為表率，而今天卻如此有失風度，惡意攻擊……。」這樣一來，伍法岳反而被認為也有政治色彩，跟著被國民黨的「職業學生」打了個報告，以致他自己申請回台探視父親的病，居然都拿不到簽證。伍法岳於1988年返回清華任客座教授，本也沒有通過教育部的安全調查，最後是當時的校長劉兆玄出面才解決了問題。

信陽軍艦政工官

1956年初，我從機校被調到艦隊指揮司令部（簡稱艦指部）服務，同時被調的還有張傳衡、韓尚禮、盧蓉生和低年學弟傅積豪，我們被派到修護處當修護官，主要工作是協調艦艇和造船廠間的大修、保養和維修，實際瞭解各種配件的使用狀況，並直接和美軍顧問團負責艦艇修護的顧問溝通聯繫，作保養檢查。這是接受軍援國家才有的作業，後來軍援中斷以後也就沒有這種部門了。

有一天，我忽然收到一個人事命令，說要調我到信陽軍艦當「政工官」。不只我自己奇怪，同學們也來圍觀，說一定是搞錯了，可能是「電工官」被印錯了。結果向人事處打聽，回說「一點

兒也未錯，就是「政工官」。同一命令還有鄭兆煇調太倉軍艦的政工官，原來我倆是左挑右選選中的。信陽軍艦當時的艦長是資深海軍黃錫麟，還特別到艦指部來找我，希望我早日到艦上報到。

雖然投考海軍是我的志願，考入海軍機校也是希望在艦艇工程上有所貢獻，但一旦接到艦上工作卻當艦上政工官，這實在不是自己的初衷，但身為軍官，接到命令，除在艦指部離職，即日到艦上報到外，別無其他選擇。信陽軍艦是接收日本驅逐艦加裝美式艦炮後的艦隊旗艦。報到那一天，艦長在官廳把我介紹給艦上官員，當全艦官兵知道艦上來了位機校出身的小中尉來當政工官後，無不感到新奇，也都表示歡迎。讓我感到更惶恐的是信陽艦的中校指導長當時不在艦上，遠在台北受訓，所以第二天早餐後艦長就宣布我要代理指導長，本來艦上還有一位上尉保防官，但我想是因為指導長的工作太專業，以由政工官代理比較方便。軍艦上設政治作戰系統是任何國家之外所僅見的，政戰工作包括政訓、組織、保防和監察。工作範圍則涉及官兵的思想、意識、士氣的提升，對內的團結以及艦艇的安全。顯然這是針對國共內戰雙方都必須戒備的政治課題，而在共產黨世界更為突出而已，君不見中國大陸任何團體與機構，包括高等教育，都是以黨委書記為政治掛帥嗎？

一個小小的海軍中尉，平生也未受過政工的專業訓練，一下子調到一艘旗艦上代理指導長，所受到的工作壓力是難以想像的，還不祇如此，艦上的保防官，在此時也調職，而新人未報到，所以我還要兼管從未接觸過的保防安全任務。一切祇有硬著頭皮承擔，於是經過一個星期的深入瞭解，我也隨之與全艦官兵打成一片，舉凡官兵生活、康樂與情緒方面的問題，都屬於政戰工作的範疇。在停靠碼頭期間，士兵的體育活動和意外事件的處理，我也都要管，一個士兵因車禍死亡，連公祭、火葬的後事也我處理（政工官不管，誰管？），公祭時，我曾為這位士兵寫了篇公祭悼文，多少年後艦

長黃錫麟還為此對我稱讚。遇到艦艇出海，看似沒有政戰的工作，其實不然，特別是在備戰、演習以及作戰時，官兵的情緒、士氣以及射擊安全都與政戰相關。

當我服務信陽艦為政工官並代理指導長期間，剛好遇上大規模的海上作戰演習，代號為「紫宸」。與作戰演習同時進行的是「黨工作戰」演習，其目的是，在海上作戰時，政工和黨務如何與戰鬥相配合。這是第一次實施這種演習構想，信陽艦是演習的旗艦，演習指揮官、艦隊司令都會在旗艦上。觀摩「黨工作戰」的來賓，包括中央黨部的文人全都駕臨信陽艦。我這個中尉代理指導長，卻成為「黨工作戰」的主辦人，一方面主辦這史無前例的黨工作戰演習，另方面要負責演習期間的安全。紫宸演習是兩棲作戰演習，含有艦砲射擊陸上目標，而演習統裁指揮和觀測台都設在海灘上，射擊若有偏差，將影響觀禮人之安全。

當然，這次演習是圓滿成功的。一因資料完整，給類似演習作了一次原始示範。二因當值備戰警鈴響起，艦上這些來督導的貴賓，早已暈船暈倒了，認為艦上政工「真是了不起」。至於演習前，為了射擊安全，我曾找到兩位艦上優秀的士官，瞭解了一些士兵的背景，特別是一些平日喜歡調皮搗蛋的人物，以及他們罕為人知的傳奇故事。

一位5吋砲砲長，名叫「辛福有」的士官長，年齡較大，沉默寡言，演習前，特別請他來，請託他注意射擊安全，打準一點兒，他以較粗的嗓音說：「沒有問題，請放心好了！」。他素行良好，也很少外出，但每逢星期例假日，總有一些朋友來拜訪他。卻很少人知道，原來他是黑社會頗有名氣的大哥級人物，現已洗手，只做些調節紛爭，當幕後老大的角色，但依然傳頌著他當年一些鬥狠的事蹟。

有一天，辛福有在高雄百貨公司五樓（當時最高的商業大樓）歌廳聽歌，去捧當時的歌后高曼麗（據說每家歌廳、酒吧和酒家都

有特定的保鑣），每當一曲歌畢，辛在台下鼓掌捧場，但隨之就有六、七位聽眾以噓聲倒場。噓聲越大，辛的掌聲越響，不久，其中一位遞一張紙條給辛，上寫「敢不敢到體育場較量較量？」辛點了頭，隨這群人出場下樓，出場前佯作付帳對小廝交代了幾句話。

在市政府對面的體育場中央，六、七位黑道人士，已擺好圍毆的陣式。辛福有從容走到陣中央，脫掉上衣，露出各處疤痕的膀臂，拍了拍胸膛說：「我是海軍的辛福有，你們是願意一起上？還是一個一個的來？」話未說完，只見一個年紀較大的人走出來，到辛的面前，又是鞠躬，又是作揖，面上陪笑連說：「對不起！」辛也借勢收場，撿起衣服，對這群人說：「想動手？回頭看看！讓你們爬回去！」待這幾位黑道人士回頭一看，腿都軟了，原來一大群橫眉豎目的小伙子，從體育場四面八方圍過來，原來這就是辛離開歌廳向小廝交代的命令「大哥有難，速來救援！體育場！」黑道角頭，動員之快，真是嘆為觀止。結果，這場戰爭並未打起來，但對方大哥擺了十桌，向辛道歉並承諾絕不再侵犯高雄市的保鑣地盤。

黑道傳言的背後，政工官亟欲知道的是海軍政戰部門，對這種問題，該如何處理？縱容黑道？或是明令禁止？四個月下來，我自己的體驗是，要掌控這些人物的現況，只要他們不違紀，有任務時要圓滿達成（這些人只要承諾，一定負責到底）。對黑社會的活動，則是睜一隻眼，閉一隻眼，視若無睹。

我在信陽艦作政工官，並代理指導長，為時四個月，因為這是首次試辦經歷管理政工職，對於試辦結果，無論是海軍人事系統，或政戰系統都急欲瞭解。其結果是正面的，不祇艦長黃錫麟直到他當海軍總部參謀長時仍常找我外，政戰系統也希望我繼續在政工業務向上發展。但我畢竟是玩票性質，所以做了四個月，因為考取軍援留美出國受訓，而終止了這段奇異的經歷。

水雷場大火

1957年軍援出國，接受水雷維護保養及教官訓練返國後，我與歐陽旭都被派到海軍修械所的水雷工場，擔任工程師。三個月後，接任廠主任。1958年元月升海軍上尉。

海軍修械所是以陸軍兵工四級保養為主的修護單位，位在左營半屏山。但其所屬水雷工場純屬海軍水中兵器維修單位，場址位在內惟，是海軍彈藥總庫的管轄範圍。水雷工場也是修械所內唯一的美援單位，場內經常有顧問團的水雷顧問出入，除水雷裝備外，水雷場的建築與設施也都是美援項目。在我到任前二年，正是金門砲戰前後，當時為港口防禦需要，曾有水雷作戰之佈雷計劃，當時所使用的水雷除ＭＫ－６水雷外，還有一種專為台灣設計的控制水雷（稱Ｃ－mine或Ｐ－mine）。這些器材全部置存於水雷場，水雷場的官兵就是負責保養及維護這些裝備與器材。水雷場的首任場主任是官校39年班學長董孝誼，他是非常卓越的海軍軍官，曾當過艦長、（水雷）戰鬥英雄、駐外武官、中正機場首任航站站長、交通部次長以及被他拒絕接受的監察委員。與我同時在水雷場服務的官員，除同時出國受訓的歐陽旭外，還有海機校學弟吳德鈞、蔡春池以及事務官員溫源先生，及後來的一位李先生。大家相處和諧，工作愉快。因場址在山區，士兵同仁公餘則飼養牛、羊、割山草（燒窯最好燃料）賺取收入，因而山居倒也和樂。

但禍從天降，有一天，清晨五點時，忽然火警，值勤人員跑來報告說水雷場庫房失火。一時警鈴大作，因工場離生活區尚有一段距離，但見濃煙上衝，火苗亦隨之竄起。趕至現場，見火蛇已自窗戶屋簷竄出，消防車雖已陸續趕至，但庫場建在山腳，消防車不能同時靠近，眼看著熊熊烈火燒垮屋頂，難已施救，庫內物資多易燃物，尤其是控制水雷電纜延燒半日，方才以滅火劑熄滅。幸歐陽旭機

警，將電源即時切斷，以致未延燒至廠房。水雷場同仁為救火，及搶救物資，大都全身濕透，有的當場大哭，我呢？待一一謝過臨場施救的消防隊員外，祇有默默地走回生活區，思考如何處置自己。

試想，一個小小的上尉場主任，如何承擔得起一瞬間燒毀幾千萬損失的責任？除非你消失了自己。於是，我從衣櫥拿起手槍，子彈上膛（當時，全修械所祇有水雷場主任發給自衛手槍）。就在這時，似有種冥冥聲音，像是先父的口語：「不可以，放回去！這樣你豈不承認是你幹的？」我打了個寒噤，乖乖的把槍放回去，祇有面對現實。

在那個年代，軍職主管畏罪自殺並不稀奇，主要是怕會直覺地被聯想到「匪諜」上去，尤其美援軍用物資怎會突然間燒毀？即使不是美援物資，軍火庫出事，先將主官關起來，再調查真象也是常情。恩師朱柏林，當時他是高雄六十兵工廠廠長，當他聽到水雷場大火後，他對同學說：「許樹恩完了！」不勝惋惜的樣子，因為他知道，我們的火藥學老師鄧雨東受火藥庫爆炸連累，被叛六年徒刑，已有先例。

水雷場大火後，整整兩個月，我未曾外出（並無任何限制不准外出），我靜待被調查，我也甘心被關，但說也奇怪，他們對我都非常客氣，也從未邀我偵訊，甚至士官曹天興考取留美，有我的推薦，也絲毫未影響他出國。他們，有刑警隊的、海總保防組的和國防部保密局的，都祇問我一些水雷技術上的問題，整個水雷場，祇有汪總領班被羈留「鳳山招待所」一段時間外，沒有任何人被扣押，情治人員甚至到中國大陸去調查，都對此案一無所知。顯然，經過長期偵查，認為本案「不是人為的因素」。

另一方面，我特別留意美軍顧問團的反應，一般情形，如果中方有那些錯失，美方一定有各種備忘錄來諮詢，來警告，甚至來要脅：××項將停止美援。可是水雷場這麼大的損失，卻未聽顧問團

說起任何抱怨，相反地，卻來備忘錄說要緩辦某項軍事工程，而將工程預算移到水雷場，重新起造庫房。已經燒毀的水雷配件，除非計劃已經結束的之外，新的配件在一年內全部補齊。另外有幾箱未燒損的零配件，交代要隔離存放。

我們把要隔離存放的幾箱水雷配件，存放在山腰的一個幫浦間內，這間小屋是一個崗哨所在地，常年有衛兵看守。一年以後，當時我已經調職到台北海總人事署。有一天忽然接獲水雷場電話說：「水雷場又失火了！」我忙問：「那裡失火？」答說：「幫浦間」。大家都為水雷場又失火而緊張，祇有我笑了，自言自語的說：「科技產品，你險些要了我的命！」

此時水雷場大火才真相大白，罪魁禍首是叫作「溶解墊圈」（Soluble Washer）的水雷零件，這個零件是標準的科技產品，最初發明人一定持有發明專利權，零件的外型像是有孔的糕餅，也像是穿孔的鳳梨片，質硬而堅，又像水泥塊。這種墊圈有不同的顏色，墊圈的主要功能是遇海水會溶解，不同的顏色代表不同的溶解時間，時間短的須幾小時溶化，長的可耐幾個月，墊圈的目的是佈雷安全。特別是碰炸水雷，當你佈下水雷，自己佈雷的船碰到為何不炸？全靠這個墊圈。因為可溶墊圈未溶時，它是觸角的一部分，經常維持整體觸角的堅硬，待它溶解後，觸角少了一截，中間柱桿變脆弱，桿內玻璃瓶內裝電解液，船艦一碰撞，電解液流出，產生電流，所以才能引爆。這種墊圈是特殊的「鹽」壓緊而成，遇海水會溶解，但卻不知原來「遇高溫會自燃。」

萬萬未料到，中華民國海軍水雷場做了美國海軍的化學試驗室，自此教訓後，美國海軍已通令其全球海軍基地，溶解墊圈要隔離低溫存放。也難怪水雷場大火後，美軍顧問團一聲不響地彌補了全部損失，新建庫房比燒毀的那一幢還大。但水雷場官兵的精神損失又誰來彌補呢？我因大火被行政處份記一大過，理由是「督導

不周」。那時科技害人還未驗證,至於我何以破例不被關,直到現在我還不懂,或許是因為我當過「政工官」?

命乖常問卜、多病亂求醫,在等待調查以及忙於美援復建期間,常感命運多乖,接受學弟方完成的慫恿,到台北連雲街仇慶雲相士處,算命問卜,他摸了摸我的頭,又揉了揉手後,說:「你是軍人,你本有牢獄之災的,但放心,現在沒事了。」、「風流骨頭,風流命,愈風流,愈煩惱!」、「你如果還未結婚,你會祇有一個太太,如果你已經結婚,你會有三個太太。」、「你將來會有兩個很不錯的兒子」等,以上都是他自動說給我聽的,我知道不會被關已經很滿意了,所以我祇問了一個問題是:「我還有沒有出國的機會?」他即刻說:「有,很多,你應該是活在國外的!」這花錢問卜的事,我未曾向人提過,我祇待時間驗證,如今,我已76歲了,我發覺除了他未提及我的女兒外,其它都相當準確。這位仇老先生早已仙逝,如果他尚在人間,我會向他說,你真是「神機妙算」。

人事官軼聞

我當棋子的日子裡,一顆棋子是「參謀職」的人事官,本章所提幾個棋子,無論是技佐、區隊長、修護官、政工官、工程師、場主任,當時都是「王老五」扮演。水雷場大火一年以後,恢復了「經歷調任」的奕棋棋譜。

這時,我在台北同學林育平的婚禮上結識了我的妻子葉純惠,於是我在台北成了家,家在大直海軍總部的後山。工作單位則是人事署「軍官人事組」,任人事組的人事官,於是由棋子便成奕棋人,我當奕棋人所奕的棋子是技術軍官,包括全部海機校畢業的校友,以及預備軍官。

當時,大學畢業生實施預備軍官的人事制度才開始不久,尚未制定公平合理的分發原則,依照學生的心理:最好是免當,如果一

定要當，論軍種，優先的順序為空軍、海軍（但不上船）、憲兵、陸軍和陸戰隊；論地區，優先的順序是台北、中部、南部、澎湖、金門和馬祖。這樣一來，當大學畢業典禮前半年起，海軍總部即開始收到各種請託函，有的是直接寄總司令的，有的是寄副總司令的、人事署署長的，甚至有總統府轉來的，寄件人有立法委員（居多）、監察委員、國大代表、有名望的社會賢達等。被拜託預官的身份多是拜託人的兒子、孫子、女婿、親戚、世姪，以及根本不相干的人轉拜託。有這麼多的請託函，最後都交到我手上，一個微不足道的人事官。

有這麼多成份、背景的棋子，請問奕棋人，這盤棋該怎麼下？所以我這人事官在人事署第一項任務，不是「辦公」而是「辦私」。我自己訂了個奕棋四原則：海軍需要為主、專長相符為輔、成績好的優先，及兩害相權取其輕。於是，我將海軍各單位需求預官的員額作了項統計，將分配到海軍及陸戰隊的畢業生畢業科系作了項分析，若科系非常專業的，如醫科、藥科、會計，很自然地分配到醫院或財務單位去，如果粥少僧多，譬如醫科，海軍醫院和艦艇都需要醫官，則視畢業生的學校和成績列順序，最後才考量私人拜託的，將所有來函綜列在一簽呈上，包括何人拜託、拜託何人、預官姓名、專長、擬派職務、核定職務等，這樣即使未能派到請託目的，也能減少對海總傷害，這可謂公私兼顧，有限度的公平與公正。多少年後，預官才開始抽籤的制度，以及預官考試制度。

在人事署當人事官時，經手的第二件大案子是執行「鵬程計劃」。所謂「鵬程計劃」，是美化了的名稱，實際上是「裁員計劃」，是由國防部來台後第一次實施的「國軍精簡計劃」。由國防部人力司及人事參謀次長室，主導人力員額規劃，交人事行政局及三軍總部去執行，三軍執行效果有比較及競賽的意味，海總是由計劃署及人事署人力組實行規劃，精簡員額及各單位分配比例，最後

交由軍官人事組去開刀。我就當了次「外科醫生」，或者說是劊子手。也可以說是劃好了棋盤，由我來奕棋。

既然是「精簡計劃」，原則上，當然是以擇優汰劣為主，所以「鵬程計劃」是以「依額甄退」名義進行。按理說祇要依照核定的員額，甄退考績較差的就好了，事實上，不那麼簡單。就如同一個單位執行裁員一樣，特劣與次劣難以區劃，誰該去、誰該留是最棘手也最傷感情的事，何況在那個年代，軍人有很多蓄意脫離軍職的情況，如果「依額甄退」趁機會讓這些人離開，豈不可立即達成裁員的目的？但往往變成「去強留弱」的「反淘汰」。

最後，我想出了一個辦法，就是綜結三方面的意見：單位意見（含主官意見及人評會意見）、個人志願和三年年度考績。每種權重各佔三分之一，每一項意見以A、B、C、D評列優先（留任）順序，由總部制訂表格，交由各單位轉發各軍官自行填寫下個人志願，再由各單位填寫年度考績及單位意見彙整總部綜評。這種甄退原則簽准後，隨即發交海軍各單位執行，兩個月即圓滿達成海軍「鵬程計劃」的任務，精簡員額數千人，而幾乎沒有任何不良的後果。最後國防部評定三軍及聯勤執行的效果，海軍評為最優軍種，執行本案的相關首長包括總司令、署長均獲頒獎章，我也記了兩大功。

之前，每當電視上看到高級將領胸前一大排勳標時，妻總是問我：「他們都打過甚麼仗？」我卻無言以對。現在我倒是可以告訴她，其中一仗可能叫「鵬程」戰役。

大概是我這個「人事官」做的不錯，所以先後兩任組長葉克昌和王宗燧，對我都很器重。第二年起把我的辦公桌移至隔壁的組長辦公室，讓我專門簽辦比較特殊的將官人事案，其中之一件是簽派赴美國接收一艘最大船塢登陸艦，就是「LSD」艦長案。本來此案應由軍官人事組主辦航海軍官的人事官簽辦，但組長認為所接收的是一艘軍艦，將是海軍最大的一條艦艇，雖然屬後勤艦隊（ＬＳＤ

是可行駛的浮塢，作戰期間可開赴接近前線地區讓艦艇駛入進行修復），但擔任此艦之長的意義特殊，所以本案交由我來簽辦。1950年代，國軍重要人事案，包括陸軍團長以上、海軍二級艦艦長以上、空軍大隊長以上都要經總統親自核定。本案為一級艦艦長，必然要大簽（簽報總統的簽呈為大簽）。於是我要在資深上校中，依年資、海勤、現齡、艦長年資、主管年資……等一一過濾，選擇出十名候選名冊，列成優先順序簽請總司令核定。這一工作，如果在2000年代，利用電腦，大概不要十分鐘可迅速有答案，但在當時，可不簡單，即使在資深上校中選有十年海勤經驗的就要花一整天的工夫。一級艦艦長一定是上校，Captain一詞，陸軍是上尉，但Naval Captain，既是艦長，也是上校，再大的船艦如米蘇里艦，其艦長也是上校。

　　最後核定了三位候選人，準備大簽給總統，當然三位都是優秀的海軍上校，第一順序的為毛永翔上校，多少年前他曾被提名過，但那時他的名字叫「毛必興」，總統說他的名字不好而未被錄用，後來他改名為永翔，這一次列為新接艦，艦名「東海」艦長第一候選人，總統核定召見，含黎總司令在內，大家都靜心的等待總統府的消息，通常總統核定人事案，他不用批，而是用一支紅藍鉛筆，如果用紅端轉一轉成紅點，表示OK，如果用藍端轉一轉成藍點，則表示NO，如果用紅端劃個鉤表示將來會重用，如果用藍端劃個叉，表示永不錄用。但這次很特別，未劃任何符號，反而由秘書長室交代各軍種總司令一項指示：「各軍種總司令簽派重要人事，一定要自己先召見」（據說是嫌這位提名艦長眼斜），並交代次日重簽。這一下可忙慘了我，重新就核定候選人中選擇相貌堂皇的請總司令當場核定，然後請專門寫大簽的書法家當晚繕妥，次日上班時，專送總統府，但數日後，核定召見，終於選定一位現職一級艦艦長的陳艦長帶隊去美接艦。

記得中央研究院院長胡適先生在中央日報副刊寫過一篇〈艾森豪威爾二三事〉，其中之一是講他在當歐洲聯軍統帥時，決定諾曼地登陸時，他祇跟三位指揮官交代命令，因為如何打勝這一仗，派誰去打，完全是他們的事情。第二個故事是當他做哥倫比亞大學校長時，想對學校一百四十幾個系做深入的瞭解，於是請各系主任簡報並介紹各系現況。當他聽了幾個系主任報告後，發現幾乎沒有一個系是他所瞭解的，於是就停止了以後的簡報，認為還是當校長比較容易。我想這兩則故事，都是胡適說給蔣先生聽的，隱含著深切的規諫之意。

本章註釋

① 江才健著《楊振寧傳》，天下遠見出版公司2002年出版。

第六章　考取國防科技獎學金
和留美西北大學

　　我寫此自傳時，身在國外，所有記述全憑記憶。人腦與電腦相比較，論速度，人腦難以與電腦競衡，但論思考或尋找無線索可循的記憶，則電腦迄今仍無法勝過人腦。就以我寫此書的前五章為例，很多事物人名，都會經思考而一一自塵封的記憶檔案中調閱出來。在整理這些記憶中的舊檔案時，從第二章坎坷的求知路，到第五章當棋子的日子，究竟哪一步才是關鍵棋，而直接影響我奮鬥的人生之路？

　　直到我寫此章時，才發覺原來是「國防科技獎學金」。如果我不曾考取獎學金，就沒有機會出國讀研究所，我的努力就限於當棋子，走來走去如第五章所述。而我及時的考取了，正相當一個成熟的種子，才從大學畢業，由國家的獎學金幫助我自我發展、發芽、生長、茁壯。所不同的是我這軍中棋子較大學院校的種子，在時機上遲了十年。

國防科技中山獎學金

　　「國防科技中山獎學金」這一名詞是後來國人這麼叫的，當時並非此一稱謂，因為當時尚無「中山」科學院。國防科技獎學金是劃時代的創舉，因為在之前一向是軍職人員不准出國留學的，以後逐漸開放，也只限於特殊條件或特殊背景的人，如立法委員可請總統「特准」他們的兒子留學。後來，國內研究所畢業生獲國外獎學金亦漸可奉准出國，但學成不歸仍將通緝歸案。如今，國防部自設獎學金，有計畫的考選軍職人員，由錄取人自行申請學校，並可讀

取學位,這真是破天荒的事。

這一改革,源於當時國際形勢和國家的處境,特別是海峽對岸毛澤東喊出「要核子,不要褲子」,當時的總統蔣中正先生和他的兒子國防部副部長蔣經國,經過和多少個海內外學人的諮詢後,終於被說服,那就是「沒有科技就沒有國防」。要發展國防科技,第一要人才、第二要專設機構、第三要經費,而最重要的是自行培植高學位的科技人才。於是特別禮聘旅美兵工先進張××博士(思之再三,姑隱其名為宜),在陽明山住了一星期,擬定了國防科技發展方案以及人才培育計畫,方案中將成立一個國防科技研究機構,這個機構於三年後定名為「中山科學研究院」,發展目標初期側重核能、火箭和電子(當然即刻可聯想其終極目的是發展原子武器、飛彈和電子戰)。人才培育計畫則為即刻在軍中甄選軍官五十名,科別包括冶金、核工、機械、航空、電子、化工、物理和數學,其中冶金最多佔八名。進修學位為碩士,時程為兩年,兩年內核給全程獎學金,學校由錄選人自行申請,申請學校系所限美國前二十名學校,美國各大學入學申請表格亦由甄選單位代為索取,考慮之周詳可謂前所未見。

1964年,這破天荒的首屆國防科技獎學金,由國防部人事行政局統一招考,自收到報考簡章及資格限制,經各單位彙轉報名,到核定報考名單,再至台北考試,中間不到二個月,準備時間可謂非常短暫。冶金一科考試專門科目為「冶金原理」,我借了本相關參考書只讀了一週,其他共同科物理、英文,若非當時我在修國內「進修研究所補習班」惡補過,怎麼可能有機會錄取?

在錄取五十名首屆國防科技獎學金名單中,除幾位是當時正在國內研究所進修或已畢業申請出國讀博士者外,空軍以航空研究院同仁居多,陸軍以兵工工程學院校友為主,而海軍則多為機校或工程學院校友,以及惡補班的學員。其中一位年紀最長的是雲

鎮將軍，他當時曾是通信局局長。只有一位是未經考試而錄取的是兵工13期的李××，因為他在清華大學，也是命題委員，可是他後來並未出國，可能是在賭氣，因為錄取後參謀總長彭孟緝召集大家訓話，錄取軍官站成四排面向前，等待總長到來，忽然第一排中間的汪昌瑤向後轉對大家講：「考試要憑本事，不考也錄取，算什麼？」大家都奇怪他在發什麼神經病，大概李××聽了不是味，乾脆不出國總可以吧！彭孟緝講話並未聽到有鼓勵的字眼兒，我想他在懷疑花獎學金讓軍官出國進修的正確性，他的訓詞中仍以湖北腔罵學成不歸的人是「狗日的」。

　　上面所說的汪昌瑤是海軍機校一怪，他在機校44年班電機系電訊組畢業後，考取交大電子研究所，據說以後多少年都無人打破他的交大畢業成績。他上課教書從不帶課本或講義，長長的電子學公式，他寫黑板從不會出錯。他狂傲成性，中山科學院三所的所長多半都吃過他的排頭。他確實有才智，但晚年為胃疾所苦，退休後客死大陸。

　　獎學金錄取同仁曾接受兩週的外語訓練，因為美國有的學校對申請研究所入學要求GRE或托福，但對自備獎學金的多半可通融。我曾申請西北大學、密西根大學和布魯克林工學院，結果西北大學先被接納，我就決定去西北，主要也是因為機校同學好友楊超植正在西北讀博士，他是交大研究所三期畢業，考取中央黨部主辦的第二屆「中山獎學金」出國深造。

　　錄取同仁陸續申請到入學許可，可陸續出國。出國前陸續被召見，我這一批有三位，分別被後勤次長唐君鉑中將及國防部副部長蔣經國所召見。唐次長召見時，總是說起以色列建國時科學家胼手胝足的艱苦故事。蔣副部長則對我三人說起他在西伯利亞吃苦的故事，說他在冰天雪地裡穿雙鞋底開口破鞋，只好用鐵絲綁在腳上的往事。國防科技獎學金設置的目的是培植國防科技人才，而首屆國

防科技獎學金錄取五十名軍官,是希望他們出國進修兩年後,獲碩士學位後速即返國,以籌畫國防科技的研究機構,就他們所學專長來發展尖端的國防科技。但事實上可能緩不濟急,所以在我們出國一年後,預定的國防科技研究機構,命名為「中山科學研究院籌備處」即已成立,先在台北兵工工程學院上班,後來遷到龍潭石門水庫施工時宿舍──逸園。籌備處副主任為唐君鉑將軍,執行長為夏新,計畫處處長為劉元發。而國防科技獎學金自第二屆起改由中科院籌備處主辦,所以以後習慣稱之為「國防科技中山獎學金」。

至於首屆國防科技獎學金錄取的五十位軍官,在三十八個年頭之後,他們的發展如何?對國防科技有無貢獻?我覺得這是一個值得研討記述的嚴肅話題。我想,我是五十人中唯一以文字記述這破天荒獎學金發展事蹟的人,或許我是五十人中,絕少幾個達成國防科技獎學金設置初衷的人。

中年留學的特色

這次留學是我平生第一次以軍人的身份(海軍少校),得以脫掉制服,持國家公費獎學金,自行申請入學攻讀碩士學位的經驗。雖然申請就讀國外研究所,對一個大學生來說,是極正常的事,但當時對我來說卻極不尋常,第一、當時我的年齡已三十六歲,較一般大學畢業生年長十歲,連我的好友都譏笑我「八十歲學當吹鼓手」;第二、當時我已成家,為一兒一女的父親,雖然國防獎學金內包括一部份生活費,但照顧家庭和子女的責任要完全落在妻子葉純惠的身上。當時不但不准眷屬出國,而且要找可靠的保證人作保,保證人在作保期間,自己不能出國,如果被保人學成不歸,要負賠償全部獎學金的責任;第三、是使命感,負有學成回國後,必須以所學發展國防科技的任務與責任;第四、是要在兩年內拿到碩士學位,雖然此條並無明文交代,但自己總應知道,國防科技獎學

金的宗旨，就是要培植高學位的人才。基於以上四點理由，可以說我兩年赴笈在外的精神壓力並不輕鬆。

海軍機校畢業後，我渡過十年當棋子的日子，再像年輕人一樣申請國外大學入學許可，當時連寫介紹信都不知去找誰，最後找到當時當艦政署長的袁鐵忱少將，請他推薦。好在國外大學只要成績單，海軍機校的英文名稱是「Naval College of Technology」，也可譯成「海軍理工學院」，他們並不管是不是念了五年而無學位。西北大學收到一位身穿海軍少校軍裝的外國軍官入學申請，應是感到新奇，待我入學報到時，看到兩位註冊組小姐交頭接耳，核對申請入學表格時還對我笑。

那個年代出國留學要申請外匯，外匯黑市和官價差異很大，台灣銀行外匯部門門外總有一大堆掮客。出國搭飛機，旅行社搶生意也競爭激烈，以公款買赴美國的機票，與實際票價價差可回饋一套西裝。

西北大學簡介

西北大學有兩個校區，主校區在芝加哥以北約二十公里處之艾文斯登（Evanston）的Eric大湖之湖畔，另一校區在芝加哥市內，包括法學院和牙、醫學院。在艾文斯登的主校區因土地發展受限，所以做了一次填湖計畫，填入石塊，所拓展面積佔原校園的三分之一，堪稱相當偉大的工程。工程進行了很多年，至我去讀書時，剛剛填好，因此改變了地貌，現在的一些新建築就建在新生地上，相當於是建在大湖上。

西北大學的校園說不上美，主要因為校園與住宅區只靠一條道路區隔，當初購地建校時，有一戶他就是不賣，你奈他何？所以這一戶迄今仍在校園內——這就是美國。艾文斯登小城位於美國海軍訓練基地大湖（Great Lakes）之南，所以冬季也是相當寒冷的地

▲▼1965年攝於美國西北大學。

區，有時也會發生「冰松」的奇景，即樹枝變成冰錐的現象。當時幾乎沒有留學生有自備車，都是冰天雪地中走路上學，皮帽遮耳之外，用圍巾包緊口鼻，呼出熱氣，在眉鬚上結冰，看起來煞是好笑。冰雪路滑，偶爾摔一跤，爬起來再走，感觸到自己很可憐，還念及地球彼端尚有妻兒也在為生活掙扎，自然會尋思，中年人出來留學究竟值不值得？

西北大學是美國中部七州十個較有名大學——稱十大（Big Ten）——中唯一的私立大學，十大名校包

括：密西根大學、密西根州立大學、俄亥俄州立大學、普渡大學、印第安那大學、伊利諾大學、西北大學、威斯康辛大學、愛荷華大學及明尼蘇達大學（二〇年代末期，增加賓州州立大學，現稱十一大）。

原來美國學聯聯盟（League）包括東北岸之長春藤院校在內，都是以美國足球比賽聯盟而結合，漸漸發覺學術水準相近而維繫。譬如十大聯盟中，原來發起時加入的還有芝加哥大學，但後來芝大自認學術水準較高而體育比較落後，所以乾脆退出。西北大學的球技並不怎麼高明，八〇年代曾經有過連續六十六場的不勝紀錄。但前幾年居然曾經打出聯盟，參加過「玫瑰盃」大賽，就是每年十大冠軍與西岸太平洋十大（Pacific Big Ten）的冠軍，在洛杉磯玫瑰碗球場再比賽爭總冠軍，稱為玫瑰盃。

西北大學是比較古老的大學，校園各學院的建築也無甚突出之處。但唯一的例外是工學院大樓，工學院大樓是西北校友鐵路大王獨資捐獻，四層建築，鳥瞰成四橫二豎型大廈，內有圖書館、禮堂、實驗室、教室、教授室，走道像迷宮，經常聽到有人問路：「請問，我怎麼出去？」。

材料科學研究所

工學院大樓的最後一排，雖然格局與前面三排相同，但外面的磚石和門窗都比較新，顯然是後建的，這一棟就是材料科學研究所以及樓下和地下室的「材料科學中心」（Material-Science Research Center，簡稱MRC）。我為什麼把一個系所描繪得這麼清楚？因為這個系所和MRC竟影響了全球的科技發展，實際上也影響了我的後半生。

本章開始，我曾提及，我是考取第一屆國防科技獎學金「冶金」分類出國的，「冶金」科錄取了八名，我應該申請讀「礦冶

系所」才對，但西北大學在幾年前（1960年），已將其改名為「材料科學研究所」，當時的所長叫毛理斯・范（Morris Fine）。我入校時，所長已由另一位材料科學權威魏特曼 (L. Weertman) 接替，但我仍成為范教授所指導的第一個中國研究生。全世界第一個將「冶金系」改稱「材料科學系」的就是范教授，隨之美國各學校以及各國都跟著改，有的稱「材料科學與工程系」，有的稱「材料工程系」，四十年以後，全球已沒有一所大學再沿用「冶金」系或所了。大約是1990年，國際「材料研究學會」（MRS）在波士頓召開年會，特別表揚范教授，首先使用「材料科學」這一名詞。2002年才創刊的《Nature Materials》（自然材料）月刊，劍橋大學的勞伯・卡安（Robert Cahn）教授在創刊專論中①，說大家稱牛頓為物理之父、拉孚賽（Lavoisier）為化學之父，實際上物理化學是很多很多人的發現，後人推他們為先驅的代表，而首先創用「材料科學」這一名詞，並成功引入大學教育的是1958年美國西北大學的毛理斯・范教授。

簡單的說，「材料科學」就是以物理的觀念來研究材料，材料包括金屬和非金屬、有機和無機。過去「冶金」太強調金屬了，但「冶金」只是材料中很小很少的一部份。當時在美國受到蘇聯射出第一顆人造衛星的刺激，遂探討究竟是什麼不如人？原來就是「材料」！人造衛星上幾乎找不到一塊傳統上冶金的材料。於是在「國防尖端研究計畫」（DARPA）下，選擇了六個學校設置材料研究中心。第一個就是在西北大學，其他五校是MIT、Stanford、 Illinois、CIT和Penn-State。最初設置這六個中心，DARPA曾撥付大量的國防基金，購置設備和做研究經費，廣募人才招收研究生，以後復於其他大學增設研究中心。果然未出幾年，美國的太空科技很快的就迎頭趕上蘇聯，甚至後來居上，第一個登陸月球的反而是美國。有這樣的因緣，很可能未來多少年後，大家會尊稱Morris Fine為「材料科

學之父」。看起來，在台灣設置國防科技獎學金成立「中山科學研究院」，很像是模擬美國DARPA的作為。日後，我在中山科學研究院創立「材料研究/發展中心」（MR/DC），也是在模擬當初美國成立六個材料研究中心的軌跡。

以上的敘述都是以現在的眼光來剖析歷史的演進，是所謂的「事後諸葛亮」，因為在當時，我不只對「材料科學」是聞所未聞，連對「冶金」也是一竅不通，當然更不用說知道要選什麼課，會對國防科技有用了。

西北大學採「學季制」，秋季是開始，研究所比較基礎的課多在秋學季開課，我到西北報到時，已在聖誕節之後，只趕上冬學季，基礎的課程已較少，春學季則更少了，而夏學季可上可不上，一般多是選他系的一般課或材料科學所較實用的課，如高溫材料等。

學期開始，新研究生（材料科學研究所，在西北及史丹福兩校，均只有「所」而無大學部的「系」）向所長報到後，第一件事就是被安排向所內二十幾位教授面試以決定指導教授，是教授面試你，同時也是你面試教授。西北和史丹福大學材料研究所大致將研究內容分為材料原子結構、材料熱力學、反應動力學、材料機械性質和固態物理及電子材料等五大類研究領域，每位教授分屬其中二或三類。當面試時，每位教授把他的本事、新發現、已發表的論文和他學生的所作所為，一一向你簡報，當然他最後也會問你的興趣是什麼？要不要獎學金？要RA（研究助理）或TA（助教）？說起來可真難為情，竟然沒有一位我聽得懂。最後還是范教授回應了我，他完全不顯露權威教授的威風，也絲毫沒有不屑於面前這位中年的外國軍官，一位對材料一無所知的幼稚研究生。當我說起只有一點兒工廠「熱處理」的經驗時，他以非常仁慈的長者口吻說，我們已經不研究金屬熱處理了，現在是研究「陶瓷的熱處理」，他說：「你就跟我吧！讓我們來研究藍寶石的熱處理。」然後他就帶

我到他的實驗室，介紹我給他的七、八個研究生和一位研究技師Mr. Kobes，為我安排一個研究生的書桌，那時我並不知道他竟是「材料科學」的創始人。一年半以後，也就是在西北大學獲碩士學位後，范教授和我及Mr. Kobes共同發表的一篇學術論文「含鈦藍寶石的析出強化」，刊於美國的權威陶瓷雜誌上②，這也是我生平第一篇學術論文，此文被日本《晶體科技》專書譽為第一次單晶熱處理論文③。

初到西北材料研究所的冬學季，我連如何選課都不懂。不只是因為海軍機校根本就不選課，全部學分均必修，更因為所選課程有連鎖關係。西北大學研究所課程分三類，第一類D開頭（如D-45代表「高等X-ray」）是讀博士所選的課、第二類C開頭（如C-30代表電子顯微鏡）是攻讀碩士所選的課、第三類是B開頭（如B-18代表相變態或B-05代表數學系的微分方程）是大學部所開的課程。材料科學研究所碩士學位要求的最低學分，只要三十六個學分，通常一門課三個學分，按理說每學季選三門課九個學分，一年四個學季不就可以讀完嗎？（論文計六個學分），事實上不然，三十六個學分中至少要有三門屬D階層的課，而有些高階層的課必須有預修（pre-requirement）的課才能讀。同時低階層的學分也有限制，不像國內大學「豆腐撿嫩的吃」，這樣一來，讀畢碩士的最低需求，讀上六十學分也不稀奇。

冬學季入學，對一個沒有基礎的研究生很吃虧，主要是基本的學科在秋學季已經開過了，冬學季所開的課需要預修的不能選，也有些課老師是難應付（tough）的，又不敢選（西北材料所每一學期由研究生投票選出一位最難對付的教授，頒給他一支「紫木桿」。我在西北兩年，每學季都是授給同一位叫Jerry Cohen，教X-ray的老師，他的辦公桌擺滿了紫木桿，他也引以為樂。後來這位Cohen當了西北工學院院長）。所以在冬學季我選了門由數學系開的微分方

程，春學季再從數學系選了門複變數論（Complex Variable），用以彌補材料本科基礎之不足。

　　幸運的是在西北材料科學研究所，有位台大土木系畢業在此就讀的鄒祖煒同學，他比我早來一個學季，他是從力學轉讀材料科學，對材料科學的主課，我倆都同樣的陌生。我倆住在同一寓所，選課與課程的切磋，兩人有很多的助益。我倆在西北萍水相逢，以後對彼此的前程發展，都有非常重大的影響。祖煒比我提前一學季去西北，也比我提前半年離開西北，他申請到史丹福大學讀博士，兩年後我也到史丹福大學讀博士，他也作了我的嚮導。鄒祖煒與我及楊超植三人生活在一起，得以結識我們姪女輩的羅梅生，梅生在史丹福變成鄒太太，我與楊超植是名副其實的介紹人。祖煒以後一直執教於德拉瓦州立大學，擔任講座教授，更成為國際有名的「複合材料」權威教授。

獲頒西北碩士學位

　　1966年6月，我與鄒祖煒、西北土木工程研究所的孫祖德和傅慧生同時獲碩士學位。鄒與我都先後離開西北到史丹福讀博士，孫與傅則繼續留在西北讀博士，畢業後孫到普渡大學教書，傅到俄亥俄州立大學教書，都變成名教授。

　　畢業典禮上西北校長頒授名譽博士給鮑伯賀普（Bob Hope），鮑博士

▲　1966年獲頒西北碩士學位。

是家喻戶曉的諧星，讀未讀過大學我不知道，但這已經是他第八次獲得名譽博士了。他即席致詞當然又充滿了幽默，他的幽默不只是外國人一下子聽不懂，就是美國人也往往五秒鐘之後才哄堂大笑出來。

　　典禮排隊入場時，我首次看到傅慧生穿旗袍、外套、碩士服，更是第一次看她塗口紅，蠻別緻的。女孩子穿旗袍、塗口紅有什麼奇怪？但對傅小姐來說，確是奇怪，因為她一向都是長筒褲、白襯衫、蓄短髮、抽煙斗。在台大時同學給她起個外號叫「土寶」（土木系之寶）。她秉持一切調皮男生的性格，騎用男自行車，可以走門也可以跳窗時，她多半跳窗。在西北的兩年，她雖然跟女同學生活在一起，先是與席同學，後來與邱同學同住，但她那種獨來獨往，我行我素的爽朗性格，一直讓我印象深刻。與她搭檔打橋牌，偶勝一局，她會跑過來跟我握手說：「老許，打得好！」，我就回：「謝謝你，老傅！」她習慣於大家叫她老傅，很不習慣稱她傅小姐。

　　二十幾年後，有一次我到俄亥俄州立大學，順便到力學系找我的老同學傅教授，我首先到系辦公室問有沒有一位叫H.S. Fu的女教授？秘書回答說：「對不起，沒有，我們這兒倒是有一位叫Williams Fu 的男教授。」我以為找錯了地方，旋即外出，但後面一位先生叫住我：「老許，好久不見了！你是不是找我？」我看了看他，心想，沒錯呀！跟二十年前差不多嘛！他請我到他的辦公室，倒了杯咖啡，他坐下來笑著說：「老許，你看我有沒有什麼改變？」我再端詳後說：「有一點兒。」我倒未立即發覺他多了小鬍子，他這時才告訴我：「改變很大，我變了性。」一下子把我愣住了，「啊！」我險些叫出聲來。

　　中午他請我到一個湖南館吃飯，他才告訴我「變性」前後的心路歷程和對他的影響。我們對一個具有雙性的人，常持一個歧視的眼光去看他或她們，以致這些人很少受良好的教育，甚至有的淪為「人妖」。但面對的是我的老同學，「她」已經是名大學的名教授，怎會變成了「他」？他說的確經過一番心靈的掙扎，主要是男性的特徵顯現以及該校工學院院長的體諒。因為在美國變性要經過

法律的手續和通告，通知相關團體（特別是學術團體）世界上少了一個女人，多了個男人。結果，手術是非常成功的，甚至醫生告訴他可以結婚。當時，他告訴我仍非常思念在西北時的室友小邱，他很想要娶她為妻，但畢竟小邱無法接受這種事實，所以在獲博士返國任教就再未返美了。

至於說「變性」對他的事業有無影響呢？他仍戚然的點頭說「有」，他曾一度返母校台大任客座教授，若不是他有此經歷，以他的學術成就，是可以接任首任台大力學研究所所長的。待至1985年，我的長子一民在史丹福大學修讀碩士後，到俄亥俄州立大學力學系讀博士時，一度請傅教授作他的臨時指導教授。那時傅教授真的結了婚，後來他們夫妻收養了一個小孩。

1966年，當我在西北獲碩士學位時，距國內核予我國防科技獎學金全程兩年屆滿，還有半年時間，指導教授范教授與當時所長魏特曼教授商量，留我作魏特曼的研究助理，作材料疲勞試驗與研究，同時選修幾門博士階層的課。魏特曼（J. Weertman）和他的夫人R. Weertman都是材料科學研究所的教授，兩人合著的《差排理論概論》（Introduction of Dislocation Theory）是當時讀「材料科學」者必讀的權威著作，講述材料原子結構中的線形缺陷（Line defects）。Weertman教授的教育背景是物理，他除了在材料研究所任教外，同時也是西北大學地質系地球物理的教授，他把材料科學的「差排理論」運用在地球物理的「斷層理論」（Fault Theory）。他推測，經幾次地震，地殼板塊移動後，格陵蘭的外海會突出來一個島嶼，後來果然冒出來一個新島，這個島就被地質學會命名為Weertman Island。

有人或許會問：國家送你出去讀「冶金」，你卻念了「材料科學」，讀「材料科學」，你卻學了玩強化「寶石」，這跟國防科技有何關係？不是太離譜了嗎？當我獲碩士學位前，的確也這麼想，

直到我修滿了碩士所需要的學分，再分析DARPA初設六個材料研究中心的研究計畫，我也逐漸瞭解：每一項新的材料都要從深厚的材料科學理論作開始，然後明瞭它的微結構、熱與相的變化、反應動力學，然後控制這些結構而能合成新材料，此稱之為「材料科技」，而由材料科技使重現、使之量產此為「材料工程」。

傳統的冶金，幾百年來雖然也走這條路，但是太狹義了，最後多偏重在「鋼鐵冶金」。現在舉個例說明材料科技之演進：十九世紀初期，就有了固態物理的理論出現，認為「能階」會直接影響電子的流動，如果能在導體與非導體（絕緣）之間找到一種「半導體」，能控制電子單向流動（過去只能用真空管達成），那麼電子就可以發展出很多用途。到1934年，貝爾實驗室果然找出一種元素叫「鍺」（Ge），它就具有這種性質，鍺太稀少了，後來發現「矽」，二氧化矽就是沙子，世界上多的是。從砂子中把矽提煉出來，長成單晶切成片是所謂1″、2″、4″、6″、8″、10″、12″……晶元，再將晶元切成小方塊，稱之為晶元片，然後將次微米大小的線路佈置成導體、半導體和絕緣體之組合板，就稱之為積體線路。那麼，如何提煉矽、純化矽、生長單晶、切成單晶片……等都屬「材料科技」，至於如何佈成積體線路，如何發展成「矽谷」，如今已稱之為「電子工業」了。

那麼，藍寶石跟國防科技有沒有關係呢？原來我們常見的三氧化二鋁（Al_2O_3）白粉，如果能把它熔化（2140℃），當凝固時，控制它的晶向，則冷卻後就變成透明的晶體（稱單晶），這種單晶（Al_2O_3）就是寶石，無顏色的就叫「剛玉」。但如果長單晶時，放進去10ppm（1 ppm＝百萬分之一）Cr_2O_3，那麼就變成鮮紅的剛玉，我們稱之為紅寶石（Ruby），紅寶石中鉻（Cr）原子取代了原來鋁（Al）的位置，如果以強光照射，鉻原子就會激起能階而發出一致的光。另一方面，如果長單晶時，我們放進去10ppm的Ti_2O_3，那麼

它就長成藍色的剛玉，我們稱之為藍寶石（Sapphire）。奇妙的是鈦（Ti）原子會排成一層層三角形直線，經光線閃射變成星星狀，我們稱之為「星藍寶石」。這在珠寶界都是價值連城的寶物，但在材料科學界對珠寶反而興趣不大。我們的興趣在「強化」剛玉，因為剛玉用作太空艙的視窗時（-100℃~+400℃），仍要維持強度而不裂，用作飛彈鼻錐時，瞬間可達1000℃。

留學生生活情趣

　　選擇西北大學讀研究所，主要因為海軍機校同窗好友楊超植就在西北讀博士。當時與超植同時在西北讀博士學位的海軍機校校友是學長陸寶蓀。他兩人都讀電機系，超植讀資訊工程，陸寶蓀讀電控，我加入後，同住在同一棟學舍，同學戲稱「西北海軍三劍客」。因為我們三人都是海軍機校從大陸播遷的一、二期同學，所以住在一起又彷彿回到了機校，雖然出國留學已與海軍無任何干係，但海軍就是海軍，仍然維繫著海軍的情誼，在芝加哥附近與海軍相關的，我們都樂於參與。在第四章「軍援出國受訓」一文中，我曾提到「大湖」海軍訓練中心附近的老太婆陳德勒，當他知道我在西北唸書，即刻接我們三位到「中國海軍之家」，自那之後，她的中華民國海軍軍官的孩子們，又多了一個來源，不是「大湖」而是「艾文斯登」。

　　曾任海軍高級將領的老海軍楊元忠，當時僑居芝加哥，他的家庭與老陸的岳家有親戚關係，於是我們有機會到楊府拜訪。楊夫人非常慈祥，天生貴婦人相，楊老先生對海軍故舊仍多所懷念。我猶記得在人事署服務時曾聽說，在馬祖作戰危急時，楊老先生正任防區指揮官，緊急時給夫人打了一通電報，說：「永別了，好好照顧子女，別讓他們作軍人！」電報被截了，如果電報只有前二句，一定可以獲頒勳章，加上後一句，可能注定他提前僑居美國。

　　畢業於台大電機系，在西北讀工業工程的王元瑞，最喜歡找我們這三個海軍到他家聊天。他和太太（好像是叫楊世繒）兩人都非常爽朗率直，後來才知道她有個小弟叫楊世緘，她常說起，從大陸跑出來時才十三歲，身邊還帶著小弟弟，我們聽了都很感動。幾年後，我們也認識了這位小弟弟，他就是曾任經濟部次長、行政院政務委員，也是西北大學電機博士的楊世緘。有一次我問他：「你是不是十三歲的姊姊把你帶出來的？」楊世緘說：「你聽她吹牛，她還不知是誰帶出來的！」

　　最好玩兒的是王氏夫婦都愛聽、也愛講黃笑話，去他們家飯後一定要講。在這些笑話中，我一直認為老陸蒐集的一個笑話最值得回味：有個女傭為其主人收拾客廳，一不小心把桌上小天使石膏像摔在地板上。女傭大驚失色，趕快拿起來檢視，還好只把小天使的小雞雞摔斷，她急忙用膠水黏起來，放回原處，看了再看，認為天衣無縫，並無異狀，這才放了心。主人下班回家，沙發上坐一會兒，看到小天使，忽然站起來，拿起小天使，竟然神秘的笑了起來，女傭在門後偷看，實在耐不住，紅著臉走過來問：「先生，你笑什麼？」主人忍住笑說：「小姐，你黏錯方向了，應該朝下的。」女傭嬌滴滴的說：「我見過的都是朝上的嘛！」

　　在芝加哥有我們另外一位海軍機校同班同學劉衛綠經商，週末或假日常接我們到他家。他是海軍機校（或許含海官校）來台灣後第一個自費出國留學的人，他的出國經過堪稱奇聞。論成績，老劉在我們42年班並不出眾（1948年的全國聯合招生，依省籍分配，劉的省籍是西康，相當保障名額）；論財力，他跟我們一樣分文不名；論外語能力，只舉一例說明他的英語程度，老劉是造機系畢業，申請國外學校入學許可時，只要有「工程」(Engineering)的學校就照選，後來收到一個工程學院的入學通知，老劉拿出來函給同學左鹿年看，問他「civil」是什麼意思，原來准許入學的是「土木

工程」（Civil Engineering），而非機械工程。那麼，老劉憑什麼第一個自費出國留學呢？答案是全憑「毅力」，所謂「有志者事竟成」。老劉比我們都高明的是「動手」，他靠他的黑手機械設計本事，當選了當年的「克難英雄」，他以克難英雄的身份持國外入學許可，海總特准他留學，出國的路費、學費由同學及師長周濟，這樣他真的出了國。

出國後的苦難和痛苦，他在芝加哥公園向我敘舊時，自己追憶起來都落淚。但無論如何，他活了過來。他憑他的一雙黑手，幫人設計冰淇淋自動包裝機、污水處理機，最後為自己設計了半自動鏡框製造機。在芝加哥及司寇基（Skokie）開了兩家畫框店，不但依此成家立業，而且教育四個子女有成。劉衛緣第二個「毅力大突破」，是追他的太太費克群的經過。老劉認識費小姐是在當選「克難英雄」的表揚會上，費小姐是「戰鬥女英雄」。老劉憑見過的那麼一面之緣，隨之窮追死纏，多少年後，這位女英雄的費小姐居然就變成了劉太太。當我們到他家作客時，這位劉太太看起來賢淑而寡言，若不是老劉親口告訴我她的奮鬥史，和看她的剪輯相簿，真不相信這位劉太太曾經是戰鬥女英雄。

原來她是科班出身的軍中情治人員，不僅長相、體型都標準外，還曾受過開卡車、傘兵和爆破的特種訓練。這種人不要說憑看一眼就想追上是不可能的，既使她自己在戀愛也要經過特許。對老劉的窮追，如何從「不理」到「理」，又如何在地球兩端從理睬到相從，我們無從知曉，但我們知道她是在派駐日本使館工作時脫離了軍職，又從日本到加拿大時，老劉把她接到美國，然後請律師打官司，才居留在美國，所以老劉追太太堪稱第二次「毅力大突破」。我們在西北時，劉太太除了幫老劉經營一個店鋪外，同時照顧四個幼小的孩子。如今四個孩子都長大了，並且都在好大學取得高等學位，其中兩個女兒當了醫生。2001年時，老劉又完成了一件

感人的壯舉，他在大陸四川偏遠地區（我想大概就是原來的西康地區），耗資百餘萬人民幣，捐獻了一座相當現代化的「關愛希望學校」，可容納兩百個兒童入學。他供應每人全部吃、住、穿及學費；教室有空調、電腦，以及他親手設計的可升降桌椅（我還從未見過）。老劉曾寄一卷落成典禮的錄影帶磁碟給台北同學看，我祇是懷疑這些現代化設備，在一個蠻荒地區如何消受？

我們三位海軍所住的學舍房東是亞美尼亞人，為人拘謹且小氣，對留學生房客多所限制，他們的廚房只准作早餐，且不准炒菜煎蛋。好在留學生的功課和實驗壓力早已佔滿了時間，售貨機裡的三明治就足以填飽肚子，所以從來沒有為吃飯煩惱過。這棟學舍原來的房客是老陸、老楊（超植）和小鄒（祖煒），我去之後變成三海軍和小鄒，但一個學季下來，因為早出晚歸的時間不同，好像彼此都未見過面。到春學季情形有所改變，一因房東藉口整修房間要增房租，二因老楊和我的姪女羅梅生要到艾文斯登來（羅梅生是台大外文系畢業，他的姑姑是超植太太的同學，也曾是我的女友），多了個女生，住的問題頓時尖銳化。

於是我們到處找房子，最後終於找到一家三層樓的頂樓，可以走後門，獨立出入，內有隔間、共用廚房和客廳，無人干涉中式煎炒煮炸，這一學舍真是太理想了。老楊、小鄒和我首先搬進來，以後羅梅生從南伊大轉來也住進，我們多了個女主人，儼然像個小家庭。經我與老楊的撮合，小鄒和梅生終於從路人到情人，在小鄒到史丹福時成了夫妻。以後我們分別離開這棟房子後，一個接一個中國留學生搬進來，尤其是中科院中山獎學金來西北大學深造者，如蘇鴻縱、周敢、姚士鳳、楊世緘等皆曾住過，成為艾文斯登的中國留學生俱樂部。

風雲際會定期返國

我在西北大學讀碩士的兩年（1964年尾至1967年初）所結識的同學、校友和師長，有的後來在學術上或在政教上，都成為知名之士。除了在以上文字中提到的幾位，如鄒祖煒、傅慧生（變性後改名為傅立生）、孫祖德、王元瑞等教授外，我把記憶中的幾位校友和他們的發展記述如下：

同窗好友楊超植獲博士學位後，到華盛頓大學教書，後返交大母校任教並作控制系主任，再赴美任Birmingham市阿拉巴馬大學及德州Denton市的北德州大學任教授。

學長陸寶蓀獲博士前，已列入國防科技中山獎學金員額，返國後曾任中科院電子所所長、計畫處處長、中正理工學院院長，以後外放駐荷蘭及印尼商務和文化代表處代表（地下大使）。

陳卓校友，是當時我們所開闢的新學舍，在老楊離開後，第一位遷入的室友。他原為台大物理系畢業，轉來西北專修磁學物理，在西北獲物理博士後，仍返母校台大教物理，可謂從一而終。陳教授詼諧幽默，不失物理學人窮究問底的性格。當你滔滔不絕，話到興致處時，他會來一句：「so what？」令你語結。

郭南宏校友，我初到西北的一年，他已讀完博士學位，到加拿大作了一陣子超博士後，返回母校交大任教，做過系主任、校長、交通部長，及國科會主委，在一次內閣改組中，他公開不滿被調來調去，而惹惱了李登輝，以致退隱民間企業，現仍任長庚大學校長。在西北時，我倆曾是橋牌搭檔。他對人親切，但非常好勝，球類運動他每樣都會，每樣都想贏。每次見面郭都跟我說，我機校同學沈士印是他交大的同學，球類、功課每一樣他都比我強，我真服了他。沈在服務中科院時出國讀博士，學成未歸，失去聯絡。1995年我在澳洲南威爾斯大學任客座教授時，曾安排郭主委組團到澳洲

訪問,我也隨團同行。

當時在西北教書的師長中,有四位是中央研究院院士。一位是許朗光教授,他是世界知名的人類學家,當時他也是「幽浮」(UFO)學會的主席。第二位是數學家樊畿教授,據說他兩個兒子都犧牲於二次大戰日本的轟炸,所以他恨透了日本人,一次有個日本學生上他的數學課,兩隻腳翹在椅子上,他當時就把他轟出去:「Get out! 不准再回來!」第三位是竇祖烈教授,是「資訊科學」一詞的創始人,也是楊超植的指導教授。第四位是也是數學家的王憲鍾教授。

當我在西北讀書的同時,也在美國進修的海軍機校同班同學還有以下幾位:姜達觀,他在MIT獲碩士學位後就業,與范一陵小姐結婚後,家住紐澤西,聖誕節邀我到他家歡聚;王森同學在MIT造船研究所讀博士,他畢業前的寒假,我與他一起在波士頓過年;黃厚文同學在加州柏克萊造船研究所讀博士;朱漢雲同學甫自阿拉巴馬大學獲博士,他特別到艾文斯登來看我們,在以後的歲月裡,他換了幾次工作,也搬過六、七次家,我幾乎在每處新家都作過客。

1967年年初,我結束在西北大學二年的留學生涯,返回台灣到甫設於桃園縣石門水庫的「逸園」區的「中山科學院籌備處」報到。妻子葉純惠帶著民兒(七歲)及嵐音(四歲)到台北接機,我對純惠兩年來的含辛茹苦,一方面養育兒女,一方面在雄商教書的艱苦倍感愧疚,擁抱著大病初癒的音女,久久講不出話來。

一個月後,我們將左營果貿新村的上校級眷舍,以僅收回我們改裝費一萬元的代價,讓給同班同學。我們則北上遷居到新竹市東美路,是中科院向台銀租借的原來「美國西方公司」的宿舍(現為清大教授宿舍)。

籌備中山科學研究院

在我出國一年後，中山科學研究院籌備處已先成立，籌備處主任暫不派人，實際上是由當時的國防部副部長蔣經國兼任，籌備處的實務由副主任唐君鉑中將總管，本來當局是屬意吳大猷先生接任中科院院長的，但因發展核能武器的基本概念不合，所以在發展國防科技執行上也產生了巨大的改變（下文中另述）。

籌備處選在石門水庫附近，有幾個原因：1.有相當廣大的腹地（有一大片茶園），可以擴充院區；2.距台北遠近適宜，便利研究人員往返；3.石門水庫大壩工程甫告結束，外籍工程師宿舍之質與量，均可供籌備處及未來生活區之使用；4.地處山頂平台地，對任務發展具相當程度隱密性。此一研究機構即命名為「中山科學研究院」，所以籌備處地址則命名為「逸園」，是因取國父孫文字「中山」號「逸」仙之寓意。

籌備處期間，行政部門有計畫、設施供應及主計人員。當時兼主任有三項特別指示，這個單位可以不穿軍服、可以不必找憲兵警衛而找警察即可、可以不設政戰部。尤其是最後一項，堪稱當時的「大突破」。在研究部門體系，成立核能、火箭和電子三所，或稱第一、第二和第三研究所。每個所再分別成立三個組，有所謂「三三制」。三個所最初遴選的三個所長是錢積彭（空軍）、程嘉呈（空軍）及劉曙晞（海軍）。

畢竟負責籌備的人（含三位所長在內）與發展國防科技的原始設計人的思維有相當大的差距，就以第一批五十名考選名額來說，「冶金」科員額最多（以後籌備處再行儲訓，在留學名額中依然佔大比例），顯然是國防科技發展的原始設計人依據自己的經驗，認為需要最多、最迫切的是「冶金」專業人員。但兩年後，這「三三制」的三個所居然沒有一個所容納學成歸國的冶金人員。經過一

所、二所先後的協調，用「推」給對方、「拖」延時效、「拉」入人才的步驟，讓我暫在一所一個以地質和採礦的小組上班，最後決定在二所第三組「化學燃料組」內設置一「材料科學小組」（第二所的三個組是空氣動力組、火箭引擎組、及化學燃料組）。材料小組行政系統屬二所，但任務要包括核能所的「放射冶金」。

首屆國防科技獎學金錄取八名「冶金」名額為莊以德、孫秉縠（以上陸軍）、許樹恩、楊健、李廣聞、楊士偉、谷源安（以上海軍）和陳秉之（空軍），除楊士偉和谷源安一去不返，李廣聞留德歸來較遲外，其餘五位均次第返國。「材料小組」除上述五人外，並有籌備處招考三軍第二批國防科技「冶金」名額人員，這批錄取人員先行送往成大「礦冶系」儲訓半年，復個別申請學校留學，當時已成行者有謝鴻倡、鮑亦當、汪開甲，待出國者有孫武、張關宗、張薰圭、徐念南、曾昭芳、羅承鈞和宋士顥。於是我們十幾位就開始未來中科院材料科學和放射冶金的研究發展籌備工作。

一個研究機構的籌備工作是既重要又單調，因為中科院並非教育機構，也非純學術性的研究機構，因之研發重點必須與主計畫相配合，於是「材料小組」籌備重點逐漸朝向兩個目標發展，一是火箭、飛彈和航太工業的「航太材料」，二是核能工程的「核能燃料」以及放射冶金研究專用的「熱室」（Hot Lab.）。有了重點目標後，就是籌建實驗室，以及籌購實驗室內所用的設備與儀器。所以每天查商品目錄和詢價，倒成了同事們的工作重點。

籌備工作另一個要項仍是「尋才」，計畫處循多種途徑進行：1.鼓勵籌備處的同仁，尤其是甫返國的研究人員介紹非軍職留學生來院；2.繼續並擴大辦理國防科技中山獎學金出國；3.中正理工學院當年畢業之物理系同學全班一起到中山籌備處報到；4.頒佈服務中科院科技人員加發科技獎金辦法，以及科技人員房屋補助費辦法。一

時籌備處人員迅速膨脹，一度引起不得其門而入者的非議。隨之籌備處辦理了一次檢定測驗，凡未經選派進修而列為科技人員者一律要參加測驗，測驗成績居後者要被淘汰。測驗結果大出管理人之意料，被淘汰者竟是中正理工畢業、當時台電董事長的兒子，雖然接受了此一殘酷事實，但以後涉及核能與電能技術合作，以及多少技術支援計畫有時會遇到不預期的挫折，難說這不是種因。總之，以後就不再辦理類似的測驗。

為了獎勵第一屆國防科技獎學金學成定期返國，在我返國一年後，接到計畫處處長劉元發的通知：「許樹恩、莊以德二員可即日起自行申請學校，秋季起出國攻讀博士學位。」

兩件特殊第一手資料

在1968年9月再度出國到史丹福大學讀書之前，於中科院籌備處籌畫工作中，有兩件事堪稱第一手資料，因影響深遠，所以在這裡敘述如下：

在籌備材料研究實驗室的過程中，籌備處請到旅美學人李振民（James M. Li）博士，以中科院顧問名義返國講學，李博士當時在美國有名的美鋼貝因（Bain's）實驗室，因為他在「差排理論」（Dislocation Theory）有獨特的見解，對當時材料科學研究界有舉足輕重的地位。在當時逸園宿舍內，籌備處既無研究室也無試驗室，所以就請李博士開了一個月的「差排理論」課，講給「材料小組」的研究人員聽。

課餘之暇，他與籌備處副主任唐君鉑談將來的發展，他建議何不在國內辦一份以「材料科學」為號召的國際學術刊物，此刊物由中科院出資主辦，由在美材料科學界學人組編輯委員會負責稿源及與中科院同仁共同主編，這樣一來，中科院先有了學術地位，再發展科技也較容易。唐先生認為很有道理，於是邀約台大陸志鴻

教授，三人再作進一步的研商，然後決定交給當時國內唯一的「材料科學」碩士我去執行。三個月後，李振民果然把編輯委員名單寄來，三分之二是旅美學人，三分之一是世界上有名望的材料與冶金界俊彥。我著手向內政部探詢，出版一份國際學術刊物的手續和規定，這時才知道原來沒有想像中容易。最主要是要有一個強而有力的學術團體作為後盾，當時想到可否找「礦冶工程學會」，後細想不宜，因為「材料科學」已自「礦」與「冶」脫穎而出，所以只有自組學會，成立「中國材料科學學會」（Chinese Society for Materials Science），由陸志鴻教授出面，先行籌組發起人大會，當然籌備事宜、財務支援全由中科院籌備處二所「材料小組」負全責。待召開第一屆「中國材料科學學會」成立大會後，將總幹事工作交給李廣聞先生，我已出國進修了。二十年後，一份由中國材料科學學會主辦發行的國際性純學術刊物《材料物理與化學》（Materials Physics and Chemistry）真的實現了，是由清華大學陳力俊教授透過學會，向歐洲買進已經出版的刊物，並會同一位國外學者共同主編，由Elsevier公司出版，在荷蘭發行。

第二件事記述如下，1968年初，有一天計畫處劉元發處長忽然找我及一所的陳溶甫，以及一位國防部的侯葆泰上校（空軍）說：「你們準備下星期同我到台北上班」。一週後，我們準時到台北報到。辦公地點是在新生南路上，面對水溝（當時新生南路尚未覆蓋成大馬路），鄰近和平東路的一棟民宅。那是一棟相當豪華的民宅，地上二層、地下一層，牆內尚有車庫及加建，我們上班的地點在一樓客廳。原來這個門口無任何標識的單位，日後叫做「科學指導委員會」，是與「反共抗俄委員會」、「光復大陸設計委員會」、「國家建設委員會」相平行的組織，同屬總統府的「國家安全委員會」，主任委員是吳大猷先生，執行秘書是中科院籌備處的執行長夏新先生，兼計畫組組長是孫金生先生，副組長則由中科院

籌備處計畫處長劉元發兼任。至於我們三位，人事命令發佈的是去當「諮議」計劃官。

最初我們自己也奇怪，這樣一個神秘兮兮的單位，找我們來作什麼？後來才逐漸明瞭，原來這裡將是一個重大策略的轉捩點。因為當時吳大猷先生是少數心向中華民國的國際知名物理學家，他曾主持加拿大的國家試驗室，如果他能在台灣主持國防科技研究機構，那麼構想中的國防科技研究計畫將可很快的具體實現。孰知，他很快的表示拒絕接受，說興趣只在「量子力學」和非軍事的科學發展。當局在失望之餘，仍然委以科學指導委員會（簡稱科指會）主任委員名義，總希望他既使不支持，但也不要反對既訂的國防科技發展政策，特別是即將簽約的「重水原子反應爐」採購案。這一點，當局也錯估了，原來他是徹底的反對，然而「科指會」主任委員已經任命。「科學指導委員會」是一個政策指導單位而非執行單位，他指導的範圍是全國性的，包括軍事與國防，正因為如此，科指會的辦公室包括秘書處、計畫組和總務組，全部由國防部支援，總希望能使他回心轉意，對國防科技發展有所支持。

有一次，執行秘書夏新先生和我陪吳主委從北到南視察軍中教育，他在考量未來的國家科學發展要不要包含國防教育。至岡山空軍官校時，官校校長向他作簡報，當時還沒有電腦簡報這玩意兒，簡報時多半是將資料印出來，給貴賓人手一本。同時將資料以大字報寫出來，由簡報人逐字唸出。吳老先生當時就指出來，你既然印出來，還唸它作什麼？話雖然是笑著說的，但仍讓簡報的人十分尷尬。這次隨同視察，給我一個印象是，國防部的一切措施是想讓吳老先生贊同、支持和背書，但實在是太難了。

果然，一齣「兩廣大戰」的戲碼上演了，地點就在當時「科指會」會議室，會議名稱是「原子能委員會」。當時的委員有吳大猷、陳可忠（清華）、凌鴻勛（交大）、閻振興（台大）和台電公

司董事長陳蘭皋等人，列席者有中山科學院籌備處副主任唐君鉑、核研所所長錢積彭，以及科指會計畫組的會議記錄人員。會議的主題就是審查核研所提出的「重水原子反應爐」購案，當核研所將議案內容詳細簡報後，吳主委站起來說：「原子反應爐建起來是要作原子彈，原子彈做好，你們去炸誰？就憑你們也能作原子彈？」一時大家愕然。唐君鉑先生也跟著站起來，從皮包裡拿出一張剪報，唸道：「……吳大猷是個象牙塔裡出來的書生，……誤國誤民……」。這兩位老廣，第一次面對面，大概也是最後一次的衝突，就此結束，會議不歡而散。

以後，吳主委出任他自己擬具的「國家科學發展委員會」（簡稱「國科會」迄今）主任委員以及中央研究院院長，以迄退休、逝世，他從不曾去過中山科學研究院。不只如此，他寫了本小冊子《在台工作回憶》，說明他反對發展核武的概念，以及1967年以來在台不愉快的事，發給中研院的院士看——特別是召開院士會議時，申請到中科院參觀的院士們。

至於唐君鉑先生，他是抗戰前唐山交大畢業、抗戰時期留英劍橋大學的碩士，曾擔任兵工署長、供應司令及國防部後勤次長。他並無核能物理背景，但卻深知美國「曼哈頓」計畫（二次大戰美國原子彈生產計畫代號）是一個「冶金計畫」，雖然研發由各學校及研究計畫分別進行，但生產階段是由一位陸軍少將來主持。最初國防科技發展設計人也認為計畫可行，說服了當時的國防部副部長蔣經國（中科院籌備處不出名的兼主任）。所以當時兩個老廣的戰爭，並不是吳大猷對唐君鉑的戰爭，而是吳大猷對蔣經國的戰爭，這從以下的事例可作說明。

既然科指會不支持國防科技發展計畫，吳主任最熱衷的是「國家科學發展計畫」，首要的是擬定「國家科學發展方案」以及方案內成立的執行單位——「國家科學發展委員會」。這份「發展

方案」當然由科指會計劃組起草，但實際上全部由主委親自釐訂。「發展方案」完成後要大簽給總統，而涉及科技發展多半要透過蔣經國，但當時所聽到的，不是「不在台北」就是「在辦要公」。相當時日之後，方案終於被總統親批「同意執行」而定案，我們三人也就結束兼職返籌備處上班了。

　　但針對這件歷史檔案，究竟孰是孰非？如今兩個老廣和蔣經國總統都已作古了，雖已蓋棺，本案尚難論定。論當年發展核武的能力和財力，台灣並不比大陸差，當時也沒有國際限武的合約，如果當時吳主委不在台灣而是在中國大陸，若他有能力說服老毛「要褲子，不要核子」，那麼今天的國際局勢又如何？倒也奇怪，大陸上沒有人敢問問老毛：「發展核武，你準備炸誰呢？」

　　在江才健著《楊振寧傳》書中第360頁述及楊振寧來台，吳大猷曾偕楊振寧會見蔣經國，由此亦可聯想到當初蔣、吳交惡之原委，特將此段摘輯如下：

> 楊振寧那一次回台參加院士會議，造成很大的轟動，在中研院的演講也是水洩不通的盛況。楊振寧還和吳大猷一同見了蔣經國總統，那時候蔣經國健康已走下坡，只在楊進來和離去的時候站起來和他握手。吳大猷和蔣經國關係並不好，肇因於早年吳大猷反對台灣的原子彈計畫，以及和蔣經國對學術的看法不同等因素。楊振寧是有政治敏感性的人，結果後來吳大猷對於楊振寧和他與蔣經國的見面私下有所評論，不滿意楊振寧對蔣經國禮數周到的態度。

本章註釋

① 　Robert W. Cahn, Commentary, Nature Materials, Vol. 1, No 1, 93, September,

2002.

② S. E. Hsu, W. Kobes and M.E. Fine, "Strengthening of Sapphire by Precipitates Containing Titanium", Jour. of American Ceramics Society, 56, 3, 1967.

③ S. E. Hsu and M.E. Fine. "Heart-treatment of Grown Single Crystals", Crystal Technology, Japan, 1971, p.915.

第七章　史丹福大學讀博士

　　我能到世界名校史丹福大學讀書，看起來似乎較四年前申請到西北大學留學容易，實際上如果我未在西北大學讀碩士，則絕無可能在史丹福大學讀博士，加上適逢以下幾項機緣因素：對首屆國防科技獎學金定期返國的實質獎勵、貫徹國防科技發展計畫的人才培育、西北大學材料科學研究所同窗好友鄒祖煒的嚮導、指導教授「材料科學」創始人Morris E. Fine范教授的鼓勵、西北大學讀碩士學位的成績。

至史丹福大學的機運與世局

　　那時在中科院籌備處，當我在西北大學獲碩士返國一年後，接獲計畫處通知，莊以德和我可自行申請美國大學繼續攻讀博士學位。我申請了二個學校，一是西北大學，一是史丹福大學。西北大學是我向我的指導教授Morris E. Fine申請的，很快收到他的同意函，高興知道我願繼續跟他讀博士，他已經將申請函轉到校部註冊組，但他告訴我，他將到史丹福客座一年，以後可與他直接聯絡。第二封入學申請則是直接寄給史丹福大學，介紹函則是請范教授以及教材料結構及X-ray的教授Dr. Friese寫的，也很快的收到學校的入學許可。兩校之間取捨頗難，特別是如果選讀史丹福，有對不起范教授的遺憾。最後反而是范教授鼓勵我讀史丹福，他說兩個學校相比較，你應該讀史丹福。

　　1968年秋學季，當我到史丹福材料科學及工程研究所報到時，他剛好結束客座訪問返回西北大學了。在以後的歲月裡，我曾再見過他三次面，一次是專程返回西北母校去看他，那時西北的材料科

學研究所已更肆擴充，加建樓房以擴至大湖的新生地。他見我來，真是異常高興，像是看見多年不見的孩子回家，翻閱各種論著給我看，特別是引證我們共同發表有關藍寶石熱處理的文獻。另一次是在波士頓出席MRS（材料研究學會）年會時，那次特別表揚他創用「材料科學」一詞，連我也感到與有榮焉。再一次是出席1991年紐奧良TMS（材料及金屬學會）年會，這次會議特別推崇M. E. Fine在學術上的成就和貢獻，會後出版專書一本，其中也刊載我們一篇論文①。

　　1968年至史丹福大學讀博士，看來似乎較三年前申請到西北大學讀書為輕鬆，但事實上也不盡然，因為我唸書的年齡更大了。當時我已四十歲，正式晉入中年，才要開始與年輕人一起拼學位。另一方面是讀書的使命感更重了，不但肩負著發展國防科技的責任，同時還要充當樣板，為國防科技獎學金計畫培育人才作示範。

　　此外，出國心情上的負擔是我的家庭，因為這一走又要四年，照顧家庭、孩子及生活的責任又要全部丟給妻子承擔。我們住在新竹東美路，純惠除照顧幼小的民兒和音女外，已轉到新竹高工任教，因過度辛勞以致她孕育的宇兒甫告出生隨即夭折，給我們夫妻極大打擊。但當她獲知我有機會再出國讀書四年時，反而鼓勵我：「要去念，家我管！」年後，當醫生告訴她已再懷孕時，她不假思索，辭去新竹高工教職，舉家遷往台北木柵。當我出國時，她已懷孕七個月。待中兒出生時，我已在史丹福就讀。無巧不巧，中兒出生的一天是我的農曆生日，也是一年前宇兒夭折的一天。妻純惠原有害喜嘔吐的毛病，幾個孩子中包括夭折的宇兒，唯獨懷中兒時卻從不害喜。

　　我到史丹福讀書的一年，越戰方酣，反戰聲浪遍及全美大學，而以史丹福最為強烈。激動的學生結合暴民採取「靜坐」、「罷課」和「破壞」。目標集中「微波實驗室」、「胡佛圖書館」，

以及「史丹福研究院」（Stanford Research Institute，簡稱SRI，與史丹福大學同一董事會，但是完全獨立的研究機構，人員四、五千人）。據說這三個單位是對越戰最有影響力的研究機構，稱之為「戰爭店鋪」（War Shop）。胡佛圖書館內有「胡佛研究所」，據說「出兵越南」是這個研究所對美國總統的「政策研究結論」。而瞬間使草木落葉枯黃的藥劑，是SRI的研究產品。胡佛圖書館遭破壞得最慘，四周圍窗四、五米高的黑玻璃全被石頭砸碎。政府不得已出動警察和國家防衛部隊進入校園維持治安。我初到史丹福遇此景象，不由得想起1947年北平的「反飢餓」、「反迫害」大遊行，二十年後怎會出現在美國？在史丹福四年，另外兩個政治場景，一是季辛吉導演的尼克森中國大陸訪問，尼毛會談以迄中美建交；另一個是釣魚台事件，我在史丹福時，郁慕明在舊金山加州大學，舊金山灣區的保釣運動，我們亦曾參與活動。

史丹福概況

有人說史丹福是美國西岸的哈佛，卻也有人說哈佛是美國東岸的史丹福。不管怎麼說，這兩個學校從任何角度看，都有資格相匹配。論哈佛，他有悠久的歷史、崇高的學術地位、出過多位總統，政治影響力無出其右；而史丹福有新時代的教育風格、科學與技術的創新、創業與企業的新猷，它一切的表現似乎都站在時代的最尖端，加上它有廣大可開發的環境，地處灣區，氣候宜人，成為好學者、好青年所共同響往的學府。經過統計，美國只有這兩個學校，每年大一新生入學，超過半數的學生為頂尖百分之一的（Top 1%）中學畢業生（意指新生中有半數以上學生在中學畢業時考第一），另外一半的學生多具備特殊才藝，特別是領導才能或運動天才——譬如老虎伍茲（Tiger Woods），當然這些人調皮、花招、捉弄人也數第一。

　　2003年12月，在澳洲媒體上見到最新進行的世界五百所最佳大學排名，美國哈佛大學和史丹福大學併列首位，澳洲則只有兩大學躋身百強。評鑑標準基於五個領域的表現：1. 在物理、化學、醫學和經濟學上獲諾貝爾獎的人數；2.在二十一個學科中成績卓著研究人員的數量；3.在《自然》和《科學》雜誌上發表論文的數量；4.國際科學文獻索引和社會科學文獻索引的論文數量；5.全職員工的學術表現等。

　　史丹福大學是1891年老史丹福為懷念他騎馬摔死的小兒子Stanford Junior，捐出農場設立基金而設的。歷史雖沒有長春藤院校悠久，但至2002年也有一百一十一年歷史了。學校的全名應該叫「小史丹福大學」（ Stanford Junior University），被不少人誤會為「史丹福初級大學」。史丹福農場位於舊金山灣區的半島上，半島的北端是舊金山，跨過金山大橋到奧克蘭（Oakland），南端腹地為聖荷西（San Jose），附近為史丹福電機系校友們開發的工業區，世

人稱之為「矽谷」。史丹福附近的小城叫帕拉奧圖（Palo Alto），鎮上橫的街道，每一條起一個長春藤院校的名字，縱的大路有兩條，一條叫「大學路」，另一條就叫「史丹福」，表示史丹福貫穿每個名大學之寓意，充分顯現美國人的的「阿Q精神」。因為史丹福位居灣區的中部，氣候非常適人，雖然距舊金山和聖荷西各有一小時的車程，但往往到舊金山則嫌冷，到聖荷西則嫌熱，四年下來，氣候會把人「慣壞」，後來我回到台灣，每天出汗不自在，甚至生病。

▲1978年作者攝於史丹佛大學，胡佛紀念塔之前。

　　史丹福農場面積十分廣闊，背面環山，前面平原，史丹福雖是校名，實際上也成為地名，尤其是郵政地址，如此一來，Palo Auto好像座落在學校裡。Stanford農場處於「砂山」（Sand Hill）斷層地震帶，有名的舊金山大地震，史丹福也受波及，很多建築倒塌，至今仍留遺跡。六〇年代於農場之北，沿山坡建了個二英哩長、世界最大的「線性加速器」，建築工程是經特殊設計，據說當地震時可牽拉住基地，不受斷層影響。說起這「線性加速器」（Stanford Linear Accelerator Center，簡稱SLAC）也是讓史丹福出名的設施之一，它是1960年史丹福大學內的一位出生在德國，只有五呎二吋高的科學小怪人 Panofsky，說服當時的原子能委員會和美國總統，撥付一億兩千多萬美金，耗時四年才完工。這用來加速粒子的設施，使粒子直線速度達到接近光速的能量撞擊原子，把原子撞碎，再研究原子核內還有哪些玩意兒的設備。四十年來，SLAC已經製造了五位諾貝爾獎金得主，第一位是史丹福的Burton Richter，他和MIT的丁肇中一起得獎，兩個人並不在一起研究，但同時發現「第四夸克」（Fourth Quark）。

　　史丹福最初的中心建築是一個「回」字型的大四合院，稱「QUAD」，「回」字內口的中間近緣是教堂（不屬特定的宗教），四角落分稱「數學角」、「政治角」、「歷史角」及「地質角」。以此大四合院為中心，向四面八方成輻射狀擴建，新的建築採不同的結構設計，但無論高矮，外表永遠是黃石牆、紅屋頂、墨西哥式建築，以致最新的也像舊有的。「回」字西南角（歷史角）的外圍矗立這胡佛塔（Hoover Tower）是學校的地標，是紀念校友胡佛總統的研究所，原來胡佛曾是唐山開灤煤礦的地質工程師，所以現在胡佛紀念館裡還陳列著不少中國的瓷器。學校建築整體看起來很壯觀，四周圍襯著叢林和棕櫚，因而史丹福的校園公認為是最美的校園之一，史丹福也成為觀光的勝地。

　　史丹福大學有文、法、理、工、商、醫、教育、地球科學和資訊科學等學院（只有農場但無農學院），是相當平衡發展的大學。美國民間有各種組織，每年評鑑各大學、各學院，甚至各學系及研究所，整體而言，許多年來史丹福都可列前三名，有些系所每年列第一。史丹福在國外有十個分校，包括台灣大學校內的史丹福外語學院，但大多數各自為政，並不代表史丹福的學籍。史丹福大學的師長中，經常有些位是諾貝爾獎金得主。當我在史丹福讀書的年度內，有一次瑞典國王往訪，史丹福校內十幾位獎金得主聯合設宴，宴請這位頒獎人，其中包括一個人拿兩次獎金（化學獎和和平獎）的鮑林（Pauling），和半導體的發明人夏克萊（Shockley）以及物理名詞上的布洛赫（Bloch）。

　　史丹福大學在美國西海岸的搭檔是加州柏克萊大學，不僅因為兩校同屬一個足球聯盟，每年足球季，當輪到這兩校比賽時稱為大賽（Big Game），校友返校爭奪「斧頭」（Axe），勝者可持掌

▲辛苦求學中於史丹福大學校園留影。

一年，敗者想盡辦法把它奪回來（包括明偷、暗搶），製造很多笑料，同時更由於這兩所學校學術水準相當，兩校可以互相選課，互承認學分，甚至共同發展研究計畫。

材料科學暨工程研究所

由於史丹福大學和西北大學都是1960年代美國國防尖端研究計畫（DARPA）支持的六個材料研究中心之一，所以兩個學校材料科學教學、研究內容、課程標準都有太多相似之處，所以我到研究所報到後，一切均感到不陌生。在西北大學讀碩士時的全部學分，甚至連獲碩士學位後選修的博士階層課程學分也都被承認。

到史丹福後首要的工作是尋覓一位肯接納我的指導教授，在本章第一節時我曾提及，我在西北時的指導教授范教授曾在史丹福客座訪問一年，他的辦公室原為施畢教授(Oleg D. Sherby)所有，當范教授在此客座時，適逢施畢教授在英國訪問，當他返校後我去找他，他知道我是范教授和Weertman的學生後，立刻同意我跟他作研究，不但接納我，與我同時由中科院出國，在史丹福讀碩士的孫武，他也一併接納。施畢教授恰好為研究「材料高溫機械性能」較權威的教授，對我來說，這是在中科院國防科技任務需求上最迫切瞭解的學科。

施畢教授為人謙和而風趣，他是白俄的後裔，出生在上海，十二歲時才移民到美國，他年齡只比我大四歲（不是他年輕，而是我年老），但他的「潛變理論」(Creep Theory)和「高應變率變形」（High Strain Rate Deformation）已世界馳名。因為白俄是帝俄時的貴族，也是蘇聯共產革命摧毀的對象，白俄的後裔也是被歧視的一群，他多次申請到蘇聯講學都被拒絕，但究竟血濃於水，當我在史丹福時，蘇聯國家科學院每年都會派學者兩、三人到史丹福來跟施畢學功夫。有時我們一起到施畢家吃晚飯，還遇到蘇聯國家科學院

副院長，談起來才知道他們在美國，行動還受限制，離開Palo Auto
二十公里要登記去處，到其他城市要事先報備。施畢教授指導外國
學生有一特點，那就是他完全聽得懂外國學生所講的爛英文，同時
他會講讓你聽得懂的標準英語。

史丹福大學也採學季制，與西北大學材料科學研究所的研究領
域也類似，包括：原子結構、反應動力學、熱力與合成、材料機械
性能和固態物理與電子材料。只是五個領域裡，強調的重點各有不
同，特別是，固態物理與電子材料透過材料研究中心CMR（Center
of Materials Research）與電機系及應用物理系合作，因而創新的電子
材料科技，包括光電、微波、通訊和積體電路，都直接或間接影響
了灣區或國際的電子工業。

在史丹福的前兩年，還談不上做何研究工作，主要是如何通
過學位考試。博士學位考試，在每個學校、每個研究院、每個研
究所，甚至每個時期都有不同，就以史丹福大學的材料科學暨工程
研究所，以及西北大學材料科學研究所來說，在1964年至1970年時
期，兩校制度很相近，但當我畢業時都有了改變，當時若持有碩士
學位，預期獲得博士學位必須通過四關：1.研究院核准入學申請（包
括碩士工程師或博士），身份通稱「研究生」；2.通過研究所的初
試（Preliminary）學科筆試，身份改稱「博士研究生」；3.通過博士
口試及論文計畫（proposal），身份改稱「博士候選人」；4.最後通
過博士論文口試，正式授予博士學位，才可稱為「××博士」。至
於附帶的規定，如外國語的需求、居留的時限和畢業的年度等，都
是學校或研究所的特別規定，以史丹福為例，工學院外語要一種，
但中國留學生，中文也算外國語，理學院則各系不同，數學系要三
種，其中必須包括俄文。居留的時限，史丹福是兩年（至少繳滿兩
年學費）。至於畢業的年度，每一年度可辦兩次，但只有一次有畢
業典禮。能一次順利通過四關的人少之又少，遭遇障礙，能低空通

過已是求之不得了。回想我在史丹福材料科學及工程研究所闖過四關的日子，真是不堪回首。

　　因為我具有西北大學材料科學碩士的學位，同時史丹福大學已審查通過入學許可，所以第一關成為史丹福材料科學及工程研究所的「研究生」自然無問題。跟著是第二關，也就是在選課上課之餘準備學科筆試的初試，學科範圍包括：原子結構、反應動力學、熱力與合成、機械性能、固態物理等五個研究領域。後兩項可任選其一，每一研究領域包括二至三門課，換言之，筆試範圍包括四領域乘以二至三門課等於八到十二門課。偌大的範圍又無考古題可查，所以在第一年的時光裡，每天啃書本，真是寢不安、食無味。好在在西北大學打的基礎還算牢固，加上在史丹福重選的加強，使得我在一次筆試後即順利通過第二關。如果未通過，則一年後還有一次筆試機會，再不然就只有結束「研究生」這一稱謂了。這裡我要一提的是在史丹福教我「材料結構及X光繞射」的助教授巴瑞特（Barrett），他後來離開史丹福到Intel公司做到總裁，成了世界有名的電腦組件商。他經常到台灣，也是史丹福材料所畢業，是我的指導教授施畢的第一個博士研究生。

　　孰知，當我闖越第三關時，則發生了困難，第三關考試的領域雖與第二關相雷同，但此關是口試，口試範圍則漫無邊際。口試結束，我自己預感不樂觀，因為我一來英語表達能力不夠好，二來臨場機智反應不夠快，三在「反應動力學」一領域中，我確實理解不夠深。果然次日在研究所的信箱中收到口試未通過的通知，好在尚留一線生機，我可以在半年後再口試一次。當收到那通知時真是萬念俱灰，論時機，我已出國兩年，最大的抉擇是要不要繼續留下來念，還是就此打道回台，學校會發一紙第二個碩士學位證書？最後還是靠愛妻純惠的安慰信：「你已盡了最大的努力，勿以失敗的挫折而氣餒，能留下來念就留下來，如果實在無望則回家，三個可愛

▲作者在史丹福大學攻讀博士學位四年（1968年～1972年）妻葉純惠隻身帶三個小孩留在台灣。1970年攝於台北市。

的寶寶和我都在等待你。」於是我只有硬著頭皮等待半年後的孤注一擲。

　　指導教授施畢也給我安慰和鼓勵，他答應讓我即日起開始研究工作，與另外三位學長一起開始一項「硬質顆粒韌化六方晶系金屬基複合材料之研究」的專題。武俠小說上常以「說時遲，那時快」來描述瞬間快動作，在史丹福材料所等待二次口試的心情，可用「說時快，那時慢」來形容，六個月肩負著成與敗的考驗，只准成功不準失敗的壓力，懷著希望渺茫盡其在我的機率，時間真是難熬。但畢竟總會「時間到」，1970年秋學季，我終於通過了口試及論文計畫，反而是「反應動力學」領域的口試委員Dr. Teller給了我高分（Teller教授退休後成為專門研究超感知覺及心靈意識力的權威教

授）。過了口試這一關，正式成為博士候選人，在史丹福習慣上要請研究所的同學吃披薩、喝啤酒，久經壓抑的心情得以鬆弛，絕處逢生的滋味真是只有身臨其境的人才能體會。當然最急切的是打一通長途電話給家人，告訴他們老爸爸通過了最難過的一關。

在史丹福以後的日子，則全部時間放在試驗、研究和論文上面。同時擔任施畢教授的助教，負責改電視教學的習題，那是史丹福首創的「微波TV工商教學」制度首次試播。TV教室設在航空系，地球科學院前空地，樓上下兩層，每層各有TV教室六間，TV教室內除每一書桌各白一台小TV外，講台桌頂上及教室後面均有高解析度的TV攝影機，上課時黑板上的字、教授的面孔和講台上的講義和圖表，都可瞬間經發射台傳出去，微波終端接收站設在舊金山、聖荷西及灣區各大公司，如H.P.、IBM、Intel……等專設的TV教室。所開的課於學校開學註冊時預先登記，可計正式學分。各公司選課的同仁不但要公司經理同意，公司也要同意出學費。當然不註冊而同意在公司旁聽的員工，准與不准那是公司的事。上課時TV右下角出現紅燈表示有人發問，問題與教授回答，所有人都能聽到，但何人發問則不詳，課外作業亦由TV或專設信箱發出，但繳作業則必須由專設信箱送達，期末考試則必須到校另闢教室舉行。施畢教授所開的課為「材料機械性能概論」，校外選課者大約三十人。

所有有資格授博士的大學，特別是舉世聞名的大學，博士論文沒有任一本是僥倖的，無論是以實驗為基礎的研究結果也好，或是以理論為根源的演繹思維也好，絕對都有它的「獨立性」和「創新性」，絕少屬於「聚寶盆式」或「垃圾桶式」（大半蒐集別人的資料），也絕少屬於「勞苦力式」（太多平淡無奇的試驗報告）。當最後論文口試時，如果你能提出已經發表的論文固然有利，但並不是必要條件。在台灣，各大學都以兩篇或三篇發表於夠水準的國內外刊物上作為博士論文口試的條件，這一作法無可厚非，但其立意精神顯然是把口試

委員的審查責任推給雜誌社，同時也可以增加指導教授自己發表論文的篇數。在國際知名的大學，論文口試委員他們才不這麼想，也許雜誌的審查委員、連同博士候選人的指導教授，就是他自己，或者是他的學生，何況博士論文和已發表的文章根本就是兩碼子事。這裡有兩件事例可作說明，第一件是在《楊振寧傳》裡有提到，普林斯頓大學物理學家崔曼教授曾說：「宇宙不守衡完全有資格得到諾貝爾獎，但是卻不能作一篇博士論文」②。另一件是穆斯堡爾的故事，穆斯堡爾（Rudolf L. Mössbauer）的博士論文是闡述他所發現的一個物理現象（稱之為Mössbauer Effect），他把這現象具體化，用來作為偵測磁性材料的儀器，可是他的指導教授對這個現象一直存疑，所以穆斯堡爾就用他自己的名字發表了論文，並且獲得了諾貝爾獎。

幸虧史丹福材料科學及工程研究所並沒有先發表幾篇論文才能口試的規定，否則在獎學金限期四年的時間裡我絕無法完成。我的論文是「含硬質顆粒鎘基複合材料」的研究，當時連複合材料「Composite Materials」這一名詞尚屬初創，至於顆粒複合材料更屬「新名詞」。獲博士學位後，從我的論文裡抽出研究結論，我與施畢曾發表了四篇原創性的論文③～⑥。當我返國後，在中科院做一個以Al_2O_3顆粒強化鋁合金的試驗，被當時在清華訪問的康乃爾材料所退休教授史卡拉（Scala）看到，於是邀我列為共同發起人，召開「國際複合材料會議」，第一次會議先後在倫敦和波士頓兩地舉行，直到現在每年都未間斷。

史丹福大學是全美較出名的貴學費學校，難怪有人說是「貴族學校」，高學費是事實，但是全然沒有辦學校賺錢的意圖。同時某些方面還蠻有人情味兒，譬如對博士研究生來說，你只要通過博士口試，同時已在校讀過兩年，就可以以「TGR」註冊，TGR代表終結研究生註冊（Terminate Graduate Registration），憑TGR卡，你可以免繳學費而享有史丹福一切研究生的權益（如進圖書館、試驗

室、停車、買球賽票等），直到你畢業離校為止，哪怕是博士論文又磨了你十年。對我來說，相當給國家省了兩年的獎學金。

以後在中山研究院服務期間，我曾推薦楊聲震、劉文翔，及王垂堂到史丹福材料研究所進修，楊聲震專修光電材料，並獲得博士學位，他曾任我的副手，擔任材料研發中心副主任，中科院有能力生產世界一流的紅外線追蹤系統完全靠他的努力。王垂堂是較晚期出國的同仁，他也獲得光電陶瓷方面的博士學位，但劉文翔到史丹福專學單晶生長科技，則未能獲得學位，以後他再自費出國，到猶他大學改修半導體而獲得博士學位。

留學生活情趣

史丹福大學是一個非常「新派」和活潑的學校，很多「新派」的作風往往被「傳統」或老一輩的人視為「異類」，但時間一久，這異類的作風似乎又變成一種潮流。就以「性」的觀念來說，史丹福提倡Co-ed（男女合教），男女合校、男女合班，甚至男女合舍。我初到的一年，就見到校園一處場地整齊的排列著一幢幢可拖曳的活動宿舍，每一拖車裡面有三、四間寢室，是專為大一的新生設置的，但車外只有編號，卻不見男女區分的標誌，原來每一寢車既可以住男生，也可以住女生。每年秋季開學，很多老爸爸老媽媽送孩子上學，登車一看，有的先臉紅隨即把孩子叫回來，不准讀。但大多數還是交給了學校，因為能夠錄取讀史丹福，有一半的學生都是百中選一的呢！何況史丹福有自己的教育學院，理學院的心理系始終名列前茅，經過五年後的統計，發現Co-ed的學業成績，無論男女都比分性宿舍高很多，這樣一來，承受輿論攻擊之後，世界上Co-ed的學校也逐漸多起來。於是校園裡一對男女生躺在那裡長吻、女學生一絲不掛的陳列在那兒競選學生會會長、一群脫光了的男女生在噴水池中彼此彩繪（Paint-in）、男女教授在禮堂裡共同合開「性教

育」課、幾乎每晚不同學院X級片的電影欣賞……，真是見怪不怪。說也奇怪，除禮堂的課有人滿之患外，其餘活動的觀眾很少。主要因為穿梭在校園的人，大多數都是夾著書本急步前進，不是愁眉苦臉，就是灰頭土臉，一腦袋裝著試驗的失敗或考試的壓力，根本無暇他顧，誰還管誰穿不穿衣服？

我在史丹福的四年內，在校區中心郵局的後面尚有一棟老房子，稱「中國學生俱樂部」（Chinese Club House），是五十年前由當地華僑出資、學校出地，為中國留學生所建的學舍。很多民初的老留學生，包括楊振寧的父親楊武之（數學系），都曾在此住過。因位置座落校中心區，可自己烹飪，且租金低廉，故登記遷入的留學生很多。四年內中山科學院及中正理工學院錄取國防科技獎學金而到史丹福讀書的同學，先後租住學舍的有孫武、傅列珍、鄭克勇、曾水田、馮朝剛、林育平、韓毅恆、張學先，我也於到校兩年後遷入。

學舍內有位幽靈人口「張老先生」，堪稱中國學舍一景。他在學舍二樓已住了二十幾年，一襲黑色無翻領的中山裝，提著一把水壺，從廚房到樓上、從樓上到廚房，他不與人講話、不交任何朋友，據說他每星期只吃一條麵包，已十五年未離開過史丹福。他從哪裡來？為什麼住定了學舍不走？無人問他，他也不高興有人同情他。據說他也是老留學生，讀電機並與以前工學院院長Terman同學，何以淪落到這般田地更是無人知曉，只知道大家都將就寢時，他才出來上班，夜間照顧物理系和電機系的圖書館，除了不蓄辮子外，很像清朝的人，我想如果真有小偷去偷書，突然見到這位幽靈老人，不嚇死才怪。我是末代居住中國學舍的留學生，離開後不久，這幢老舊的學舍就被拆除，改建為現在的法學院。聽說「張老先生」不久後也去世，學校的校刊《Observer》還特別為他出了一期特刊。

從1968年至1972年先後住在中國學舍的國防科技中山獎學金同仁先後返國，在事業上都有不錯的發展：

孫武，曾任中科院二所生產工廠廠長及外調中央造幣廠廠長；傅列珍，獲碩士學位返中科院任二所專案計畫工程師；鄭克勇，在電機系獲博士後返中正理工任教，現在是美國伊林諾大學電機系教授；曾水田，獲碩士後返中正理工後再出國在其他大學獲博士，他曾負責台北捷運系統之機電工程，以後任中興公司副總經理；馮朝剛，在航空系獲碩士返中正理工後，再出國於UCLA獲博士，他後來是淡江大學的航空系系主任及淡江大學副校長；林育平，在電機系獲工程師學位，曾任中，正理工兵器系系主任以及交通大學電控研究所教授十多年；韓毅恆，在機械系獲工程師學位，返國後任天劍專案計畫油壓系統負責人，為國內少數油壓控制系統專技工程師。

在我遷入「中國俱樂部學舍」之前，住在學校的高樓研究生宿舍。此種宿舍有六棟，每棟六層，每層十二戶，每戶並不限於男或女，可以夫妻住，也可單身住。單身研究生可以指定室友，或由學校分配，我的室友換過四次，兩次是非洲人，其中一位是埃及人，正在「工程經濟系」（Engineering Economics）讀博士，此系屬工學院，據說世界上只有哈佛、史丹福兩校才有。另一位是坦桑尼亞人，大概是該國的大人物，因為他曾很正式的邀我作他們的教育部長。與非洲人為室友，最不習慣的是他們身上的羶臭味（大概美國黑人也是），因為這種高樓研究生宿舍，一臥室一客廳，每人分住其一，兩人共用廚廁，大概他們也自知體臭惹人厭，所以每天早晚都要沐浴。第三位室友是挪威來的Svein，同在材料研究所的同學，他當時已經通過博士口試，對我材料所的所學多所助益。從室友那裡我才知道原來諾貝爾和平獎金是在挪威奧斯陸頒獎，而與其他獎項在瑞典頒發有所不同，這時才發覺自己的「孤陋寡聞」。第四位室友是電機系的張彤同學，這位年輕的小老弟堪稱青年才俊，在史丹福只讀了三年，卻取得電機及物理兩個博士學位，他論文的題目是有關雷射的研究，他的指導教授因創新研究雷射研究而獲諾貝爾

獎。以後我國的朱棣文也是在史丹福物理系因雷射研究而獲諾貝爾獎。在張彤申請到史丹福獎學金前後四、五年間,似乎成為一種慣例,那就是台大電機系畢業前五名都能申請到哈佛、史丹福和加大柏克萊電機研究所的全額獎學金,每年像是保送一樣。

在與張彤為室友的幾個月,因為大家都是早出晚歸,見面時間很少,寒暄時也都非常客氣,但總感覺他對我似乎有種「敬鬼神而遠之」的味道。我只知道他有位偉大的母親,是一女中和建中有名的化學教員,他和哥哥姐姐共六個孩子都是母親背的、抱的一手帶大,她退休後去美,一路上各城市都有一女中、建中的校友安排迎送。我返國後張彤在HP工作,很有成就,曾以學人身份返台,惜未能謀面。至1999年,一個偶然的機會看到《民族晚報》上長篇刊載張彤和他的哥哥要求政府伸張正義,尋求為他們父親(前山東流亡中學校長)申冤的故事,真是一字一淚,令人感動。難怪在史丹福為室友時,他對我敬而遠之的態度,原來他的下意識中,軍中留學生與國防部的白色恐怖也脫不了干係。其實當我們同室時,他若告訴我他家的悽慘遭遇,我或能從我在台北大直後山眷舍的老鄰居范老伯那兒得到一點線索。范老伯是國防部軍法局的上校軍法官,我記得他曾提起一些馬公冤獄的事,而現在范老先生早已削髮為僧,雲遊四海,或早已西歸了。最後一次見他是在十年前的松山機場,他那時身穿袈裟,迎接泰國高僧來訪,他居然在登機旅客中還能認出我。

在高樓研究宿舍結識另外兩位來自台灣的留學生,一位是陶益治,台大機械系畢業,在史丹福大學讀航空,獲碩士學位後轉到MIT取得博士學位,畢業後在MIT所屬德波爾(Draper)航太實驗室任設計工程師,以後我在台灣多年中,我們一直有聯繫。另一位是蕭政,蕭政在史丹福讀經濟研究所,他在數學系所選的高等數學學分,不少於讀數學系的研究生,果然在史丹福獲博士後,到加大柏

克萊任教，四、五年前當選中研院院士。蕭政有個蠻奇妙的家世，他有兩個媽媽是同胞姊妹，一起嫁給土地專家蕭錚，而他的親舅舅是徐賢修。

在史丹福讀書的四年，國內政治環境是相當微妙的轉變時期，顯現於國外名校往往是另外一個新戰場。留學生搖旗吶喊，有時搞不清該搖什麼旗，或該吶什麼喊。1971年楊振寧出訪中國大陸回美，到史丹福為大陸宣揚共產建設的成就，用幻燈片映出與周恩來的合照，說出祖國的河山一片大好。跟著，同一場地，又見一條胳臂的彭明敏在一群台籍留學生簇擁下，聲淚俱下的喊台灣獨立。又不多久，中國的乒乓外交打到史丹福，在室內體育場內擺好一個桌球檯，外圍圍起網球場大小的欄杆，表演開始，居然可以在網球場端線單打乒乓球，有時甚至跳出欄杆外，救活界外球，真是精彩。四周人滿的觀眾，每人人手一把左傾團體準備的五星旗，只有我們四人手持著青天白日滿地紅的小國旗前往觀賞，在這種氣氛下持小國旗前往究竟是代表抗議還是代表歡迎，我們自己也感到踟躕。隨之發生了釣魚台事件，保釣運動風起雲湧，全美各地，只要有中國留學生的學校無不響應，各校代表集會到安娜堡召開「國是會議」，反而又衍生了保釣的左右派。西部舊金山灣區以郁慕明為首，他曾多次到史丹福找我串聯，我在論文口試的壓力下，只能有限度的支持。只有在「保釣抗日」的口號下，似乎支持大陸的左派與支持台灣的右派又能槍口對外，短暫聯合在一起。這種現象也出現在運動場，有一次欣賞國際女壘賽，第一場大陸對台北，大多數觀眾為台北加油，第二場為勝者與日本爭冠軍，無論第一場誰勝，全體觀眾都站在中國人這一邊。

不像一般國際名校只是學術上名望高，史丹福的體育也很有地位。現在紅遍天下的老虎伍茲，他才出道時還是醫學院的學生。我初到史丹福時的1968年奧運會，在校學生加上校友（包括九項全能

強生）共拿到九面金牌。當然興趣最濃厚的還是美式足球，每年西岸太平洋十大聯盟（太平洋十大是指：華盛頓州、奧立岡州、亞利桑那州的三大學及三個州立大學，加州大學洛杉磯與柏克萊分校、南加大，以及史丹福大學。史丹福大學是太平洋十大中唯一的私立學校。）的季票，半年前就賣光，每年史丹福與柏克萊的「大賽」更是一票難求。史丹福的球隊最初叫「印地安」，啦啦隊長真的是位印地安人，但因被攻擊說是種族歧視，所以後來改名為「紅衣主教」（或者稱「紅鵲」）。每年徵選樂隊和啦啦隊女娃是件大事，不同於傳統樂隊，身著胄甲、高靴等一付威武莊嚴的樣子，史丹福的樂隊戴草帽、西裝上衣、穿短褲，卻也別具一格。一般樂隊都是軍樂聲中列隊進場，而史丹福樂隊卻是一窩蜂式衝上場。孰知這種特立獨行、吊兒郎噹的作風，卻更贏得優秀中學生的嚮往，都憧憬著有一天也成為其中的一員。球衣的顏色是紅底白字，所以「Red and White」就成為史丹福的標誌，也是啦啦隊的口號。我在史丹福的四年，無形中也變成美式足球迷，那四年中史丹福居然連續兩年打入玫瑰盃大賽，並且有一年拿到玫瑰盃。玫瑰盃大賽都是每年元旦在洛杉磯北邊的帕撒地那（CIT大學所在地）舉行，清晨至中午，先是花車大遊行，下午在玫瑰碗球場（可容十二萬觀眾）舉行足球大賽。我與中科院同僑曾開車前往觀賞，車程四百多哩，雖然辛苦，倒也新奇愉快。

在史丹福大學教書的中國人教授並不多，當時在工學院有三位，一位是水力系的徐恩元教授，另兩位是航空系的張以第教授和趙繼昌教授。這三位教授只有趙教授我比較熟稔，因為他提前退休後，在台灣對國內的航空工業頗有貢獻，我們曾多次一起出席國際航太學會年會。在史丹福時，因在不同系，我知道他，他並不認識我。趙教授白髮童顏，我知道他曾是我的指導教授施畢的好朋友，當施畢知道老趙甩掉老婆而與胡佛圖書館的琳達小姐結婚時，他就

開始不理老趙。老趙喜歡到胡佛圖書館去看武俠小說，有一次他又到書架上取閱「武俠春秋」，書未拿到，架上留一紙條，上寫「老而不羞」。

難得週末大家都能忙裡偷閒的時候，住在中國學舍的同學，有時一起外出到中國餐館聚餐。有一次大家一起到「矽谷」附近一家廣東館吃晚餐，點菜上菜都姍姍來遲，而且侍者一付不屑的神情，飯未吃卻先惹了一肚子氣。有的同學實在不耐，開始與侍者抱怨，這時反而是一向調皮又活潑的小方，低下頭輕輕跟大家說：「不能跟他吵，大家要忍耐。」大家這時轉對小方：「小方，今天你怎麼搞得？為什麼不能跟他吵？」小方淡淡的說：「你吵，他會往菜裡吐口水。」「什麼？你怎麼知道？」於是小方說：「我吐過！」後來菜來了，卻無人敢吃。

校園內很大一片是行人區，車輛禁行，特別是郵局和書局前小型廣場，是學生專有活動場地。在這裡有個噴水池，除有時可以看到裸女彩繪外，也可以欣賞到一些奇景：一個騎單輪腳踏車的小子，每天從這兒騎過，車比人高，原以為他在耍寶，模仿特技，卻原來他是趕時間上課；反越戰期間，常見到一位滿頭白髮的老先生在這兒跳著腳叫罵，卻無人敢惹他，原來他的名字叫鮑林(Linus Pauling)，是世界上唯一獲化學獎，又獲和平獎的諾貝爾獎金得主；傍晚，常見到一位七、八十歲的老太婆，獨自在樹林散步，同學好友鄒祖煒告訴我，這位老太太是航空系的退休教授，她曾在二次大戰主持德國V—2計畫，把倫敦炸得很慘；見到一個小孩騎自行車走過，忽然想起這孩子不就是在數學系講台上的那位？我以為他是被教授叫上台作演算的年輕人，原來我想錯了，他就是教授！並且是教「數學的哲學」的教授，他當時二十一歲，但他在數學系當教授已是第三年了。

博士學位與校友會

　　史丹福每年有兩次畢業階段，但只有一次畢業典禮。典禮多在六月份舉行，地點永遠是在室外的露天劇場（Amphitheater），因為加州灣區六月份從來不會下雨。先是在Quad教堂有一簡單儀式，然後依各院的順序，由院長率領列隊走到露天劇場。在國際上有名的學校，各校有其個別註冊的博士服飾，而各院院長多來自這些名校，列隊前進像是國際名校的博士服裝秀，煞是壯觀。典禮時有「哲學博士」Ph.D.（Philosophy Doctor）頭銜的，一個個上台領證書，專業性博士（律師、醫師、牧師）以及工程師學位和碩士學位則不上台一一領證書，而是一一宣讀姓名後由院長代領。領證書時，倒是沒有像國內由校長將帽穗由左移到右邊這一手。

　　其實在國外，無論典禮也好，博士證書也好，都是紀念性的形式，只代表榮譽的象徵，所以畢業前學校會徵詢你的志願，願意在證書上用什麼名字？你可以用「阿貓」或「阿狗」。換句話說，博士證書在美國除代表紀念性標誌外，可謂一無用處。但在國內卻不同，無論是黃皮書（副教授證書）或紅皮書（教授證書）都必須有原本證明外，中科院升等核薪都必須附有學位證明。記得我畢業那一年，榮譽博士是頒給舒茲（Shultz），他那時已經是政治學院的教授，他以學生家長的身份受獎，同時他曾任美國國務卿。

　　我終於在1972年拿到博士學位了，而且是史丹福大學的哲學博士，終於可以在一生坎坷的求知路上劃下休止符，內心喜悅自是難以言喻，但很快就冷靜下來，隨之自己問自己：「拿到博士究竟有什麼好處？拿到博士學位與你原來碩士學位究竟有何不同？拿到史丹福大學博士究竟有什麼特別？老先生！你已經四十四歲了，人生已過了大半，不要自我陶醉了，想想未來吧！」。

　　王繼行同學送給我一張賀我獲博士的卡片，上面寫著：「在人生讀書這條路上，你已無遺憾，恭喜你，許大哥。」真謝謝他，他代我回答了我問自己的第一個問題。王繼行是我家住木柵的上下樓鄰居，他在台大物理系畢業後取得CIT的獎學金，又從CIT物理所轉到史丹福電子系研究積體線路。獲博士後先在一家航太公司工作，後來他自營一家電子工業公司，非常成功。他這張小卡片給我很大鼓勵，尤其是對我這一生崎嶇坎坷、流離失所，一面求生存、一面求知的人。以後我也將這句話轉述給我的子女、我的學生，及不想在讀書的路上留下遺憾的人。

　　那麼，第二個問題，到底博士學位與碩士學位有何不同？我在前文已經提及，其主要的差異是具有博士頭銜則必須有「獨立研究」（Independent study）的精神與能力，實際上所謂的獨立研究，範圍很廣，卻也並非狹義的指一個人，而這裡的「獨立」是指獨立的精神，最好是「獨樹一幟」的、「原創性」的、「第一手」的，或「革新性」的，至少不是跟著人走。而研究的題目，無論純理論性的，還是實用性的，也都要相當程度的獨立自主性。有些教授甚至系主任，本身並無博士學位，難道他就不能做獨立研究？（我讀書時，曾排名第一的史丹福機械系系主任以及MIT造船系系主任，就什麼學位都沒有。）在這種情形應該說，任何能做「獨立研究」的人，都具備博士學位的資格，但凡是持有博士學位頭銜的人，則必須要有「獨立研究」的精神和能力。至於說沒有博士頭銜，能不能當教授或系主任，又完全是另一回事。

▲1972年作者（右）獲史丹福博士學位，於返國後穿上校軍服接受當時的參謀總長賴名湯（左）頒發績學獎章。

　　至於說取得史丹福的博士有什麼特別？我的問題答案是沒有，一點兒也沒有。如果說氣質上或作風上有所不同，也是因人而異，當然或多或少會受校風的薰陶與影響。史丹福對校友的聯繫確實比較重視，自從我在校的那一年起，學校最高權力機構的董事會，不但董事席位要有相當比例的校友參與，甚至要包括一位在校的學生。當學校換校長時，每位校友都會收到選校長的選票。每位校友一生都會收到免費的Stanford月刊。自從網際網路普及化後，「史丹福職業發展中心」（SCPD）為校友設立特別網站，可讓校友免費選課提供離校後教育的機會。如果你有子女，志願到史丹福讀書，依規定也有某種程度的優遇（例如中學生全國聯合測驗成績列為98％，雖未達史丹福新生入學要求Top1％，但父母為校友則可列為特別才能，如啦啦隊隊長、講演比賽冠軍等項，會優先考慮）。我的孫女瑋芸（Megan Hsu）不須享此優遇，於2003年以她優異成績，已收到史丹福大學的入學許可，我們祖孫三代同校校友，確令我欣慰。

　　因為美國每年對各大學的評鑑是依教授陣容、教育措施、校友成就等三項為評鑑標準。而校友成就之一項，史丹福確有優異的表現。史丹福校友名字出現於國際競爭話題（包括諾貝爾獎或奧運金牌），已變成一般新聞。我在校時正趕上登陸月球，我們在微波TV教室看到登陸現場的一手資料，因為地面指揮官，他也是太空人，同時也是史丹福電機系教授。從他口中我們才知道，我們所見的登月場景，已是前一小時的故事。因為任何畫面都必須經過多道轉換手續，月球上的畫面信號，由攝影機傳到太空人的頭胄上的接收器，再傳到登陸小艇，再傳到繞月球的太空艙，再傳到地球的同步衛星（要避開太空艙背地球的時間），同步衛星的信號則傳到設在澳大利亞的太空接收站，澳洲接收站傳送到卡那維爾角的太空發射站，然後選擇美國人渴望看到的鏡頭，傳給電視轉播站。

　　第一位從事地球研究的女太空人莎莉芮德(Sally Ride)，也是史丹福電機系的校友。那時大家比較熟知的兩位老校友，一位叫Hewlett，一位叫Packard，兩個人是電機系的同班同學，一起組個叫HP（惠普）公司，兩位當時都是學校董事，越戰期間Packard並當過國防部副部長。每年兩位都捐贈可觀的款額給母校，並說他們有生之年每人每年要捐贈美元一百萬。

　　中美斷交到2004年已經二十六年了，1978年斷交時，代表卡特來台北告知斷交的事實，並嘗受雞蛋洗禮的克里斯多福，以後做過國務卿，也是史丹福校友，他並做過多年的史丹福董事會主席。

　　在美國一些大型企業公司的總裁或執行長，在我去訪問時，當他知道我出身史丹福後，會漫不經心的說：「史丹福？我聽過！」（Stanford? I've heard it!）但過一會兒，他會悄悄地告訴我，他也是史丹福的校友！

　　在台灣，校友會的活動並不如想像中的那麼熱烈，雖然對社會有貢獻的校友大有人在，但似乎都忙於自己的事業，乏人號召。有一件事是值得歌頌的，那就是在台校友發起捐獻四個「史丹福李國鼎講座基金」，分別在史丹福工程、經濟、醫學及中國文化四個院系設講座。基金屬常設性質，除由母校出部分相對基金外，由國內及國外校友各出其半。在台校友以王華燕、余範英、史欽泰、張忠謀、黎昌意等校友貢獻最大，我也有幸參與。

　　在台校友非常讓我欽佩的是施敏教授，無論在美國貝爾實驗室做研究，或在新竹交大主持次微米研究中心，他都不忘他的著書。他在美國出版的一本經典著作，被譽為從事電子研究必讀的技術專書。史丹福前任工學院院長Gibson來台時曾親口告訴我「施敏的書，他少寫一句，就看不懂，多寫一句，則嫌囉唆。」他竟會如此的稱讚他！

本章註解

① S. E. Hsu, T. S. Lee, C. C. Yang and C. H. Tong. "Development of Intermetallic compound Ni3Al Single Crystal with Cr and Ta Modifications". Morris E. Fine. Symposium, TMS Annual Meeting 1990, p.101.

② 江才健著《楊振寧傳》，第498頁，江才健1998年10月19日訪問崔曼記錄。

③ S. E. Hsu, G. R. Edwards and O. D. Sherby, "Influence of Texture on Dislocation Creep and Grain-Boundary Sliding in Polycrystalline Cadmium", Acta Metallurgica, 31, No 5,1983, p.763-772.

④ S. E. Hsu, G. R. Edwards , J. C. Shyne and O. D. Sherby, "Mechanical Behavior of Cadmium-Boron and Cadmium-Tungsten Particulate Composites" Jour. of Material Science, Great Britain, 12, 1977. p.131.

⑤ I. C. Huseby, S.E. Hsu, T.R. McNelley, G.R. Edwards, D. Francis, J.C. Shyne and O.D. Sherby. "Yield point and Strain Aging in Hexagonal-Based Particulate Composites", Mat. Tran. 6A, 11,1975, p.2005.

⑥ S.E. Hsu. "The Influence of Strain Rate and Temperature on Mechanical Behavior of Polycrystalline Aluminum and Its Composites". J. of Materials Science, 6,3,1974, p.167.

第八章　中山科學院造飛彈

　　自1968年至1972年，經過四年的研究院生活，我終於結束了這漫長、崎嶇、坎坷的求知之路，在國際有名的史丹福大學獲得了博士學位。依照中山科學院的規定，結業返國前可以有半個月的旅行訪問，我乃到大峽谷獨自搭乘小飛機沿谷欣賞風光，然後到丹佛北Border市的科羅拉多大學拜訪好友楊景樞，他也是中山國防科技獎學金出國，在科大攻讀航空工程博士。後來返國後，他就是相當成功的TC飛彈計劃主持人，我們曾多次為他計劃中的特殊材料設計共同合作過。

　　返國前，我曾為自己的未來做過一番思考。論年歲，我當時已四十四歲了，已應該是有事業基礎的中年人；論家庭，我已經是三個孩子的父親，妻子經過先後六年隻身照顧子女的責任，確也該有個卸肩的時刻；論責任，對這負有使命感的首屆國防科技獎學金留學生，該如何作個示範性的回饋呢？經過反覆的考量，加上從材料學理中學得一些哲理，所謂「變率程序」（Rate process）：一件事可以採「序列法」完成，也可採「平行法」完成。以及所謂「協致工程」（Concurrent Engineering），指一個人可以同時進行多項工作。因而我決定於返台後，將所學同時貢獻在三方面：國防科技、教育接班人，及發展國內材料科技。

中科院即景

　　1968年當我再度出國赴史丹福大學讀書前，是在石門水庫對面石園宿舍的「中山科學院籌備處」工作。於1972年7月返國報到時，中科院已在距石管局約兩公里的崁頂建起「新新埔」園區。第

一期建築除行政大樓,原來「三三制」的三個所外,打破原來的建制增加一個第四所(化學所)。每個所各建一辦公大樓,一所(核研所)距辦公大樓最遠,也最遼闊,準備興建核子反應爐,當時的建築以時效為第一考慮,只求實用,不求美觀,所以四個所、四棟大樓都像火柴盒,四棟火柴盒各命名為X01號,X則代表不同的所。

我返國後首先到201館報到,因為原來「材料小組」隸屬第二所,那時的所長已換為劉元發,但後來才知道,「材料小組」已撥到新成立的第四所,所長為張量,而以後沒多久,又回到第二所。因為那一片茶田收購為國防研究機構,具有相當程度的保密性,所以次一步緊急的工程是做圍牆,上加電網,同時先建一座水塔,水塔呈球形,下有三角柱支撐,有些像個什麼彈。儘管牆內的人尚在開發計劃,但牆外的人,特別是旅遊車的嚮導小姐,都向旅客介紹說:「這裡面做原子彈」,旅客看了看水塔,點了點頭。同仁們多住在原來籌備處的單身宿舍,這時石園已改為生活區,餐廳休閒活動都集中在這裡。到新新埔院區上下班有交通車接送,週三及週末則由交通車接送至台北及新竹。

在我們出國讀書期間,第二批國防科技中山獎學金出國人員謝鴻倡和徐念南也已陸續返國,當時材料小組的負責人為孫秉毅及鮑亦當。當我在史丹福讀書時,與我同時出國的莊以德在紐約大學讀博士,我倆大約同時出國同時返台。當我們報到後,中科院的冶金及材料專業人員大致分為「核燃料及放射冶金研究」和「飛彈及航太材料發展」。於是就註定我在二所成立材料組(或稱二所五組),莊以德到一所成立熱室組(或稱放射冶金組),而謝鴻倡、徐念南負責核燃料加工廠。學弟好友徐念南於1987年死於血癌,同期同學好友謝鴻倡迄今仍掙扎於骨髓癌,兩位都曾擔任材發中心的副主任,尚難肯定這是不是核能材料發展所付出的代價。

　　二所材料組設在201館一樓，返國報到時，過去籌備處的熟面孔已不多，因為有些同仁已調核研所參加核燃料開發，另幾位則調往更急需但與材料科技無關的工作，如張關宗調觀測組，勘測未來飛彈發射場的地址，跑遍台灣東部荒山峻嶺；孫武則被調到二所試造工廠當廠長，都等於離開材料開發領域。舊識李廣聞曾接替我組織材料學會的總幹事工作，他自己也曾兩度出國在紐約布魯克林理工學院獲碩士學位。倒是加入了新血輪，成為未來骨幹的陳崇一、楊聲震，得能在201館見面並一起工作。

　　這時材料組因任務已確定，工作架構已逐漸成形，於是就開始籌建實驗室，隨同中科院第二批擴建工程，包括增建比較設計新穎的圖書館、範圍相當宏大的試造工廠，以及「材料試驗室202館」。第二研究所發展火箭、飛彈，興建試造工廠有道理，無非像是重設一個兵工廠生產飛彈就好了，第一批研發實驗室居然包括材料組，當時不僅院外的人感到好奇，即使院內的人也莫名其妙，甚至有人以為許樹恩才回來，是他爭來的。一直到後來，我們有些計劃找外商合作或向國外公司採購設備時，才發現幾乎沒有任何一個航太或國防科技相關公司，不先設置材料研究及加工部門，包括波音、通用動力、G.E.、H.P、Rockwell、Rock dyne、Lockheed、Martin……等，這時才發覺，我們實在是太「後知後覺」了。但究竟為什麼材料科技會這麼重要？我要在這裡加以簡要說明，更因為此書除了我的子女和學生翻閱之外，也說不定會有非科技中人或青年學子閱讀，所以我願意在此以深入淺出，比較通俗的方式為大家說明「太空科技」。

太空世紀與航太材料

　　有一天，我問一個學生：「什麼是太空世紀？」他說：「太空世紀就是人類突破地球地心吸引力之束縛，開始走向太空的時

代。」我繼續問：「人類用什麼方法能突破地心引力的束縛呢？」他說：「用火箭呀！我們的老祖宗在宋朝時不就發明了火箭嗎？」我說：「不錯！你能告訴我火箭的原理嗎？宋朝到現在已經一千年了，一千年來，我們為什麼不能射個火箭到外太空呢？」學生若有所悟：「對呀！還是您告訴我吧！」

找一天，你帶著一袋石頭和一個瓦斯筒，找個小舟或舢舨到湖中後，你往船尾的方向丟石頭，你發現小舟會向前進，丟得愈多、用力愈大，則行進愈快。現在你再將瓦斯筒打開，朝船尾的方向噴瓦斯，你會發現有同樣效果，甚至把瓦斯朝向側方噴，小舟不前進了，而原地打轉。

這就是牛頓第一定律，$F = ma$（力量＝質量×加速度），同時，作用力＝反作用力。小舟前進的力量是因為丟石頭的反作用力。你大概有打靶的經驗吧！扣扳機、子彈射出，槍把在你的肩上撞了一下，這就是反作用力，我們稱之為後座力。小舟上丟石頭，後座力可以使小舟前進，那麼瓦斯呢？我們必須想像瓦斯的氣體是一束小石頭，噴出來，連續的後座力可以使小舟維持前進，並且「愈走愈快」。記著，這「愈走愈快」是非常重要的。我們現在作另一個試驗，你將一包黑火藥（小心危險唷！）緊緊地包在厚紙裡，一端拴緊，一端有孔，介入引信紙捲，其實這就是沖天炮嘛！不錯，沖天炮就是火藥的火焰向下噴，反作用力將沖天炮衝上天，這就是「火箭」。

我們比較一下噴瓦斯的小舟和噴火焰的沖天炮（火箭），一個是在水上，一個是在空氣中，水也好，空氣也好，對小舟或火箭前進的速度有沒有影響呢？你會發現除了阻力外，並無影響。這時，你會聯想，如果我們真的有只火箭，一下子衝出大氣層，到一個近乎真空的太空，火箭在太空中飛行較在地球表面大氣層裡飛行不就更容易嗎？不僅如此，火箭已經擺脫了地心的引力（重力場），依

照牛頓的第二定律「動者恆動、靜者恆靜」，動時沿直線成等速運動，換句話說，就不必要噴出的動力，它也會等速前進了。這個擺脫重力場的速度V_0是個定數，其實並不是真的擺脫，而是在V_0的速度下繞地球運動，圓形的軌道上產生的離心力恰好抵消地球的吸引力，如果速度再快一點，則軌道變成橢圓。無論是圓或是橢圓，繞地球一週的時間大約都是九十分鐘。

我們再回頭看看那隻小舟，除水的阻力影響它的前進速度外，再者就是小舟本身的載重加上人的體重，以及瓦斯筒的重量。顯然總重愈重就愈難推動，甚至根本推不動。好了，我們再看看沖天炮，我們能不能將一只瓦斯筒，讓他噴口朝下，倒立垂直筒底朝上，自動打開噴嘴，一下子衝上天呢？好主意！事實上這就叫做「火箭」。問題是你如何克服火箭本身重量的問題？因為火箭的速度是愈來愈快，但一開始時速度為零，所以一定在初開始時要給他一股衝力啟動，然後才能愈飛愈快。

明瞭這簡單的火箭原理之後，我們就要設計這支瓦斯筒（或稱火箭引擎）。當然你可以放一支圓形火藥藥柱，也可以放很多支火藥藥柱，甚至很多圓片火藥圓餅，讓它從噴嘴的尾端起始燃燒，總之，這種固體火藥製造的瓦斯筒，就統稱為「固體燃料火箭」。相對的，我們將液體燃料放在瓦斯筒裡，再裝一部或多部引擎讓液體燃燒、壓縮、膨脹、從噴嘴口噴出，這一類的火箭統稱為「液體燃料火箭」。若想一飛沖天，使火箭能擺脫地心引力，一節火箭還不夠，必須有第二節、第三節或第四節，這是邊飛邊脫節的「多節火箭」，隨時脫節是為了減輕重量。這時第一節火箭往往加一大節固體燃料藥柱，以增加推力，這一段稱為加力器（Booster）。

在發射之前，我們要先尋思，將這支瓦斯筒射上去，目的何在？於是，將沖天炮火箭的頭部設計成錐形，為的是減少大氣層的空氣阻力（到太空後，因無空氣，所以與外型無關），這錐形部的

一段稱為配載（Pay load）也就是任務功能艙，如果內裝一枚人造衛星或者是試驗室及探測儀器，那麼這段就是「太空艙」，如果這段配戴內裝炸藥或原子彈彈頭，我們就稱這種火箭為「飛彈」，中國大陸叫「導彈」。當然，若是飛彈，就不必射到太空去「搗蛋」了。

當我們瞭解「飛彈」工程原來就是「火箭」工程之後，現在我們再研究一下大氣層的空氣對火箭發射的影響。在前面，我們在小舟和瓦斯筒的試驗中曾經提到，在速度非常低的時候，空氣對火箭行進根本沒有作用，火箭是愈飛愈快的，速度一旦到達某一限度，譬如到達音速（馬赫值等於1），則會產生震波，產生音爆，若馬赫值為2以上，則會產生空氣動力熱，導致彈體溫度升高，所以這時我們把火箭工程分成二大類。

第一類是利用空氣的噴氣機（已經無人稱它「火箭」了），不但利用空氣的浮力（如同小舟在水上一樣），而且要吸入空氣供給噴射機液體燃料的燃燒（不妨看一看飛機747四個引擎前端的圓形開口，吸入空氣，有時不小心也會吸入飛鳥），這一類的飛行一定要在大氣層中，同時速度不能太快，即使有超音速的飛機，其馬赫值，軍機不會超過3，商用機則不會超過2，這一類工程我們統稱之為「航空工程」。

第二類則是不需要空氣的火箭，包括探空火箭和飛彈，這一類火箭飛行時並不需要空氣的助力，空氣反而給火箭增加阻力，以及因空氣動力而產生的「熱」，稱之為「空氣動力熱」。下面就會談到這空氣動力熱，會給火箭產生致命傷。這第二類火箭工程，我們稱之為「太空工程」或稱「航天工程」。

此外還有一類是介乎第一類與第二類之間，或者說兼有第一類和第二類的火箭工程，如太空梭，升空時屬第二類，返地球時則屬第一類。

　　合併第一類及第二類的火箭工程，我們統稱之為「航太工程」。「航太工程」的原始概念，早在四十年代即已成熟。航太始祖 von Kármán和他的得意門生錢學森，於1950年即曾提出噴氣機與洲際飛彈的理念。祇是航太材料問題，尚不能克服。錢學森曾任 Pasadena 太空實驗室主任，1951年返回中國大陸，今日中國能有先進的「航天工業」成就，是由於他的領導。

　　現在我們再分析一下「航太工程」與「熱」的關係。一個飛行體，無論是航空的噴氣機或是航天的探空火箭或飛彈，影響它的「熱」有三個主要的來源：一是來自外在環境的輻射熱（和冷），特別是來自太陽的輻射熱，一顆人造衛星繞道地球的向陽面（白晝），太陽能的輻射熱可高達400℃，繞道地球的背陽面（黑夜），溫度只有-100℃，既使是噴氣機，機外同溫層的溫度也只有-40℃。二是來自工程系統（無論是噴氣機或飛彈）產生動力的熱，譬如飛機的噴射引擎，又如火箭或飛彈的噴嘴，或者探空火箭各節的燃燒室。原來火箭噴射動力是與熱效率成對比的，產生足夠的推力，火箭引擎或噴射引擎溫度往往可以達到1500℃。第三個熱源就是來自大氣層的「空氣動力熱」，通俗說法是「空氣摩擦熱」。「空氣動力熱」主要受「飛行速度」、「飛行高度」（空氣稀薄度）及「飛行體外型」三個因素所影響。在大氣層中，空氣動力熱所到達的溫度（T）與馬赫數的平方成正比（$T \propto M^2$），一般商用噴氣機都是低音速飛行（M小於1），所以根本不必考慮溫度的問題，軍用戰鬥機有的超音速（M大於1），升溫影響仍然不大，但是一個飛彈速度往往到達四倍音速（M大於4），甚至有的「超高音速」（Hyper-Sonic，M大於5）這時空氣動力熱會高達二十五倍以上地面溫度，飛彈的鼻錐尖部位往往超過1500℃。

　　你也許對50℃、500℃、1500℃沒有什麼概念，但是你總該知道水的沸點是100℃吧！人類對溫度反應是相當敏感的，平常溫度25℃

感覺很舒服，加10℃而成為35℃時，你就會熱得受不了；減10℃而為15℃時你就會感覺很冷。在商用噴射機中，三萬呎的高空，艙外溫度已經-40℃了，但艙內依然維持25℃上下。在太空艙中，艙外的溫度在-100℃～＋400℃間變化，艙內的太空人豈不早變成冰棒人和熟肉人了嗎？不錯，完全正確，原來克服溫度的問題，除了附加的空調工程外，全靠「航太材料」。

所謂「航太材料」並不是指某一種特別的材料，而是泛指用於航空、太空工程的材料。你也許會問，二十世紀人類所使用的材料不是已經很多了嗎？汽車、火車、輪船、大砲所使用的鋼鐵還不夠好嗎？答案是「在地面上是夠好，但用在航太工程上則完全不能用」。因為航太工程的目的是利用火箭的推力把預定的負載完整地送到預期的目標，若想完整的送達，則材料強度一定得夠強，航太工程不但要考慮「強度」，同時要考慮「重量」，地面工程只考慮強度就夠了，但航太工程必須考慮「比強度」。「比強度」是指「強度/重量」比值，在材料上，我們以「應力/密度」來衡量，若以「應力/密度」比值的標準來衡量，鋼鐵的「比強度」較鋁合金低很多，「比強度」比值高的材料，完全排除了傳統的工程材料，反而是非傳統工程材料，如炭纖維、玻璃纖維及硼纖維了。但一組飛行器是「強」還不夠，它還要「韌」（不能輕易碎裂），因而將這些纖維放在塑膠裡的「FRP」（纖維強化塑膠）應運而生，這就是太空世紀名副其實的「太空材料之一」。當我們搭乘747噴氣機時，飛機機身是鋁合金，飛機內部裝潢（包括貨櫃、四壁）觸目所及，大部分為FRP，均屬航空結構件。

可是，針對第二類的「太空工程」（中國大陸稱「航天」或「宇航」），情況又不同了，因為我們必須考慮因超高音速所引起的空氣動力熱的問題，只考慮「強度比」仍是不夠的，我們這時必須考量「高溫下的強度比」。換句話說，太空工程的太空結構

材料的條件是「既要強、又要輕、又要耐高溫」，或者說，在高溫下「比強度」要高。這樣一來，航空工程以及傳統的地面工程常用的工程材料，鋼鐵也好，鋁合金也好，FRP也好，全部不能上太空（包括飛彈）。我們不妨從週期表上找，耐高溫的元素，尤其是金屬，往往熔點隨著分子量增加而升高（唯一的例外是鈹Be）。在這種情形下，我們如何才能達成任務呢？這時就要發揮「材料科技」的智慧了。這時材料也要「量身訂製」（Tailored），不但像以往「利用」材料、「調製」材料，還要「創造」材料。舉個例，太空梭表面所貼的一層「陶瓷泡沫磚」，可以浮在水上，當1000℃的火焰噴其正面時，背面卻仍然可以用手觸摸。若不是它有這種奇妙的性質，如何能夠往返太空和重返地球呢？這種「陶瓷泡沫磚」是由美國Lockheed公司所發明，因而只有美國太空梭才能往返太空。不幸的是，於2003年2月1日，美國太空梭哥倫比亞號重返地球時失事，七位太空人全部罹難，據了解就是由於部份「陶瓷泡沫磚」的脫落。

任務導向與重點突破

上節所述，現在看起來似乎稀鬆平常，但當時卻是我獲得學位，參與實際工作，又教了二十幾年書後，所學到的「事後諸葛亮」，套句中科院前二所所長劉元發的口頭禪：「事前呢？事前和豬一樣。」三十年前發展飛彈工程，我們暫不談發射、控制和導引，僅只飛彈硬體，原來就要有太空科技相配合，而「太空科技」要以「航太材料」作後盾，而大家對「太空材料」所知真的和豬一樣。

因為中科院不是學術單位，也不是純研究的研究機構，而是一個以任務為導向的國防科技發展機構，對材料科技從業人員來說，雖然飛彈發展與核能發展已然界定，但配合飛彈發展，材料研發仍

然是從屬的，必須要在策略上確定，究竟我們發展何種飛彈？這種
飛彈有哪些材料問題待開發？只有一點是可以確定，那就是在當時
的國際政治環境，我們是不可能獲得任何先進武器的，即使可以買
到某種較傳統的飛彈，飛彈上關鍵組件或消耗性的航太材料是絕對
無法取得供應的。所以當時的處境是除了「自立更生」外，別無任
何選擇。

　　對於飛彈系統的抉擇，以及飛彈技術發展細節，都不宜在此詳
述。我只就當時的環境，我們所能做到的，且對以後有深遠影響的
「材料科技」，列舉數項作重點說明：

　　一、噴嘴材料科技——對火箭工程或噴射機工程，最重要的一
個部位，就是噴嘴（Nozzle）。噴嘴的設計是一個讀航空系的工程師
或研究生的重要課題。噴嘴的作用是讓高溫氣體從噴口噴出，利用
其反作用力使火箭高速前進。通常我們把「航空工程」噴氣機的噴
嘴和「火箭工程」飛彈的噴嘴分開處理。現在我們要克服的是飛彈
的噴嘴，飛彈噴嘴也分兩種，一種是增加推力的「加力器」噴嘴，
一種是漸漸增加速度的「續航器」噴嘴，如果我們設計的速度超高
音速，兩種噴嘴的溫度都會超過2000℃，2000℃究竟有多熱呢？你
只要知道鋁的熔點是660℃，鋼鐵的熔點是1550℃就好了，如果你用
鋼或鋁作噴嘴，不到半秒鐘就把鋁水或鐵水一下子就吹跑了。噴嘴
直徑加大，火箭速度即刻降低，噴嘴吹掉，火箭瞬即失速墜毀。理
想的噴嘴材料是要耐高溫、耐沖刷、耐腐蝕，在噴射期間其內徑和
結構都不變，這樣才能達到火箭的功能。什麼材料才能克服這一難
題呢？這要看要達成的任務是什麼，或者說你所設計的火箭（或飛
彈）飛行的速度多快，和飛行的時間要求多久？如果一個沖天炮，
捲紙就好；如果是陸軍的火箭彈，鋼料就可以；如果是海對海（或
艦對艦）的飛彈，這就比較麻煩了，能夠達成任務的材料只有鎢
（W）、鉭（Ta）和石墨（C）。隨即汰除了鉭，因為太昂貴了，甚

至有錢也買不到。剩下的鎢和炭（石墨、鑽石和炭灰都是炭的同素異相體），也就是材料科技在中山科學院發揮的第一項業績，也變成中山科學院以後數年裡賴以獨力發展飛彈系統的最可靠資源。

我們現在先談談「鎢噴嘴」，「鎢」是週期表中熔點最高的金屬（3450℃）元素。鎢礦盛產於中國大陸，二十世紀華僑李華昌在美國經營的鎢礦公司迄今仍是鎢金屬的重要來源。鎢的主要用途是電器的電阻絲。鎢的缺點是太重，且易受氧化。但為了利用其特殊耐高溫的性質，而犧牲其過重的缺點，特殊是針對射程較近的艦對艦飛彈之加力器，仍為有效的選擇。為了達到噴口局部冷卻的效應，我們首先創用「鎢滲銅」的特殊粉末冶金「燒結製程」，經多次試驗、試射與驗證，證明效果非常理想，試驗結果曾發表於國際《太空與火箭》雜誌①。

其次我們再談談「石墨噴嘴」，石墨就是炭（C），任何有機的物質，或碳氫化合物，燒掉後剩下的灰燼都是炭。炭因為有不同的原子結構，所以會出現千奇百怪的型態，包括炭灰、炭末、炭粉、炭黑、不結晶炭、活性炭、煤焦油、焦炭、石墨粉、石墨纖維、奈米炭管，以及金剛鑽。過去對這又髒又黑、不起眼的材料，無人理會，無論是大學或研究所，很少開有關「炭」（Carbon）的課。直到太空世紀才發現，原來這又黑又髒的物質，竟是「黑寶」，並不祇是因為在高溫、超高壓下它會變成鑽石，而是它獨具「高溫下高強度比」的特性。任何材料的強度與硬度隨溫度升高而遞降，石墨是唯一的例外，它幾乎沒有特定熔點，可利用的溫度可高達3000℃，大於3000℃，低壓下會氣化，瞬間超高壓下會變成鑽石。石墨做成纖維是「強度比」最高的材料，再加上它的耐高溫特性，所以石墨是噴嘴理想的材料。

問題是如何利用石墨纖維製成環狀的噴嘴材料？於是材料科技人員想利用炭纖維加強炭（C/C）複合材料的辦法，先將石墨纖維編

織成3D立體架構（布料為2D），將此3D架構浸入煤焦油桶裡，然後加熱、抽氣，使氫、氮、氧氣揮發，只剩下膠質的炭，留在3D架構中，然後置於HIP爐（高溫均壓爐）中，加溫至1500℃，加壓1000大氣壓持續四小時後取出，這塊「黑寶」就是「3D—C/C」複合料。實際上它已變成「3D—G/G」「三維石墨纖維加強石墨」的理想噴嘴材料了。據推測，利用3D—C/C製成太空飛機，行速10馬赫值，飛入太空，重返地球，自紐約至東京只需兩小時，這一構想中的太空飛機，起名叫「東方快車」（Oriental express），名字是有了，但還不知哪年才能實現。

利用3D—C/C造太空飛機只是夢想，但製造3D—C/C噴嘴，於1980年在中山科學院即已完成。那時我已暫離中科院，裝設HIP高溫均壓爐的後續工作，主要靠陳崇一博士完成，3D—C/C製造則靠王坤龍博士及高溫組的同仁共同努力。

說起HIP（高溫均壓爐）的裝設過程，也正好代表一個國家自力發展國防科技的艱辛。HIP技術當時開發未久，我們所購HIP之規格在遠東尚為第一個，自HIP建案到裝設完成，前後五年之久，待完成時，同樣規格遠東已有八部，主要延誤原因在於美國之干預，認為我們終端用途和目的不明，既然已售出，所以就找售商麻煩，以致最關鍵之「內壁加溫系統」拿不到輸出許可證，最後還是靠陳崇一的自力克服才得完成。因為HIP是一個高溫、高壓的設備，宛如巨型炸彈，為了安全和作業方便，整個爐身埋在地面下，由頂端開啟，因而此一設備先建裝備，後建實驗室219館，以防萬一意外，最多衝壞屋頂而保護人員安全。二十餘年來，HIP之運作與3D—C/C產品皆維持優良記錄。直到1988年，美國哥倫比亞大學教授兼該校「戰略材料中心」主任田家凱教授（John K. Tien）與Philips實驗室Thomas Caulfield合編材料科技叢書：《Superalloys, Supercomposites and Superceramics》，其最後一章「C/C系統之加工與性質」，是由

我與陳崇一主稿②。

　　二、絕熱材料科技──火箭工程，特別是飛彈工程，另一項重要的關鍵材料是絕熱材料。我們在上節已經提及，影響太空火箭（或飛彈）的三大「熱源」，一為太陽的輻射熱，二為來自動力系統的熱，三為因為高速飛行產生的「空氣動力熱」。任何一種熱都會經由輻射、傳導和對流傳到飛行體的其他部位，即刻就會影響飛行體的功能，如果是載人的配載，馬上就會影響生命的安全。在太空世紀，太空材料開發過程，這是最重要也是最棘手的挑戰。自然界確實有些材料具備絕熱或隔熱或抗熱的材料，例如海綿、軟木及石綿都是，而這些材料也確實用在家庭空調、保暖及建築工程中，但是針對太空工程的特殊環境，特別是重返地球的太空艙和飛彈內壁的絕熱層，則多使用「剝脫材料」（Ablative materials）。遇到高溫時，它先被炭化，然後一層一層剝脫而達到絕熱的作用。

　　在七〇年代當中，各國都還將絕熱材料及加工製程列為戰略物資和國防機密。我在這裡記述一件史實，大約1975年，當我們向國際間探詢能否有出售製造絕熱組件及技術的可能時，美國洛杉磯有一家叫Edler的老闆，來函告知正面的商機。我受邀到Edler公司訪問，見到公司陳列的產品，有些就是美國飛彈的組件，正是我們所需要的材料，除了參觀其工廠時，即已學會了一些工程設計的概念外，Edler並同意技轉一些製程的know-how（技術知識）。一個月後並已完成簽約的手續，孰知半年以後，Edler來函要求解約，並願賠償損失，但並未說明原因。後來一個間接的消息得知Edler被美國商務部檢舉，說他未經核准即將國防科技輸出國外，因而判刑，並將此案例定名為「Edler case」。

　　以後因絕熱材料再去美國，意外遇到Edler，我很驚訝的問他：「你不是被關了嗎？」他笑了笑告訴我：「每個週末要到監獄報到一次。」我心裡想，這也叫判刑？幾天以後，經人介紹到洛杉磯的

英商METCO公司訪問，METCO公司也是太空材料有關公司（多少年後，METCO公司將炭纖生產技術與設備賣給台塑）。當我到一位經理的辦公室，靠壁的長桌上放著一隻布製大青蛙，當經理將它提起時，發現青蛙身體下，壓著一根像生殖器的布棒，上寫「Edler case」。我問那位經理這是什麼意思，他笑了笑，反問我：「你知道Frog（青蛙）代表什麼嗎？」原來美國人取笑（輕蔑）法國人（French）說他們是青蛙。這時我才恍然大悟，原來Edler case是Edler將絕熱材料偷偷地賣給了法國。

事有因緣巧合，大約是1990年，台北法國商務辦事處出面邀請台灣複合材料工會組一代表團訪問法國，他們特別商請國防部同意讓我去，並擔任名譽領隊，我只記得團員中有拓凱公司的老闆沈文振，那真是一次非常成功的訪問。我非常欽佩法國人，明明是政府的事，透過民間團體作一次非常周詳而有效率的安排。我們參觀從最簡單的複合材料漁具，一直到最複雜的探空火箭，最奇怪的是他們居然安排「法國太空公司」的製造3D—C/C噴嘴技術，以及「亞利安」人造衛星火箭絕熱層的製造技術給我們看。一位工程師說，連美國太空總署所用探空火箭噴嘴，有的也是「法國太空公司」供應的，他們自己也不忌諱原始的技術來自美國，我心裡卻比他們還清楚，技術傳授人是Edler。

因Edler Case，中科院不能從美國輸入任何絕熱材料的技術，但我們靠自己的努力，以及英國願意輸入材料（稱Asbestos），我們終於建立了自己的能力與能量。中科院能夠同時發展多種飛彈，甚至進入高科技的衝壓火箭系統，最難也是最關鍵的科技卻是「絕熱材料」，你相信嗎？你最好相信。

中央銀行徵調

1976年，也就是我在史丹福大學學成返國，在中科院服務的第

四年，當時第二所202館已告落成，「材料組」遷入，由鮑亦當先生作我的副手。我們主要工作除了針對上述飛彈工程兩項重點突破的噴嘴與絕熱材料取用外，並著手一些系統性新材料開發，如複合材料、電源材料、功能陶瓷材料、單晶材料，特別是玻纖及炭纖加強樹脂複合材料製造，由國際間引進技術觀念，台灣第一部壓力釜、第一部纏線機、第一具複材飛彈發射箱，都是從中科院開始。除了主動的做新材料開發外，對第二研究所試造工廠有關工程上傳統的冶金技術，我們也做了密切的配合，我們先後完成了兩座相當現代化的熱處理廠和表面處理廠。熱處理廠購自德國及瑞士的BBC公司，我曾親往德、瑞選購適用於發展中程飛彈、彈體精確熱處理，同時可滲炭、滲氮的表面硬化爐。

就在這一方面配合二所發展近程飛彈所需冶金技術，一方面也開發一些新的航太材料摸索前進時刻，忽然傳來中央銀行要徵調我前往工作的同意函，二所劉元發所長證實了此事，隨後他說遵照副院長唐君鉑先生的指示，中科院不同意我的徵調案，已經函覆中央銀行婉拒了，囑我安心工作發揮所學。我對此事，事前並無所悉，事後亦無蹤跡可尋，像是一潭春水，忽地激起幾圈漣漪，幾經蕩漾，隨即平息了。

曾就此事向孫武探詢，孫武曾在史丹福大學讀碩士，返台後調二所試造工廠當廠長，後來被中央銀行徵調去做中央造幣廠廠長。孫武說他也確聞有此事，並聽說是擬徵調我去中央印製廠當總經理，詳情他則不清楚。這件已經被婉拒的徵調案，在中科院的同事間和海軍機校的同學間曾引起餘波蕩漾，一部份人認為該去，理由是中科院這個圈子實在太小了，應到圈外邊去闖一闖。另一部分認為中科院婉拒是對的，如果真去，豈不是學非所用？我自己確也在這兩種意見之間反覆思量過，但因起源與終局我均局外人，所以也就沒有結論。

　　當時二所材料組涉及材料發展的人力，就記憶所及，其大致安排如下：噴嘴材料涉及高溫燒結及3D—C/C高溫均壓發展，由陳崇一（台大機械所碩士）、李廣聞、沈毅、王坤龍等開始；複合材料及絕熱材料由宋世顯、曾昭芳、鮑亦當、郭孝豐、陳文懿、吳萬章、朱正義、蔡敏涼等開始；冶金工程技術由孫秉縠、詹武勛、張薰圭（日本芝浦工大碩士）以及他在中正理工兼課指導研究生高華鵬、富柏青、郭孝豐等人。同時在表面處理方面的有李育根及張士誠等；電子材料、光電陶瓷及單晶生長方面有楊聲震（清華研究所碩士來院）、姚培智、程亞桐（淡江物理研究所，同時在台大跟我讀碩士）、林懷玉、程懋瑜、劉文翔等；電能材料開發，柯賢文（美賓州州立大學博士，由核研所轉來）。

　　1976年當收到中央銀行徵調函後的一年，我向院方推薦，派楊聲震、陳崇一兩位出國攻讀博士學位，楊聲震申請到史丹福大學，陳崇一申請到俄亥俄州立大學，他們都在預定的時間內獲得學位，日後成為我創立材料研究發展中心的左右臂。

　　在我自史丹福大學返國，1972年至1978年的六年內，也正是台灣重工業發展、十大建設陸續開始，如火如荼的展開階段。特別是中國鋼鐵公司董事長趙耀東，他展現了罕見的創業魄力，自一片海灘魚塭新生地上，建造起具有世界競爭力的大鋼廠。他遴聘旅美材料界學人魏傳曾博士為他的技術副總，魏博士在我讀海軍機校作學生時，曾是我的講師。他毅然結束在密州州立大學教授教職工作，接任首屆中鋼副總，一方面協助建廠，一方面籌建材料技術開發試驗中心，未出幾年，材料研發之規模與能力即可與中科院之材料組相競衡。猶記得當魏博士甫返台向中鋼報到的幾天，我陪旅美學人胡郇博士到中鋼訪問，那時的中鋼正從魚塭灌注數千根水泥地樁中起建，全廠尚無一棟完整廠房，鄰廠中國造船公司也正自海埔新生地開掘一百萬噸船塢。

　　在國內也因1968年籌建的「中國材料科學學會」，逐漸引起行政院科技顧問組執行秘書吳伯楨的興趣，也因而引起行政院科技顧問組召集人李國鼎先生的重視。李國鼎先生是創造新科技的先知，他在行政院應用科技小組首先創議將材料、能源、資訊、自動化四項列為國家發展科技四大重點，並於1978年第一次全國科技會議正式通過將此四項規劃為國家重點發展科技項目。在以後第二次、第三次全國科技會議，雖逐年修正重點項目，但對「材料科技」始終維持不變。自是以後，材料科技不僅是國防科技發展重點，而且擴大為國家建設發展重點項目。

　　1978年初，中科院再次接到中央銀行調我前往工作的徵詢函。之前，中央銀行經已透過總統府向中科院唐副院長解釋徵調之必要性，同時中央銀行發行局局長林運祥先生也諮詢我個人意願。我決定作一次生涯的新嘗試，唐副院長也就同意我離職了。

本章註釋

① S. E. Hsu, Y. Shen, F. K. W. Li and C. I. Chen, "Mechanical and Thermal Properties of Cu-Infiltrated P/W Tungsten Nozzles", Jour. Of Space and Rockets, 14, 4, 1977, p207

② S. E. Hsu and C. I. Chen, "The Processing and Properties of Some C/C Systems", Chapter 22 in the Technical Book of "Superalloys, Supercomposites and Superceramics", Edited by John K. Tien and Thomas Caulfield, Materials Science Series, Published by Academic Press, Inc. USA, 1989, p721

第九章　異類的經歷—印鈔票

　　在我自己的生涯規劃裡，作夢也不曾想過會有中央印製廠這一段經歷。去中央印製廠報到的前一天（1978年2月），我還不知道它在哪兒；至離開它的一天（1983年8月），我已退還印製廠官舍。前後五年半時間（大約2000天），頗像是夾帶雨水的旋風，來得急，去得快，刮走了一些老舊和塵埃，注入了一些滋潤與新生。而對我自己來說，從那裡來，仍回到那裡去，年齡增添了五歲半，其他則無任何改變。

中央印製廠總經理

　　中央印製廠和中央造幣廠是隸屬中央銀行，專門印製鈔券和硬幣的兩個國營生產事業單位。當我被中央銀行徵調出任中央印製廠總經理的時候，中央銀行、中央印製廠、中央造幣廠同時隸屬總統府。至1979年底，中央銀行改隸行政院，兩廠隨之改隸，但在名稱上仍稱「中央印製廠」及「中央造幣廠」，而不必冠以「中央銀行」。正相當國營事業「台電公司」、「中油公司」不必冠以「經濟部」一樣。至於中央印製廠與中央造幣廠兩個單位，則是完全獨立的生產事業單位，沒有隸屬的關係。而中央印製廠採「總經理制」，中央造幣廠採「廠長制」。任何公私立銀行都只有一個總經理，但中央銀行是銀行中的銀行，它採「總裁制」，而中央銀行屬下也有一位總經理，那就是中央印製廠的總經理。

　　中央印製廠自成立到2004年，已有六十四年歷史，依其發展可分重慶時期、上海時期及台北時期迄今。我將其沿革簡略介紹如下：

一、重慶時期：我國鈔券在抗戰以前，一向由國外廠商承印，直到民國三十年（1941年），由行政院副院長兼中央銀行總裁及中央信託局理事長孔祥熙先生，指令在陪都重慶之中央信託局成立「印製鈔券事務處」（旋改稱「印製處」），隨即歸併財政部印刷局、京華印書館，及港、滬內遷之商務印書館，而定名為「重慶印刷局」。抗戰勝利前夕（1945年），重慶印刷局改隸中央銀行，正式定名為「中央印製廠」，任命原負責籌劃工作之中央信託局購料處副經理凌憲揚為首任總經理。中央印製廠之「印」字，像是英文字母之E與P，因而中央印製廠之英文名稱China Engraving and Printing Works，其簡稱CEPW即由此而來。當時中央印製廠之主要任務是印製法幣，供應大後方所需國幣。

二、上海時期：勝利後，中央印製廠復員到上海，在上海市成立「中央印製廠總管理處」，接收敵偽印鈔工廠，成立「上海廠」，凌憲揚兼任廠長，楊暉為副廠長，並接收北平偽華北財委會印刷局成立「北平廠」。當時總管理處所轄屬廠計有重慶廠、上海廠、北平廠、瀋陽廠、重慶造紙廠及上海製墨廠，員工達萬餘人。上海廠負責印製法幣（及後來的金圓券），以供應華東、華北數省軍政各界之所需。民國三十七年（1948年），大陸局勢逆轉。財政部長俞鴻鈞由寧飛滬，傳諭將上海廠重要印鈔設備，特別是利用「中美租借法案」購置專用於印鈔之凹印大電機、各型凸印機，以及相關技術人員遷台設廠。此時凌君受聘為滬江大學校長，仍兼任監理會主席，第二任總經理由陳公亮接任。準備播遷之際，正值通貨膨脹，經濟崩潰，金圓券嚴重貶值，但需求孔急，幾乎油墨未乾便要啟運發行。時值上海保衛戰階段，上海廠一方面奉令搬遷，另方面趕印金圓券，限令留守生產至最後一刻，以致大部分設備未及遷出，安全撤出之人員及設備，僅及原有上海廠之三分之一。

　　三、台北時期：民國三十八年（1949年），北平、上海、重慶先後棄守，北平廠、上海廠及重慶廠隨之易手。總管理處由上海遷台北辦公，上海廠僅小部分設備遷台，稱「台北廠」。而後總管理處與台北廠合併並撤銷「監理委員會」，統稱「中央印製廠」，隸屬總統府，同時接管位於台中之總統府印鑄工廠，而設置鑄製科，而台北廠設在三重鎮，故稱台北「三重廠」。1950年6月，總經理陳公亮請辭（陳君為行政長官陳儀之弟），央行派發行局局長王鍾兼任總經理（第三任）。次年9月因王鍾調任台灣銀行總經理，而改派時壽彰接任總經理（第四任），他主持中央印製廠凡十年之久。

　　台北三重廠前後約十四年，是中央印製廠最晦暗的時期。初來台時因業務清淡，曾兩度大幅裁員。檢討衰敗的原因，不唯是從大陸遷台由絢爛到平淡，三重廠區雖曾兩度火災，再經一次水災（1963年葛樂禮颱風，機器設備盡遭淹浸），但主要癥結還在於業務的困難。當時中央銀行在台尚未復業，台幣發行委託台灣銀行辦理，台灣銀行並未專設印鈔廠，但卻有印鈔能力的印刷所，光復初期，台幣均賴中央印製廠上海廠印製供應，當中央印製廠三重廠建廠時，台灣銀行印刷所已有能力自印新台幣，而只有在超出印量時，才將超出的部分委託三重廠承印，如此一來，倒成了喧賓奪主，讓專門印製鈔券的中央印製廠三重廠無用武之地，致使業務蕭條，平均每年作業僅半年，甚至常停工兩、三個月。為彌補停工損失，不得已開拓一般印件業務，成立活製股，從事排字凸印工作，承印書刊、雜誌等零星印件，卻又招攬到一些賠本的生意（如專門刊登甲骨文的文藝雜誌）。即使如此，仍被攻訐為「與民爭利」。

　　直到1961年6月，中央銀行在台復業，當時總裁為徐柏園先生，當即收回國幣發行權，同年9月指令中央印製廠接管台灣銀行印刷所，改稱中央印製廠「萬華廠」。首任廠主任為羅福林，副主任為台銀印刷所萬紫峰留任。而萬華廠之接管實為建制，廠房、人員

兩百餘人及裝備之清冊移交。生產並未停頓,直到十一年後(1972年)遷移新廠「安康廠」為止。

至於三重廠因廠區不適宜發展,開始覓得新廠址青潭,進行分批購地、拓建,至1963年廠房完工,次年9月三重廠員工正式遷入,隨即開工,是為「青潭廠」。遷建完成後,原三重廠址交由國有財產局標售。青潭廠之業務以印製有價證券,及政府文件、公報為主,遇有特殊需求則與萬華廠協力印製鈔券。鑄製所於1974年始由台中遷入青潭廠,專門為總統府鑄製關防、大印,以及製備勛獎章。

1961年至1971年,中央印製廠在青潭廠時期,先後更易五位總經理,他們是何驥、甘豫昌、邵德潤、沈慕潛和劉德三。他們為整合後的中央印製廠建立制度、改善待遇、培育人才、改進技術、更新設備、經營績效和改善福利等都盡了最大的貢獻。特別是自1965年起,有感於世界印鈔技術之革新,乃開始籌畫闢建「安康廠」。次年計畫奉中央銀行總裁徐柏園先生核准,經兩年在安坑地區購地、闢路,復因與陸軍計畫用地相抵觸,一度停頓,最後始由行政院長裁定,交中央印製廠闢建「安康廠」。1969年初由徐總裁主持破土興工,經兩年之興建,第一期工程於1970年底竣工,同時著手購置最新之印鈔設備,於1971年起人員陸續遷入,1972年7月正式開工生產,自規劃到生產經過七年時間,一座具有國際水準的「安康廠」,便屹立於台北郊區「安坑」(「安康」亦因「安坑」而訂名)。安康廠之技術員工以原來「萬華廠」同仁為主,首任廠長亦即萬華廠主任羅福林。當時之總經理為劉德三,他於1971年到任,適為安康廠建廠將竣工階段,當時中央銀行總裁為俞國華先生。劉君為中央銀行向國防部徵調者,他原任聯勤四十四兵工廠少將廠長。因為俞總裁一向認為中央印製廠相當國防事業生產單位,宜由有軍職背景人員管理。也正因為印鈔事業可比照國防工業,安康廠之產品「鈔券」可依法免營業稅,而青潭廠之印件,即使是債券、

證券、郵票及護照等政府文件，也必須依法課稅。

中央印製廠經過上述「重慶時期」、「上海時期」至「台北時期」，復於台北時期自1949年至1977年，將近三十年的變遷，終於塵埃落定。綜合結局是：中央銀行所屬中央印製廠，總廠是在新店安坑，下屬兩廠一所，一為「安康廠」，專門印製國家現行鈔券；一為「青潭廠」，專門印製政府發行有價證券及政府文件；一個所為「鑄製所」，亦設於青潭廠區，專門鑄製政府印信及勛獎章。

1977年，總經理劉德三因健康欠佳，外加兩個廠多年積累下的困擾問題，久萌去志，於是有我首次被央行徵調而為中科院婉拒之事。再至1978年，中央印製廠內在困擾並未消除，而劉君之健康狀況更加不好，乃有中央銀行之再次徵調，任命我接任總經理之安排。我是中央印製廠第十任總經理，當時年齡五十歲，年逾半百。調任後辦理「軍職外調」及「外職停役」，旋即辦理轉任文職，及海軍上校退役，結束為時三十年的軍職生涯。

安全維護下馬威

其實中央印製廠總經理的任務非常單純，那就是「主持中央印製廠，負責定時、定量供製國家鈔券」。其他鑄製印信、勛獎章，及印製有價證券、郵票、稅票、政府文告、護照等全是副業。而定時、定量供應印製鈔券最重要的是「安全」。一個印鈔廠涉及「安全」的範圍可多了，難怪鈔券本身，外國人也叫「security」。「安全」的範圍包括：

一、「防偽」的安全：這是十分深奧的技藝，即使啟用當代最新科技，仍無法達成理想的課題。

二、「防疵」的安全：原來「印鈔」是「技術」和「藝術」的結合，一種鈔券面值既經確定，要求其精美，從印出第一張，到多少年後第幾十億張，除號碼無兩張相同外，其他無論圖樣、顏色、

大小、深淺都要完全相同，如有差異則成為瑕疵，流出去則叫「變體」。印鈔廠是不容許任何一張「變體鈔票」溜出去的。

三、「防弊」的安全：這是管理的問題，包括「舞弊」和「作弊」的防止。在經營管理上，印製廠視「鈔票」為「產品」、為「貨物」，但出廠前不同於「餅乾廠」，你不可以隨時嘗一個，更不能將有瑕疵的一張抽出來自藏或丟棄。那麼，你會問，印鈔廠既不能像機場出境用偵測器偵測，又不能每天搜身，那該如何防弊呢？答案是「點數」。無論古今中外，統用這古老而原始的辦法「點數張數」。每天收工前「點數」，印好的、印壞的加起來的總數除以「開數」，等於早晨開工時發出的空白鈔紙張數，同時印妥的張數與鈔券號碼相吻合，如果發現少了一張，全體人員不下班也要找出來。至於防止「舞弊」，則與一般金融機構防制措施無異。

四、「防盜」的安全：包括防盜、防偷、防劫和防搶，以及運鈔和儲存的安全。

五、「防火」的安全：因為產品的成品、半成品和原料都是紙，火警的防制與救援比任何機關都更為重視。

六、「防水」的安全：包括廠區的水患、天災的提防，以及儲存期間遭受潮濕的防制。

七、「保防」的安全：因為一國的鈔券相當金融戰場的武器，有計畫的破壞金融，其殺傷力甚於任何武器。金圓券的教訓猶歷歷在目，尤其是當有新鈔的發行，特別是「大鈔」的發行，無論是面值、時機和數量，都屬絕對機密的範圍，一經洩密，將會影響金融、幣信和社會的安寧。

八、「存量」的安全：當然控制「安全存量」是中央銀行的事，但是鈔券的準備必須準備預儲存量。中國社會有預期的年節，有驟然增加發行的傳統。如遇社會不寧，突然發生「擠兌」，存量也要有所準備，於是鈔票生產量有必須未雨綢繆。

　　九、「人身」的安全：印鈔主持管理者個人的安全，也是印鈔廠維護的範圍，難怪在大陸中國將印製廠領導也列為「絕密」的人（參閱本書第二章）。

　　在我到任三個月內，在安全上出現了兩個紕漏。有一天，一位安康廠的技術員到我辦公室來說：「總經理，你看這兩張百元鈔票號碼的後面四個字完全一樣。」我看過後也感到奇怪，我問：「你是從哪裡取來的？」他說：「從合作社換來的。」我說「怎麼會這麼巧？」他才告訴我：「報告總經理，這不是巧合，而是我們廠出了問題！」我大吃一驚，隨後他以「職業的敏感」教育我發生同號的原因，我才明白是在「防弊」的作業上產生了疏失，隨即面謝這位技術員並請他務必保密。

　　然後我找兼廠長的楊協理及負責檢鈔的主管，作了一次製程的分析，很快的縮小範圍集中到一個股。下班後突擊檢查，果然在K股長辦公桌抽屜發現剪刀和一些印壞待補碼的廢票。他是以偷天換日的手法，將拼齊廢票中的好票剪下，再以零碎廢票補齊。我們攝影存證後，不留痕跡下班，第二天清晨請這位K股長到辦公室來，我只稍微提一些證據，他立刻大驚失色，坦承作弊伎倆及作弊張數，哀求我原諒他初犯。我只問他：「如果我是你，你是初到任的總經理，你會原諒我嗎？」他無言以對，甘願受法律制裁。隨即請安全人員解送警察局，後經起訴，罪名是「監守自盜」，被判刑八年，並追回作弊的贓款。這件在廠內自動檢舉的案件，在「家醜不外揚」的官場傳統，本也可以行政處置，但我就是認為這是「防弊」教育的大好機會，有「殺雞儆猴」的意味，同時也是一則宣示，說明「我在總經理任內，絕不會貪污舞弊」。

　　第二件防弊的措施是當我上任時，正值春節前後，全世界只有中國有此奇異的現象，其一是逢過年鈔券發行量陡然增加數倍，過年後迅速回籠；其二是新年換新鈔，新鈔又特別喜歡紅顏色，表

示喜氣洋洋。以往每逢春節,包括我到任的一年,中央銀行總會直接或間接傳話來,說某一銀行(那一年是在外島金門一銀行)有民眾反映,在一捆新鈔中短缺一張。往往反映的軍民有名有姓,但若反問,能不能告知是哪一捆(那一箱發行至某一銀行,發行局均有紀錄)?或那一張編號(任何一張編號鈔券均有「完成股」檢員負責)?則皆無肯定答案。這樣一來,在幣信上發生很大的困擾。究竟是中央印製廠的缺失?小銀行職員的缺失?還是兌換民眾的疏忽或故意,真是撲朔迷離。而「新鈔缺一張」這罪名,中央印製廠總是難脫責任。最後,我同兩位協理,研究點數鈔券的技術,我才發覺印製廠內完成股所用點鈔機的原理、速度與精確度,均與任何銀行所用點鈔機有所不同,主要特點是十疊鈔券(每疊100張)封紮條籤成捆後(每捆1000張),仍可點數四角確定是1000張。這樣封點後,任何人也不可能從未啟封的鈔票中抽走一張。經這樣的改進後,我們在作業上增加一道「條封後再自動點角」的過程,以後如果再發生新鈔少一張的怪事,責任保證不在印製廠。自從這一措施實施後,二十餘年來從未再發生類似事件,這在安全維護上也是一種保證。

另外,在我的任內,在儲運的安全和防偽的安全也做了重大的改革。有關「儲運安全」的防護包括國家金庫的保護、儲運和開啟,自然有嚴格的規定和制度。但當你知道這保管的責任就是你自己的時候,很自然地有種戒慎恐懼的壓力。台灣治安並不好,每當發生搶銀行、劫運鈔車的刑案時,駐衛警總是請示總經理要不要保護,特別是運鈔車的安全維護最令人憂心。後來我想出一個辦法,應屬於「智慧型的維護」(辦法涉及國家安全,當然不宜在此披露)。實施以來,令央行發行局也認為安全可靠,萬無一失。

至於「防偽的安全」,特別是針對發行「仟圓」、「伍佰圓」新鈔,我採取了一種新穎的科技措施,就是可以用數學公式,檢

查每一張的號碼，而用隱形油墨自動將該檢查密碼印在鈔券上特定的位置，銀行或郵局的職員可使用備妥的特殊光源，顯示出密碼而核對該張鈔券號碼之正確性，這使偽鈔立即現形。這一防偽的困難度是如何將自動檢查號碼印製成隱形密碼的技術運用在印鈔機上，並使能飛速的印刷而不產生錯誤。奇奧利（Geori）印鈔機製造廠的總工程師，他居然能將我這數學的觀念化成機械設計而最後製造生產。中央印製廠在廠長龔紹羆與我的配合下，在第四線自動完成機加裝了這一特殊設計，在仟圓和伍佰圓鈔券印製過程中，行之有年。除金融機構職員瞭解如何檢查外，民間廣大民眾鮮有人知，我想這也是大量偽製舊版仟圓、伍佰圓為數甚少的主要原因。奇奧利公司也認為這是重大發明，曾代我會同該公司申請國際專利，但歐洲專利局認為，專利的要件是要以看得見的才算，隱形的發明尚無先例。奇奧利公司的律師也認為可以申訴，但我卻未申請，因為即使申請到發明權，豈能向中央印製廠要求專利費？

印製生涯二千天

　　我從1978年2月1日到中央印製廠報到，參加交接典禮起，到1983年7月，舉行交接典禮後，離開中央印製廠，前後約五年半，算起來計二千天。對我個人來說，這實在是一段奇妙的經歷。尤其對一個學理工，獲得世界名校博士學位，從事國防科技研究的海軍上校，突然從造飛彈轉而印鈔票，具備這種經驗的人，世界上也是難得一見。所以當第一天交接典禮，妻葉純惠隨中科院四位好友前來觀禮，當交接完畢客人離去後，妻輕輕地詼諧取笑我：「你來這兒幹什麼？不要做了，我們還是回家吧！」

　　前述中央印製廠的沿革與發展，是在我到任三年後（1981年），恰值中央印製廠建廠四十週年，紀念特刊中所記述的。而在就職當時，我對所接管的中央印製廠卻是一無所知。就連交接典

禮上，除了隨我同去的五位親友，以及發行局局長林運祥有過一面
之緣外，交接人、監交人和觀禮人，我一個也不認識。到職後我才
知道，原來從新店南下，再去往安坑的山凹裡，居然還隱藏著一處
印鈔票的機構。當時通往安坑（安康原名為安坑）的路尚為產業道
路，跨越一條小溪，遇大雨時甚至卡車都無法通過。

當我到任時，正值春節前夕，曾主持安康廠過年前的封庫儀
式，也由主管陪同到青潭廠做首次的巡禮。所有設施與印鈔機具雖
然大多已嫌老舊，但對我來說一切均感新奇。最令我感到不知所措
的是，當巡視到青潭廠房的時候，突然間連續有兩、三位較年長的
師傅，向我下跪，我趕緊攙扶起來，他們仍然雙手緊握我手，口中
祈求一些我不太懂的話。後來經同仁解釋，我才瞭解是希望新總經
理解救青潭廠。他們這個動作給我很大的感觸，我意識到規模宏大
的二廠一所的背後，一定存在著某些苦楚和隱痛，等待我這初生之
犢來克服。這種感觸對我在中央印製廠工作二千天，以及爾後對中
央印製廠的發展，都產生重大影響。

我到中央印製廠工作像是一個獨立的空投傘兵，著陸後第一
件事當然是認識環境。經過半個月的觀察和請教於資深的長者，我
發現中央印製廠，不但有頗悠久的歷史，同時也人才濟濟。當時兩
位協理，一位是楊暉先生，主管技術；另一位是郭萬鏞先生，主管
行政。楊協理是曾隨首任總經理在重慶創立中央印製廠的元老；郭
協理則是前中央造幣廠廠長，因一元鎳幣供求失調，造成幣荒受累
而調來本廠者。當時尚有襄理吳感生先生，他是總統府秘書長蔣彥
士的好友，過去幾位曾任中央印製廠秘書的，姚×中先生曾當過駐
外大使，而張祖貽先生當時適為總統府的副秘書長，我請教資深考
評委員于犁伯先生（他是于斌樞機主教的胞弟，抗戰時當過陸軍將
領），問他廠內何人適任作主任秘書？他並未推薦任何人，只說劉
行均先生很能幹，但已好幾年未擔任廠內主管。於是我就敦請劉行

均先生做了我的秘書室主任。但幾天後，于犁伯卻又對我說：「你不能將私章交給旁人！」他這句話令我困惑不已，因為我已經將例行用私章交給了秘書室劉主任，我並未取回，一直到我自己離開中央印製廠。

有關印製技術問題我唯有請教楊協理，楊協理是開廠元勳，對印鈔技術十分自負而有責任感，對我非常敬重，並不因我是空降的門外漢而輕視，反而用潛移的方式引導我，對印鈔技術與藝術有深入的瞭解。從他的口中，我知道他在時總經理任內，曾先後十年在廠賦閒，在那十年內，他自己潛心研究「印刷術」，以致他有了自己的著作，成為國內知名的印刷權威，並在「世界新專」新聞系授課。

從在青潭廠有人下跪、廠內很能幹的人不當主管，以及印刷權威曾賦閒十年這幾件訊息裡，我理解到中央印製廠內部存在著矛盾與不協調，我若在這兒做下去，一定要設法瞭解這矛盾所在，以及疏解這不協調。我歸納這些矛盾與不協調，發現其癥結所在多源於：

一、兩個廠歷史淵源的顯著差異。青潭廠的前身是台北廠（三重）、上海廠，以及重慶廠，具有悠久的歷史傳統，但卻保有較落伍的觀念和設備。相對的，安康廠的成員多出身於萬華廠，時勢所趨，因在台灣印台幣，設備與年齡都較年輕，以致歸併中央印製廠後，反而後來居上，成為安康廠的骨幹。俟安康廠建廠完成，持有國際水準的設備與技術，開工後，情勢更形壁壘分明，一個廠相當國防事業，免納營業稅，另一個廠相當民營工廠，自負盈虧，甚至掙扎於被淘汰的危機。

二、應付產量，飲酖止渴。一個印鈔廠的任務，本來是「定時、定量供應鈔券」，配合發行，預先排定製程以及每月、每天的生產量（標準數），但也會發生突然的額外增加，或時程的趕製，這時廠方為了達到額外的產量需求，往往採以下這些措施：雇用臨

時工,時間久的稱「契約工」;加班趕工,依照勞工法,加班有限制,夜晚及假日加班有公式計算工資;獎金制度,趕工時超出標準數,論件發獎金,鼓勵增產。以上三措施,初時均有奇效,但時間一久,則有流弊發生,特別是當產量不必增產時,任何一措施皆停止實施,抗爭的聲浪就隨之發生,抗爭的對象則往往是總經理。

三、新環境,舊章程。無論是安康廠或是青潭廠,都有其獨特的歷史背景,也都背負著一些歷史包袱。無容諱言的是幾位管理人才十分幹練,所制訂的一些規程制度,看似無懈可擊,但總是因襲舊時代的軌跡。就以管理階層的總經理而言,始終視為「總管理處」的主管,而各廠一切各自為政。其他如員工福利、人事制度、員工待遇、職位分類等,原來中央印製廠都有自己的辦法,但一旦納入國營事業管理辦法,反而產生不能適應的狀況。

瞭解了這些矛盾與不協調之後,我斷然採取了一些革新的措施,當然這些均賴中央銀行的堅定支持。在我任職的二千個日子裡,擇其犖犖大者追述於後:

一、重訂組織規程

我認為中央印製廠存在內部不協調的癥結,在於因襲舊制度的組織規程,換句話說就是各廠各自為政。總經理、協理、襄理只是總管理處的業務主管,這在大陸上海時期,曾轄屬上海廠、重慶廠、北平廠、瀋陽廠、台北廠,將總管理處設在上海,管理各廠作業當然有此必要,但到台灣只有兩個廠,若再因循舊制度,不但疊床架屋,事權不統一,更形成兩廠對立,加深矛盾。所以我就決心修改印製廠的大法「組織規程」,當然必須中央銀行的授權及核准,實際上也是發行局授意。只是修訂的內容和幅度,完全出自我自己的觀感,也出自我自己的手筆。因為我曾有過「人事官」的經驗,對組織規程略知一二。

除了修正前的規章，囑人事組提供外，定稿前的規程草案，我並未請教於秘書室，因為如果徵詢秘書室的意見，則一定會再陷入舊制度的窠臼，所以我借用秘書室劉主任的評語——以「迅雷不及掩耳」的手法進行了一次「大換血」式的改革。主要內涵包括：1.徹底實施總經理制，集中辦公稱「總廠」；2.取消襄理階層（發行局授意）；3.安康廠稱「一廠」，青潭廠稱「二廠」，兩廠全權負責直接生產與輔工；4.設計、物料、生產計畫、人事、業務、員工關係及對外關係等，分別設組（或室）皆屬總廠職權。各組室如與兩廠業務相關者，如物料、人事（考工），則於兩廠分別設股或小組，但仍由業務組室所控管。這一重訂「組織規程」很快就奉中央銀行核准實施。這給廠內很多老先生有「不能適應」的感覺，但新制度與舊制度的不適應很快就被時間考驗所沖淡。中央銀行俞總裁之所以很快核准新組織規程的實施，我想他就是要看看這軍中徵調來的楞頭青，用什麼方法來整頓他感到相當令他頭痛的中央印製廠。我認為「新組織規程」對事權的統一，使所謂「地方分權」改為「中央集權」，只是消極的意義；更積極的意義是使兩個廠互通有無，相輔相成，以致藉此機會挽救了危機中的第二廠青潭廠，這一點我將在下述再作說明。

二、生產幣券，發行大鈔

從以往歷次幣制改革的經驗中，民眾對較高面值鈔券的發行，一向持恐懼的心理。過去無論是法幣改金圓券，或舊台幣改新台幣，面值的改變往往象徵著貨幣的貶值，或物價的飛漲，因而金融當局對發行大鈔，永遠持非常審慎的態度。但另一方面，當一個經濟安全、金融穩定的社會，無論是因經濟成長率或民間交易攜帶，印行較大票面鈔券都有絕對的必要，何況鈔券發行量，面值只是代表國庫存底的一種表徵。

　　當我到中央印製廠任職之前，新台幣佰元券已發行有年，因國內經濟成長迅速，而物價相對平穩，國民購買力相對增加，貨幣年度發行量已呈指數增加，中央印製廠印製量也隨之顯著增加，所以早在我到任之前，印製廠已在絕對保密的情形下，進行高值票面鈔券的設計、鐫刻及製版準備，一待新版鈔券圖案奉核定（必須最高當局親自核定），之前仍然要持續保密，因為必須備有足夠之存量，始可發行。同時因為國內首次採用定位水印及潛藏安全線之防偽措施，必須使用專用印鈔紙，故準備作業既隱密又長久。由於準備縝密而周詳，1980年初，首度發行仟圓券及伍佰圓券，發行非常順利，各界反應良好，並未引起任何物價波動。中央銀行頒發獎金十萬元，以獎勵同仁印製之成功。

　　2003年2月，在電視上，適見到央行公佈如何收回仟圓及伍佰圓舊鈔，如是從1980年至2003年間，共二十三年中流行使用的仟圓、伍佰圓大鈔，正式功成身退。

三、擴建第四組生產線

　　中央印製廠的廠房建築和印鈔設備，具有世界一流水準。當時廠房設計與附屬設備之規劃，均曾採國外技師之建議。而印鈔四組生產線，產能之規劃，係預期十年後佰圓券之發行量所設計。建廠完成時，初僅兩條生產線，我到廠時已擴為三線，尚空留一條場地閒置。當仟圓、伍佰圓券發行成功，第一廠安康廠產量負荷驟行減少（印一張仟圓券相當十倍佰圓券產量），當時擴充第四生產線，時機似乎不宜，但當以前五年發行量繪製曲線，以預估成長率時，則發現幾乎呈立方指數、近似以雙曲線趨勢加速成長。三、五年後，即使以四條生產線生產仟圓券仍難應付需求。

　　於是我簽請央行同意購置第四組生產線，同時組織籌建委員會分組進行籌備。闢建一組生產線，將近九億預算必須向央行貸款，

而國內重大投資（五億以上）必須行政院核准。央行全部核准後，指示我去歐洲先作兩週考察之旅。考察目的有三：在有限的預算內選購最新型、最有效率的設備；考察印製廠管理作業；以科技及資訊取代人力的新方法。因為印鈔機龐大而昂貴，不像家電產品依目錄選購，只能依各國所屬銀行印鈔廠所使用印鈔機中，選擇產能及效率適合我國所需者中訂製。

　　訪歐過程，奇奧利（Geori）公司小老闆小奇奧利親駕一私人三人座像蜻蜓的小飛機，載我分別飛往瑞士、德國、義大利、奧國、比利時、法國及英國，到這些國家的印鈔廠參訪。他所駕小飛機仍為螺旋槳式，較我在史丹福畢業後、去大峽谷旅遊所搭穿谷飛行的一種，安全性更不足。顛簸震盪，刺激驚險，當時何以膽敢隨他搭機，至今思之仍感不可思議。在歐十日參訪七國十二個廠，搭那小飛機大概也就是他能在有限的時間，帶我看畢他所生產的印鈔機的主要原因。經過十天急行軍式的參訪，我心目中已有底案，知道何者必購、何者可以緩購、何者可以節省人力、何者可以提昇技術水平，最後決定訂購包括新型滾筒凹印機及七色平印機，及附屬設備等第四組生產線外，並增購全自動完成機一部、捲筒機一臺、自動印製票券完成機一部，如此可節省數百個人力。一部全自動完成機僅需五至六人操作，即可替代當時一百五十人操作的生產能量。擴建第四組生產線計劃，全案自計畫規策、貸款、訂製、員工出國受訓、接管啟運、配合技師安裝、試車，迄至直接參加生產，前後一年三個月，速度之快、效率之高，曾獲得在廠資深同仁和中央銀行一致的稱讚。

　　至於印鈔設備之昂貴，令人咋舌，直到擴建第四組生產線過程，才逐漸有所瞭解。原來印鈔機是屬於外表笨重而實際高度精密的機械，其精密度不遜於航太工業（機械精密度多以單一機件之有效數字來衡量，火車的零件，大者長10米，加工精度一釐米，有效數

字為5（小數點前二位、後三位），一只手錶零件，齒輪為例，直徑
兩公分，加工精度一毫米，有效數字為4（小數點後四位），因而火
車和手錶都並非精密機械，但一部凹印印鈔機，滾筒直徑一公尺，
加工精度一公絲，有效數字為6位（小數點前一位、後五位），航太
機械零件亦同。印鈔機製造屬高度精密工業，用料尤其特殊，凹印
機每天運轉，使用壽命超過二十年，因而印鈔機工業非常專業化。

世界上最有名的製造商就是奇奧利公司，他與英國印鈔公司，
聯合成立德納羅奇奧利公司（De La Roe Geori），幾乎壟斷世界市
場，大國除法國例外外，其他英、美、德、俄、日本、澳洲，無不
購用其凹版印鈔機。中國大陸於八〇年代前曾訂購一部，陳列於上
海，準備拆卸後嘗試仿製，但並未成功，由此可想像其專業程度之
一般。何以會如此專業？原來印鈔事業是最新「工業技術」與唯美
「古典藝術」的總結合，鈔券的防偽措施，迄今仍以凹印最有效，
而凹印是在鋼板上雕刻人像或藝術圖案，一位雕刻師的作品，屬
於藝術創作，鑑賞專家用高倍放大鏡檢視鈔券上的人像，他們幾乎
可以說出來是哪一位大師的傑作。而印鈔工廠則是一種精密的複製
工業，將雕刻好的鋼板，反覆製成和母版一樣的凹版，再以精密的
凹版印鈔機，配合套印精密的多色平印技術，以致重複印製多少億
張，仍不失真於母版的原跡。

四、自製凹版油墨及凡立水

印製鈔券，除上述凹版印刷機特殊之外，鈔券紙張和凹版油
墨均非一般商品，以往所用者，均由瑞士先派（SICPA）公司獨家
供應。凹版印刷之主要特點，是每當凹版滾筒轉動一週，依序完
成塗墨（將油墨塗佈在凹版的凹痕中）、壓印（將油墨壓印鈔紙
上，凹痕中的油墨凸顯在鈔紙上）及揩版（將殘留在凹版上的油墨
揩淨）。過去所用的大電機凹印機，為達成凹印的效果，必須採用

「濕印法」，就是先將紙張浸濕，然後才能壓印成凹痕，同時油墨印刷後，必須單張晾乾（吊紙），否則疊集後突出的油墨會污染次一張。而新型凹印機則改為「乾印法」，必須採用特殊的快乾油墨，以及水揩版的凡立水（Varnish）才能達到高速印刷、瞬間快乾的效果。

　　特殊凹版油墨和凡立水都是瑞士先派公司的產品，每年用量及運輸費均極可觀，但並無任何限制自行仿製。於是我請到中山科學院材料組的陳文懿博士以顧問的名義，不定期來廠指導自製凹版油墨與凡立水。本來中央印製廠青潭和安康兩廠均設有「配墨股」，在陳博士的指導下，在第一廠安康廠籌設「油墨研製小組」。陳博士是美國猶他大學的化工博士，以他成熟的化工知識，經過九個月的時間，水揩版凡立水研製成功，試印結果良好。再經半年的時間，自裝的製墨反應爐及凹印油墨亦研製成功。一度考慮成立「製墨所」，但未實施。自製凹版油墨和凡立水成功，隨即停止或減量進口油墨，這對國家自立印製鈔券貢獻甚大。直到我離開中央印製廠後一年，中央銀行還為此核發了一筆獎金給我及陳文懿博士。

五、青潭業務轉虧為盈

　　自新的組織規程實施後，第一廠安康廠專門印製國家現行的鈔券新台幣；第二廠青潭廠則印製鈔券以外的有價證券，包括國庫債券、稅票、支票、股票、郵票、匯票、護照以及政府公告，雖然種類繁多，但數量還是有限，對一個近五百人的印刷廠來說，仍然入不敷出。加以在稅制上有所不同，一廠印鈔券，相當國防工業，可以免稅，而二廠印有價證券，雖屬重要印件，但屬商品，依規定納稅，以致二廠每年均有虧損。

　　對中央印製廠來說，雖可調節盈虧，每年整體而言都可有正成長，但對青潭廠員工來說，一直感到憤憤不平，像是一群對國家

有過汗馬功勞的老戰士,但面對著裝備(印機)陳舊了、戰法(技術)落伍了,但這都不是他們的責任,而一旦有了新裝備,卻又設在安康,老戰士即使有能力,卻又無機會重披戰袍上戰場。在這種情形下,大多數員工仍嚴守崗位,安貧樂道,但卻有一小撮人,愈是無所事事,愈是表演「寫小報告」的天才,無事生非。看在中央銀行當局的眼裡,青潭廠實在可有可無。所以在我到任後的半年內,發行局局長曾不止一次的暗示我上面的指示,如果實在難管,可考慮淘汰青潭廠。這也就是在我初次巡禮青潭廠時,有同仁向我下跪的事,這也是為什麼我想盡辦法要拯救青潭廠。

我修訂組織規程的積極意義也是在此,首先使兩個廠互補有無。第一廠增產,要增臨時工,能不能優先調用第二廠無事可做的餘工?第二廠印製特殊印件,如護照,如郵票,能不能使用第一廠印鈔所用的設備及技術?第一廠因突然增量,能不能重新啟用舊設備而協助增印?剛好一個難得的機會,是當一元硬幣幣荒時,而以一元紙幣彌補市場需求時,二廠的舊大電機得再度發揮功能。

扭轉青潭廠營運契機的關鍵,是決定提前汰換安康廠第一線凹印機,我決定將其安裝於青潭廠,還增購捲筒平印機以及計算機操控支票自動印製系統。這在當時是一種挑戰性且未經央行授權的企劃,因為國內當時的票據交換作業十分落伍,計算機交換作業尚在初步嘗試階段,統一印製磁性號碼支票勢在必行,而當時國內有意爭取印支票的印製廠商頗多,我總認為屬於全國金融改進作業,應屬中央銀行責任,而統一印製,以印鈔特殊技術達成防偽功能,所以論理應交中央印製廠負責。爭取這種新業務,如以競標的方式,難以與商家競爭,但如以特殊防偽技術,我們則穩操勝券。所以在去英國參訪定位水印紙配合印製仟圓大鈔時,也訂購了捲筒平印機,返國途中並到菲律賓國家銀行參觀計算機印製磁性號碼及支票交換作業。後來將印製統一交換支票系統裝置在青潭廠,而計算

機操控支票自動印製系統，在二廠後來專門成立了一個「電腦票據股」，印製 MICR 磁字號碼。當正式參與統一印製作業，而使青潭廠大幅轉虧為盈時，我已經離職返中科院了。

中間有一段插曲，值得在此記述。就是當一廠第一線凹印機遷到青潭，而捲筒機初裝妥時，曾以凹印技術爭取到泰國印製菸酒稅票的業務，估算印量及盈餘，足以使青潭廠復甦，但孰知是項業務於簽約前被俞總裁所批駁。據說是他認為中央印製廠只要將鈔券印好就好了，不要多管閒事。

六、改善福利，技術援外

中央印製廠和中央造幣廠是極少數由大陸遷台的國營事業機構，中央印製廠過去無論是在重慶時期、上海時期，以及初遷台的台北時期，都有自己的福利制度，員工待遇優厚，直到現在多位隨廠遷台的老人，仍然津津樂道。即使遷台以後，仍然控有可觀的款項，購置台北市區幾十戶職員宿舍。這些日式建築眷舍，年久失修，座落在重慶南路、和平東路、和平西路、林森北路、金華街和濟南路等，而附近鄰居店面皆高樓大廈，夾雜著這些簡陋的日式住宅，倒成了台北新舊交替的寫照。當時不但配給自己的職員，甚至於借予民意代表。我住在同安街的一棟官舍，就是借予江西籍周立委，有一天我忽然收到一通電話，一陣蒼老的聲音，要我迅即收回同安街的官舍，因為若遲收回則被他兒子抵押出去了。後來，我離開後，中央印製廠選擇和平西路的一棟平房改建為七層公寓宿舍，配給散居市區的退休職員，而將收回的「高貴地段的陋室建築」交還國有財產局。這是現任副總經理方紹伊的傑作，解決了中央印製廠多年困擾的問題，當然少數住戶或其第二代也蒙受了一些福利。

1961年6月，中央銀行復業，同年，中央印製廠員工待遇改按經濟部所屬國營事業機構員工待遇辦法，員工福利措施也依照該辦法

辦理。依照此辦法，凡在台灣成立的公司，可依該公司的資本額，提撥千分之五為福利事業基金；另外，各事業機構可將產品「下腳」或報廢物資折做福利資金。然而對中央印製廠來說，並非在台成立，本來有自己的福利辦法，可自資本額提撥千分之七，但來台後，資金短絀，提撥福利金已失依據；而中央印製廠的「下腳」只有鈔票切裁後剩下的紙邊。在這種情形下，中央印製廠的員工福利，在全國所有公營事業機構排名順序，永遠是最後一名（顯示於主計處出版「年度決算書」之附錄），身為中央印製廠總經理，我每次看到這一記錄都會臉紅，也為全體員工叫屈。

說也奇怪，中央印製廠直屬中央銀行，但中央銀行的福利永遠沒有中央印製廠職工的份兒，即使是優惠儲蓄存款，也沾不上邊。因為員工待遇和福利，都沿用經濟部所屬事業委員會辦法（列席會員），也就只能嚴格的遵行了此辦法規定，如國營事業單位不得經營與事業單位相同的福利事業，因而印製廠就不能將廢紙邊印成筆記本出售，台糖福利社反而可以推銷公文紙到印製廠。中央印製廠無法改善自身福利措施。在這種可憐的情形下，只有在內部，自己採取一些有益於員工的福利措施：

一、敦請好友吳曉峘屈就「勞工安全衛生室」主任並兼任醫務室主管醫師。吳先生是出身國防醫學院，是持有醫師執照的醫師，他為人公正，品學兼優，對醫護、音樂、文藝和外語等均有極深造詣（參閱本書第二章「唐山中學」一文）。他能答應我到中央印製廠服務，給中央印製廠工業安全、環保衛生、健康維護和員工醫護帶來莫大的保障。而且他後來持續在中央印製廠服務十五年，全廠員工無一不敬愛他，我認為他給中央印製廠（安康、青潭均有醫務室）員工帶來最大的福利。

二、改善環境，利用水源：安康第一廠地理位置，座落在兩條小溪交匯前之三角洲上。安康廠廠區用地之下游，尚有一段淤陷土

地，偶有居民種植蔬菜，村民若往三角洲，乾旱可循小路，天雨則涉水而過。當中央印製廠建廠時，在購得的土地上，架築鋼筋水泥橋，直通廠區，而三角洲下游土地也逐漸有住宅起造，因而居民通過水泥橋的權利，變成了法律糾紛。因為整個三角洲，包括廠區並無自來水，而印鈔工廠需要大量工業用水，只好在廠後數里之遙的山坡地，覓得一處天然水源，申請水權，裝置水管，輸至廠區人工蓄水池，過濾後供作飲用及工業用水。而三角洲下游居民也開始逕行鑿管享用。以致造成安康廠用水不足。所以和當時附近居民的過橋權糾紛和水源不足問題，是中央印製廠兩大困擾。

過橋權民事糾紛訴訟多年，雙方各有勝負，當我到任前，再審是中央印製廠敗訴，為廠區安全計，曾繳四十萬元申請免強制執行。我上任後，與律師研討，並奉央行同意，將小溪畔一塊二十坪土地捐出作為橋頭地基，由三角洲地主另闢一橋，得將多年法律糾紛和解。自是以後，出現三十公尺內，兩座大橋之景觀。

用水的問題，我決定配合興建第二庫房時在廠區後端興建一座兩千噸大型蓄水池，並採庭園設計，大小水池之間建一小橋，橋端建中國古典涼亭一座，一為美化環境，二可多一員工休閒場所。蓄水池內養育鰱魚及草魚，技術人員義務組隊，大清早割草飼養。每屆農節，撈魚（或垂釣）為樂，魚穫售予同仁，增加一些福利。蓄水也同時供應三角洲上居民飲用，直到幾年後安坑地區全面供應自來水為止。

三、行政措施，軫顧福利：巧婦難為無米之炊，中央印製廠在先天匱乏福利資源情形下，只有在法理容許的行政措施中，尋求一些福利的改善，包括：尋求審計單位對本廠的體諒與允准，逐年編列預算以汰舊換新方式改善交通車，過渡時期以運鈔車代用交通車；改善福利社及合作社之經營績效，頒發從小學到大學各年級優秀子女教育獎學金；由員工關係室主辦，改善附設幼稚園教學，婦

女職工各種工餘活動與技藝智能等訓練班。

以上這些措施，對中央印製廠改善福利來說，仍然是杯水車薪，真正實質的改善應該是從技援沙烏地阿拉伯開始。我是種樹者，但不是乘涼人，在下節說明。

技援沙國，G to G 到 P to P

1981年，也就是我在中央印製廠服務的第三年，有一天，上午上班未多久，忽然接到行政院政務委員李國鼎先生的電話：「樹恩兄，我是李國鼎，麻煩你馬上到行政院來一下，我現在在開院會。」我很吃驚，但即刻出發。到行政院會議室旁休息室，李先生從會議室出來即對我說：「樹恩兄，你能不能到沙烏地阿拉伯去一趟？」我回：「是為？」他說：「是為兩國技術合作的事，細節以後再告訴你，今天院會要討論。」我即回：「我去沙國，不知俞總裁會不會同意？他現在在紐約。」他也即回說：「俞總裁那裡我會跟他講，你先去準備一下。」

首先我對一般狀況先進行瞭解，知道當時沙國對台灣外交關係十分友善，也是石油供應我國最多的國家，在軍事上、工程上、電力上、醫療保健上均有技術合作的關係，且有顯著成效。每年兩國間舉行經濟合作會議一次，分別在沙國利雅德和台灣台北舉行，沙國首席代表為財經部部長阿巴赫爾（Albahil），我國則為李政務委員國鼎先生。1981年，中沙經濟合作會議在台北圓山飯店舉行，沙國國家印製廠廠長阿瑪里（Almari）隨其部長來台出席會議，會後要求到中央印製廠參訪，李政務委員即表同意。阿瑪里至安康廠參觀後，對該廠之設施、技術、管理留有深刻印象，返沙國後，其財經部主動要求中沙經合會議增闢中沙印刷技術合作項目。這件事令外交部亞西司興奮不已，因為這代表兩國邦交進一步的鞏固與加強，與當時其他駐沙技術團之團數與人數均漸趨式微的態勢，恰成

對比。所以在當時的主計長到沙訪問時，阿巴赫爾部長請他轉告李政務委員，希望中沙印製技術合作案能加速實施時。其後李政務委員他乃在行政院會議提出，這也是他希望我能去沙國一趟，代表對阿巴赫爾的積極回應。

赴沙國前，我首先到外交部亞西司以及經濟部駐外派遣單位，向他們請益如果開發一項新的技術合作項目，在作業上有那些注意事項，他們都表示樂觀其成，並樂於提供一切協助。

我儘速隻身前往沙國吉達，在吉達首先拜會薛毓琦大使，薛大使和藹可親，他從外交部的電訊，已知道我的到訪和任務，隨即介紹主管技術團的台電公司的陳先生，以及諳阿拉伯語的李參事，並請李先生隨我去沙京利雅德。初到沙烏地阿拉伯，很多事感到不習慣和新奇，譬如外國官員乘飛機要搭頭等艙；在機場，隨時隨地都看到中東人向麥加方向朝拜；最大不習慣的是任何時間、任何事，你要有耐力「等」，那怕是購票時眼看車要開了，售票口已大排長龍，售票員依然慢條斯理，或到裡邊休息，對時間與長龍完全視若無睹，指著手錶跳腳的人沒有一個是沙國人。

在利雅德沙國國家財政與經濟事務部，我持李政務委員私函到部長辦公室拜會部長阿巴赫爾。他著阿拉伯裝，但從目光中顯露出堅毅和果斷，是沙國不可多得的人才，他操流利的英語，無須翻譯，故只我一人晉見，他誠摯地歡迎我的到訪，並希望我對印製技援給予協助，他並頒給我純金紀念幣一枚，同時讓我轉達對李政務委員的謝意。

隨後，到沙國國家印製廠會晤廠長阿瑪里，並參觀印製設備及工廠作業。阿瑪里曾受歐美教育，接任印製廠廠長之前曾任沙國某醫院院長，顯然他的專業背景是行政管理。印製廠有些設備很新型，但似乎缺乏組織，有一套與我們安康廠同型的奇奧利凹印機，但尚未開箱，堆置在院中已有相當時日，只因為建築工程不能配

合，沙國印製廠並不生產鈔券，似乎短期內也無計畫生產。沙國的
流通貨幣全部由英國德納羅鈔券公司印製，廠內並有四、五位英國
顧問駐廠。該廠主要印件是有價證券和回教的日曆，以及和宗教相
關的政府文件。沙國財經部希望經由中沙經濟合作，開拓「印製技
術團」，由中央印製廠派遣技術員工，一方面直接參與沙國印製廠
印製工作，另方面能技術訓練沙國員工，使其有朝一日能自印沙國
鈔券。

　　沙國因盛產石油，國庫充裕，中小學教育均強制入學，不但
免收學費，每一學童且有政府津貼。而一切建設和政府主辦工程，
幾乎均假手外力，譬如機場、公路，和電信、電力等無不由外國承
包。初時，我國榮工處、中興顧問公司、大陸工程公司尚能爭取到
高速公路、建築工程、發電工程等國際標，但由於其它競標國，如
韓國有計畫的殺價搶標，以及我國國內經濟成長、工資提高和人員
不願前往沙漠等緣由，以致台灣失掉在沙國的競標實力。當時我國
僅有技術性較高的電力團和少數的兵工團尚在沙國工作。我藉機請
教他們有關員工待遇的問題，後來方知實際上循兩種不同的制度，
一種是依沙國法律雇用外籍備工的辦法，一種是依國際工程招標，
得標國自付本國員工之待遇（韓國得標工程動輒千人，偶見到沙漠
裡韓國勞工營區，營區內完全韓國社會）。另外還有一種是屬於外
籍顧問，給予辦法則有別於外籍備工法。顯然如果性質相當特殊的
「印製技術團隊」組成，以上兩種辦法實際上均不符合。這個問題
在我考察沙國實況後，研議有無可能籌組「印製技術團」時產生最
大的疑慮。最後與阿瑪里廠長商討由中沙雙方分別研擬「中沙印製
技術合作」協議書草案，然後雙方交換草案中不一致的條文，另行
研討，以尋求雙方滿意的協議條款。

　　當日晚餐，阿瑪里邀我到他家中作客，他的夫人和四位子女
在門口列隊相迎。晚餐有烤全羊，在客廳席地而坐，用手抓食，女

主人改著洋裝待客，頗享有家庭溫馨。據說阿拉伯人邀人到寓所宴客，為最崇高敬意。我為了回敬嘉賓，於合約簽訂後，曾邀他們全家到台灣日月潭一遊，夜宿涵碧樓，他認為風景比日內瓦更優美。

　　自利雅德返台北後的一週內，將訪沙情形親自面報俞總裁，我主要報告沙國對開拓「中沙印製技術合作」項目的殷切，以及沙國國家印製廠的現狀與困難，也向他報告由中央印製廠執行本案的有利因素和困難。這時總裁問我：「依你看呢？」我回答說：「我以為應該執行，但原則上沙國要支付技術合作所有費用，合作辦法和協議書草案由雙方擬定，如能協議執行，對中央印製廠不會有任何損失，但對兩國邦交會有相當貢獻。至於中央印製廠本身任務，我負責不受任何影響。」他對我之報告似乎認為滿意，終於點頭說「好罷！」

　　接著，就是草擬「沙國國家印製廠與中央印製廠間印製有價證券技術合作協議書」，其內容包括合作的目的與宗旨、雙方的權益與義務、技術團的人數與時限。我特別關注的是員工的待遇，如果標準定得太低了，很可能無人願意前往到一個荒涼的沙漠去做工，但如果標準太高了（如比照沙國當顧問），沙國或許未開始就打退堂鼓，乾脆改向英國請顧問。所以我在合約草案中，要求沙國核定技術團團員的待遇應介乎外籍傭工法與顧問之間的標準，大約相當兩至三倍於國內中央印製廠的原有待遇。另外沙方應支付往返機票，每兩年為一期。再者，就是要求沙國同意「印製技術團」自組生活區，由我方派遣領隊（技術團員兼）一位、總務人員一位、會計人員一位，以及廚師一位。而本案最特殊的一點，也是本案成敗的關鍵，那就是在草案中，我要求沙方依派遣人數支付「間接費」，也就是「管理費」，當然這是一筆可觀的數字，但是，不如此，我就違背了對總裁的承諾，因為中央印製廠不可能每年列預算來支持「援外」，更不可能使用中央印製廠的歲入歲出來支持與印鈔無關的業務。

　　顯然起草這份協議書是份相當具有挑戰性的工作，一因無例可循，二因上級尚未肯定支持，完全是閉門造車。這個工作因為涉及外交，也涉及法律，不能也不宜假手他人（同時也無錢請律師），所以只有總經理自己來。我花了將近三個月的時間起草這份協議書，當時只有秘書湯可珍小姐知道此事，因為我必須請她修飾英文與收發電文。在本書第五章「當棋子的日子」裡，我曾當過政工官和人事官，現在出任「中央印製廠」總經理，卻又兼任「律師」和「外交官」。

　　將協議書草案郵寄沙國國家印製廠後，我們並未依預期收到沙國草擬的協議書。我方草案寄出後，就像石沈大海，甚至懷疑是根本未收到，還是納入沙國的哲學「你要耐心的等？」直到一年後，我幾乎把這件事已經忘掉了，忽然收到沙國財經部對我們所擬協議書草案的修正意見。原來沙國將我擬的協議書草案交由財經部的法律顧問逐條分析，再加入沙國印製廠的需求。整體來說，原則上同意我們所提出的條件，令我感到意外的是，經沙國修正後，對「間接費」核算的方式較我們所提出更為有利，而修正後的協議書最大的不同，是建議改為「政府對政府」，所謂「G to G」（Government to Government）的外交文件。

　　沙國這一突然的反應，讓外交部亞西司感到高興，但我卻感到惶恐，趕快將自擬的協議書草案以及沙國的修正意見，一起陳送中央銀行，但隔相當時日未見批復。這時沙國一改任何事都「耐心的等」的作風，連續電催，以為是我們不同意他們修正的意見。最後俞總裁的裁示，終於轉達下來，說告知沙國，技術合作仍為「廠對廠」的合作，亦即屬於「人民對人民」，或為「P to P」（People to People）的交流。

　　俞總裁這一「G to G」改為「P to P」的裁決，令外交部亞西司的官員很失望。對中央印製廠來說，只有遵命行事，當即電告沙國

說：「貴國對協議書的修正意見，已陳報中央銀行，奉總裁指示，原則同意，但仍請在『廠對廠』的基礎上進行合作」。老實說，這種回覆是一種不抱任何希望的收場措辭。孰知沙國很快覆電，請我於適當時機到沙京利雅德代表簽約。這時已是1982年底了，我偕中央印製廠技術室主任鮑良玉，搭華航直飛利雅德。到達利雅德機場，才發現插有中沙兩國國旗的迎接國賓禮車，就停在華航班機梯口，是特意迎接我這簽約的代表。這是我平生第一次入境他國免辦手續，接受迎接「簽約特使」禮遇的經驗。原來沙國並不因為「G to G」改為「P to P」，減少對友邦技術合作的重視。簽約典禮是在沙國財經部舉行，沙國簽約代表為財經部副部長，我方除由我代表簽字交換和約外，並有鮑主任和駐沙大使館經濟參事在場觀禮。簽約完成後，曾造訪電力團黎團長，以及中興顧問公司的王副總，請教他們技術團生活和租屋的問題，得知一些駐外工作的甘苦經驗。

返回台北後，我們立即籌辦選派「中沙印製技術團」第一團的選訓工作。籌備工作在青潭第二廠舉行，這第一次任務只許成功，不能失敗。原則上團員選派採新人、舊人各半，舊人依沙方需求由在廠工作有經驗的技術人員中選派，新人則採對外招考方式錄取，而以國內印刷科系畢業具有印製經驗者為優先。第一團的領隊遴選王登發擔任，秘書室的王少豪擔任隨團總務，當籌備就緒準備出發前往沙國時，我已經離職了。

時至今日，「中沙印製技術合作協議書」已經簽約二十多年了，令人難以置信的是，這一印製技術援外，迄今仍在繼續實施中，好友吳主任告訴我，技術團兩年一期，現在是第九期，目前正在進行中。甚至，當1990年中沙斷交，幾乎所有中沙經濟技術合作項目均告中斷，或由中共取而代之，惟「中沙印製技術」項目仍在持續進行。特別是應沙國的要求，接續我職務的吳紹起總經理，曾赴沙辦理續約簽約，並增加沙國印製技術人員來台實習項目。中

沙印製技術團反而成為「實質外交」的重要基石，這說明幾點：沙國對此項合作感到滿意，且難以取代；印製技術團，每一期團員表現皆相當良好；各期團員自認為沙國艱苦的二年，所獲待遇尚為滿意；我手擬這史無前例的協議書，考慮得相當周詳，且經得起時間的考驗。

至於俞總裁將協議書從「G to G」改為「P to P」，迄今仍難理解其動機。一個想法是「G to G」，相當沙烏地阿拉伯政府對中華民國政府，合約簽約人應是中央銀行俞總裁，而他不欲前往。另一個想法是認定對「我」的看法為：「你這小子惹的麻煩，你自己去收拾吧！」另外，可能是時機不對，如果三年後再請他批（三年後，俞總裁當了行政院長），這一能穩定邦交的計畫作為豈非求之不得？有人謔稱「G to G」為「雞對雞」，「P to P」為「屁對屁」，一切都已變為歷史話題了。

「中沙印製技術」協議書從「G to G」改為「P to P」，倒是有一個意想不到的重大收穫，因為如果是「G to G」，一切財務收支應屬政府預算，既要主計，又要審計。而如今「P to P」相當中央印製福利事業對外做生意，因為派遣、訓練、作業、費用全部來自沙方，協議書中我所列的間接費，對沙作業開銷之餘，自然可列為員工福利。正因為如此，我一直認為欠缺的「員工福利」，藉此機會得以大幅改善。「前人種樹，後人乘涼」，我有幸作了真正的種樹人。

印鈔經驗愛與憎

在這五年半，學非所用、用非所學的印鈔經驗裡，確實是有苦有樂，有愛有憎。我高興在此敘述一下我在中央印製廠兩千個日子裡的觀感，獻給我一千三百多位的工作伙伴。

不經過這兩千天的親身體驗，真難以想像中央印製廠是那麼一個必須受重視——全國的錢都從那兒出來，又有誰不使用它的

產品「鈔票」？卻又那麼一個容易被忽視的單位。一切要安全，一切要隱蔽，一切要默默無聞。員工一天到晚撫摸這些過眼財神，他們一切的奉獻是為了你口袋中的幾張鈔票。真的，很少職業工作像印鈔廠這樣單調、刻板、平淡無奇。多少職工，無論男女，從小姐到老嫗，從小伙子到老頭子，終其一生，每天清點每一張，完成一定的標準數，一張不能多，一張也不能少。我到任未久，一位企業界的調皮經理，跟我開了個玩笑，他說：「你的職業好有一比」，我問：「比什麼？」他說：「你的職業和婦產科醫生一樣。」我質問他：「什麼意思？」他說：「可以看，可以摸，但是不可以自己用。」我回敬他一句：「用你家的！」

　　無論是安康一廠或是青潭二廠，絕大多數職工很自然地養成一種奉公守法、安身立命、以廠為家、兢兢業業的習性，維持著中國傳統社會一切的善良風俗和優良的傳統。逢年過節、婚喪喜慶、全廠同樂會或團體旅遊，以及員工的業餘活動，我與內子共同參加，常感到這個大家庭的溫馨，和中國舊社會的鄉土人情味。可是另一方面，卻出現那麼幾位敗類，專門做些見不得天日的宵小行為，並且以打擊威信為樂，不是寄封黑函恫嚇你、誣告你，再就是清晨四時打個不出聲的電話騷擾你，受其害者不知有多少人，但共同特點是受害者必是對中央印製廠有所改革或有建樹的人。這種宵小行為似乎由來頗久，他們卻難以料到這種行為，險些毀掉了青潭廠。這也難怪，中央銀行幾次暗示我：「如果實在難管就淘汰青潭廠」。幾位「老鼠屎」這時也許問：「你怎麼知道我們在青潭而不在安康？」但我就是知道，而我不說出來。

　　我現在就將在印製廠五年半的愛與憎、樂與苦分別敘述一下。引以為樂的當然是「勝任愉快」。中央印製廠的直屬上司就是中央銀行總裁，業務督導歸發行局，我在任時先後有兩任局長，林運祥先生和毛信泉先生，都是由陸軍財務署署長轉任。他們都對我愛護

有加，成為我與總裁、副總裁間的重要橋樑。我在中央印製廠五年半，總裁一直是俞國華先生，顯然徵調我去，准我離開，裁決都是他。俞總裁為人公正嚴謹，不苟言笑，他是兩位蔣總統的同鄉（浙江奉化）和親信，也是台灣金融穩定的柱石。

　　我到中央印製廠服務五年半，從以下的事例中，我相信他對我是相當器重。他同意我仍在台大兼課；我重定組織規程很快奉准；他從未派任何職員到廠工作，甚至有人向他推介到廠工作的人，他仍先問我要不要接受（包括蔣緯國將軍介紹函）；中央印製廠兩位協理楊暉、郭萬鏞屆齡退休，先後相隔半年，我分別推薦請調中科院龔紹熙、陳溶甫接任，他都立即核准；中沙合作一案，我訪沙後向他報告，他卻問我：「依你看怎麼辦？」；中科院代院長黃孝宗（俞總裁舊識）當面向他情商，請我返中科院工作，初為他所拒，再次商請，終獲有條件同意，並曾找我面談，讓我推薦繼任人選。

　　我返中科院後，他當了行政院長，首次到中科院視察時，仍找我談，關心我的工作。1999年，俞夫人董梅貞女士逝世，我曾前往靈堂致祭，他與我握手，久久不放，似有很多話要說。孰知那竟是天人永別，因為他2000年10月4日逝世時，我已移居海外了。

　　在業務上，有兩件事曾遭俞總裁批駁：其一，他不同意墨西哥財政部長來廠參訪；其二是他拒絕同意為泰國印製稅票。也有兩件事遭他拒絕，但卻「塞翁失馬」，其一是援沙案的「G to G」改為「P to P」，已如上述；另一件是當他同意我離職，但卻不同意我辦理「一次退休」，當時乃因為長子一民服兵役後，申請到史丹福大學出國進修，為他籌措學費，擬忍痛申請一次退休。事後檢討，幸虧未准，不然我自己文職退休後，將無機會享受優惠利率，安享國外養老之餘年。另外還有兩件事是我蓄意未聽他的話，其一是青潭廠爭取印郵票的商機，他曾兩次面示我：「就讓中華印刷廠去印

吧！」；另一件則是對青潭廠前途的看法，參閱前述「青潭業務轉虧為盈」一文。

中央印製廠總經理和中央造幣廠廠長每兩週要出席中央銀行行務會議一次，由總裁主持，兩位副總裁、局處長及兩廠主管，還有票據交換所所長出席。那是全國金融政策的決策機構，常聽到一些令我瞠目結舌的數字，例如總裁交代「進口×萬噸黃金！」有一次錢純副總裁會上高興的告訴大家：「我們的外匯存底已經有五十億了。」（二十年後竟然突破千億了。）五年半下來，同時出席會議的副總裁和局處長，大多換了新面孔，他們有的屆退休改任某金融機構董事長，有四位以後當了財政部長。

中央印製廠是一個廟雖小，上級神明卻多的單位。五院中，除了司法院無機會來光顧外，其餘四院都曾有直接關連。當然行政院於1979年起，是直屬上司的上司，行政院主計處主管年度的預算和決算。立法院主管預算的審查，每年總經理要隨中央銀行總裁去報告和備詢（只能總裁一人回答）。每當發行新鈔，或出現偽鈔時，中央印製廠這種小廟也會變作大新聞。監察院的審計部對這生產鈔票的單位監督最嚴，不僅審查年度總決算之執行得失，連購鈔紙、購油墨、購設備，都要經過監督和監標。監察委員、財經委員會每年都會來巡察，考試院的銓敘部、考選部，則經管用人資格和職位分類。雖然中央印製廠是比照經濟部國營事業用人制度，但全廠只有總經理和人事主任屬雇主之政府公務員，其餘副主管以下均屬「分類」與「評價」之雇聘人員。

中央印製廠之人事任命，總經理和兩位副總經理（當時稱協理）屬中央銀行權責，廠長及各廠內主管則為總經理權責。我到任時未帶任何人到廠工作，以後廠內產生職缺，陸續由我引進者有四位，第一位就是吳曉峘醫師，已於前文述及。龔紹羆和陳溶甫則是接替楊暉、郭萬鏞兩位協理限齡退休，龔協理負責技術，陳協理負

責行政，當我離開中央印製廠，他們都繼續在職工作，直到退休，我認為他們在廠都有相當的貢獻。另外一位是程懋瑜，他無論在中科院研製雷射單晶，或在中印廠精進印刷專技，都有獨到之處，他曾兩次進出印製廠。我離職後他因嚴重車禍，頭部受傷，由於醫術的進步，竟能死裡逃生，希望他快樂的渡過重生的日子。

中央印製廠因其產品特殊，是鈔票；任務特殊，獨門生意，生產鈔票；地位也特殊，過去直屬總統府。由於這麼多的「特殊」，所以與「特勤」相關的調查局、情報局，以及安全局，都視中央印製廠為最優先的安全維護單位。過去曾經在總統府擔任特種勤務的人員退休後，擔任中央印製廠駐衛警也成為較適當而自然的出路。我在廠時，駐衛警正副隊長以及大多數警衛同仁多半是如此。有一位副隊長，他曾經擔任張學良將軍被軟禁的警衛三十多年，有人跟他開玩笑，到底是你監視張學良，還是張學良監視你？因為張學良比他自由多了。

提起「特勤」，大家都聯想到抗戰時期軍統局的戴笠將軍，我一直都崇拜他是抗日的民族英雄，他的一些軼聞，像是間諜小說。他的一些老部下也曾在中央印製廠安全部門任職（以後稱為「人二」，意指人事第二部門）。當我主持中央印製廠時，戴笠先生的侄子就在總務組服務。幼稚園的葛天璇園長，聽說也是戴笠手下的女幹部，為了懲治漢奸上海市長，曾動過手術扮演舞女角色。我到任不久，人二負責人許老先生親手遞給我一份參考名單，說明那位主管可靠，那位不可靠，我把它密存在保險櫃裡好幾年。以後我發現他的分析與我的觀察並不吻合，也與我請教于犁伯的意見大不相同。他在我到任的第三年退休，已老態龍鍾了，原來他將民「前」四年生，作為民「國」四年生，一字之差，將應屆退休年齡，延遲了八年。

抗戰結束後，特勤的對象由「敵偽」改為「共諜」。中央印

製廠因產品特殊，任務特殊，發展過程由重慶時期、上海時期而台北時期，正經歷過河山變色的變局。首任總經理凌憲揚未能來台，在大陸仍任職，很自然的冠以凌「逆」。輔佐他建廠，又在「上海廠」當過他副廠長的楊暉(楊暉有二子一女，長子楊日昌為工研院副院長；次子楊德昌為名導演)，雖然到了台灣當廠長，但也賦閒了十年不給他事做。楊協理跟我說，他在賦閒的日子裡，經常在院子裡撿到「人民日報」，令他恐懼得不知所措。特勤工作對任何國家都有絕對的必要，但相對地，也會造成兩種負面的效果。其一為容易演變成「特權」，其二為容易培養出一些「宵小的行為」。特別是在一個團體不景氣或瀕臨裁員的時候，這些宵小以及第二代宵小開始發揮他們的專長「發黑函」、「寫小報告」、「打擊威信」，並以此為樂。

1997年，當我退休後的第三年，收到中央印製廠轉來的一本書，是曾任我的秘書室主任劉行均先生所著《我所敬愛的人》①。他將他在家庭中、學校中、社會中的親戚、朋友、師長、同學、長官，他認為所敬愛的人一一列述。他將我列為社會中四位僅有的長官中，他「所敬愛的人」之一，我很感榮耀。我只翻了翻有我的幾頁，我覺得有些事說明他對我是一知半解，譬如他說：「……榮獲博士學位，返國後在海軍各艦艇服務多年，官拜海軍上校。因對材料科技曾有研究貢獻，調至中山科學院任總務組副主管，並兼台灣大學材料科學教授」。我的確做過很多怪差事（參閱本書第五章「軍事學校畢業生當棋子的日子」），但是就是未當過「總務」。他對我的性格評語也頗耐人尋味，他說我：「……自幼處在兵荒馬亂時代，對日抗戰及國共內戰中到處流亡，變成了不南不北的特有個性……」。其實我豈止是「不南不北」，我也「不東不西」，更「不上不下」，我就是一個反傳統、反潮流的人。他書中對我很多襃揚：「……許先生年輕有為，勇於做事，更勇於負責，有能力、

有智慧、有膽識,思想縝密詳實,不失為青年才俊,如遇適當得力之士提拔,很可能做出一番轟轟烈烈的事業……」,但是書中也透露對我的怨懟:「伊對余不知是什麼原因,總是在愛護中,以試探打擊的手法,從無用鼓勵或支持等方式……。」我倒不知他意何所指。真是知人難,被人知也難。

從他的書中,我發現真正是他最敬愛的人是時壽彰先生,也就是從1951年至1961年在中央印製廠任職十年的第四任總經理,也正是中央印製廠遷台後三重廠最不景氣時期的總經理。劉先生在他的書中以二十頁(171~191頁)的篇幅,記述這位他認為近乎完人的長官。時先生在抗戰勝利前後一直任職財政部緝私署,並曾任上海市、兩廣區等地負責直接稅、貨物稅之國稅局局長,劉先生即是在陝晉區直接稅管理局時期加入時先生的工作陣容。無論是直接稅、貨物稅,以及現代名詞的所謂「所得稅」,都是國家稅收的主要來源。來台後,中央研究院院士,也是康乃爾大學教授的劉大中給財政部擬了個電腦化賦稅制度,不需要太多的人力,可讓納稅人乖乖的自動繳納。但在時先生那個時代,無論直接稅也好,貨物稅也好,都需要有一個龐大的納稅機構來執行政府的稅收。你可以想像到,如果劣商不繳稅,該如何「制裁」,而時先生是主持這項艱鉅任務局長中的佼佼者。從劉先生的書中,才知道時先生出身上海法學院,同時「跟隨戴笠先生有年」,原來他是有「特勤」體系背景的人物。有這種背景的陣營,達成特定任務時會有奇效,但事過境遷,當陣營不景氣的時候,也非常容易滋生出「舊社會的迷戀」和宵小行為的人才。

在本章結束之前,我在此透露一件在中央印製廠的往事,就是在印製廠工作的第四年,也是在自製凹版油墨試印成功的次年,當時龔紹羆協理兼廠長,有一天印製股的一位股長,來報告說壹佰圓鈔券有「印污」現象,但不很明顯(「印污」現象是指快乾凹印油

墨並未乾，經疊集後，正面人像會印污到背面風景），更嚴重的是已經印妥裝箱入庫的佰圓券已有數百箱，經檢查偶爾亦有此現象。這一發覺，驚恐非同小可，一方面擔心的是自製油墨出了問題，另方面擔心一旦發行出去，真鈔豈不變成了「污鈔」！還好即刻驗證，這批油墨並非自製。於是一方面暫時停用此批油墨，一方面電告先派（SICPA）公司老闆，火速來台追查原因。經瑞士先派公司的分析、化驗，兩個月後終於找出原因，原來油墨正常，反而是由於配合仟圓大鈔，這英國紙系所用的油墨，並不適用於佰圓券的美國紙系。因為這是先派公司的疏失，他們自願彌補損失，幾百箱已印妥的印污票如何補救呢？經過先派公司洛桑試驗室的化工試驗，他們想出一個辦法，是先將鈔券以化學劑浸濕，然後通入阿摩尼亞氣處理。當然要顧慮到乾燥和防皺的問題，於是他們訂製了十幾個大型不鏽鋼處理箱，連接自動通氣、通液系統。當然施工及完成作業還是商請一廠執行，這種像是「煮鈔票」的作業進行了將近一年始克完成。當然這種作業必然要向發行局報備，不然怎能提領那批鈔券？總結檢討，雖然對中央印製廠毫無損失，但如果發現之初即被宵小人士知曉，告你一狀，不被撤職也必行政處分。此事秘書室主任全不知情，也可以理解到行政系統與技術系統有相當的隔閡，同時也可以聯想到「宵小行為」的人才，並非來自安康。

　　總結本章，印鈔經驗有苦有樂，有愛有憎。愛的是與一千多個可敬的工作伙伴共事且「勝任愉快」。特別感念蔡福來先生和多位同事，並不因我之離開而把我遺忘，濃厚的友情成為我在海外甜美的回憶。至於可憎的陰影，早已為時間沖淡而煙消雲散了。

　　在中央印製廠工作兩千天的時光，有兩件自己的興趣並未停頓，一是在台大研究所兼任教授，二是參與國內材料科學界的活動。後者我在中央印製廠工作期間，還被選為「中國材料科學學會」第二屆理事長。1982年，當我到中央印製廠任職滿第四年時，

我自認為印鈔票階段性的任務已完成，已萌生去意。業餘之暇，我已開始撰寫科技專業研究所用書。一直到翌年1983年，中科院黃代院長向中央銀行俞總裁徵調我返院，又產生戲劇性的變化。調返中科院，對我個人來說，如魚回大海，正可發揮所學，等於奉獻的人生才開始。

本章註釋

① 劉行均著《我所敬愛的人》，台北市大海文化事業股份有限公司，1996年11月出版。（非賣品）

第十章　重返中山科學研究院

　　當我在史丹福大學完成學業返國工作，原以為可以持續將所學專長，發揮在中山科學研究院，不料，在中科院工作五年，為第二研究所「火箭及飛彈工程」有關「航太材料」鋪下一層基礎後，被徵調離院去印製廠工作了五年半。所謂「徵調」，只是離職的名目，實際上我完全脫離了中科院、國防部以及軍職生涯。

返院經緯

　　當我在中央印製廠工作期間（1978~1983年），國際政治發生了很大的變化，特別是1979年時，美國與中共建交，與中華民國斷交，使我政府益形孤立。中山科學院肩負國防科技發展之重責大任，雖然在策略上仍以發展「核能」、「火箭」和「電子戰」為主，但那時二所、三所，加上以後成立的四所，皆以集中「發展飛彈」為主，且以「防空」、「制海」、「反登陸」為國防防衛策略，當時發展飛彈也未如預期的順利，主要關鍵在國內缺少權威性的領導人。中科院院內發展武器系統，仍循「老兵工」的路線，一五一十的摸索前進。偶爾請到一、兩位旅外學者來院指導，不是他只專業於某一學科（如力學），再就是對「敏感」的題目吞吞吐吐，唯恐影響了他的個人利益，如國籍、名聲等。此外國防戰略目標搖擺不定，使武器戰術目標亦無從決定。譬如台海作戰，發展「地對地」飛彈，如果仍用傳統性彈頭，將毫無效果可言，將近十五年的發展「海對海」近程飛彈，稱「雄風」（原名雄蜂），有絕對的必要與優先。於是結合二所的彈體、推進系統、製造工程，加上我曾發展過的特殊材料、絕熱件與噴嘴，和三所的導引系統

及四所推進劑,全院的能力和努力,卒達成功階段。不料,在1982年,一次對外公開示範艦隊作戰演習時,飛彈竟然於發射後中途落海。當時我尚在中央印製廠,事後有中科院的同仁告訴我這段「舊聞」,連我都感到汗顏。

那時的總統是蔣經國先生,決定改組參謀本部。自1980年起,中科院由國防部改隸參謀本部,並由參謀總長郝柏村上將兼任中山科學院院長,同時將台中之航空研究院改隸中山科學院。郝總長亟於物色一位有實際發展近代國防科技經驗的領導人,這時適有位旅美學人黃孝宗先生(David Huang),甫於1980年從美國洛克威爾國際公司(Rockwell International)洛克丹分公司(Rocketdyne)退休,在國防部擔任科技顧問。為了掩飾身份,他以化名張天錫在中科院參與研製地對空飛彈計畫。辦公室設在二所二組(氣動力組),合作組長為陳傳鎬和楊注宣等,當時海軍機校42年班同學在二所服務者尚有:陸式祥、張明堂、林兼善、朱元慶等。

當時很少人知道黃孝宗將是主宰中科院命運的人物,經過一年多的隱姓埋名,這位張天錫顧問瞭解了中科院的潛在實力,也洞悉了未能發揮潛力之癥結所在。所以就在他考量要不要退休後返國效力時,他的武漢大學校友齊世基和趙耀東,向李國鼎政務委員引薦,李先生再向郝柏村總長推薦,郝總長認為黃正是他要找的千里馬,於是就想委以中山科學院院長的職務,但為了國籍的關係,乃決定授以國防部科技總顧問的名銜,全權代理中山科學研究院院務。自1982年交接之日起,他恢復了他的原名「黃孝宗」。

黃代院長接事後,郝兼院長不但充分授權,也充分授「錢」(支配國防科技研發經費,並且列為機密經費運用),讓他有充分的空間改造這相當龐大的國防科技研究機構。於是他模擬曾服務幾十年的洛克丹(美國太空梭和B—2的引擎製造公司)的管理制度,實施所謂「矩陣式」(Matrix)管理。矩陣式管理是將「功能系統」

和「計畫（任務）系統」分開，然後以「功能系統」為縱「行」，以「計畫系統」為橫「列」，相互垂直交叉成矩陣。以中科院為例，縱向功能系統包括二所、三所和四所，而橫向的計畫系統包括TK計畫、雄風計畫和TC計畫，以及後來併入的戰機計畫。縱向的領導人就是院長，而橫向每一計畫各有主持人（美國公司稱計畫經理），而總樞紐則稱總主持人。當然，院長和總主持人兩者的管理職都是黃總顧問。當他編配這矩陣式管理的時候，發現在縱的方向少了兩支最重要的掌控「可靠度」的單位，一個是「品質保證」系統，一個是「材料研發」系統，是所謂的「專業中心」（Center of Excellence）。品質保證中心（簡稱「品保中心」）組成比較容易，只要將各所與「品控」作業的同仁彙合即可；而材料研究和發展中心（簡稱「材料研發中心」，更簡稱「材發中心」）之成立則比較費周章。

1982年，是我在中央印製廠任總經理的第四年，當時除認為改革印製業務應可告一段落外，對自己「所學非所用、所用非所學」似乎也應該適時作個結束。雖然我依然維持著在台大機械研究所兼課，空暇時開始撰寫有關「X光及原子結構分析」相關研究所用書籍，同時也參與材料科學學會的活動，但對中山科學院的現況，因已離開四年而產生了隔閡。偶爾遇到學弟好友徐念南，從他的口中得知一些中科院院內的現況，尤其是近來，已由一位科技顧問掌管了中山科學院，我聽了也感到新奇。他則常說，希望我能重返中科院工作。有一天，我打電話給中科院副院長劉曙晞學長，問他有沒有可能讓我重返中山研究院？雖然我知道中央銀行總裁那一關並不好過。次年1983年春，劉曙晞學長邀我夫婦參加他女兒的訂婚典禮，典禮貴賓內有李國鼎資政和甫將出任中科院代院長的黃總顧問。這是我第一次和黃見面，餐後，他約我擇日到國防部科技總顧問室一談。

　　而後在國防部科技顧問室，他與我談起成立「專業中心」的概念，同時徵詢我對返回中山科學院成立「材料專業中心」的意願。我表示願意回院效力，但我已辦理外職停役，更不知俞總裁是否同意我離職？他說他很高興知道我願意接受他的邀聘，並說返院後可改任「簡任文職」職位，至於中央銀行俞總裁那裡，他說：「讓我試試看！」。

　　一週後，國防部科技顧問室秘書劉俊芳中校打電話給我，說總顧問室在找我。見面後黃總顧問與我握手，他說：「恭喜！俞總裁終於同意了，很不容易。他先是拒絕，我用中文，他拒絕，後來改用英文……，最後終於勉強同意了!但他要我推薦一位中山科學院內軍職有博士學位的，可接替你的人選」。接著黃再問我：「你能不能推薦幾位給我參考？」我思考後，向他提名三位，但他均未接受，因為其中兩位他已預定給予重要職位，另一位非他所屬意的條件。

　　原來俞總裁與黃府曾是舊識，黃孝宗之兄孝如，曾在中央銀行服務，其姐卓群也是俞總裁的朋友，夫婿是曾任台灣省主席的吳國楨。

　　中央銀行俞總裁同意我返中山後，曾找我到他辦公室面談。他一改一向嚴肅的面孔，請我就座沙發，告訴我說「那邊比這裡更重要，所以我同意讓你返回中科院。」、「你能不能推薦一位接替中央印製廠總經理的人選？」我就中央印製廠、中央造幣廠兩廠現職人員提名兩位，他都搖搖頭。後來得悉黃代院長推薦中山科學院品保中心副主任吳紹起博士，為他所接受。以後他就成為我的接班人，接任中央印製廠第十一任總經理。

　　2001年，天下文化書坊出版《IDF之父──黃孝宗的人生與時代》一書①，書中第170頁，曾有下面這一段記述，茲摘輯如下：

　　　極大多數的組件失效，起源於材料的失效，材料的品質就等於產品的品質。由於現代武器必須具有速度快、重量輕、耐

高溫、耐腐蝕等特性，已非傳統材料能夠勝任，材料科技很快就成為發展尖端武器系統中關鍵性科技的重要一環，國際間高科技材料及其研發技術常被列為軍事或商業機密，不易獲得。獨立自主的高性能材料研發能量，也成為建立獨立自主國防科技的先決條件之一。為此，黃孝宗在建立中科院材料研發中心後不久，走訪中央銀行總裁俞國華，獲其同意後，將時任中央印製廠總經理許樹恩博士調回中科院主持材料研發中心。許樹恩畢業於海軍機校，公費留學美國，進中科院服務後，又赴史丹福大學修得材料科學博士學位，為台灣當年少有的材料科技的資深專家，他終生致力於此專業領域和材發中心同仁同心協力，對往後中科院各飛彈發展計畫有重大的貢獻。

在準備到中山科學院報到的日子裡，有一天，黃代院長邀我到台北一餐廳晚宴，同席尚有聯勤總司令蔣緯國將軍。當黃代院長向他介紹我是材料科學博士，準備到中科院工作時，蔣將軍突然問我：「許博士，你看我是什麼材料？」他這一問，非常突然，只有隨機笑答一句：「您是總司令的材料」。我知道他最擅於在公共場合，臨場講機智笑話。記得幾年前，他到中科院二所去參訪，二所學弟張經國博士向他簡報，他忽然站起來向張握手說：「經國老弟，這是我平生第一次叫聲經國老弟！」

成立「材料研發中心」的辛酸

1978年，我去中央印製廠服務，是單槍匹馬，獨自前往。五年半後，1983年，重返中山科學院，實際上仍是單槍匹馬，回到一個環境與任務完全不同，倒像是一個很陌生的新環境。幾乎難得見到一個「歡迎回娘家」的溫馨面孔，反而或多或少陷入一個被「欺生」的感覺。

　　另外一件給我有重大挫折感的是「材料研發中心」的組成。本來，黃代院長找我回院，是要成立一個「材料專業中心」，這一中心負責執行「矩陣式管理」的材料過程功能系統，來支援各主計畫的材料科技問題。而材料研發中心的組成，也是由各功能單位，抽調有關材料和冶金人力及設備所整合。在我返院之前，好友學弟徐念南，他一向用此概念慫恿我返院工作。但十幾年下來，中山科學院的功能產生結構性的變化，那就是有關「核能」的研究發展，還是不是中科院的主要任務？我在本書第六章「兩件特殊第一手資料」一文中，曾透露了一則「兩廣大戰」與「蔣吳交惡」的軼聞，但事實上，如今重水反應爐已經完成，核燃料加工和放射冶金研究均已開始，我自己也曾參與過一項很艱苦的任務。在我從史丹福獲博士返國後，有關材料和冶金的研發，已儼然劃分為「航太材料」及「核能材料」兩大系列。「航太材料」由我在二所「材料組」發展，集中在火箭與飛彈的特殊材料。而「核能材料」則分為二支，一為「放射冶金」，研究方面則成立了「熱室組」，由莊以德博士主持，同學曲家琪作其副手；另一支則為「核燃料加工」，成立了鈾燃料加工廠以及「冶金組」，由同學謝鴻倡和好友學弟徐念南主持。

　　當我返院籌組「材料研發中心」時，原計畫將一所（即核研所）冶金和放射冶金全部納入，但立即引起核研所的反對。當時劉副院長身兼原子能委員會駐會委員，我返院一個月後的一個傍晚，在石園宿舍開了一個協調會，由劉副院長主持，核研所幾位副所長出席，但沒有徐念南和莊以德，這幾位試圖說服我：「你籌組你的材料研發中心，不要牽扯到核研所」，你一言，我一語的，我感到非常的孤單無助也很委屈，我只說了一句話：「我無意見」。事實上，我對核研所感興趣的，只在「冶金組」的「鑄造工廠」。黃代院長答應我，會撥一筆經費，發展「超合金」（super-alloy）。超

合金是發展「航太工程」的必須材料，而對「核能工程」卻一無用處。如果核研所堅決拒絕參與「材料研發中心」，最多，我再成立一個航太冶金組就好了，然而這樣豈不造成國家的浪費？於是，徐念南他就擬妥兩份名冊，一份屬核燃料加工廠的員工，繼續留在核研所工作，另一份則為冶金組及鑄造工廠的人員，包括他自己，準備併入材料研發中心。徐念南擬此名冊亦大費周章，並遭遇很多困擾，因為很多同仁想藉此機會離開放射性材料工作的環境。名冊提出，本已定案，孰知核研所所長錢積彭最後耍了一手絕招，他親筆擬了一份簽呈，簽報提升徐念南為核研所第四順位副所長，並且先會材發中心許主任。他這一高招，一方面可以斧底抽薪，另方面離間我與徐念南之間的情誼。我未假思索便在會文上簽了章，也順便電話告知徐念南，恭賀他有此機會。可是在第二天，黃代院長找我，出示錢所長的簽呈，上面已蓋滿了會簽章，包括計畫處、行政處、政戰部，以及執行長和副院長的章，只待代院長批個「可」。黃代院長指著我的會簽章問我：「這是你的章？」我說：「是的」。他問：「你為什麼同意？」我說：「這是涉及他的前途，我當然同意。」他笑了笑，未再問什麼。迄今我仍不知道他是批「緩議」，還是根本就未批。總之徐並未升副所長，隨後，仍依照徐念南所擬名冊，將冶金組及鑄造工廠併到材發中心，同時，我請徐念南擔任材發中心的第三順位副主任（依資深順序為謝鴻倡、張關宗及徐念南）。

徐念南是海軍機校47年班（也是海軍機校名下最後一個年班）的學弟，與我同為造械系校友。1967年，當我從西北大學獲碩士返中科院服務時相識，他那時已經錄取第二屆國防部中山獎學金冶金類，準備到美國普渡大學讀碩士。徐學弟為人爽朗率真，大概因為同系校友、同一小組工作、同一宿舍起居的關係，我倆情同手足，他一切以我馬首是瞻。我在史丹福大學讀博士時，他在普渡讀碩

士,返國後我在第二研究所發展航太材料,他則到一所從事核燃料加工工作。我去中央印製廠工作後,他乃是我有關中科院的唯一消息來源,如前所述,慫惠我返院發揮所學的也是他。為了組合材料專業中心,經核研所所長錢積彭要了這麼一招,令徐學弟在「材發中心」副主任的三年,似乎變得默默寡歡,終至發現患有血癌(白血病),臥病半年,於1987年在台北三總醫院逝世,經奉准以「因公殉職」禮遇。出殯之日我適因出席會議在東京,囑內子純惠全程送葬,我仍以未能親自為他覆蓋國旗為終生遺憾。徐副主任逝世後第二年,錢積彭所長亦因患「淚腺癌」逝世。

因為核能研究所的功能與任務,已經不是國防部的職權範圍,而成為行政院或是政府的問題。那時,我看得出,黃代院長對核研所的業務,他能不管就不管。接著,「核研所」仍稱「核研所」,而把「第一研究所」冠在剛剛併入中科院的台中「航空研究所」上。

「材料研發中心」的組成及人員,於核研所冶金組併入後,大致有了輪廓:核研所的冶金組及鑄造工廠,併入大約五十人;一所航空研究所的航材組全組,併入約四十人;二所火箭研究所的材料組全組,併入約五十人;三所電子研究所的光電組一部份,併入約三十人;四所化學研究所,併入三人。這約二百人的組成中。核研所除冶金組外,尚有曲家琪、陳世渝、何敬凱、湯遠帆四位亦同時參與。而一所航材組的慷慨納入,實讓我對當時王石生所長感謝萬分。二所材料組原是我的班底,雖然有些屬於冶金技術的熱處理廠及表面加工廠,已併入二所製造工廠,但較特殊的非傳統材料,如高溫材料及絕熱材料,仍是材發中心的骨幹。三所光電組主要任務將發展「紅外線追蹤」材料及系統,反覆在三所和材發兩單位之間折衝了好幾次,最後還是確定歸「材發」。四所併入三人,原來是他們準備淘汰的人。另有一位出國讀博士,他在國外卻讀了「複合材料」,返國後有意到材發中心服務,待我打電話給他所長徵求同

意時，那位所長直接了當答覆：「門兒都沒有！」。以上正說明組成一個專業中心的辛酸，也正代表一般科技同仁對這一新機構成立的心理反應。

材料科技如愚公移山

我們創設了前所未有的「材料研究發展中心」（簡稱「材發中心」或「材發」），行政部門除比照院內各研究所，分設綜計、主計、行政、政戰等各組室外，研發部門則分設高溫組、冶金組、複材組、測試組、加工組、電能組、固態組、光電組和航材組（台中）。副主任分請謝鴻倡、張關宗和徐念南擔任。綜計組則請曲家琪負責，嗣後由竇文虎接任。以後幾年，三位副主任相繼退休或過世後，分由楊聲震博士、陳崇一博士、陳文懿博士及張忠柄博士升任。

材料研發中心自1983年成立，到我1994年退休，凡十一年半。我屆齡退休，院方派汪鐵志博士接任中心主任。1998年改稱「材料及光電研究所」（或稱五所），主任改稱所長，一年後由李滄曉博士接任第二任所長。至我寫此書時（2003年），先後正二十年。在我初創此中心的十一年間，全盛時期人員超過七百人，內含博士六十位、碩士一百五十位。從一個默默無聞的小組，到國際聞名的研究機構，是我平生頗引以自豪的一段經歷。我自忖材發中心並不在於相當龐大的組織，而是由我創出一種「從無到有」、「從不可能到可能」的研發邏輯。在矩陣式管理的矩陣中，材發中心所支援的主計畫有「一機三彈」，「一機」是指「AS計畫」的IDF戰機，而「三彈」是指地對空飛彈計畫的「TK飛彈」、海對海飛彈計畫的「雄風飛彈」，以及空對空飛彈計畫的「TC飛彈」。以後三彈發展為六彈，即每一型各增加為二型。各型飛彈中的關鍵組件，凡因材質特殊，以當時國家處境，不可能由國外獲得者，材發中心全部接單「自己做」。這時，讀者一定會置疑，甚至問我：「你不是太

狂妄了嗎？什麼都做？」的確是，只要是飛彈上的特殊關鍵功能組件，不待主計畫發訂單，甚至總主持人未交代，材發中心主動發掘的「材料」，全部列入我們的研發範圍。實際上，中心有九個組，就是這樣分類的。

我現在就舉出一些實例，來說明創新材料科技的艱辛：

一、雷達鼻錐天線罩材料：每個飛彈外型都非常簡單，長長的、圓圓的，最前端成錐形狀，我們稱這部分為「鼻錐」（Nose Cone），外加尖罩稱鼻錐罩。鼻錐罩看似簡單，但學問可大了。它至少要有三種功能，一是強度要高，發射前能防碰撞、摔落及意外的傷損，發射後能突破空氣的阻力；二是要耐高溫，尖端的溫度隨飛彈速度馬赫值平方而增加，TK飛彈耐溫可達1000℃（參閱本書第八章）；三是對電磁波要進出無阻，這是為雷達導航或追蹤的需求，不但是飛彈，連戰機也是如此，故稱為雷達天線罩（Radome）。我們針對這三個功能來選擇材料，通常機械設計工程師（傳統「工程設計」一向只有機械設計工程師，未聽過「材料設計工程師」）針對第一功能強度高，一定首先選擇鋼鐵，再針對第二功能耐高溫，則必選擇「合金鋼」，待遇到第三功能，要能穿透電磁波，就傻眼了！因為所有金屬或合金完全反射電磁波。金屬不能用，改考慮「非金屬」，非金屬有陶瓷和高分子材料。

所以我們成立了「高溫材料組」和「複合材料組」，讓他們來克服這一問題。問題是，他們也不懂啊，怎麼辦？答案是「去唸書！」三個途徑尋求這方面的人才，一是請國外學有專精的人返國，複合材料方面，有化工博士陳文懿、黃鼎貴；二是選派專人出國深造，如張關宗和陳崇一都是專門去研讀「陶瓷」，汪川生、葛光祥去讀複材，特別是陳崇一博士，我們可以稱他為「台灣鼻錐罩權威」；三是自己教育，我在台大機研所、材料所合聘專任及兼任教授二十六年，可說桃李滿天下，很多獲碩士或博士的同學，先

後到材發中心工作，在國內第一個獲「材料博士」的我的學生王坤龍，則成為「高溫組」的中堅及組長。而後對微波專精的趙樹漢博士、MIT獲博士的李仲仁，及台大獲博士的翁炳志，都陸續投入陶瓷鼻錐罩的工作。

事實上，全世界沒有一個研究所開有鼻錐罩的課，這必須從材料科學、電磁波，以及陶瓷有關知識，自己融會貫通而發展出來。待試驗室的陶瓷鼻錐罩出來後，針對中科院所發展TK、雄風、TC三型飛彈個別的性能需求，研發出三種雛形的鼻錐罩。若在國外，研發機構至這一階段任務即已完成，但在國內，研發、試製、測試和生產等一連串的製程之中，研發告一段落才只完成四分之一。何況每一階段都屬於高難度的工藝，諸如在鶯歌的陶瓷廠，沒有一家能勝任燒製鼻錐罩，更不要說燒好的陶坯需做精密加工，所以高溫組要著手設計恆溫鍛燒爐、高溫壓力釜，以及購置高精密度的陶磁磨床。跟著再設計、製造全自動的微波測試暗室，最後再安排生產線，正式生產，百分之百的檢測與驗證後，才能驗收繳貨。

我說到這裡，讀者一定會咋舌，「你這研發邏輯，豈不是愚公移山？」不錯，這確是「材料科技的愚公移山」，可是不如此又怎麼辦呢？國際政治就是如此現實，待你將此一關鍵科技發展完成後，他則會主動願意把相當的整個飛彈，廉價賣給你（如愛國者飛彈）。如果你無此能力發展這玩意兒，你縱有十倍的出價，他也不會賣給你。待我們將Radome發展完成，生產魚叉飛彈的「通用動力公司」（General Dynamics）主動邀我到L.A.該公司參觀，研討有無合作的可能，甚至向中科院採購Radome之可能，卒因我們的量產能量不足，且代價較高，而未獲協議。

誠如黃代院長所說，材料科技很快就成為發展尖端武器系統中關鍵性科技的重要一環，國際間高科技材料及其研發技術常被列為軍事或商業機密，不易獲得，獨立自主的高性能材料研發能量，

也成為建立獨立自主國防科技的先決條件之一②。這樣說來，我們以「愚公移山」的精神來達成材料研發中心的任務，他確是「找對了人」。在我們所發展的高科技材料項目中，除了上述例舉的雷達「鼻錐天線罩材料」以及第八章提及「絕熱材料」和「噴嘴材料」外，尚有下面幾項將述及的引以自豪的尖端材料科技。

二、電能材料：一發飛彈或火箭，近程也好，中程也好，遠程也好，探空也好，登月也好，一旦離開發射架，相當於嬰兒斷了臍帶，一切動力的源泉（血液），要靠自己的心臟。飛彈上的一切動力系統、控制系統、神經系統、通訊系統、導航系統、追蹤系統和電腦系統等，都必須靠一座彈上的電源（相當電力站或發電廠），瞬間啟動「大電力的電源」。這時，你也許說：「那還不簡單，裝一個汽車鉛酸電池，或者裝一組鹼性乾電池，不就好了嗎？」我可以告訴你，既使把整個飛彈空間裝滿了鉛酸電池或乾電池，產生的電力還不到需求的一半，何況電池自己會洩電。雄風用「銀鋅電池」，TK、TC用「熱電池」，兩者都是非傳統軍用電池，想買也買不到。依據我的研發邏輯，只有「自己做」，自己不會做怎麼辦？「去讀書！」

銀鋅電池資料來源來自以色列，初期我籌組了一個五人研究小組，除柯賢文博士具備電池基礎外，其餘四位全是半路出家，分別去唸書，但以他們的冶金技術知識背景，很快就克服了一些瓶頸，並創出了一些新的技術，以致更拓展出新的用途。關於「熱電池」的發展，是材發中心一項傲人的成就，發展過程十分艱辛。熱電池是一種特殊的鋰電池，它是百分之百的固態電池，因為根本就無電解液，所以可以在彈內儲存二十年而不虞漏電。使用時用電源擊發，會瞬間產生高溫，使兩種鹽共同融熔，立即變成高溫電解液，而產生高電流，故稱為「熱電池」。這種反應與功能，始終列為軍事機密，書本上只見原理，難見技藝。記得有一次去美公幹，一位

相當大膽而愛國的顧問，暗中將一枚「熱電池」交我攜返台北，慶幸登機未被發覺，待交給姚培智博士，小心翼翼的解剖開後，發現竟是已放過電的廢電池。姚培智是我的學生（姚培智與程亞桐都是名義上淡江大學物理研究所的研究生，但實際上在台大選課隨我讀碩士），後來他出國研修電子陶瓷及電池的理論，在英國劍橋大學獲博士學位，返國後，他和林勇新有一個機會從驗收、定貨過程，學到一些電池品保作業，與核研所併過來的同仁陳世渝博士、何敬凱、湯遠帆和柯賢文博士等共同發展，終於破解了「熱電池」的奧秘，而建立了材發中心自己的能量。

我們建立了台灣第一部「3％相對濕度」的「乾燥室」，我們的產品透過「應用動力公司」(General Dynamics)送到「美國海軍測試中心」作嚴格的檢測與驗證，結果全部合格。於是國產飛彈，無論是「地對空」或「空對空」的各型飛彈，各個都裝上這高機能的「心臟」，流動著自己的「鮮血」，給台灣的防衛功能產生最可靠的原動力。同時，我們也將全盤的技術知識（know-how），無代價地傳授給聯勤某兵工廠，讓他們來承擔這後續的生產工作。

至此，順便提起一段小插曲：原來自由世界能夠產製特殊「熱電池」的公司只有三家，其一是法商SAFT公司，另兩家是美國的A公司及C公司，正當材發中心自立發展熱電池的初期，TC計畫向美國A公司訂製了數百枚熱電池，當然是代價奇昂。兩年後交貨，驗收條件是抽驗十枚，需百分之百合格。交貨驗收期間，材發中心自力發展，已接近成功。當時，TC計畫請我與姚培智前往驗收。我倆到美國德拉維爾州A公司，發覺該公司對我們並不友善，一不准參觀，二對其產品非常自負而傲慢。一位經理和一位東方面孔的工程師，陪我們作驗收試驗，抽樣十枚，在設有掩體的密閉箱中做通電擊發試驗，詎料當試至第五枚時，一聲巨響，產生爆炸，頓時，那位經理臉色蒼白，因為這說明驗收失敗。中午，當我們搭乘那位東方面

孔的工程師的車子，到一鄉下小館吃午餐時，那位先生見無外人，忽然操標準的國語對我們說：「兩位，對不起，我是中國人，台大化工系畢業，但是在公司，我不敢講國語，因為公司對日本人及台灣來的中國人都非常戒備。」他又說：「依照我的經驗，驗收時當場爆炸，……公司可能會關門。」我此時倒有些同情：「有那麼嚴重？」他點點頭。下午，公司准我們參觀了個「心臟節律器」電池的品保試驗室，因為這種電池裝在人體裡十五年，不會與我們有任何關連。事隔一年，這家A公司果然關了門。幸虧材發中心自製熱電池成功，不然TC計畫將因此而停頓。同一年度內，從院部轉來一份資訊，一個美國生產「地獄火」（Hell-Fire）飛彈的公司，向世界各地詢價，急於採購熱電池，問「材發中心」能否出售？原來專門生產「地獄火」空對地飛彈（直昇機攻擊戰車用飛彈）熱電池的C公司，在一場大火中毀了熱電池的生產線。但我們未報價，因為根本不知道該賣多少錢。

三、光電材料：另一種令材發中心引以為傲的材料科技，是紅外線追蹤的光電材料。如果上面所說的「熱電池」是飛彈的心臟和血液，那麼追蹤系統就是飛彈的眼睛和視神經。

在介紹光電材料之前，我先敘述一段小故事：當我在中央印製廠工作期間，台大合聘專任教授已改為兼任，但因涉及各大學理工學院向國防部爭取建教合作研究經費的關係，台大工學院仍請我代表台大參加一項聯勤總部的計畫說明會。會議是由聯勤總司令羅上將親自主持，會議的目的是想藉助各大學年輕教授的科技新知，協助聯勤各兵工廠模擬「響尾蛇」飛彈的功能，而發展一種肩攜式「地對空」兵工武器（類似「針刺」飛彈）。他的作法，是將一枚「響尾蛇」飛彈分解，陳列於會場，然後請各校出席教授「認領」，只要那位教授自認為其服務學校有能力發展其組件之一者（當然並不含火藥，因為火藥由兵工廠自製），則將認領組件貼

上該校名稱標籤，並將此一組件移至另一桌面，以備主辦單位與學校聯繫，作為研討合作發展計畫。會議結束前，大部分組件都被認領，移到另一桌面，只剩下兩件小玩意兒，一件是像半個網球的的半透明玻璃罩，另一件是玻璃罩內一組看來並不很複雜、會搖擺的小機件。這時，主席羅上將很奇怪，怎麼這兩件無人認領？查了查標籤，發現只有台大還未認領。於是問我，這兩件，台大能不能發展？我搖搖頭回答說：「台大無此能力。」可以預期到，這次會議等於白開，會議的構想是無疾而終。

　　沒想到上述這兩件小玩意兒，十年後卻由中科院材發中心自己主動認領來研發，並納入我的研發邏輯，「從不可能到可能」，開始一項「愚公移山」式的艱鉅工程，同樣的從「去唸書！」開始。前面我已提及，我於1976年，推薦楊聲震到史丹福去念博士，他出國前已是畢業於中正物理系及清華物理研究所的碩士，他雖讀物理，但是對電子學同樣專精，所以我強力鼓勵他在史丹福材料所研究光電材料，返國後，他就全力指導「固態物理組」及「光電材料組」發展這兩件光電的小玩意兒。其中之一是那半透明的「光罩」，光罩的功能像是前面提過的「鼻錐罩」，但雷達鼻錐罩是要求能透過電磁波，而光罩是要透過紅外線，故稱「IR-dome」。原來一般透明的玻璃，對紅外線並不透明。所以用作紅外線追蹤的光罩不能用玻璃，而是用二氟化鎂（MgF_2）。二氟化鎂光罩又是一項有錢買不到的軍用物資，所以，針對這項愚公移山的工程，包括：建立「氟試驗室」，生產高純度氟化鎂粉末（氟試驗室是高活性化學反應危險試驗室）；冷均壓壓製MgF_2光罩；建立精密光學玻璃稜鏡加工廠，研磨MgF_2紅外線光罩；建立光學檢驗室，檢測紅外線穿透率、吸收率、折射率、厚度、強度、曲度、密度、空孔度，以及焦距等；組裝在尋標頭（Seeker）上的工藝。

　　第二件小玩意兒，可就更麻煩了，我現在將這小玩意兒作一個

概略性的介紹。空對空飛彈是藉追蹤「熱」（紅外線）而擊落敵機的武器系統，追蹤系統由三組主要組件所構成：感應器（Sensor）、偵知器(Detector)及尋標頭（Seeker）。實際上可這樣比喻：偵知器相當於眼睛，內裝感應器相當於視網膜，裝在頭殼裡，聯好視神經網路，戴上眼鏡（紅外線光罩），一起則稱之為尋標頭（相當追蹤系統）。當然最關鍵的是感應器，它是一片（5mm×5mm×1mm）叫銻化銦（InSb）的半導體材料，原始第一代材料為硫化鉛（PbS），它是完完全全的人造材料，製造這片小晶片純屬材料科學家的成就，每片代價僅值約10美元。材料科技把這片晶片動些手腳，讓他在液態氮的溫度環境（稱致冷器）可與所「看」到目標（如敵機噴射火焰）的溫度相比較，這片光電半導體，它的特性是可以辨別「熱」（紅外線）的波長，並立即把波長的信號變成電的信號，傳送給視神經，在網路上濾掉雜訊，將過濾後的信號放大，這時這組小玩意兒，就稱作偵知器（Detector）了，論代價嘛，它已身價百倍，每只約1000美元。最後再將這一小玩意兒變成發號施令的腦神經系統，如一追蹤系統指揮飛彈方向舵的擎動系統，調節方位與速度的導航系統。戴上光罩眼鏡，我們稱這玩意為尋標頭（Seeker），其價值則再百倍之，約100,000美元以上，此時已屬武器系統的「光電工程」了。

　　愚公在材發中心處理這一移山工程，是從最原始的銻化銦半導體材料開始，跟著從第二代的銻化銦，拓展到第三代的「汞鎘碲」（HgCdTe，或稱MerCdTe）材料，HgCdTe是夜視聚焦面（Focal Plane Array）的最佳光電半導體材料。我們在這一方面投入最大的人力，由楊聲震領導，加入龐炎銘（他是師大物理系畢業，在中正理工讀碩士，由我作指導教授）、程亞桐（中正物理學士，淡江物理所，但在台大選課，隨我讀碩士，後來出國在猶他大學獲博士），以及孫台平（中正電機學士，交大碩士，後來由台大李嗣涔及楊聲

震指導，在台大光電所獲博士），外加鄭克勇的兼職指導（鄭克勇任教中正理工，為我同時在史丹福大學就讀電機系之校友，他在史丹福獲電機博士後返國，在材發中心兼任研究員，現為美國伊州大學教授），還有杜順利博士等多人（恕未能一一列述），經近乎十年的努力，終於克服瓶頸，產生出較「響尾蛇」更精準的TK一型飛彈追蹤系統。

當我從中央印製廠返回中科院籌組材發中心時，我曾提及「光電組」反覆折衝於三所與「材發中心」之間好幾次，這主要是三所和材發中心原來各有對「光電科技」研究之人力與基礎，且三所之基礎遠較材發中心為堅強。只是，最大的差異是出發點不同，特別是對「感應器」材料的來處，有著不同的看法，三所是要從國外獲得，只要買得到，不惜代價也外購，而材發中心是「愚公」的辦法，連半導體晶體，也從自製開始。這樣一來，從材料發展為起點的，初時很脆弱，但漸漸地可以掌握最尖端的光電半導體材料的性質，能做出第三代的感應器，而這些材料是根本無法獲得的。所以當材發中心組成時，光電組一部份是由三所併入，我請莊孝炎為組長，研究同仁包括光罩加工的張晴生（後來到成大讀陶瓷，獲博士，工作數年後到大學去教書）、林懷玉（後來在成大獲光電陶瓷博士，但以後轉到壓電陶瓷專業上）、蔡篤幸博士（原來在成大研讀強磁，後來轉到光電陶瓷），以及添購一些光學加工設備。但不久又奉指示將光電組全部移轉三所，甚至包括紅外線光電追蹤研究主持人楊聲震，當時我有莫可奈何的感覺，只有唯命是從。但未到一年，忽又聽到黃代院長的當面指令，光電組仍由材發中心全程發展。於是才在新建「材料研發中心大樓」裡規劃闢建五、六、七樓，研發及生產追蹤系統，以及一材料開發的試驗室，包括有當年國內最大且相當標準的無塵室（Clean Room）。我並請楊聲震出任副主任，由他督導光電組（兼組長）及固態物理組。

　　四、超合金材料：先介紹何謂「超合金」，顧名思義，超合金必然是特殊的「合金」。那麼，什麼是「合金」？合金是兩種以上金屬（包括非金屬）熔解成化合物，並以量多的金屬為基而命名，例如鋁合金、銅合金……，但沒有「鐵」合金，因為鐵含一些碳（少於百分之一）則稱為「鋼」。國人所說「久煉成鋼」，則是指鐵經長久鍛鍊，會滲入碳而變成鋼。「鋼鐵」在近百年來，無論中外都是近代工程最重要的結構工程材料。但是到了二十世紀的「太空世紀」，鋼鐵材料的設計概念，產生了動搖，因為「航太工程」的結構條件，除了在高溫下「強度/重量」比值高以外，還必須耐「高溫疲勞」和「高溫潛變」（High Temperature Creep）。在這些要求的條件下，結果發現所有的「鋼」（鐵合金）竟然都被排出耐高溫航太結構條件之外，反而是不含鐵的「鎳基」、「鈷基」，以及含少量鐵的「鎳鐵基」合金方能勝任。依「鋼」的定義，不屬「鐵基」的合金，就不叫「鋼」。那麼，比鋼還強的「鎳基」或「鈷基」或「鎳鐵基」合金該叫什麼呢？於是給他取個名字稱「超合金」。所以「超合金」是指專門用於航太結構件，比任何傳統鋼鐵更超強的特殊合金。

　　超合金是六〇年代始發展成功的航太結構材料，因為它是專門用於航太工程，如噴氣機的主要結構噴射引擎、太空梭引擎等，最初二、三十年，一直被列為所謂戰略物資，在國際間要獲得都受限制。加以因為超合金的強化理論與機構，和鋼鐵完全不同，雖然它是「鎳基」或「鈷基」，但是強化它的元素卻是微量的「鋁」及「鈦」，而這兩種元素在熔解時非常容易被氧化，所以熔煉超合金時必須採用「真空熔煉」技術。因之，真空感應熔解爐（VIM）及真空電弧重熔爐（VAR）成為製備超合金的必須的設備。

　　當籌組發中心時，黃代院長撥與一筆發展超合金的經費，於是就以核研所冶金組為基礎，拓建「超合金廠」，並請徐念南副主

任主持。當時三管其下：一向國際有名的CONSAC公司購得熔煉設備，並請超合金煉爐設計人Darmara來院指導。二請當時哥倫比亞大學策略材料中心田家凱教授（John K. Tien）作學術研究指導。三為發起國內各大學對超合金有興趣的教授，一起作學術研究。難能可貴的是負責裝機的CONSAC公司副老闆，他個人持有多項熔煉超合金的個人專利，肯無代價的列入技術轉移，因而待超合金廠完成後，材發中心已具有多種超合金之熔煉技術。其中較重要的一種，適用於航空渦輪盤的IN—718超合金，因為他必須經過飛機製造公司的實地驗證。我們是請生產IDF發動機的蓋瑞引擎公司(Garrett Engine)驗證，經多次測試及實地考察（驗證除對材料性能合格外，並要驗證熔煉設備及從業人員），最後終獲成功，而頒與「熔煉合格廠商證書」，表示已合格供應給蓋瑞公司及IDF引擎製造之航發中心發動機廠所需超合金。但事實上，航發中心從未使用自製之材料，總是藉口已經標購足夠用料，同時海外廠商獲知中科院材發中心已能自製超合金，而降價求售用以抵制所致，由此可見，國際上控制戰略材料之無所不用其極。

　　材發中心超合金廠是國內唯一能熔製航太結構件超合金之真空熔煉廠。徐念南副主任過世後，在張忠炳博士、唐江濤博士、高仕淦廠長、童遷祥博士、李滄曉博士和馬堅勇博士等的努力下，開發出很多一流的冶金新技術，如IN-713超合金單晶葉片生長技術、離心真空鎔鑄鈦合金技術、介金屬真空熔煉技術等，配合精密鑄造與超合金真空熔煉，生產雄風二型渦輪引擎，亦有超水準的表現。自製超合金雖未納入生產，但真空重熔爐（VAR）代替長榮特殊鋼廠重熔特殊鋼鋼錠，為「長榮重工」克服了不少品質問題。鈦合金離心真空鑄造技術，傳授給高爾夫球頭生產公司，產品幾乎遍及全世界。

　　五、磁性材料：材發中心曾著手兩種與磁性相關材料進行開

發，即強磁材料（永久磁鐵）和軟磁材料（鐵氧磁體—Ferrites），分別敘述於後。

　　強磁材料是基於各型飛彈「慣性導航」（Inertia guidance）陀螺儀設計之需求。因為一組陀螺儀，以數萬轉高速旋轉時，陀螺兩端之軸承，會因摩擦產生高熱磨損而喪失精度。最有效的防治措施是設計成「磁浮軸承」，就是用小型強力磁體，以N極對N極方式將陀螺轉軸，懸浮起來，這樣即使高速旋轉也不會產生摩擦，磁浮火車就是利用這一原理。問題在於關鍵的材料——小型強力磁體，當時強力磁鐵為Alnico（鋁鎳鈷），此一磁體，國外僅德國、日本、美國可獲得，但因性能與形狀（扇形）特殊，不僅價格昂貴，每只要20美元，且訂貨要在一年前，每一陀螺需要數十對，整體需要為量可觀。於是飛彈導航系統要求材發中心提供獲得之策，因而，我偕王坤龍作了一次瑞士、德國及日本參訪之旅，（王坤龍在台大跟我讀博士，他的論文題目即為「磁性材料之研究」）。藉訪尋購買Alinico磁體之機會，並洽詢購置技術轉移之可能。到訪德國時，恰逢國際3M會議（Magnetic, Materials and Magnetism）在漢堡召開，有機會見到「鐵釹硼」（NdFeB）磁鐵首次公開發表，它的發表一時轟動世界。待我們參訪一週，並訂購一些磁性測試設備後，我心目中已有了自製強磁的輪廓。返院後，即刻與王坤龍規劃自製強磁之試驗室，不但試製Alnico強磁，並同時試製NdFeB強磁，經過數次失敗，終於開發出在台灣首件的最強磁力的磁體。以後在台大隨我讀碩士的蘇林慶（日後在美國猶他大學獲電子材料博士）、在成大讀博士學位的蔡篤信，以及我台大的學生周兆玲陸續加入研發陣容。所生產強磁不僅解決了陀螺儀懸軸的問題，同時並生產飛彈彈上無刷馬達（Brushless motors）之強磁電樞，節省可觀之外匯，發表多篇學術論文，刊載於國際學術刊物（參閱本書附錄一）。

軟磁材料是指不具備永久的磁滯性，但會在電場或磁場誘導磁性，磁性隨電場或磁場消失而消失，最常見的為鐵氧磁體（Ferrite）或稱亞鐵鹽，因成分不同而變更微波頻率，故種類繁多，為電子工業不可或缺的「電子陶瓷」，最常見的用途是磁帶、磁碟、磁性號碼等資訊零件。另外一種軟磁材料是所謂的「金屬玻璃」，或「玻璃金屬」（Metal-glass）。「金屬」與「玻璃」最大的不同是原子排列，金屬原子排列是規則的，稱為「結晶」，而玻璃的原子排列是不規則的，故稱為「非結晶」(Amorphous)。是不是結晶，全看凝固時的冷卻速率，如果將「鎳基」、「鐵基」或「鈷基」的合金熔解，當其凝固時，控制溫度，令其冷卻速率高達每秒十萬度。這時金屬原子來不及達成規則的排列，它就變成「非結晶」了。所以我們就稱這種材料為「非結晶金屬」（Amorphous Metal），或稱為「金屬玻璃」。為了達到高冷卻率，所以多採用「旋轉射出」法製造，就是將熔漿注入一對高速超冷的滾輪中，將金屬玻璃滾軋成薄帶射出，為了避免被氧化，作業必須在真空中進行，因之高速、超冷，又在真空中作業，使得鎔鑄爐的設計，成為最大挑戰。這時你或許問，花這麼大功夫，製造玻璃金屬又有什麼好處呢？有兩個主要的好處，一是非晶金屬帶強韌度非常高，二是導磁性非常好，且為標準的軟磁，完全沒有殘留磁性。由於第二項優點，可以想像，若以玻璃金屬代替變壓器的矽鋼片的鐵心，將不會產生任何渦電流（Eddy Current），電機工程所稱的「鐵損」（因鐵心渦電流產生的熱損失），只此一項，據估計美國一國將有每年六百萬桶汽油的損失。當然中科院材發中心發展這一材料，目的不是變壓器，而是飛彈對電磁波的屏蔽（Shielding）。我們將自己發展的一種金屬玻璃帶，貼在飛彈內線路系統管線外壁，屏蔽外來微波之干擾，發現效果奇佳。類似材料用於商品防竊電磁感知器，圖書館或書店將他剪成小片放在書中，若有偷書或未辦理登記手續者，通過售貨出口則

會引起警鈴作響，令竊者當面出醜。負責發展軟磁材料的同仁是黃得瑞，他出身中正物理系，在台大物理研究所獲碩士，原來在核研所熱室組工作，經同學姚培智引介，到材發中心來工作。它是對軟磁材料研究獨具心得的年輕人，在材發中心工作期間，居然有二十幾篇論文發表於《物理觀察》（Physics Review）雜誌，引起海外學人李振民教授的重視，乃給他四年獎學金，把他從材發中心挖走，到羅徹斯特大學去讀博士，返國後到工研院光電研究所發揮專長，後來升任副所長，並曾獲得行政院之發明獎，對國內光電發展及磁性材料協會參與國際活動，具有相當貢獻，協助他設計玻璃金屬旋轉射出機的姜崇義博士對此項研究也有相當功勞。後來材發中心將這項製造非晶金屬的技術，以一元台幣象徵的代價，技轉給中鋼公司。因黃得瑞的離開，也就結束了這項軟磁材料的研究工作。

六、高溫超導材料：高溫超導的研究是材發中心成立後，一項與飛彈或航太材料無直接關聯的意外材料科技研究。於1987年，世界上物理學界出了一件轟動的成就，那就是朱經武教授和他的學生吳茂昆教授，發現在液態氮的溫度（197K），一種YBCO（釔鋇銅氧）陶瓷，竟會出現超導現象（電阻為零）。他們這一驚人的發現，使得停滯了將近六十年的低溫物理研究，變成了熱門的話題。更特別的是，超導研究本來是低溫物理學者專業研究的領域，現在一下子變成了家喻戶曉，在極簡單的試驗室，甚或在家庭也可以自己合成材料作磁浮試驗的題目。

因為材發中心當時有全台灣最好的陶瓷研究室及最尖端的強磁材料試驗室，所以在報章看到朱經武的研究發現一個月內，我就找固態物理組組長姚培智博士說：「姚博士，你試試看，我們能不能在一星期內，合成YBCO超導體，並證明它確可在液態氮溫度呈超導。如果結果是正面的，我們則成立個「超導研究小組」進行研發，如果結果是負面的，我們則不必趕時髦，就此結束。詎料，姚

培智果然在一週內以制式陶瓷燒結技術合成一塊YBCO陶瓷，將它放在液態氮玻璃皿中，上置一塊高溫組自己製造的Alnico磁體，果然見到磁體會浮起來。對這種現象讓大家非常興奮，於是我們籌組了個「超導研究小組」，由我親自主持，每週集會一次，下屬理論、製造與技術開發三個分組，均由材發中心各組抽調人力兼任，當時研發小組人力有楊聲震博士、姚培智博士、王坤龍博士、黃銅武博士、林渝男博士、王建義博士、葉明堂以及「固態組」同仁多人參加。因為高溫組對強磁發展已有相當基礎，所以在超導抗磁試驗上很快得到具體的結果，我們設計了一具環形磁浮火車模型，注入液態氮後，可將裝有永磁的小火車模型浮起，不但可浮起約5mm，且可在環形超導軌道上行走。高溫超導發明人朱經武博士曾到中心參觀，他也稱讚，這是他第一次看到在環形軌道上磁浮表演，因為一般示範多為靜止的，或者在直線軌道上移動。台北的科學博物館新館落成，特別來函訂製了一套模型，來示範當代超導科技的成就。

高溫超導研究在國內外都如火如荼的展開，國科會也提撥一筆可觀的經費，分北中南全面展開研究計畫。但深入內涵、瞭解原理的教授不多，這從草擬研究計畫和申請經費內容中有百分之五十都填申購電子顯微鏡即可說明。中科院材發中心也自「國防工業基金會」獲得一筆經費支助，同時透過「國防科技研發計畫」核定一些超導研究計畫，給予各大學研究所的教授。材發中心的「超導研發小組」研究內容則集中於「超導材料合成技術」之開發。那段時期，我們曾發表多篇論文到國際學術刊物（參閱本書附錄一）。其中較重要的一篇為〈快速方法合成釔鋇銅氧單相超導體〉，發表於權威物理雜誌《PHYSICA- C》③。因為採用傳統試驗燒結陶瓷技術，少量的超導體也需要一星期的時間，但使用我們發明的方法，只要一小時即可生產一公斤量的單相超導體，這項技術亦申請到國內發明專利權④⑤。

　　有關「高溫超導」研究熱門話題，至2000年代漸漸冷卻下來，主要是尚難發現「室溫超導」的材料，於是一百年來，由專業學者研究普及到社會大眾研究，現在又由社會大眾研究浪潮，重新回歸專業學者研究的試驗室去了。

　　七、航空材料：在本章開始時，成立材發中心的辛酸一文中，我曾提及非常感激航空研究所王石生所長，當時將「航材組」全組一次併入材發中心。當時「航空材料組」（在台中）組長為劉忠仁，他甫於美國南加大材料研究所獲碩士學位返國，副所長為翁慶隆，專業為複合材料，以後出國進修獲博士學位，升任組長，爾後升為副所長。航材組之前身為航空研究院之材料試驗室，主要從事航空材料機械性能試驗，以及航空用橡膠件之加工及製造。併入材發中心後，其實際上行政支援仍隸屬航發中心之航空研究所，主要任務是支援雷霆戰機和IDF戰機之生產。金屬材料部分，為從事金屬疲勞試驗及高溫潛變試驗。航材組並不從事超合金開發及單晶葉片的材料研發，複合材料部分較有具體表現，因技術上曾與德國Donier公司合作，所以開發炭纖複合材料製造控制翼，以及飛機防漏油箱，成品均直接用在戰機上。在院內服科技國防役的張元彰，出國修讀博士學位，返國後對航空引擎、高溫合金研發頗有績效，以後航材組脫離材發中心，在回到航空研究所時，張即升任組長。在劉忠仁擔任組長時，航材組曾有一項非常重大，值得稱頌的成就，是對台電核三廠發電機爆裂失火的鑑定。因核能電廠突然意外，不僅影響工業電力供應，且因主電機驗收運轉未久，製造廠商奇異公司與台電公司兩造間，責任誰屬難以扯清，於是台電總工程師洽請國內學術界協助鑑定。最後是由航材組以及材發中心的檢測設備，從撿回破裂巨型葉片中，以顯微組織分析，發現材料加工粗劣，導致葉片材料提前疲勞。最後由台電公司將檢測報告，以及金相圖片一起送交美國製造廠商。當然他們也找材料專家複查及檢定，最後終於承認是製造

商的責任，並願承擔全部損失，可以想像這是多麼大的代價。以後在一次台電的酒會中，台電總工程師還特別為這件事向我致謝。

材料研發成功因素

從以上用愚公移山的精神，從事材料科技研發，所付出之代價是可觀的，事後我們檢討，材料研發能有較突出的表現是基於以下的因素：

一、「絕處逢生」的機緣：在發展國防科技，特別是「航太工程」和「飛彈工程」，最關鍵的硬體是「材料」，而當時這些「航太材料」多半都列為「戰略物資」，而基於政治的理由，根本不可能從國際間獲得，我們被逼上絕路，除非自力發展，否則別無他途可循。這種情形頗類似以色列，以及中國大陸。2002年11月，筆者出席澳洲國家科技工程學院院士會議，會議上，以色列Technion研究院副總裁Dr. Peretz Levie（他是世界上最有名的研究「睡覺」的專家學者，他有關「睡覺」的醫學著作有十四種語言發行）專題介紹以色列科技成功的訣竅。他說以色列之所以能在強敵環伺下，還能成功地發展尖端科技主要有四個原因所促成：一是政府發展尖端科技的政策，源自首任總統本古里昂；二是產銷國防武器；三是法國戴高樂總統先是生產法國幽靈戰鬥機科技給以色列以支援六日戰爭，但是後來卻禁止輸出科技給以色列；四是來自蘇俄的愛（From Russia with Love），蘇俄遣返（稱移民）四十五萬猶太人，在1989年至1992年四年中，有百分之四十移民具有學士學位，一萬一千人為研究工程師及科學家。聽了Dr. Lavie的這一段話，真給我很大的感觸。材發中心在中科院所從事的，以及中科院當年在台灣所致力的，與以色列比如小巫見大巫，但在發展過程來看，不是很相像的寫照嗎？另外一個成功的事例是中國大陸，它在國內建設成敗的契機，完全決定於六○年代毛澤東與赫魯雪夫的決裂，八十個重點合

作建設計畫，一夕之間蘇聯老大哥技術顧問全部撤走，完全靠自己的力量收拾殘局，不然哪有今天的局勢？

二、「非常手段」的挹注：材發中心的設立，雖然不能與國內幾大建設相提並論，但論及對國防科技的影響，或猶有過之。事實上挹注在這專業中心的財力與人力，仍是十分可觀的。就我所知，中科院首座七層大樓的「材料研發中心」建築工程經費支付，大部分由劉副院長調節核研所經費支援；超金工場及基礎建設經費由黃代院長籌措；鼻錐天線罩研發區的基礎建設由各專案主計畫支援；複合材料及絕熱層加工廠內龐大而複雜的繞線機、熱均壓機、壓力釜、型壓機，均由二所研發經費提供，特別是在初期就核撥給材發中心一筆新材料開發經費，可支付材料分析、試驗、檢測設備以及研究自訂的尖端材料。這些破格的非常手段，是中國近代工程重點建設計畫成功的必要條件，這也是蔣經國先生在他擔任國防部長時，就核定中科院經費為機密經費的原因。

我記得有一次「鐵頭」趙耀東先生在一次工程師學會主辦的學術講演會上，介紹他主持中鋼建廠的成功經驗。他說當時行政院長蔣經國找他籌組中國鋼鐵公司時，他要求政府要在建廠時破格免用「三大法寶制度」，他才幹，什麼是三大法寶制度呢？第一法寶是「銓敘制度」，換句話說，建廠時，我用什麼人，你不要管；第二法寶是「主計制度」，換句話說，建廠時我用多少錢，你要給多少錢，免列預算；第三法寶是「審計制度」，換句話說，建廠龐大的煉鋼設備、煉鐵設備、軋鋼設備，我用我自己的標購辦法，請免用政府的標購制度。蔣院長答應了他的條件，若當時未答應他三條件，他說再延宕五年也未必能開工。中鋼開工後，立即發現所持設備與技術較美鋼（U.S. Steel）先進了很多。原來中鋼是分項分段採購，每段都是最新的技術（如電腦操作），而不是全套標購國際標。而中鋼很快的具有國際競爭力，雖然生產前「每天開門三百

萬」的虧損，但虧損列為投資，所以生產後，立刻見到利潤。與側鄰同屬十大建設的中船公司相比較，雖然中船建廠完成時序上佔了鰲頭，但投資資本的利息，變成了建廠的負債。所以未出數年，即已虧損纍纍，幾瀕臨倒閉的命運。這個實例說明對特殊建設的「非常專業」，必須採非傳統的「非常手段」，否則即使成功，也必困難重重。何況趙耀東先生所說的三大法寶制度，還未包括後起之秀的第四法寶─「立法」，四大法寶全套出爐，其威力可就更無窮了，這可驗證於「核四廠」。

　　雖然材發中心是微不足道的小case，但估計也會有二十幾億，如果不是當時用「非常手段」投注機密經費，或調度國防科技研究經費，我敢斷言，沒有一顆飛彈能飛得出去。同樣情形，也有兩件事例，證明採正規程序的艱困：其一是當材發中心大樓竣工前，原計畫在大樓後右側興建一棟具有水準，可容三百人的學術會議廳，當時的增設副院長胡裕同中將，他是材發中心與品保中心的督導主管，非常贊成籌建學術會議廳，但他認為要建就建更好一些，作為中科院對外學術交流場合。於是我們到台灣各地觀摩既有的禮堂和學術演講廳，包括高雄佛光寺的宏法禮堂。孰知，待計畫擬定，著手工程設計時，忽然，因更急迫的國防計畫，而將預算移走，使得原有計畫亦告落空。其二事例是在材發中心成立後期，當時各組研發業績已有具體實現，七層樓的材發中心各試驗室漸形擁擠，加以位於核研院境內的冶金組及鑄造工場，有被迫遷出的壓力，於是簽請在龍門地區超金廠後面空地，興建第二幢材發中心四層大樓。簽呈到了劉院長辦公室後，他認為應建六層樓，並召開會議規劃定案。但當時國防部後次室已有新規定，一切建築工程要先送部審核，待依規定申請，卻又因各種緣故由六層變四層，最後由四層變成一層的鐵皮鑄造廠房。

　　三、知識與技術的結合：從上述愚公移山的材料研發項目裡，

即使圈外人也可以看得出「材料科技」與「冶金工程」的差異，而「材料科技」裡，又有「材料科學」與「材料技藝」的分野。「材料技藝」可由理工學科專長的從業人員來自力發展，但「材料科學」則必須從書本上，或學術上，或國際上研究的潮流裡去發掘。這也就是我為什麼稱他為「愚公移山」，因為什麼都想做，什麼都不會做，只有「去唸書」，從書本上尋知識。這也就是何以當年中山國防科技獎學金，要培育很多高學位人員，從事國防科技發展原因之所在。

根據我多年的經驗，各種尖端而深奧的知識，都可從學術的期刊上獲得，但如果你到圖書館查得到這些期刊，往往在時效上已落後二年。所以最有效的方法是如欲「取」，必先「予」。所謂「予」，是指「發表」，當然你能發表，則表示對這一領域已有相當透徹的瞭解，一旦你有所「予」（發表），不待你去「取」，你所渴求的資料，會紛紛的「送」上來。

本章註解

① 黃孝宗口述殷正慈撰寫《IDF之父──黃孝宗的人生與時代》，2001年3月20日。天下遠見出版公司出版。
② 郝柏村著《八年參謀總長日記》，天下文化書坊叢書，2000年1月1日。天下遠見出版公司出版。
③ S.E. Hsu, J.Y. Wang, C.M. Li, T.W. Huang and K.L.Wang., "A Quick Process for Synthesis of YBa2Cu3O4 Single Phase Superconductor", Physica-C, 207, (1993) 159-166. North-Holland.
④ 中華民國發明專利No.59288「釔系超導粉末及其超導體之快速製作方法」，發明人：許樹恩、陳崇一、王坤龍、李志明、陳新仁。專利期限十五年（1992-2007）。
⑤ 中華民國發明專利No.12779「釔系超導體、固氣相反應之迅捷製造方法」，發明人：許樹恩、陳崇一、王坤龍、李志明。專利期限十三年（2001-2013）。

第十一章　飛彈重振雄風與航太工業

　　國防戰略目標決定武器系統之戰術目標，依據台海形勢，戰略目標既定在「制海」、「防空」、「反登陸」，因而飛彈發展之優先順序也訂為「海對海」、「陸對空」、「空對空」以及「陸對海」。

雄風飛彈發展經過

　　中山科學院三十幾年的歷史，雖然發展過多種原型火箭、飛彈系統，但合乎戰略構想的只有雄蜂，它是「海對海」或「陸對海」的飛彈系統。（工蜂火箭因無導引系統，故應屬兵工武器，而不能稱飛彈。相對地，××飛彈其體型如火箭，但採用拖線導引，故屬飛彈而不稱火箭）。

　　雄蜂飛彈是中科院從始至終連續全程發展「海對海」或稱「艦對艦」的飛彈系統原始的一型，性能改進後的則稱二型。和其他型飛彈一樣，原來都由「火箭飛彈研究所」的第二研究所主辦。名稱上都以「蜂」為主，但後來覺得「雄蜂」只是播種工具的昆蟲，所以後來更名為「雄風」。後來，因為「艦對艦」作戰，「精確命中率」因素更重要，所以雄風計畫主持人改由「控制」（control）專家韓光渭博士擔任，計畫管制室也從二所移至三所，而飛彈本體及發動機部分仍由二所主導。在二所、三所、四所（推進劑產製）合作的情形下，進展十分順利。此時並發展「海鷗計畫」，雄風飛彈可自一群快艇上發射，以小制大，用革命戰術精確擊中近海大型艦艇。1980年在一次成功的試射時，靶艦桅杆上預置的高速攝影機曾攝得雄風飛彈將艦艇貫穿大洞，飛彈穿過的鏡頭，此一生動場景，

翌年曾在陽明山第十二屆全國代表大會放映，博得全場如雷掌聲。當時我尚在中央印製廠服務，以產業黨部科技代表名義出席大會，目睹錄影實況，我激動得幾乎落下淚來，因為我知道飛彈上FRP鼻錐罩、電源、絕熱層、翼翅、大小噴嘴等關鍵組件，是屬於我們的貢獻。

正在大家雀躍於雄風一型飛彈試射成功之際，有一次再作「艦對艦」射擊演習，邀請海軍總司令鄒堅上將及國防部高級將領蒞艦觀摩，實際上有驗收成果的意味。孰知，飛彈竟然一下子中途落了海，令主持人及參與演習的同仁非常尷尬。本來飛彈、火箭試射失效，甚至任務失敗，都是難以避免的事，但中山科學院多少年來，對全程單線發展的雄風一型來說寄望太高，實在禁不起類似的失敗。失敗的教訓是要找出失效的原因，二所擔心是不是彈體及發動機出了毛病，三所則憂慮是否因控制系統出了問題，所以在1982年，一系列的「找毛病」的試射過程，仍是時好時壞，失效率約佔二分之一。找毛病的代價是驚人的，姑不必比喻美國太空計畫「阿波羅」號升空失敗，死亡三位太空人，耗時三年後，才能繼續下一個計畫，就是雄風試射，每次消費和動員人力也動輒以數千萬元計。而影響尚不止此，因為成敗的效應，或多或少代表著政府的「威信」和國防科技研究的「成效」，以及中山科學院所具備的「能力」。果然，就在雄風試射失敗，找尋失效原因而反覆試射的期間，整個國防研究體系發生了結構性的變化，包括中山科學院原隸屬國防部本部，改隸參謀本部，參謀本部大幅度改組，由郝柏村上將接任參謀總長，並兼任中科院院長，他聘請黃孝宗為國防部科技總顧問，並代理中山科學院院長。創業維艱，從籌備處副主任。副院長，到院長的唐君鉑中將，卸下了他經營中山科學院十五年的責任。

客串雄風神醫，妙手回春

1983年，黃代院長徵得中央銀行俞國華總裁同意，將我從中央印製廠調返中山科學院後，一方面讓我籌組他構想中的專業中心「材料研發中心」，另方面交代我與葉若春（葉若春退休後由王治翰接任）兩位專業中心（材料研發中心和品質保證中心）的主管，要隨他出席他所規劃矩陣管理式的主計畫檢討會。所謂「主計畫」是指院部總主持人主持的研究計畫，不再由各所管理。當時的「主計畫」包括海對海飛彈的「雄風計畫」、地對空飛彈的「TK計畫」和空對空飛彈的「TC計畫」，以及後來併入的戰機IDF生產的「AS計畫」。

出席「雄風計畫」每週一次的進度檢討會議，主要議題是檢討試射失效的原因，和尋找失效原因所安排的反覆試射。我雖然未曾親身經歷那次當眾落海的尷尬場面，但從出席會議人員的表情，不難看出找不到失效原因的焦慮。總主持人黃代院長一度說出，以懸賞的方式獎勵真能找出失效原因的人，甚至也請教院外或國外對飛彈有認識的專家學者。

我因為在五年半前，有自力開發絕熱層和推力器的鎢噴嘴和續航器的3D-C/C石墨噴嘴的經驗，所以對雄風有種老朋友的感情。老朋友生病了，我內心不止於同情而已。有一天飯後，請一位二所的朋友帶我去看看雄風，特別看了看推進系統的解剖圖，我發現所使用的噴嘴、絕熱層，以及×只鎢噴嘴和一支大型石墨噴嘴，仍是材料組生產和五年前一樣的產品。同時，二所的朋友將加力器、續航器以及水平舵、垂直舵運作的順序解釋給我聽，這時，我心目中航空方面的常識，加上材料方面的專業知識，替我劃起一個問號，其答案說不定就是雄風的病因。

我要求計畫管制室替我購置些溫度感應器（Temperature sensors），分別貼在飛彈彈體各處。待飛彈射出後，各部位的溫度可由感測器

的信號，經由控制站追蹤測得。從遙測的溫度數字中，我發現幾個部位有異乎尋常的溫度出現。同樣的測溫方法，再以「靜力試驗」（靜力試驗是將飛彈發動機固定在靜力試驗台，點燃後，氣體從噴嘴噴出，而彈體並不起飛，而是從擋體之壓力而測知「火箭推力」）相比較，則又發現異常的溫度，只有在飛行時才會出現。這時，我請教計畫管制室有關雄風失效的癥候統計資料，包括從某年某月到某年某月共試射多少次，有幾次成功幾次失效。我發現成功、失效各佔其半，換句話說，成功率與失效率均為百分之五十。失效時的癥候是中途落海，全程××公里，而落海地帶約為半途，但從無小於半途之記錄。另失效落海地點，彈道偏差有左有右。而在夜間試射或彈尾附有洩光器時，失效率大於百分之五十。

　　參照以上溫度感知器測得的記錄，加上以往歷次試射失效的癥候，我心目中已有了答案，當然不敢唐突的說出。隨後，又做了三次試射，一次是配合其他「名醫」的診斷與處方，另兩次是專門為我而安排的試射。三次都是由劉副院長主持，因試射地點在恆春半島的九鵬，每次演習多半要在九鵬基地住宿兩天。基地建設十分壯觀，但內有奇妙所在，卻鮮有人知。其中一景是在一幽靜山園，有一座土地公廟，廟不在大，有神則靈。試射清晨，我隨劉副院長參拜土地公，當然他是祈求早日找出雄風的病因，當我們到達小廟時，發現早已有人捷足先登，將土地公周圍環境打掃得乾乾淨淨，遺有未熄的香火，當然不必查詢，就知道這是雄風計畫主持人韓光渭博士的習慣。從這裡大家方才明瞭，國防也好，科學也好，博士也好，院長也好，碰到不解的難題時，還是去求神明保佑。

　　專門為我安排的兩次試射，一次我特別針對有洩光器接合處測溫，另一次則囑託材發中心複材組朱正義替我做了件隔熱複材環，試射前黏合在洩光器及噴嘴四周。發射前我對劉副院長說，這一發保證成功，果然試射成功了。事實上，自此以後，依我的構想，加

裝一絕熱件，無論是試射或演習，從未再失敗，真正所謂「重振雄風，百發百中」。

　　如此這般，雄風大病豁然痊癒，雄風計畫得以結案。三個月後論功行賞，劉副院長、韓主持人、計畫室王主任居首功，各頒勳章一座，韓博士並因此而升了海軍少將。我、王治翰主任（品保中心）……驗證有功，各頒獎章一座。人，原來是好大喜功的動物，到底涵養功夫還不夠，有一天我對劉副院長說：「這好像不太公平吧！」他有些尷尬說：「嘿！嘿！嘿！人要向前看！」。

　　又有一天，黃代院長找我到他辦公室，他對我說：「如果這件事發生在國外公司，他們會頒給你一筆獎金，一輩子也吃不完！」、「告訴我，你是如何診治失效毛病的？」我答應寫一份研究報告。半個月後，我將報告交給他，再一週後，他在報告上批：「雄風計畫室列為永久保存檔案」。半年後，在中科院兩年一度的自強會議上，參謀總長郝上將以「材料研發有重大貢獻」名義，親自頒授雲麾勳章一座給我。

　　多少年後，有一次我被「國家建設委員會」邀請作學術講演，講演前委員會執行秘書鄒堅將軍，居然知道我是治癒「雄風飛彈」毛病的人，對我致賀。他說那次雄風飛彈失敗墜海演習時，他是當時的海軍總司令，他跟我說：「演習時我正在艦上，當時可真難過極了。」這次治癒了失效，給院外的長官一個觀感，原來困擾多年的雄風失效原因，是「材料問題」。的確，最後是以簡單的絕熱材料治好了雄風一型飛彈的大病，但實際上，困擾多年的病因卻也並不單純。我現在就將雄風一型飛彈的病因和診治的經過簡略記述於下。

　　因為雄風飛彈是「艦對艦」近程飛彈，彈體內有前後兩組推進劑。後面的一組為加力器，點燃後火焰從環形排列的×個鎢噴嘴噴出，藉其推力，飛彈起飛，但很快的噴畢，同時點燃前面的一組叫續航器，火焰從環形中間的石墨噴嘴噴出（鎢噴嘴和石墨噴嘴都是

材料組的產品,所以我才知道那麼清楚)。當加力器火焰噴畢,火藥柱的空腔內仍殘留有燃燒後的廢氣,估計約500℃。待續航器火焰噴出時(此時已在飛行中),噴嘴外圍壓力降低,幾乎真空,這時將加力器腔內的廢氣吸到噴嘴外圍(可以想像是殺蟲劑噴霧器的原理),一待續航器火焰噴射減緩,這團廢氣,有些隨飛行而消失,有些回到加力器腔,也有些有縫便鑽,從彈體外型與噴嘴間的夾縫「回流」到彈外的管線罩。這時鑽入管線罩廢氣的溫度大約120℃,不要小瞧這股120℃的廢氣,它可就是害雄風失效的致命傷。我在這裡提出一個新名詞「電子熱效應」,是指電子無論在導體或半導體內流動,只有在80℃溫度以下方才正常(通常電子儀器溫度上限為70℃)。很像人腦,在正常體溫時,清清楚楚,超過38℃,則昏昏沈沈。這下可好了,管線罩內的線路中的電子,他們負責傳送控制系統的命令信號,指令垂直翼和水平翼,及時調整方向和俯仰,以達到預定的目標,在80℃正常溫度,運作靈敏而確實,現在導線的溫度竟超過80℃,害得它昏昏沈沈,控制翼就不聽使喚。「電子熱效應」的癥候就是有時正常,有時不正常。這也就是失效率佔50%的原因。從廢氣回流,鑽進管線罩直到導線升溫超過80℃,時間大概需要××秒。這也就是從來沒有在少於半途落海記錄的原因。那麼,為何裝有洩光器會增加失效率呢?因為裝上×支洩光器,一方面增加熱廢氣,另方面增加了夾縫間隙,使廢氣更容易迴流。最後,在靜力試驗台上靜試,和試射場試飛,溫度感測器所測溫度為何不同呢?這倒很簡單,因為靜試不裝管線罩和控制翼。

明白了病因,診治和處方可太簡單了,只要依彈形,採用絕熱材料將噴嘴外的縫隙黏堵起來就好了,真所謂「妙手回春」。

在《IDF之父──黃孝宗的人生與時代》一書中,第171頁有以下一段記載,這段記述是依照我的研究報告而寫成的:

根據三軍及參謀本部鑑定的未來急需之武器系統，中科院將TK計畫由原屬二所正式改隸院本部，成立為主計畫，陸軍上校陳傳鎬為計畫主持人，直接向主計畫總主持人黃孝宗負責。同時原來隸屬三所的雄蜂計畫組織改組為「雄風」，升級為主計畫，改隸院本部，其計畫主持人韓光渭博士，亦直接向總主持人黃孝宗負責。當時雄風一型艦對艦飛彈正式試射時，時好時壞，有一回甚至當著海軍總司令與眾多高級長官的面，偏偏一下子就落了海，非常尷尬。雄風系統失效的或然率較高，經過多次檢驗及測試，失效分析發現問題出自飛彈噴嘴迴流的廢氣，極易燒壞敏感的電子導航系統，找出原因後，即用材料的觀念將問題徹底地解決了。從此以後，雄風系統幾乎是「百發百中」。兩位計畫主持人，先後經過黃孝宗向參謀總部的推舉，晉升為少將並獲頒雲麾勳章。

專業中心對主計畫的貢獻

大約是在1987年，也就是在我返回中科院的第四年，當時材發中心大樓建築已經竣工。黃代院長構想中的專業中心，除材發中心、品保中心外，尚有系發中心、製造中心、維護中心等，亦均陸續成立，同時台中營區的航空發展中心亦併入中科院。從這一相當龐大的結構輪廓裡，可以想像他的終極任務是將國防武器系統中航空與飛彈的研發、製造、生產、戰備及系統維護，完全包括在內。

這些「專業中心」是為了配合各研究所支援各主計畫的任務執行，在專業中心中，材發中心與品保中心則是關係著系統可靠度的關鍵機構。所以在黃代院長所主持的幾個主計畫，他指定我與品保中心主任王治翰博士必須隨他出席各主計畫定期與不定期的檢討會，並包括在台中航發中心所召開的「AS計畫」，即是IDF戰機生

產計畫進度檢討會。1986年至1989年的三年期間，中科院因實施多重計畫平行發展的矩陣式管理制，一下子全體活躍起來。

「材料研發中心」無論在體制上或在任務上，都是前所未有的創舉，我特就在支援各主計畫的貢獻上分述於下。

一、TK計畫：是「地對空」飛彈計畫的代號，是1981年當黃孝宗還是神秘人物的科技顧問時，所擬定的制空武器系統概念，所以他的匿名（張天錫）即隱含計畫的代號喻意。他的工作伙伴是當時的二所二組氣動力組組長陳傳鎬，後來陳傳鎬作了計畫主持人。陳傳鎬博士出身陸軍官校，成大機械所碩士，在美國田納西大學獲航空工程博士學位。據知，陳傳鎬是比較霸氣的主持人，他的部下很多人被他罵過，他與三所一位同屬霸氣的主管，為主計畫的觀念曾經大吵過，他是經黃孝宗向郝總長提及「他有一位很有能力但也很有個性的助手」後，郝總長留有深刻印象而召見，而提拔作TK主持人。TK計畫完成後，陳擢升為少將，以後調升為中正理工學院院長並升為中將。我與陳應屬「惺惺相惜」的同事，當我重返中山科學院後，除代他克服了一些關鍵的技術問題外，偶爾也聽到從他那裡爆出來的笑話：有一天，他同二所的同事馬尚澄到左營一個海軍艦艇出差，大概是研究TK從艦上發射的可行性。到艦上報到後，與艦長在官廳會面，艦長首先問馬尚澄：請問貴姓？馬說：「馬尚澄」，但艦長卻聽了個「馬上沈」。即刻由笑臉變成苦臉。轉頭問陳：「你呢？」陳說：「我叫陳傳鎬」，艦長一聽馬上從苦臉變成惱怒臉：「你們是來開玩笑的？」原來他聽到的是：「沈船好！」

當TK計畫開始的第一年，計畫作業還在桌面的時候，計畫要項必先研擬，包括：計畫時程、預算、組織架構、人事、系統、分系統設計、組件規格界定、品保措施，以及關鍵性技術的鑑定和突破等，這是一個研發機構真槍實彈的能力與能量考驗。我就在這關鍵的時刻返院，返院後創設「材料研發中心」，剛好趕上了「TK計

畫」的全程發展，特別是參與「關鍵性材料技術的研發和突破」。TK飛彈，包括TK一型和TK二型，有哪些關鍵性的材料科技待突破呢？有關材料的計有絕熱材料、噴嘴材料、鼻錐天線罩材料、電源材料、彈體和發射箱的複合材料和金屬零件，及特殊部位的超合金材料等六項。其實，很多這些材料是「工程材料」中很少見到的，甚至是世界上根本就不存在的。這些關鍵材料科技，我已在第十章介紹。對TK一型及TK二型飛彈而言，最關鍵性的陶瓷鼻錐天線罩的研發、生產與測試，以及熱電池的開發、驗證與生產。

因為「制空」的目標是高速的戰機，若要達到制空攔截的目的，TK飛彈的速度首先要大於敵人的噴氣機或敵人的導彈，第二則要有導引追蹤的能力，即使攔截不到，仍要追蹤、趕上而予以擊毀。針對第一項，TK的速度需超過馬赫值4；針對第二項，TK要攜帶主動雷達，飛彈射出後，主動雷達發出電磁波找到敵機（或飛彈），電磁波反射回來，TK接收到反射波，隨之控制航向而追蹤。為了達成這兩項任務，就要看材料科技製成的雷達天線鼻錐罩的本領了。第一、陶瓷鼻錐罩要能耐得住大於四倍音速的空氣阻力，和四倍音速所產生的空氣動力熱（大於1000℃）；第二、對發射出去和反射回來的電磁波，全無或最小的吸收或反射（穿透率＋反射率＋吸收率＝100％）。這玩意兒說起來容易，做出來可真不簡單，難怪世界上出售這玩意兒的公司少之又少。相對的，凡是有地對空飛彈發射能力的國家（包括中國大陸），我們都要欽佩他們均已具備發展這種高關鍵科技的能力。

TK飛彈另一項關鍵技術是熱電池（參閱本書第十章「材料科技如愚公移山」中「電能材料」一文）。熱電池對TK飛彈之重要，猶如嬰兒誕生斷臍帶後血液（彈內電流）之供應，需要有一顆生下來就具備的成年人的心臟，不然如何去驅動主動雷達、彈內電腦和追蹤導向，及遙控引爆呢？

待鼻錐罩和熱電池的關鍵技術克服後，TK飛彈成功了大半。隨之中科院歸併了聯勤××廠和××廠，成立了飛彈系統製造中心，目的是以兵工生產技術加上生產自動化，轉而生產TK飛彈，但其中並不含關鍵組件雷達天線鼻錐罩和熱電池。這兩件寶貝仍由材發中心從研發直接規劃為生產，因為如重新規劃一套基本設施，無論人力和成本都太可觀了。

這兩項關鍵技術一旦成熟，不待你自我宣傳，國際間無論敵人或朋友都會有小動作。這時候「愛國者飛彈」就可以考慮列入軍購項目，生產「愛國者飛彈」的雷桑公司，主動來台接觸，說愛國者可以在台合作生產，並使用中科院自製的鼻錐罩和熱電池。國際政治受制於國防科技，而國防科技就這麼現實。

二、TC計畫：是「空對空」飛彈的代號，包括TC一型，是相當第三代「響尾蛇」，可近距離空戰纏鬥和紅外線熱追蹤的飛彈。TC二型則是中距離空對空，主動雷達導引「射後不管」（Fire and Forget）自動追蹤的飛彈。TC計畫主持人楊景槱博士，兵工學院15期畢業，在中央大學地球物理研究所獲碩士後，在美進修天文物理，後納入國防科技獎學金名額，在科羅拉多大學獲航空工程博士學位。

當我重返中山科學院時，正值楊景槱（大家都稱他「楊Sir」）主持TC一型飛彈，以及後期的TC二型飛彈。實際上，TC一型和二型，除了戰術上同屬「空對空」之外，幾乎是完全不同的兩種飛彈。TC一型有些類似美國「響尾蛇」飛彈，「響尾蛇」因台海戰役以1：9比例擊落敵機而一舉成名。那時的響尾蛇使用第一代「熱」（紅外線）追蹤的武器。因為第二次世界大戰以後，才發明噴氣戰鬥機。噴氣機較螺旋槳戰機速度快了很多，空戰就是飛行員「比速度」、「比機動」的「死亡遊戲」，速度快的可以繞到速度慢的機尾方向，射出響尾蛇飛彈。飛彈會追蹤紅外線，也就是追蹤敵機噴

出來的「熱」，而擊毀之。（參閱本書第十章「材料科技如愚公移山」中「光電材料」一文）。所以這種空戰稱之為「空中纏鬥」與「尾追」。到了1980年代，情況不同了，由於光電材料改進，使得檢偵器對「熱」（紅外線）的靈敏度增加，空對空不必再繞道敵機的尾部追噴氣的熱，作戰時飛彈只需從機翼下射出，迎頭或側擊，飛彈都可追蹤敵機機身的熱，而進行擊毀。所以這時，我們稱其為第二代，或第三代的響尾蛇（第三代不只是追蹤熱點，而且能辨別形狀，藉以行「反欺敵」（Counter-Counter Measure））。

　　我們材發中心就是協助楊Sir來達成研製TC一型的任務，楊Sir是高水準要求和一絲不苟的主持人。他的認真和嚴格是有道理的，一是因為空對空飛彈是直接關係飛行員生命安全的武器，再者是因為TC一型的用戶是空軍，空軍正面臨美國大批響尾蛇廉價銷售台灣的威脅。所以TC一型的性能，必須有優於響尾蛇的條件，不然辛苦的代價豈不毀於滯銷？後來有賴材發中心，特別是楊聲震副主任及他領導的光電及固態兩個組同仁共同的奮鬥，克服了氟化鎂光罩及紅外線追蹤系統。經過多少次空試驗證，TC一型飛彈終於獲致成功。隨後就是TC二型的研發。二型與一型主要的差異，是從尋找目標到「接戰」，飛行員根本看不到敵機。所以TC二型要比一型體型大，且用彈上主動雷達來追蹤。因為體型和重量都較一型大很多，所以它要繫牢在機身下，而不是機翼下。發射時從機身投下，同時點火，所以它的速度等於飛彈的速度加上戰機的速度，而且射出後自動尋標（Fire and Forget）。因而這種空戰的特質，是飛機見不到敵機的遙控射擊的空戰。材發中心對TC二型飛彈的貢獻，頗類似對TK飛彈的材料科技——天線鼻錐罩以及熱電池，只是性能及型態均有所不同。製造TC二型陶瓷天線鼻錐罩時，曾經設計了一套自動測量微波穿透裝置與暗室，交由一個法國公司製造。因為設計新穎、效率高、精確率高，曾為美商公司Motorola看中，法商本特別向中

科院材發中心購買是項技術專利，但我們並未申請專利，只有免費同意。

　　楊景樞是我結識年齡相近朋友中，兼具兵工基礎及近代航太知識的優秀學者，也是無論在生活和工作都有高品質的技術人員。早期在中科院的時候，經常聽到二所劉元發所長讓我臉紅的誇耀，他說：「楊景樞、許樹恩和韓光渭是中科院三張王牌」。楊原擬到史丹福航空所進修，但因學季時間關係還是去了科羅拉多。我倆曾有多次共事、共遊、共樂（我倆有同級的棋力）的情誼。當我從史丹福畢業返國前，曾到科州去看他，他帶我到丹佛城附近大峽谷遊覽。當步行跨越四線道的大橋，我發現老楊竟目不側視觀賞那舉世聞名TVA遠景，原來他有懼高症，他是「捨命陪君子」，專程帶我去獨賞。

　　在中山科學院時，有一次，我倆共同出差到南非，再轉往瑞典。去南非是研商南非與中科院航太工業合作之事，公餘之暇，應地主之邀到Kruger國家野生動物園參觀。動物園面積相當台灣島之三分之二，搭小飛機前往，並住在園內非洲茅草屋過夜。茅屋群為旅遊下榻營區，外面環以壕溝，入口處以排木搭橋，據說有空隙的排木橋可阻任何動物，無論獅豹象蛇，見排橋即迴避，真也奇怪。因為園區太過遼闊，旅遊人必須搭乘有棚的吉普車，循路行駛，且有導遊荷槍保護。在這野生動物的社會裡，牠們才是主人，每天總有幾個叫「人」的動物，躲在車裡，讓他們來欣賞。到過非洲動物園才知曉一些過去不知道的事，例如非洲沒有虎，最厲害的動物是獅子和豹，園中無老虎，獅豹成大王，可能豹更厲害一點，因為牠會爬樹。最不受歡迎的動物是象和長頸鹿，因為象大得嚇人，沒事就用樹幹磨皮，磨倒為止；而長頸鹿把僅有的一些樹芽掃食淨光。園內最多的動物是斑馬和羚羊，而他們的任務只是餵飽獅和豹，不過牠們的食量並不大，每天一隻，並且吃飽後絕不再吃。

老楊我倆搭飛機從南非到丹麥轉瑞典，出席國際航太會議年會。從南非到瑞典，飛行一天一夜，沒有時差，入夜本以為可以好睡，孰知卻碰到一件又溫馨又煩人的際遇。我倆的鄰座，是兩個稚齡的姊弟，姊姊五歲、弟弟兩歲，卻沒有任何大人同行。他們是英國人，家長把他們託付給座艙長，到哥本哈根交給友人，然後再轉機到倫敦。飛機上空服員也只能送些吃食和毛毯，實際上就等於一個五歲的孩子帶個兩歲寶寶長途旅行。兩個孩子長得都可愛，都不會哭，白晝時，附近座位的旅客，都喜歡逗他們玩兒，但到夜裡可就麻煩了。因為孩子嘛！想吃就吃，想睡就睡，隨身背包裡一大堆玩具、奶瓶和餅乾，初時小姐姐還可以收拾一下，不吃的不拿出來，玩過的要收回去，但一到深夜，她自己也睏呀！只聽她抱怨著：「You are a bad boy!」隨之，也睡了。這種情形下，旁邊的我，除了心中氣憤他們的母親怎麼讓兩個這麼小的嬰兒自己出遊？氣惱歸氣惱，但慈幼的心卻不自主的動起來，先是讓小弟弟睡在我腿上，騰出位置讓姊姊睡，後來乾脆把一大堆毛毯鋪在座位前的地板上，讓弟弟臥睡，而讓姊姊也睡平。一個晚上帶他們去廁所、伺候飲食和照拂蓋被，又擔心行人踩到他的小手，就這樣折騰了一夜。老楊在旁又點頭同情，又嘴角含笑，似是笑我這褓母義工：「老許，你是哪輩子欠他們的？」

三、雄風計畫：雄風計畫是「海對海」飛彈的代號，包括雄風一型及雄風二型飛彈。雄風一型的發展經過已在本書第十章敘述，本節重點是說明矩陣式管理制度下四大主計畫與材料專業中心間的關係，以及計畫主持人與筆者之間的一些軼聞。

雄風二型與雄風一型也有很大的差異，雄風二型相當於巡弋飛彈(cruise missile)，發射後，它沿海平面平行巡航，同樣可「發射後不管」，由主動雷達自尋目標，追蹤擊中。雄風計畫並且研發雙尋標頭，並使用平面陣列影像識別檢偵器，不僅是紅外線追蹤，而

且能鑑別敵艦。材發中心對雄風二型的貢獻項目很多,最主要的是
FRP雷達天線罩和紅外線影像追蹤檢偵器,以及可持續××分鐘巡
弋用的電源系統。

雄風主持人韓光渭博士,是海軍機校45年班電機系學弟,山東
人,考入海軍機校前,為山東流亡學生,苦學出身,機校畢業後,
為較早一批考取美國海軍研究院(U.S. Naval P.G. school)攻讀電機
博士學位的中國海軍軍官,他的指導教授是研究電控理論相當權威
的國際學者蔡勒博士(Thyler)。韓光渭憑他先天的堅毅精神,潛
心於控制理論鑽研,和指導教授共同發表多篇論文,並合著一本控
制方面的書,以後他連續在交大教學,並具體施展於雄風飛彈之飛
控,從而被提名為中央研究院院士兩次,第二次院士會議時當選。
他是海軍機校校友中,以及中山科學院成立以來,唯一的中央研究
院院士。我與韓光渭曾在1967年至1968年同住在新竹宿舍,又在他
主持雄風計畫時,替他治癒雄風失效的宿疾,可謂有緣相會。現在
我在材發中心服務主計畫這一段裡,補充一段較有趣的往事,同時
也記述一件除客串雄風神醫之外,曾意外代他爭取到當選中央研究
院院士關鍵的一票。

韓光渭是比較嚴肅和木訥的人,他的業餘生活十分規律,喜
愛國畫,特別喜繪蒼松與老鷹,更醉心於武功,除太極拳和外丹功
外,十八般武藝,也有幾樣精通。有一天,我與妻葉純惠在景美等
公車,忽見韓光渭下車,但見他手捧一具科技模型,我看不太懂,
大概是控制系統的教學模型。我問他:「你到哪兒去?」因為我想
了想,這景美地區,並沒有什麼研究機構,他說:「許大哥,興隆
戲院在哪兒?」我知道興隆戲院是三流電影院,我問他「你到興隆
戲院看什麼?」他說:「看李小龍的猛龍過江」(因大戲院均已下
片,只有三流電影院還在上映)。一個教授,手捧著科學模型,遠
從龍潭來到景美,就為了看「猛龍過江」,這一畫面,我想起來就

會笑。當時他並未看到我笑，因為他正與我妻葉純惠寒暄，我們離開新竹後，已經幾年未見了。我聽到老韓對我太太說：「沒有許大哥，就沒有我韓光渭」，這句話讓我感到很窩心。

中央研究院院士選舉，在韓光渭第二次被提名，準備院士們投票的前幾個月，韓光渭展開他的拜票活動。除向數理組、工程組、人文組每位院士拜票外，他也向同學、同事、親朋好友轉拜託，如認識哪一位院士，務請其為他拉票。在投票的前一星期，我忽然接到美國西北大學及史丹福大學同學好友鄒祖煒教授來信，說他哥哥鄒祖德教授參加國建會，要來中山科學院訪問，想介紹給我認識，也希望我予以接待。我原就知道鄒祖德是楊振寧的得意門生，並因「鄒楊模式」（Chou-Yang Model）在理論物理界聞名。於是我跟韓光渭說：「老韓，我替你拉一票」。我寫了封拜託函，將韓光渭的名字、背景寫上去，待鄒祖德到院訪問見面時，當面拜託他請老師楊振寧院士投韓一票。鄒教授當面承諾說：「好，我可以辦到」。

後在報紙媒體上見到諾貝爾獎金得主楊振寧院士返台專程出席中央院院會，投票選舉院士的消息，記者問他「投給誰？」，當然他沒說，但我相信是投給韓光渭。

有一次中山科學院劉曙晞院長也提名我為院士候選人，在評議委員會假投票時，我的名字上出現於報章，記者並說是重量級人物，但在院士會議公佈候選人名單時，國內工程組的候選人，那一年全部落選。我自己檢討主要因為主題著作上不夠亮麗，當時我的國際專文論著尚未出版，細想，即使列為候選人，投票也難通過，因為我實在不擅於為自己請託拜票。

退休後，我在1998年當選為澳洲國家科技暨工程學院的外籍院士，細節留待後文中另作補充。難怪劉曙晞院長常對人說：「許樹恩的名字在國外比國內響亮！」

四、AS計畫：是指航空發展中心執行的IDF戰機生產計畫。因為航空工業發展，原非中山科學院最初設置之宗旨，此點可由中山國防科技獎學金培育之人才，以核能、火箭及電子戰為主而成立一所、二所和三所可以說明。1980年起，國防部參謀本部改組，中山科學院改隸參謀本部，由參謀總長兼任中科院院長，由科技總顧問黃孝宗代理院務，並將位於台中之航空工業研究院併入，成立航空工業發展中心，中心主任華錫鈞並兼任中山科學院副院長。華出身空軍官校，原是空軍U—2偵察機飛行員，因戰功特准出國進修，在普渡大學獲航空工程博士學位，返國後出任航空研究院院長，以及後來的航發中心主任。航發中心的併入，代表航空工業發展亦列為國防科技研發之一環。成立AS計畫生產IDF戰機，正代表參謀本部強勢作風，將中科院隸屬參謀本部，是將「航空」與「國防科技」併列管理之成功。

本來我國發展航空工業已有數十年歷史，抗戰初期即已成立航空委員會。但倘若仍循以往的腳步，生產新一代的戰機，絕無可能。前面曾提及黃孝宗代院長在矩陣管理過程中，他將「材料過程」（美國公司稱之為Material Process，簡稱M.P.部門）及「品質保證」兩個專業中心，視為計畫總主持人的兩道門神，我與王治翰主任要隨他出席每一個計畫管理會議。所以我曾參與IDF發展每兩週一次在台中營區的「AS計畫」重要會議，我的會場座位，都是在空總參謀長的右側。同時我也發現無論思維、邏輯、傳統作風、行事準則，在台中營區與龍潭營區相較，幾乎全然不同。

「AS計畫」以下，成立「YY」（機身及結構系統）、「YH」（發動機產製）、「TL」（航儀及電子），及「TC」（空對空飛彈）四個分計畫。IDF是「自立防禦戰機」（Indigenous Defense Fighter）的簡稱，從名詞上已可意會到，它即是國際政治的產物，因為IDF是「防衛性」戰略下的產品，其性能顯然與「攻擊性」戰

機有所不同。又要自衛，又要空優，所以在IDF的設計要求與條件，都必須顯示於四個分計畫的計畫目標上：為了緊急升空，機身必須輕巧且反應靈敏；為了迅速接戰，引擎馬力要夠大，速度要夠快；為了辨識正確，認定目標，雷達及電子系統必須先進；為了制敵於機先，飛彈系統，TC一型必須任何角度都能發射，TC二型也要能射後不理。有這些因素，可以想像到AS計畫是一個空前龐大，從研發到生產的系統管理組織。也難怪為何選擇黃孝宗為AS計畫的總主持人（華錫鈞為副總主持人），因為黃曾經是美國洛克丹航太公司太空梭及登月計畫液體引擎計畫的總主持人，因為他全權代表參謀總長直隸中科院的研發，並強勢地將航空工業與國防科技放在一起，而更重要的是，因為他是美國人，他來主持AS計畫，代表美國政府睜一隻眼，閉一隻眼，幫助台灣但也限制台灣的「協防政策」。這從YY計畫的速度上限、YH計畫的引擎馬力、TL計畫的「數位」操控，或稱「線控飛行」（Flight by Wire），以及TC計畫空優設計，都可以聯想得到。

　　而最特別的是，這是一個國際合作，計畫生產IDF戰機的中美合作計畫。主持人必須有管理過美國人的經驗，合作對象是通用動力公司（G.D.），發動機製造是G.E.（Garrett Engine）。生產過程有大量我們的技術人員駐在G.D.，也有大批的G.D.技術人員駐在台中。AS計畫，當系統設計一經確定，第一個策略就是決定「自製與外購」（Make or Buy），確定「自己不做」的幾大原則，自己不做則必須「外購」。外購，尤其是涉及軍事機密的軟體，則必須輸出許可，不必輸出許可的數十萬件外購項目中，採購作業是一項艱鉅工程。在台灣一般機關需要審計和監標，軍事單位也要監察和防弊。若依國內採購作業程序，再耗兩年時間不見得購齊所需。所以在AS計畫實施一年後，中美雙方共同檢討進度時，G.D.提出最落後的原因在於「採購」。於是總主持人簽准AS計畫採購案，可循依G.D.

公司的採購制度，並立即從中科院各所徵選科技人員數十人擔任採購，這樣才解決了工程落後的癥結與困擾。我隨總主持人出席AS計畫重要檢討會及簡報，從會議中學到很多東西，我最佩服的是各分計畫提報簡報的有效率，以及總主持人的即席講評，對G.D.公司的主管做到不卑不亢，令那些美國人服服貼貼。

　　至於材發中心對AS計畫的貢獻，則十分有限，甚至曾經引起不愉快。主要原因是雙方觀點不同，航發的觀點是「能買則買」，材發的觀點是「能做就做」。AS計畫有兩項關鍵材料，一是發動機以及渦輪葉片的超合金，一是IDF的雷達天線鼻錐罩。當YY和YH分計畫已屆生產階段，材發中心的IN—713及IN—718超合金已通過GE公司的驗證，鼻錐罩也已通過室外測試，但都被航發中心藉口已簽約定購而拒絕使用。為此我曾與航發中心華錫鈞主任當面爭辯，而材發中心的同仁則是認為無所謂，反而阿Q地覺得將來好壞跟材發都沒有關係，因為當時院外不少人造謠說IDF是「I Don't Fly」。事實上航材組那時仍屬材發中心，航材組對IDF的材料測試和對複材組件的製作，貢獻很多。再者，TC一型和TC二型重要組件都是材發中心的產品。

材料過程與航太工業

　　在中山科學院成立專業中心「材發中心」後，在我重返中科院的最初幾年裡，我曾先後出國參訪幾家與航太科技相關的公司，包括位於辛辛那提的GE引擎公司、位於洛杉磯生產太空梭引擎的洛克丹國際航太公司、位於福茲堡生產F—15的G.D.公司、位於鳳凰城生產IDF引擎的蓋瑞公司，以及位於康州生產航太引擎的P＆W公司。這些公司的共同特點是都設有MP（Material Process）的部門（MP像是「憲兵」的簡寫），有些公司MP部門地位很高，甚至將MP部門和QA品保部門直接置於總裁之下，而其他如生產、財務、人事……等則放在一專業副總裁之下。

　　初時，直覺地認為MP應譯作「材料加工部門」，但綜合這些公司的MP作業後，始發覺MP的意義尚不只限於「材料加工」，它更涵括材料研發、材料設計、材料性能測試，以及非傳統材料加工。（製造工程三要素：材料、設計與加工。加工又分傳統加工，指加工工具直接接觸被加工材料，如車、銑、刨、鑽、鍛、鑄等；而非傳統加工則指加工工具藉某種介質傳輸而加工，如雷射切割、電漿披敷、EDM及ECM等）。所以如將process譯作「加工」、「程序」、「進程」或「處理」都嫌狹義，不夠周全，因而我將其暫譯為「材料過程」，詮釋或較廣義。

　　有一次意外的收到一位在美國任教的教授，交給我一份資料，是由美國總統首席科技顧問主導，規劃美國全國科技預算的分配，我突然發現「Material Process」竟佔全部預算的三分之二。而其細目中，分配範圍竟包括交通、建設、國防、農業、醫療……等一切涉及硬體（材料）的研究計畫。當其具體化時，無不涵括在Material Process中，所以稱其為「材料過程」也許真比較妥切。

　　基於這一觀點，在中山科學院進行的TK、TC、雄風和AS四大主計畫都可以說是航太科技的材料過程。所以任何主計畫，只要有「材料過程」把關，再加上在零件、半成品、產品、生產過程之制式化、標準化，以及品質控制下，這些作業統稱之為「品質保證」，兩關嚴守，成品可說萬無一失了。也正因為如此，在籌組材料研發中心時，除了因產品材料功能分組外，特別設置「材料測試組」和「材料加工組」。材料測試組分兩部分，其一為執行材料分析、化驗、驗測，以及貴重儀器集中管理，包括金相、X光繞射儀、高倍電子顯微鏡、ESCA、Auger、質譜儀等；第二部分是材料機械性能之試驗，包括強度、硬度、疲勞、潛變等。研究人員均為一時之選，且多出身台大，包括楊春欽（MIT博士）、王建義（東京大學博士）、童山（東京大學博士）、洪衛朋（台大博士）等。有這

些高手，才能從事高難度的材料分析，並支援全中心有關學術論文
之發表。

材料加工組則集中於非傳統材料加工技術之開發，特別是雷射
焊接、電漿噴敷、電鑄（Electro-Forming）、電子陶瓷加工、自然反
應合成以及高精度熱處理技術等。其中電鑄技術是我唯一從中央印
製版廠引進的製版技術。後來我才知道，美國太空梭液態引擎噴嘴，
只有用這種電鑄技術才能製成。這一組的重要人手有高華鵬（北
卡大學博士）、敖仲寧（德國史圖佳大學博士）、吳憲民（清華博
士）以及葉明堂（台大碩士）等。

有了材料測試和非傳統材料加工這兩個組，再加上其他材料
研發，材料設計的七個組，才組成完整的相當國外「材料過程」的
「材料研發中心」。

航太工程學會

「航太工程學會」是國內歷史比較悠久的學會，也是在台灣少
有的幾個從大陸遷台即已存在的學會，從學會的會址能設在國立歷
史博物館的頂樓上，就可以體會到他的光輝緣起。

在台灣主持學會，做過多屆理事長的顧光復先生，從他的名字，
知道與民國同壽。從對日抗戰時期，他就從事中國航空工程事業。在
台灣，他曾任工業技術學院副院長、航空研究院院長，並曾婉辭中科
院副院長，但他對「航空學會」以及「國際航太學會」卻一直熱誠如
一。學會在台為符合時代需求，更改為「航太工程學會」，每年派代
表出席國際航太學會年會。國際航太學會年會很像小型聯合國，能同
時與大陸中國並列代表中國，全靠他的聲望和努力。因為航太工業是
資本密集的工業，航太工程學會所能做的只能限於航空教育的推廣，
配合已經存在的航空教育研究機構，促進航空理論的研究。學會的
理監事多選自航太工業機關首長，以及航空教育的研究所教授。

　　在台灣，真正的航太工業是在中山科學院，真正製造飛機的是中科院航發中心。所以多次學會理事長的選舉，很自然的就落在中科院院長劉曙晞的頭上。而真正主持戰機生產的華錫鈞主任，他對學會的活動甚少參加，無形中副主任王石生作了替身。因而當時出現一個很有趣的狀況：劉曙晞從不參加AS計畫，但卻當航太工程學會理事長；而華錫鈞從來不參加航太工程學會，但卻主持造飛機。當然學會理事長是要出資支助學會活動的，尤其是籌措每年參加國際航太學會年會會議代表的差旅費。這時隨理事長而變更的學會幹事李玉生（原服務於中科院），既機智又幹練，在那幾年，每年他都把我推出來代表中科院出席國際航太年會代表。

　　因為年會也有航太材料組，並可以及時提出年會論文，同時他與領隊顧光復研討，每年都會運用手腕與大會秘書處周旋，維持年會會議時得與中國大陸共同出席，共同代表「中國」，維持會籍不變。因為在那個場合，只憑幾篇學術論文是不夠的，必須有航太（大陸稱航天或宇航）的實績做後盾，方有講話的餘地。有一次在奧國年會的大會上，聽到大陸中國的航天部代表，一位總工程師，報告他們的火箭成就，可以在不同高度人造衛星軌道上，分別佈送四個人造衛星的技術和其生意經。那種趾高氣揚的神情，實令海峽這邊為代表的我們感到既慚愧，又感到同是中國人的光榮。

航太工業發展委員會

　　出席國際航太會議先後三年，都與趙繼昌教授同為台灣代表。趙教授（C.C.Chao）是我在史丹福讀博士學位時航空系的教授，因為不在同系，也未選過他的課，所以我認識他，他並不知道我。他提前退休返台做國防部科技顧問，並籌設成功大學航太研究所，在中科院以史丹福師生身份相聚。他對台灣航空工業最大貢獻，是發起成立「航太工業發展委員會」（CASID），簡稱「航太小組」。

當時經濟部工業局局長為楊世緘。楊是我西北大學的學弟，我與楊世緘的姊夫同學（參閱本書第六章「留學生生活情趣」一文）。楊原畢業於台大電機系，西北大學獲博士後，曾在中科院三所服務，後來在經建會當處長，我倆有同一個老闆俞國華（中央銀行總裁兼經建會主委）。在他擔任工業局局長時，楊與趙繼昌為航太小組共同召集人。當時小組委員只有九位，因為楊與趙皆與我熟稔，同時他們認為我是從事航太材料研發專家，所以兩位共同召集人將我列為航太小組十二位委員中的專家委員，除趙繼昌、黃孝宗與我為專家委員外，其他委員均為單位代表，代表交通部、國防部、國科會、交通銀行、華航、中科院、工研院和行政院投委會等單位。以後航太小組陸續擴大，增至三十幾位委員，後來航太工業發展委員會已變為跨部會的專責機構，成立一航太小組辦公室，因無編制，暫附設在工業局代管。辦公室主任為祝如竹博士，祝博士原服務於航發中心，在美國李海大學獲博士學位，其指導教授為薛昌明博士，為世界知名破壞力學權威。祝博士聰明幹練，將航太小組帶動得有聲有色。

趙繼昌和楊世緘共同創立的航太小組，最大的貢獻是在國內首次將「回授工業合作」透明化和制度化。所謂回授工業合作（Off-Set）是指購買飛機時，依售價抵銷一比例，回饋給買方，用於工業合作之基金。這與減價銷售並不相同，特別是針對國營事業，此一制度有協助購機國家從事經濟建設的積極意義。現以實例說明：當CASID小組初建時，正值華航標購十幾架遠程客機，購買客機一般分機身和引擎，分別招標，機身合格廠商為波音及麥道公司（以及英國、法國），引擎合格廠商為GE及P＆W，招標時，機身與引擎分別同時開Off-Set標。當然對購機國而言，售價愈低愈好，而Off-Set比例愈高愈好。記得那一次，引擎Off-Set竟高達百分之三十，十架747客機引擎Off-Set即達十餘億元。Off-Set之運用，各國均不同。

澳洲購機，其Off-Set由國家統一運用，由美國協助建了一座大型複合航材廠，以後產製747型的垂直尾翼，波音公司反而也向其訂購。台灣購機Off-Set由航太小組分配運用，協助公民營航空零件公司之技術引進及輔導產製，也同時建立了航太小組的功能與信譽。航太小組的委員分成合約、研發、教育訓練與航安四個分組，委員可依志願參加任何分組，我參加研發及訓練分組。從1991年到2000年，將近十年，我成了航太小組的老委員，直到我移居澳洲才辭掉這一職務。後來航太小組更擴大功能，連軍售F—15之Off-Set均經航太小組運作。國內廠商是否具備承接Off-Set工業之能力，則必須先經售商（G.D.公司）評估。我記得當時G.D.最感興趣的是材發中心的雷達天線罩生產技術，但後來認為是項產品保密等級高，不得列為Off-Set項目而終止。

　　因為航太小組是一個跨部會，而又無編制的組織，委員會所通過「航太工業發展政策草案」亦經院會核定頒佈實施，但偏偏未核定辦公室的建制與編制，所以把一個跨部會的委員會附屬在工業局之下，航太小組變成一個權責難分的畸形怪物。航太小組下設分組，分組開會時，出席或列席者有航發中心、航太中心（工研院籌設）、航太學會、航太研究所（成大、淡江、中正均有設置）等主管，而主其事者卻是一個航太小組。Off-Set政策之運作，因涉及範圍既廣，金額又大，稍微疏失，則會引起國際紛爭，幻象機、拉法葉或均與此有關。

第十二章　一九八八年前後的中山科學院

　　1988年是我重返中山科學院創設材發中心的第五年，也是強勢參謀總長郝柏村連續八年兼任中山科學院院長，而由黃孝宗代理院務的最後兩年。為什麼我在這裡特別強調1988年？因為在1988年發生了兩件影響歷史的大事：第一件是蔣經國總統逝世，而由副總統李登輝接任總統；第二件事則是中科院核研所副所長張憲義的叛逃。這兩件事都直接影響了中山科學院的運作和發展。

　　在歷史的洪流中，1988年我恰好親身感受了這段歷史的衝擊，所以我願意就我的記憶，將我當時的感受記述下來，當然這是主觀的感受。首先我先敘述中山科學院，以及我所主持的材發中心在1988年前後五年內的成長狀態。

全盛時期的巔峰

　　經過中山科學院全體人員的努力，把一向都循序漸進的航太科技工業發展，一下子改變為矩陣管理而平行發展的四大主計畫，在四、五年後，居然一一開花結果。四大主計畫終極目標的二機（雷霆機與IDF戰機）、六彈（TK一型及二型地對空飛彈、TC一型及二型的空對空飛彈，以及雄風一型及二型的海對海飛彈），都在1988年前後陸續展現輝煌的成果。科技發展像是連鎖反應，一旦達到「臨界質量」，其衍生的成果有時會一個接一個。「二雞（機）六蛋（彈）」的雄風一型飛彈，由我客串神醫，治癒它的宿疾後，確然是百發百中。然後二型試飛，擊中百餘公里以外的靶艦，成為名副其實的巡弋飛彈。跟著，它不再限於「海對海」，更變為「陸對海」和「海對陸」。

　　TK飛彈一、二型曾同時演習給李登輝看，一次發射分別射中近程靶機，並追蹤遠程靶機（將報廢軍機改裝成遙控靶機）而擊中，甚至攔截導彈，模擬目標也可擊中，以後進一步從「陸對空」改進至艦對空。這裡我必須補充一段傲人的成就，那就是三所電子研究所配合TK計畫，獨立發展的「相列雷達」的自製，沒有這項成就，等於沒有射控指揮中心，是無法指揮作戰的。再談到TC計畫，TC一型絕對媲美響尾蛇，二型更媲美美國先進的中程飛彈Amraum。更難能可貴的是將TC一型和二型同時裝在自製戰機IDF上，相當於防衛戰機，武力自主，這一點意義非常重大。最後提及就是AS計畫，這一史無前例的自立防衛戰機IDF自製計畫，在1988年12月首架IDF出廠，命名典禮在清泉崗中科院的陽明營區舉行，由李登輝總統親自主持，將「經國號」三字貼在機首左側。當日報章媒體以標題「刺激的一刻，驕傲的成果」，讓國人同感榮幸。典禮上並頒授給黃孝宗代院長一等寶鼎勛章一座，副總主持人華錫鈞及分系統YY、YH、TL、TC、「品保」各主持人，也都頒授勛章。「材料」這座門神，雖未獲獎，但曾長期參與計畫，並能親眼見到戰機緩緩駛出機棚，內心喜悅也頗難以形容。

　　由於實行矩陣管理，多重計畫陸續展現成果，所以在1988年前後這幾年，中山科學院一下子活躍起來。各主計畫由研發、試製，到生產，各階層人力，無論是科技研究人員，抑或技術生產人員，都陸續大幅擴充，達到上限兩萬人，含大專程度以上科技人員有七千多名，其中四百人有博士學位，二千八百人具碩士學位（當時全台灣大專院校的碩士及專任教師，不過二千七百多人），可稱中山科學院自成立以來的全盛時期。顛峰發展的影響，不但引起國內重視，同時也引起國外的側目。

　　當時遠見雜誌九月號以「第一次實地採訪國防高科技禁地」為封面，以長達二十頁的篇幅，介紹中科院各項研發成就。其中

第35頁並以「許樹恩──從印鈔票到造飛機」為副標題，作訪問報導。

當有國外重要人物到中科院訪問時，黃代院長喜歡展示他的高學歷人力。貴賓到訪時，總是讓幾位計畫主持人，和幾位名校出身的博士列隊在陳列室門前，一一介紹，這是MIT的×博士，這是Stanford的×博士……，看起來，頗有炫耀和避邪的作用。有一次美國前國防部長溫伯格（Weinberger）到院參訪一整天，並到材發中心的陳列室非常仔細地參觀我們發展的特殊材料，對產品內容及人員素質感到「驚訝」和「稱讚」。

巔峰過後的瘦身

1989年以後，當四大主計畫目標產品二機六彈陸續問世，逐一驗收，特別是強勢總長免兼院長後，黃孝宗也隨之終止代理院務，僅任總顧問兼督導。這時一個主要的轉變措施，就是研發經費使用的準則，經過監察院審計部長和行政院主計長聯合視導小組十餘天的查核作業後，決定即日起，中科院改以政府機構編列預算，年終審計決算方式執行。

雖說是納入政府正常財經制度的常軌，但對原無正式編制研發機構的中科院來說，頓然失去運用自如的活力。跟著，從以下這些措施，感受得到，中科院已從顛峰之後開始走下坡了。

先是中科院不能盲目的擴張，於是開始人員的退離，只退不補之外，每年淘汰百分之一冗員。百分之一雖然是少數，但對一個有兩萬人的機構來說，也是個頭痛的問題。擴員容易汰員難，各研究所和中心開始了一些較嚴峻的考核措施執行汰員，當然也引起一些不愉快的反彈。

再來國防科技研發計畫開始計畫管制。研發計畫經費開始編列十年遠程計畫、五年中程計畫、二年近程計畫以及當年年度計畫。

計畫作業對一個正常的政府機構是有絕對的必要，但對一個國防科技的研發機構而言，則感到相當困惑。主要因為「創造」和「發明」是不可能依計畫完成的，例如，如果計畫在三年內發明一種室溫超導體，有無可能呢？所以在材發中心的創設初期，每年可容許編列百分之三十自行開發的研發項目，以致有多種創新性的研發結果出現。現一旦停止自行開發而只編列具體生產項目，無形中將「研究」與「發展」分離，研究比例降低而發展比重增加，當初倘無創新研究項目作基礎，如今則無發展項目可言了。

　　而人才培育計畫的員額也逐漸減少，終至零成長。過程是先將國外進修改為國內進修。中科院成長過程，有兩次成功的吸引高科技人才計畫方案，一是國防科技預官到中科院服務計畫，二是由中科院輔導成立四個研究所之碩士研究生至中科院服務的計畫（包括台大力學研究所、成大航空研究所、交大電子研究所，和清華材料研究所及自強中心）。限於預算與汰員的影響，這兩項計畫均陸續終止。

　　至於瘦身計畫與汰員計畫方案，來自員額需求取決於經費，經費來源取決於計畫目標。中科院的計畫目標為國防尖端武器的研究與發展，當成長顛峰過後，四個主計畫，包括二機六彈均已告一段落。國防部主管計畫作業的計畫次長室，隨之告知中科院，計畫終止，經費緊縮，員額相對減少。初步計畫，精簡十分之一，進一步要求四分之一。精簡措施由中科院自訂。於是中科院一級主管在主持研發計畫之餘，由執行長吳謀泰主持一項「中科院何去何從」的研討作業。

　　於是各種自力更生的計畫均在考慮之列，包括「衍生公司」（Spin-off）計畫、改成「財團法人」計畫、「軍民兩用」合作生產計畫、「技術轉移」輔導民營計畫等。航發中心由國防部改隸經濟部，成立漢翔公司是較特殊案例，一方面達成中科院之瘦身計畫，

同時在國內建立航空工業之基礎，但另一方面在改隸過程，將純生產技術人員轉出，而使純研發的一所部分留置中科院，則更增加中科院之負擔。

　　中科院能於二十年內迅速擴充，吸引國內外優秀青年從事國防科技研發，其中誘因之一是對高學位科技人員有較優渥的技術加給，且對技術加給的所得稅，比照軍職待遇得予豁免。在中科院精簡過程中，忽然一聲令下，終止文職科技人員免繳科技加給所得稅的豁免權，並且要追繳五年所得稅。一時給予數千文職科技人員極大的震撼，認為國家對他們獻身國防事業是一種騙局。本來李登輝既然繼承了蔣經國總統的基業，也應該對蔣經國總統號召知識青年的承諾同樣認可，但李此時就是不點頭，以致台北街頭，一度出現數千高學位青年向政府抗議的場面。

▶ 1991年，李登輝總統到材發中心視督，參謀總長劉和謙(中左)、中科院院長劉曙晞(中右)隨行，作者(左二)向其簡報。

材料研發中心揚名中外

　　配合中科院各項主計畫所開發的材料研發，很快博得當時兼院長的郝柏村的注意。材發中心初成立的第二年（1984年1月27日），在他《八年參謀總長日記》裡，有這樣一段記述：「下午視察材料中心，經許主任報告，深以其成就為慰。尖端材料所需高級材料的獲得與自給，是發展尖端科技的基本條件，余所見高級材料研製能力，深以為榮。」是不是「尖端材料」很難定義，但國際間從事尖端科技研發的人都會知道，一旦那裡在尖端材料研發有些新的突破或進展，不待你自我宣傳或論文發表，有心人士會不約而同的將目光注視到你，正所謂「消息不脛而走」。

　　所以在1988年前後，曾有以下的「活動」在材發中心發生：

　　一、美國「防禦」（Defense）雜誌一位利比亞裔女記者來材發中心訪問。

　　二、美國駐東京的科技記者，藉台北國防科技展的機會來訪問我。

　　三、我應邀到美國國防部「尖端研究計畫局」（ARPA，原稱DARPA）訪問，該局研究人員Dr.Patten主持接待並研討合作之可能性。同時參訪美國海軍研究試驗室（U.S. Naval Research Lab.），愛迪生曾在這個試驗室工作過。

　　四、而美國國防部負責研發部門亦透過AIT邀我，陳文懿副主任隨行，到華府研商絕熱複合材料事，由一位助理次長主持研討。

　　五、1990年，法國商務辦事處出面邀請複合材料工會，組一商務代表團訪問法國布杜（Bordeaux），商請國防部同意我去，並擔任名譽領隊（參閱本書第八章「任務導向重點突破」一文）。

　　六、為加強金屬材料防腐蝕之理論與實務，與澳大利亞新南威爾斯大學展開國際合作。並邀請該校材料學院院長大衛‧楊教授（David J. Young）來院訪問。

七、我返回中科院的第三年（1986年），美國李海大學破壞力學學院院長薛昌明教授（George C Sih）與我共同主辦在台灣第一次的國際「尖端複合材料及結構」學術會議。在台北福華飯店舉行，為時五天，國內外與會學者及研究生約三百人。會後在荷蘭Vnu Science Press出版論文集一冊，凡783頁。

ADVANCED COMPOSITE MATERIALS AND STRUCTURES

Proceedings of an International Conference

Howard Plaza Hotel, Taipei, Taiwan, Republic of China
May 19–23, 1986.

Edited by

G. C. SIH
Institute of Fracture and Solid Mechanics,
Lehigh University, Bethlehem, Pennsylvania, USA

S. E. HSU
Chung Shan Institute of Science and Technology,
Lung-Tan, Taiwan, Republic of China

VNU SCIENCE PRESS
Utrecht, The Netherlands
1987

▶ 在荷蘭Vnu Science Press所出版的論文集。

材發中心十周年慶

1993年是我自中央印製廠調返中科院的第十年，也是我創設材料研發中心滿十週年的日子。為了慶祝這一天的到臨，我們事先成立了個籌備會，決定籌辦兩件事：編印一本《材發中心十年慶》，專門編印各組十年內完成材料科技專技產品之原理、研發過程及成效；籌辦材料科技成果展，展示各研究組十數年所研發成功的特殊材料，包括：「高溫組」的3D—C/C超高溫組件、超高溫粉末冶金組件、高溫超導體磁浮列車、Alnico及NdFeB強磁磁體、各型飛彈陶瓷鼻錐天線罩、衝擊引擎自碎玻璃隔板。「複材組」的各種複合材料組件，自創專利絕熱材料CSPI（中山聚醯亞氨）、防爆筐籃、飛彈外殼、噴嘴。「冶金組」的各種超合金鑄件、鍛件、鈦合金、鋁鋰合金、介金屬單晶葉片、脫蠟精密鑄造產品。「電能組」的各型熱電池、各型銀鋅電池。「光電組」的TC一型IR追蹤系統、熱像追蹤系統、光電半導體單晶生長技術、有機金屬化合物超晶格半導體製備技術。「固態組」的MgF_2-IR光罩及生產技術、Nd-

YAG雷射單晶生長技術、壓電陶瓷製備技術、高溫超導體理論與技術開發。「材料加工組」的電鑄技術及產品、雷射及YIG焊接技術及產品、陶瓷及電漿噴敷技術及產品，以及高精度熱處理技術及產品。「材料測試組」的有關材料分析、化驗、測試、檢驗的成果及記錄，包括機械性能、金相分析、X光、高倍電子顯微鏡、Auger、ESCA，以及完成台灣首度材料測試之品質驗證。

中心十年慶之日，將這些材料科技產品展示於材發中心大樓之第二層，開放給中科院各所，及各主計畫同仁參觀，當時亦有國內各大學教授聞訊而來，一時對材發中心十年之成就，感到訝異與讚嘆！

十年慶展示期間，恰好澳洲國家科技暨工程學院五位院士來遠東訪問，領隊鮑米爾教授（Prof. I.J. Polmear）為Monash大學校長，出發前曾寫信給我，詢問能否到中科院材發中心參觀，我覆函表示歡迎。當他們參觀十年慶的成果展後，對材發中心的成就大表讚賞。返澳後，曾撰寫考察報告一份，由澳洲國家科技暨工程學院發行，主要針對大韓民國及中華民國材料科技發展作詳盡報導，特別對中科院材料研發中心之成就表示推崇，認為某些特殊尖端材料之業績，殊值澳洲師法，認為將制訂政策以加強與兩國技術合作。此項研究報告對後來澳洲（透過澳洲國家科學院）與台灣（透過國科會）國際學術合作，以及我個人被錄選為澳洲國家科技暨工程學院外籍院士（1998年），產生很重大影響。

升格為材料暨光電研究所

我在1994年十月份屆齡六十五歲，自中科院文職簡任主任退休。退休之日，院內主管及幾十年老朋友百餘人，由楊景樞主持人帶頭送給我一座特大號的銀盾牌。材發中心的全體戰友，由陳崇一副主任和綜計室主任蔡敏涼的安排與巧思，在桃園揚昇球場俱樂

部，辦理了一次大型歡送晚會，並致送一座佈滿尖端材料產品的紀念品。檢視每一件材料成果，幾十年艱辛後的成就感油然而生。

在我屆齡退休之時，也正值中科院全盛之後，時勢所迫汰員縮編的期間。每個研究所都在用盡心思，如何「找飯票」，也就是如何憑藉自己的專業科技，技術能力與能量，來尋求「頭寸」，以維持所屬人員的薪資與開銷。這種「找飯票」的工作，在巔峰狀態以前，從來不虞匱乏，即使有，也是院長或計畫處的事，從來不必由各研究所或研究中心傷腦筋。而如今不同了，不但直接由各研究所來籌措，如有不足，那多餘的員額，就要有裁減的計畫。這樣一來，最不受「找飯票」影響的單位，就是材發中心，因為當時主要經費來源有二，一為軍事武器系統生產製造經費，來自國防部及軍種總部，院內透過各主計畫管制室，如TK飛彈的經費來自國防部，陸總部透過TK計畫管制室核撥給各研究所及中心，支付所研製的飛彈組件，這時材發中心經過「愚公移山」方式所產製的尖端材料，變成了各主計畫的獨門供應來源。另外一個經費來源是院外公民營機構，透過經濟部技術處「軍民兩用」產品計畫，以及「技術外移」計畫，將材發中心發展完成而可用於民間商品之技術，轉移給民間開發生產。

最顯著的實例是將鈦合金精密鑄製技術移轉給民間生產高爾夫球頭，不到三年，低價高爾夫球頭市場竟普及全球。另一實例是開發VAR重熔超合金及超高速鋼技術，代長榮重工重熔其VIM產品，使其產品品質控制能達國際水準。

因材發中心數年來發展適用軍民兩用產品特多，所以不但不受中科院汰員縮編的影響，且於1998年，在我退休的第四年，改制為第五所，稱「材料暨光電研究所」迄今。原來與材發中心並列的品保中心，由於中科院決定將各研究所轉變為責任中心，因此終止其專業中心之建制，而將品保業務分散在各研究所了。

張憲義舉家叛逃

在1988年1月13日，蔣總統經國先生逝世的同一週內，中科院核能研究所發生了件震驚全國的新聞，那就是副所長張憲義舉家叛逃美國事件。當然，這一事件的發生，即使在中科院院內也是在一週後方漸漸地顯現出來。

先是兩天未見到副所長上班，打電話家中無人接，繼而發現家門上鎖，孩子已經幾天未上學，所內查對其不該休假後，到親友處查詢，反應是搖頭或擺手。這時所本部、院本部及政戰安全部門開始緊張錯愕，著手核對出境記錄，通報國防部以及情治單位。大約十天後，有些報紙媒體以揣測性的新聞披露出來。待沒有機關否認和闢謠，於是大報也刊載成第一版新聞了。跟著各種獨家新聞陸續出現，有的像是偵探小說。

但日後，我們從郝柏村《八年參謀總長日記》裡，可以知道，張憲義於1月17日叛逃，三天後美國在台協會丁大衛（相當地下大使）即會見郝總長，並持雷根總統給尚未上任的李登輝副總統函緘，讓丁大衛達成一週內簽好字持返的任務。雷根並交代他「達不成任務你就不要回來見我。」函緘內容是什麼呢？是讓李登輝簽字同意封閉核研所重水反應爐（TRR）的協議書（應該稱為「城下之盟」的「哀的美頓書」）。丁大衛說他來台之前在美國務院曾見過張憲義，所以當台北報章上見到張憲義叛逃的消息時，城下之盟的協議書早已經簽字了。

當核研所內部仍在尋求線索，追究責任的時候，美國負責檢查核武的技術人員，已進入核研所和反應器廠，大肆搜查，像是刑警搜索賊窩一般。同學謝鴻倡、曲家琪當時是材發中心的副主任和綜計室主任，因為他倆曾任核研所的放射冶金組組長和熱室組副組長，對核研所放射性設施瞭如指掌。當他們知道搜索的隱蔽地點和搜贓的惡行怪狀後，不禁搖頭嘆息：「我們這那裡像個國家？」熱

室組陳組長在熱室組極端隱密的空調幫浦間，不小心從隔層地板摔下來，致頭臉重傷。最後我不確悉這搜贓小組是否找到他們的證據——那是張憲義提報的「核武級濃縮鈾」，有多少？放在哪裡？一五一十的提報給傀儡戲的繫繩人CIA。

張憲義是中正理工學院（前身為兵工工程學院）第二十六期物理系畢業，台灣省人，畢業後全班分配到中科院核研所工作。中科院送他到美國田納西大學讀核工物理，在那期間被CIA所吸收。獲博士學位後返核研所工作，表現良好，為錢積彭所長所賞識，是他同期同學升任副所長的第一人。當然事後檢討，工作表現積極，早日獲升重要職務，也就是他的任務之一。

張憲義是相當聰明的人，這從他是圍棋高手就可證明，他當時是中山科學院唯一具有圍棋二段棋力的人（另一方面也說明中科院的圍棋水準很低）。平常對人和善，喜歡參與中科院各種活動，包括飛彈試射在九鵬舉行的一張照片，我與他出現同一鏡頭，倒成了對此君歷史的追憶。

張憲義的叛逃是美國中央情報局（CIA）國際間諜戰的重大成功，也同時代表著中華民國國防科技的重大挫敗。第一受影響的是中山科學院，再來受影響的就是國家核能發展政策。

中科院、核研所劃清界線

「中山科學研究院」這一研究機構籌設的宗旨就是要發展核能、火箭和電子，從國防科技獎學金第一屆科別的名額以及以後各屆的獎學金名額，包括張憲義自己出國讀核工的員額，都是依原有宗旨而設計。國防科技發展核能、火箭和電子，任何人都會聯想，其終極目標是發展核武、飛彈和電子戰。不僅是中科院院內研發標的、計畫構想，甚至國防部中正理工學院的教育宗旨，也都有某種程度的配合。

　　而現在由於張憲義這一逃，一下子，工程建築才施工，鷹架卻垮了。在本書第六章開頭時，我曾提到國防科技發展藍圖是由一位兵工前輩，以他自己的經驗和性命，為總統蔣公設計，而由蔣經國總統親自主導去執行。歷史就是這麼殘酷，若將張憲義和這位前輩相比照，對映一下，會得出頗有趣的巧合，兩個人都姓張，同是兵工校友，同樣是核工博士，但不同的是，一個是住在美國卻效忠祖國而奉獻了心志，擬定了核能計畫；一個是生長在台灣，卻效忠美國而摧毀了才砌起的核能積木。他們兩位彼此誰也不認識誰，國防科技計畫擬定時，大概張憲義還未小學畢業，而我卻是絕少幾位有緣認識這兩位神秘人物的人。

　　事有蹊蹺，張憲義叛逃案這麼大的轟動事件，卻未見有那個主管被牽連，也未見有任何人受處分，甚至也未見到對叛徒的通緝令。從郝柏村的《八年參謀總長日記》上才知道，原來「不要查究處分他們」，也是丁大衛代表美國政府要求（或者說是「要脅」）的一部份。丁大衛說「這是某些個人行為，當然基於愛國心」，出賣國家是為了愛國倒也是奇聞。

　　總之，張憲義叛逃的效果，是李登輝在一週內簽署了協議書，同意徹底拆除與發展核武有關的設施，包括重水反應器（原子爐）抽掉重水，頓時將方方正正的一座黃色巍然建築變成廢物。

　　在未來的幾個月裡，就是辦理中科院龍潭營區與核研所劃清界線。本來當初在新圍徵地籌建中山科學院（如第八章所述）是將新新圍山頂平台地劃分為一所、二所、三所（即院本部）三個區，一所面積最大，準備增建原子爐。後來中科院擴充，在一所外側增購土地稱「龍門區」，供作各所擴充用地，包括後起的材料研發中心和品質保證中心，當時原本都是國防部的產權。核武發展被迫終止，最多將核研所連同反應器的一塊方形營區劃出，而維持一所後面道路暢通，則仍可維繫中科院院本部與龍門營區在一起。但當

時的院部決策人，幻想著核武發展有朝一日或能復活，所以決定將
「龍門區」劃割大半給核研所，而將反應爐前面道路供作中科院聯
繫院本部與「龍門區」之用。這樣一來，形成了十分滑稽的畫面，
那就是在龍潭中山科學院那片土地上，忽然出現一座壯觀的研究機
構，叫「原委會核能研究所」，這個研究所將中山科學院縱向攔腰
切斷。而核研所內一條大馬路又將核研所橫向攔腰切斷，路之兩端
各有憲兵和警衛把守，看起來非常不協調，所內的水、電、通訊，
看情形還要再分一次家。

　　當核研所自中科院分離時，一度引起核研所同仁的恐慌，主要
是分開後人員的身份和待遇問題，特別是有學位的研究人員，有的
是軍職，有的是文職。當時中科院各所，即使是全盛時期，能容納
核研所相類專長的職缺非常有限。核研所改制後，如何容納這些技
術人員，成了最大的難題。當時核研所的所長是周仁章，他每天奔
波於中科院、原委會、國防部、人事行政局和銓敘部，最後還是靠
政務委員李國鼎先生的眷顧，他認為安置核研所的同仁是政府的責
任。他在行政院為核研所同仁爭取到最大的權益，特別是為核研
所研究員以及軍職人員，全部銓敘為簡任文職，其他技術人員也
可以先辦退伍，然後改敘。這樣一來，將一個瀕臨解體的、恐慌
無望的機關，變成待遇優渥而令青年嚮往的研究機構。事後有人
開玩笑，說在核研所內應塑造兩座銅像，一座是周仁章，一座是
張憲義。

對國家核能發展的影響

　　由於核能是工業能源的希望，但也因為放射性對人類的危害，
全世界都將能源發展視為尖銳和敏感的話題。至於核武的發展，二
次世界大戰時，曾是美國獨家的生意，因它而結束了二次大戰。戰
後，蘇聯、英國、法國陸續加入原子俱樂部，也開始壟斷核武的發

展。1964年，毛澤東在大陸極端艱困的環境中，喊出「不要褲子要核子」，舉行了第一次核子試爆，隨你歡不歡迎，但可擠進原子俱樂部，自那時起，核武研發並不意味著要炸誰，而是代表「國力衡量」的標準，與世界政治均衡的砝碼。

也就在那時，在台灣的國府擬定了國防科技的發展方案，舉辦了破天荒的國防科技獎學金，成立了史無前例的中山科學研究院，標榜的目標就是發展核能、飛彈和電子戰。針對要不要發展「核能」就是要發展「核武」，以致有1968年那段「兩廣大戰」和「蔣吳交惡」的戲碼（參閱本書第六章「籌備中山科學研究院」）。儘管得不到國內外的支持，但依然與加拿大合作建築了重水反應器，和法國與南非合作建成了鈾燃料加工廠，和歐洲國家合作籌建了放射冶金試驗室（熱室組）。但同時，政府也簽訂了禁止核子武器擴散條約。蔣經國總統也對外宣布，我國的政策「保有核子彈發展能力但不製造武器」。

詎料，這一切的說詞與策略被CIA佈建在核研所的一顆棋子張憲義及時叛逃而爆料，弄得全盤皆輸。所有劇中人：原始設計人張博士、中科院院長唐君鉑、副院長劉曙晞、核研所所長錢積彭、反應器廠長方完成、鈾燃料加工廠廠長謝鴻倡、核燃料冶金組組長徐念南……等，還有一生都奉獻在核武發展的人，全部都變成歷史上的悲劇人物。張憲義發現台灣政府似乎對他莫可奈何，更與政黨搭上邊，以圖要脅政府，若不是國防部及時透過丁大衛讓美國政府對張約制，否則他會更加得意忘形（參閱郝柏村《八年總長參謀日記》1988年2月24日日記）。中正理工學院有輝煌的校史和校友，如今造就出這麼一位人才，真是令學校大大出了名。

自是以後，核研所改隸原能委員會，宗旨是研究核能純正的和平用途。在台灣核能具體的和平用途就是核能發電，核一廠、核二廠在北部，核三廠在南部，核研所成為維護三個台電核能電廠的安

全督導單位，和核廢料的協助處理單位。核四廠的興建成了政治話題，該不該建？能不能建？原委會成為一個尷尬的部會，原委會轄屬的核研所，該發展什麼核能？能發展什麼核能？「不求有業績，就是最好的業績」，恐怕將成為核研所的工作指標。

中科院三十年的中流砥柱

從我1964年考取第一屆國防科技獎學金，到1994年自中科院文職限齡退休，整整三十年。三十年中，除去被徵調到中央印製廠五年半，以及在美進修碩士、博士六年以外，在中科院工作仍有十八年半之久。人生幾十寒暑，十八年半是一個相當漫長的歲月。中山科學院和我，都還存在這世界上，我今天站在南半球，以親身經歷，將北半球台灣小島上中科院初生十八年半的點點滴滴，以「中」科院在歷史洪「流」中，四座「砥柱」，也就是以張博士、唐君鉑、黃孝宗及劉曙晞為代表，分別敘述於後。

一、偉大的愛國者張博士：第一個令我尊敬和懷念的人是在第六章開端及本章有關張憲義那一段，我所提及的張博士。他曾為多難的祖國設計了國防科技建設的藍圖和人才培育計畫，但卻犧牲了他自己的一生幸福。我有幸、也不幸和他結識，據知1993年時，他還活在這個世界上，淪為夏威夷外島一個旅遊響導。奇怪的是，國內外竟沒有隻字片語來提及這位偉大的愛國者，即使是在此自傳，我仍不宜寫出他的大名。

二、開院元勛唐君鉑：提起中山科學院，無人不知唐君鉑將軍。唐君鉑是代表國防部副部長蔣經國，負責籌畫「中山科學研究院籌備處」的副主任，出任籌備處副主任之前，他是國防部後勤次長。他並非出身軍旅，而是在抗戰前唐山交大畢業，抗戰時在英國劍橋深造，返國後服務於兵工及陸軍後勤單位。唐先生身材短小，剛毅幹練，對人和藹，喜抽煙斗。他公餘唯一的娛樂是橋牌，他的

牌友搭檔是劉元發（時任計畫處長），他打牌時極端認真，出牌用力敲在牌桌上，偶爾出錯，會責怪劉元發「狗屎！」，只有劉元發敢對他回敬：「狗屎是你！」。

籌備處時，全院只有數十人，小團體十分富有人情味，晚飯後唐先生經常請大家吃宵夜。王唯科善於擺龍門陣，宵夜後他說他很會算命，年紀輕輕已有外號叫「王鐵嘴」。提到王鐵嘴有一天被一位中年張先生請去看手相，到張府一陣寒暄之後，那位張先生問他：「你看我手相之前，先請教你，像我這樣的人，手相會有什麼特徵？」。王鐵嘴再端詳一下這位張先生，似乎在哪兒見過，但想來一定是蠻有名望的人，於是他就以有地位的人之手相，說一定事業線有多長、生命線有多深……，待這位張先生把手伸出請他看時，把他嚇呆了！原來他根本就沒有掌紋。這位張先生抒解王鐵嘴的尷尬，笑著請他喝茶，他瀏覽了張府客廳四壁，這時他記起來了，原來他是張道藩，當時的立法院長。張院長見他鎮靜下來後，笑問：「年輕人，你說是算命的人多，還是拜佛的人多？」王說：「當然是拜佛的人多。」張說：「你知道為什麼嗎？」，王有點茫然，張院長告訴他：「佛不會講話！」。王唯科（以後升為核研所資深副所長）承受教訓，從此以後，再也不給人算命了。

我從考取國防科技獎學金出國前見唐第一面，在美國西北大學讀碩士時見他第二面（他往訪每一個獎學金留學生），返國後代他籌組「中國材料科學學會」，連續多年為他擔任學會總幹事，他視我為中山科學院基本幹部。中央銀行突然徵調，傷過他的心。待我重返中科院時，他已自中科院院長任內退休。逢年過節我必趨府拜候，至1996年再見時，已是在台北殯儀館公祭他的時候了。

唐先生將後半生全部的時間和精神都放在中科院，他的貢獻，就是代表蔣經國創辦了一個前所未有的國防科技研究機構。機構的目標雖然放在核能、火箭和電子，但此一機構的前十年，重點工

作幾乎全部集中於「人才儲備」。中科院的行政組織，似乎是模擬聯參作業，但「計畫處」有些畸形發展，不但主管計畫作業、人員儲訓、科技人事制度，並兼管院長辦公室、秘書處的業務，甚至還包括計算機中心和總圖書館。首任計畫處長劉元發是唐先生的首席智囊，點子王鄭毓珊曾是計畫處中堅人物，以後宋玉、陸寶蓀、張延熙、周敢、陶超敬、仲澤勝、楊聲震都曾做過計畫處長。計畫處長成了升少將或晉職執行長或副院長的階梯。因為計畫處的業務太繁、太廣，也太重要，難免在政策上左右了主官的意志，或扭曲了院長的企求。

對唐君鉑院長最大挫折感的是核能政策，與科指會主委吳大猷觀點兩極化，以致發生「兩廣大戰」與「蔣吳交惡」一事。核武發展雖然未因吳大猷的反對而中止，但計畫進展也並不順利。政策搖擺固然是主因，而核研所錢所長也不無責任。直到張憲義叛逃案發生，終將唐先生的終生職志徹底瓦解。

三、伯樂千里馬黃孝宗：有關黃孝宗代院長對中山科學院的貢獻，我也在本書第十一、十二章以發揮我的專業成立「材料科技專業中心」為經，協助他以矩陣管理、同時發揮「二機六彈」四項主計畫為緯，綜合為他說明。

他原非中山人，也非中山客，他從1982年到1989年這七年間，像一陣旋風給中山科學院帶來一些滋潤，也同時帶來了一些震撼，所以我把他也列為「中流砥柱」的一座柱石。

我們看得出，黃孝宗就是強勢作風郝柏村在國防科技方面的替身。郝充分授權，也充分授「錢」，容許黃沿用蔣經國作國防部長時代所交代：中科院研發經費屬機密經費，意指不受主計和審計的查核範圍。就因為黃獲充分的授權和授錢，所以他才能將很多原本不協調的事物，短暫地協調在一起，如將航發中心歸併中科院、同時發展飛彈和航空，或如由中科院主導成立民間學術團體——台大

力學研究所、成大航太研究所、清華自強中心和交大電子研究所，又如材料研發中心，設置超合金廠和鼻錐罩研發生產製造區……等。這些如果不是有授權的魄力和充分的經費支援，是難以在短期內獲致成效的。當然，威權時代的充分授權，難免也會有逾越常規的事例。

1989年，郝柏村免兼中科院院長，先後由葉昌桐及蔣仲苓兼任院長，至1989年底，黃孝宗結束代院長職務，由劉曙晞接任院長，黃仍為總顧問，並授命為中科院督導。同年12月，郝柏村出任國防部長，由劉和謙接任參謀總長後，黃實際上已離開中科院。1990年黃已很少時間到院顧問，而在外籌組台翔公司。籌組台翔公司期間，黃曾找我，屬意由我出任MP（材料過程）副總經理，並曾在台北與其他幾位副總經理人選研商規劃事宜（包括製造副總程剛、工程副總朱信，及一位財務副總），但因為台翔先天不足，股金募集不易，後天失調，不久就陷入政治漩渦。業務副總後來找到駐美專員劉國治出任，我以後就未再與黃見面了。直到女兒的親戚在市面上發現《IDF之父──黃孝宗的人生與時代》一書，見其中有對我的記述，而為我寄來一本。

四、海軍二級上將院長劉曙晞：是中科院另一個關鍵人物，劉曙晞為海軍機校41年班高我一年學長。我們同船自上海遷校到左營（請參閱本書第三章），畢業後又一度在海軍機校共事。當我考取國防科技獎學金，西北大學獲碩士返國時，他已在美國海軍研究院獲博士學位，出任中科院籌備處的第三研究所所長。那段期間我們一起住在新竹東美路宿舍，當時租賃宿舍同仁計有劉光霽、劉曙晞、錢積彭、吳謀泰、張延熙、鄭家平、蘇鴻綎、韓光渭、李育浩、巢慶成、許凌雲、董康年、劉信弼、華藻和我。多少年後，吳謀泰戲稱這些人為「竹聯幫」。

我與劉曙晞學長夫婦原已熟稔，在新竹宿舍時益形親近，兩

家常有來往，直到我去史丹福讀書，全家遷往台北木柵，劉學長夫婦仍曾到木柵住所看望妻子純惠。我自美返院工作，兩家仍偶有聚會，或參與院內主管旅遊活動。十年後，我在中央印製廠已五年，有意返院發揮所學，還是劉學長刻意安排，在他女兒冰芝訂婚典禮上，讓我結識黃孝宗總顧問，以致有機會重返中科院。

在我外調中央印製廠工作期間，並不清楚中科院內發生過什麼事，只聽說三所在「電子戰」研發方面作得不錯。當時海軍機校一、二期同學先後服務於三所的同學有41年班的劉曙晞、陸寶蓀、孫可時、楊鴻銘、方承棟、嚴燮南及42年班的張延熙、華藻、呂福釗、周明、李根發、毛合璞、謝桂光（四十二年班）。我同期班同學中，張延熙曾任過所長、華藻曾任過副所長，呂福釗、周明都任過多年組長，他們對雷達、微波通訊、電子戰（大成計畫及天網計畫）、天線系統，都曾有過重大貢獻，加上低年班的校友，使得中科院三大目標──核能、火箭、電子戰，在電子戰方面最能凸顯海軍機校校友的特殊成就。也正因為劉學長有繼承唐君鉑先生基業的事實（包括核委會駐會委員），以及電子戰的成就，所以他能從所長升到副院長，以及爾後升到院長。但劉學長能破天荒的由從事研發的業科軍官，晉升到海軍二級上將，卻是與IDF研發成功有關。一次晉升了華錫鈞、劉曙晞和果芸三個上將。非兵科指揮官晉升上將這是有史以來的第一次，當然這也是海軍機校所有校友的光榮。

劉黃之間表面上密切合作，骨子裡似並不協調。這在郝柏村《八年參謀總長日記》第592、593頁都有記述，他認為完全是海軍機校先期畢業生反黃排外心態。我是中科院建立時（甚至是建立前）進入的海軍機校畢業生，由於去中央印製廠繞了幾年，黃孝宗把我找回來籌建材發中心，但卻渾然不知這表面平靜，甚至果實豐收的顛峰狀態的背後，卻隱藏著波濤洶湧的暗流，我居然被視作黃孝宗的人。難怪在我將在文職主管屆齡退休之前（1994年），那時

已是李登輝時代，參謀總長為劉和謙，中科院院長是劉曙晞上將，我本以為劉院長會徵詢我的意見，以何人接替我的工作為宜，原以為以當時楊聲震、陳崇一、陳文懿、張忠柄四位副主任的優先順序接續我的工作，應是很好的陣容，孰知這原來都是自己的想法。有一天，秘書室電話找我及楊聲震一起到院長辦公室，劉直截了當對我和楊聲震講：「要調楊聲震為計畫處處長，依楊聲震的條件，將來可以當院長。」，而「材發中心將調三所副所長汪鐵志接任」。這相當於佈達式的命令，我只有遵命。

我離院之日，院部由院長主持一個歡送儀式，院內所有主管參加。院長對我一番表揚之後，頒給一座獎牌和一座各種飛彈的模型，代表每種飛彈都有我的血汗。離院後，據說也制訂了一項制度，那就是凡退休離院的主管，不再續聘為諮詢委員或顧問，制度則從我開始。我之後，適用此制度的是楊景樞和韓光渭。

劉學長在他的任內完成了一項不可能的任務，是在蔣和李兩個截然不同的時代交替過程，將中山科學院安然的渡過洪流。

我與劉學長再度見面時，已是2001年6月，感謝他參加幼子毅中的婚禮，並賜來賓致詞。其時我倆均已古稀之年，他也自軍職及中科院退休。他寓居龍潭逸園新村，我們曾多年同村，我卻第一次趨府拜訪，難怪劉大嫂嗔怪我「許樹恩，你真是稀客！」

李登輝時代的中科院

自1988年元月李登輝副總統接任總統，連任二次，前後在位將近十二年，這十二年，我們可稱為李登輝時代。而李登輝時代的前六年，也是我在中科院退休前，親眼目睹中科院和這位李總統的關係和影響的六年。這六年適好是在中科院經過二十幾年的艱苦成長、茁壯後的顛峰狀態。當時由強勢參謀總長郝柏村兼任中山科學院院長，並由科技顧問黃孝宗代理院務，實施矩陣管理，相繼完成

二機六彈，以及電子戰的大成和天網計畫。

李登輝承繼蔣經國的事業而代表蔣經國驗收成果的時候，雖然，很不幸的是，張憲義叛逃也發生在這段時期，還未上任就被迫簽下了不發展核武的城下之盟，使中山科學院三大任務核武、飛彈、電子戰只能進行其二，但這段時間，將戰機IDF生產也納入航太發展範圍，因而在李登輝就任總統的四年內連續主持了各種飛彈與戰機的驗收大典，包括TK一二型飛彈同時攔截及追蹤靶機的實射演習、IDF戰機出廠典禮、試飛典禮、成軍典禮，以及漢光演習雄風和TC飛彈的實戰驗收。除了有一次IDF試飛著陸脫離跑道，翼翅受損外，其餘都非常成功。這些演習和校閱，都是郝總長與黃代院長陪同，由李總統主持，演習成功，總統欣慰，中科院同仁也都引以為榮。這些演習和校閱我大多曾參與，也曾參與過幾次慶功宴會，所以這幾年可說是李登輝總統與郝柏村總長的蜜月期。特別是有一次在台北空總對面巷內空軍軍官俱樂部，由李總統宴請中科院七位主管，除郝兼院長、黃代院長外，我也有幸參加，當時確感殊榮。

中山科學院從顛峰盛景之後，從絢爛回到平淡，跟著從雍容的全盛時期，開始瘦身運動，甚至到了中科院何去何從的天地，本人曾恭逢其盛也適臨其衰，在本章結束之前，先將李總統與我之間的兩段小插曲敘述如下。

記得在高溫超導現象出現的次年（1988年），有一天忽接到國科會自然組組長黃鎮台教授的電話（黃是孫運璿資政的女婿，以後曾出任國科會主委），邀我到總統府出席並報告高溫超導研究進展。我感到很意外，次晨，準時到會，才知道會議竟由總統李登輝親自主持，出席人並有李國鼎資政、總統府秘書長及辦公室主任，與會者除國科會黃鎮台組長外，尚有工研院林垂宙所長，以及台大、清華、師大和淡江各一位研究低溫物理之教授。因為當時各校對高溫超導感興趣的人士頗眾，但實際有具體結果者只有中科院

之材發中心。輪到我說明中科院的研發過程，我除出示研發出現之磁浮現象之照片外，大略介紹了一些研發構想。最後我說：「能參加總統躬親主持的超導研討會，感到非常光榮，全世界都在重視這一高溫超導現象，但能由總統親自主持，我想在國際上我們是第一個，我們一定會有快速的進展。」當然會議愉快的結束，也獲得總統的嘉勉。但第二天再接到黃鎮台的電話，口氣頗急躁，囑我將昨天的發言詳細寫下，交給總統府辦公室主任，我只有遵辦。此事後來並無正面或反面的反應，但我自己尋思，可能是我得意忘形，讓總統將我恭維的話聽成譏諷的話，解釋為一個總統之尊，連超導的事也要躬親過問？是否如此，我不瞭解，但自此以後，未再見他過問超導研究的事則是事實。

第二件事，大約是在1992年，當時參謀總長已是劉和謙，中科院院長是劉曙晞。當時李登輝總統到中科院視察，因為未預先通知何時到院，而且視察的時間較預定為長，所以臨時決定要找一個中午休息的地方，經隨扈人員各處實勘之後，認為材發中心三樓我的辦公室比較適宜。事情來得突然，來不及整理與準備，十一點他們已到達，除李總統外還有秘書長邱進益、參謀總長劉和謙，以及院長劉曙晞。很榮幸他還記得我，初時向我問些材料研發的情形，還不時露出微笑。但當他環顧辦公室掃到的是蔣經國總統送給我的簽字照，以及壁上掛的照片時，我即刻發覺他眉宇間顯露出不悅。以後在媒體上，或者在評論他的專書上，大家都知道李登輝有種代表性的作風，是他從不掩飾他的憎惡，果然，他的不悅即刻反應在下午的檢討會上，本來檢討會的發言也是來自院長室的授意，由各主計畫的主持人及各研究所的主管，分別提報，我提出的是針對當時中科院的出路，建議就中科院的產品開展「軍民合作」以及「衍生公司」（Spin-off）的觀念。隨後他在講評時，說大陸上解放軍可以對外做生意是「亂七八糟」的亂來。

第十三章　台大教授二十六年和材料科學學術鑽研

　　我撰寫自傳的前十二章，是以經歷的事蹟，按時序流程亦即隨歲月順序安排。而自本章起，順序方面有所改變，這是因為經過多年的崎嶇求知歷程，寄望在有限的年月裡，把學到的材料科技盡可能發揮到極致。因此基於「協致工程」（Concurrent Engineering）與「變率程序」（Rate Process）的概念，把自己的理想，在同一時間內循不同的路徑，同時發揮出來，那就是將所學同時貢獻給國防科技、教育接班人、發展國內材料科技。

　　在第六至十二章裡，時程上相當1964年至1994年，整整三十年是將所學「材料科技」貢獻在「國防科技」上。在個人的事業上，直接或間接地完成了兩個夙願：一是達成志願投考海軍機校時所立下的宏願，二是完成首屆國防科技獎學金賦予的任務。在本章則是對材料科學教育和材料科技的普及，綜合加以敘述。但在時序上要從1972年，我從史丹福大學返國之日起。另外，本章後段，將對我退休後參與國際學術活動的概要續予記述。

台大、中科院合聘制度

　　1972年我自史丹福大學獲博上學位返國向中山科學院報到前，曾經寫了封信給在新竹的國立清華大學徐賢修校長，希望能在將成立的材料工程研究所兼課，很快收到徐校長的回信表示歡迎之意。但在返台之當月，方知台大陸志鴻教授早有安排，讓我在台大工學院機械研究所任教，因為陸教授為國內知名冶金學者，他手著《金屬材料》及《金屬物理》專書為國內大學研讀冶金工程及機械工程

者必讀的書,而且在1968年陸志鴻教授、唐君鉑將軍及李振民教授
共商籌組「中國材料科學學會」時,我曾為他們擔任總幹事,當然
在台大兼課是義不容辭的事。陸教授為了促成我在中科院任職又同
時在台大任教,向台大校長閻振興建議比照「台大──中央研究院」
合聘制度,建立「台大──中科院建教合作」計畫。所謂合聘制度是
指兩個學術機構,因研究或教學需要共同禮聘同一成員,使就其專
長各以部分時間服務於兩個簽約機構。兩機構同時以「合聘專任」
授與職位,且同時分別計算年資,但其待遇與福利則以一方為主,
另一機構則依分時時間核給車馬費或鐘點費。合聘制度之實施,並
非對任何人任何專長都適用,只有當遇有某種研究領域確為雙方所
共需,且成員本人有意願分時為雙方服務,此時由一方函請對方同
意始能合聘。

　　就當時「台大──中科院」合聘制度為例,凡台大、中科院共
同同意列入合聘計畫者,在台大可聘為專任正教授或副教授,在
中山則合聘為研究員或副研究員,反之亦是。此時台大校長閻振興
適兼任中科院院長,是在台大函請教育部核准,中科院呈請國防部
核准後,此一計畫生效。我是適任此一合聘制度的第一批副教授,
尚有呂福釗、周敢、周成寬、孫又予及苑秀麟。因是台大專任,我
出身史丹福大學並提出已發表之論文,所以教育部審定為副教授資
格,並頒發黃皮書;三年後同樣由台大送審,教育部審定合格為正
教授並頒與紅皮書(若非專任教授,兼任副教授升等正教授,年資
為五年)。台大──中科院合聘制度是台大──中央研究院合聘制度
以外的第一個建教合作方案。對成立未及十年,隸屬國防部的中山科
學院來說,是提升其學術地位的大好機會。

　　不料這一制度未實施幾年,竟被計畫處一位副處長片面否決。
他是基於不正常的心理,漠視這是國防、教育兩個部共同核准的
案,也未經院長同意,居然逕自以「不同意」的方式,拒絕以後

台大的徵求同意函。台大——中科院合聘制度竟因此無疾而終，台大亦認為實在是難以彌補的遺憾。計畫處這位老兄在表演這手傑作後，不到一年突因肺癌逝世，但這一合聘制度仍成為絕響。

合聘制度的片面終止對我雖未產生影響，但對以後的同仁，則無從納入。在第一批適用與台大合聘的幾位教授和及副教授中，除機校同班校友呂福釗與我二人外，其他幾位或因本身職務調動，或因台大未續聘，均陸續終止合聘。我則於合聘專任六年後，因調往中央印製廠工作而改聘為兼任教授，連同專任持續二十六年之久。唯有呂福釗同學在台大電機系合聘專任教授二十餘年，直到屆齡退休。另外，海軍機校同班同學李常聲在台大造船系擔任教授多年，則與中山合聘案無關。

台大機研所專任教授

1972年，當我初任台大機械研究所副教授時，台大工學院還沒有材料、冶金、或礦冶有關系所，只在機械工程學系（及研究所）內有冶金組的設置，由兩位權威學者來主持，一位是陸志鴻教授，一位是呂璞石教授，兩位都曾留日接受過日本高等冶金及礦冶教育。

陸教授於抗戰勝利後曾擔任過台大第一任校長，對日抗戰在重慶時，老一輩的工科學人，多半都讀過他手著《金屬材料》一書。他治學認真，一絲不苟，雖是老一輩學者，但他鑽研的知識，卻站在時代尖端。在我返國時，「材料科學」尚為新名詞，但那時他已經指導學生，實驗做矽半導體的單晶生長。我親眼見到南美學者索閱他發表的文獻。「Dislocation」譯成「差排」也是他所創始，直到今天，國內仍然沿用。另一位老教授呂璞石的研究領域則與陸教授完全不同，呂教授是研究提煉冶金，有關鋼鐵冶煉的，特別是有關熔爐氣氛控制理論的學者。

　　二次大戰以後，國外大學多將礦冶工程系分成「物理冶金」及
「提煉冶金」兩支。物理冶金加上固態物理後來則演變為「材料科
學」；而提煉冶金加上採礦學則發展為「礦冶工程」。在史丹福大
學，礦冶工程研究所不但不屬材料科學及工程研究所，而且不屬工
學院（屬地球科學學院）。我到西北大學及史丹福大學讀書，一開
始就從材料科學入門，所以我的所學正是陸志鴻教授所期望的。正
因為如此，我雖不是陸教授的學生，但卻成了他的傳人。

　　當我在台大任副教授的第二年，陸教授即因胃疾住院，實際
上他已患病多年，仍然夜以繼日，俯案寫作，更加深了他的病情。
他自己的兒子就是台大名醫，待至台大醫院住院經手術Open and
Close，檢查後發現已至胃癌末期。當他在台大醫院住院時，我曾往
探視，但遵醫囑，不能進入病房，只能在病房門側一書桌預置探病
親友簽名簿上簽名。當我簽好名，悵然離開台大醫院時（當時新醫
院尚未興建），忽聞背後有人呼叫：「許教授請留步！」回頭看，
原來是陸教授長女謝教授夫人（機械研究所所長謝承裕教授夫人）
一邊追我一邊呼喚，待我停下來，她說：「許教授請回來，陸教授
一定要見您！」我趕緊隨謝夫人回到病房，見陸老師已非常羸弱，
我必須將耳朵貼近他嘴邊才能聽到，他緊握我的手說：「拜託許教
授兩件事，一是我的兩個學生請你繼續指導，二是「中國材料科學
學會」及《材料科學月刊》一定要繼續辦下去。」這時我已忍不住
眼淚流下來，回答說：「陸老師放心，我一定辦到！」說畢，見他
面露笑容把手放開。辭出後，實在難以抑制不自主哭出聲來。鎮
靜一下，迴思他所交代的兩件事，是在垂危時仍在掛念著他的學生
和學術，這位學人的志節是多麼崇高偉大呀！見他最後一面後不多
日，陸教授仙逝，學校成立治喪委員會，我也有幸列為治喪委員之
一。學校破例第一次准用個人的名字籌建「志鴻館」，志鴻館內設
立一陸老師半身銅像，只憑一張二吋照片，我找到一位塑像師傅，

竟將銅像塑得栩栩如生，連他家人都認為十分傳神。

　　從陸教授的病榻遺言，我平生第一次收到了兩位優秀的碩士研究生，一位是江行武，台大獲碩士後，到康乃爾大學材料科學研究所攻陶瓷科學並獲博士學位；另一位為徐吉永，獲碩士後到三陽工業從基層做起，後來做到南陽公司的總經理以及副董事長。當時台大材料師資少得可憐，曾隨陸教授從事研究多年的張順太先生，當時正在美國康乃迪克大學讀博士，以後返回母校任教並擔任第一任材料工程研究所所長。陸教授念念不忘的《中國材料科學學刊》編輯及出版事宜，則交給黃振賢教授，堅苦卓絕支撐多年，直到現在仍維持出刊。有關中國材料科學學會的會務，則由我在合聘時，分別在中科院及台大機研所同時辦理。

　　當時在台大獲碩士留校任教的王文雄先生還是助教，他有意同時在校攻博士，但當時師資實在太少，未為機研所翁通楹所長所接受。但即使在有限的師資人力下，冶金與材料研究的學術水準，在台灣當時仍有相當地位。因為當年台灣各公私立大學中，只有成功大學原有礦冶系，以及清華甫成立材料所，均尚無研究生畢業之故。

　　依大學法，公私立大學只有專任教授方能具名指導研究生，所以在我擔任台大合聘專任副教授以及在三年後任合聘教授的幾年內，每年都有兩、三位研究生由我指導，攻讀碩士學位。當時台大機械研究所有三個學術研究領域，包括力學組（熱力、固力、流力及航空動力）、機械設計製造組和材料組，研究生經錄取後，無論找那位教授指導，很自然的都會被納入三組之一，包括選課、做實驗、論文方向，以及指導教授選擇。有一次機研所一位機械設計頗有名望的蔣教授，他的壞脾氣在機械系蠻有名，氣沖沖的找我來理論，我想不出為什麼，井水不犯河水，有什麼事得罪了他，他似乎在氣頭上，我恭恭敬敬的請教他：「蔣老師找我有事嗎？」他結結巴巴一陣子才說出來：「研究生都讓你搶走了！」原來是這回事，

我險些笑出來，但也只有賠罪連說對不起，他快快然離去。這時我才發覺，他認為我是材料組的組頭，會利用中科院建教合作的機會，蓄意把研究生引走，這真是天大的冤枉。但他這一動作，卻也給我很大的啟示，那就是即使是在學術機構，隔行如隔山，行有行規，你走你的行，你這一行不能浸溢了鄰行。

當時機研所材料組無論是老師或是研究生實在太少，在合聘專任的六年裡，因為我是開「材料科學」相關學科的唯一教授，每年選課的研究生少之又少，六年中最多的一年也只有六個研究生，包括現已為資深教授的吳錫侃；最少的一年只有兩個研究生，其中之一是王坤龍，以後他又考取博士班，先後隨我讀六年。他是國內第一個材料科學的國家博士，那時博士考試還要由教育部主考。他通過考試後，方由教育部授權由各校自辦。

科儀叢書 6

**X光繞射原理
與材料結構分析**

許樹恩　國立臺灣大學材料所教授
吳泰伯　國立清華大學材料所教授

行政院國家科學委員會精密儀器發展中心

▲《X-光繞射原理與材料結構分析》一書
封面。

我在台大最初幾年內，每一學期開一門課，固定在上學期授「材料結構及X光繞射原理」，是讓每個碩士班新生都對材料原子結構有基本的認識，另外在下學期則分別講授「差排理論」及「高溫潛變理論」。換句話講，凡是在台大機研所選讀我教過三門課的研究生，不論是否由我指導論文，都會對「材料科學」專業有所潛移默化，甚至影響其一生。所授教材「X光繞射原理與材料結構分析」，後來與清華大學吳泰伯教授（吳泰伯教

授為我在西北大學之學弟）合著成書（首頁如右圖），由國科會精儀中心出版，曾再版多次，迄今仍為國內各研究所用書及材料科技工程人員主要參考用書。

至於「差排理論」，當時國內大學及研究所開此課者，絕無僅有，有一次我到德國公差，遇到一位留學生莊君，他稱我許老師，我對他印象不深，後來他告訴我，他是清華材料所的研究生，曾經每週到台大聽我的「差排理論」的課，我對他那種求學精神十分感動，後來在台大材研所，我們成為同事。我在台大每兩年循環教三門課的方式，一直持續到台大成立「材料工程研究所」以後。那時中央銀行已徵調我到中央印製廠任總經理，台大與中科院合聘專任制度已不適用，台大去函中央銀行徵求同意讓我兼課，央行俞總裁覆函勉強同意，說待有人接替我任教時為止。在台大，當時機研所所長謝承裕教授告訴我，有兩種選擇，其一是改為兼任教授，其二是仍可維持合聘專任教授名義，但完全義務教學。我選擇了兼任教授，倒並不是為了有限的鐘點費，而是專任教授要擔任一部份教育行政工作，包括十分重要的學術審查工作，譬如，我曾代表機研所出席工學院的教授升等審查會，也曾代表台大參加教育部第一次全國各大學材料教育系所評鑑會議。

有一次是涉及材料教育政策的措施，有關材料第二專長的鑑定。當時教育部聘請國外顧問MIT寇恩教授（Morris Cohn）來台，先對台灣各大學既有材料相關領域作一調查，他發現當時設有材料教育的大學，包括台大、成大、清華及高雄中山，每個學校研究領域都偏重冶金工程，且多重機械冶金（材料機械性能），所以他建議教育部設一基金用來輔導各校設第二專長，並具體建議在台大材料機械性能之外設介金屬研究第二專長、在清華設電子材料研究第二專長、在成大設精密陶瓷研究第二專長和在高雄中山大學設複合材料研究第二專長。他這一建議透過行政院科技顧問組李國鼎政務

委員之支持，很快為教育部所接受。這一輔導材料教育第二專長基金之設置，對爾後台灣科技發展和材料科技人才之培植，其影響至深且遠。當時寇恩教授在台時，大部分時間由我代表台大陪同他到各校去視導，當然也帶他到中科院材發中心，特別介紹當時所開發之超合金以及介金屬化物成果給他看，所以他才建議將介金屬研究列為台大之第二專長。以後台大研究生多人就志願到中科院服務，實際上與此案有因果關係。

台大材研所兼任教授

自從被徵調到中央印製廠服務後，由台大改聘為兼任教授。當時張順太教授獲學位返國，先至中鋼服務，後來仍返回母校任教，材料領域師資逐漸增加，終於成立了材料工程研究所，辦公室由機械館日式舊建築遷移至志鴻館，再遷移至新建工學院大樓。因為返國任教之師資漸多，我決定將每兩年教三門課的教法，改為只教「材料高溫機械性能」一門課。因為這門課並無固定教材，每年我都將國際間較前瞻的尖端材料，特別是可在航太工程尚有發展的材料，如超合金、鈦合金、介金屬化合物等可用於國防科技的新材料破壞與強化理論作綜合性介紹。

我的課一向都是安排在星期六上午或下午連續三小時，是為了減少對中科院或中央印製廠上班時間的不利。從專任到兼任教授的十餘年內，每年仍有一、兩位研究生，由我做碩士論文指導，但有時礙於學校的規定，必須有一位專任教授掛名。我現在將我指導過的碩士及博士研究生臚列於下表。

作者歷年指導碩士及博士研究生名錄

姓名	碩士年度	論文領域	爾後進修學位	備註
徐吉永	1973	冶金材料		
江行武	1973	冶金材料	康乃爾大學博士學位	
姚培智	1974	電子陶瓷	Cambridge大學博士	淡江大學註冊
程亞桐	1974	電子陶瓷	Utah大學博士	淡江大學註冊
王坤龍	1975	磁性材料	台大獲博士學位	
龐炎銘	1975	光電材料		中正理工註冊
劉豪上	1976	鋁合金潛變		
陳水塗	1976	鋁複材潛變		
楊春欽	1977	鋁合金	MIT獲博士學位	
黃偉哲	1978	超高碳鋼材		
楊嘉靖	1978	鋁合金		
林世惟	1979	特殊合金	碩士後台大醫學院畢	
敖仲寧	1980	高溫潛變	Stuttgart大學博士	
薛立宇	1980	磁性材料		
陳漢明	1983	高溫潛變	加州Berkeley博士	
林英志	1983	超合金熔		
莊世芳	1984	鈦鋁琺瑯	MIT獲博士學位	
徐全福	1984	氮化矽陶瓷		
蘇林慶	1985	磁性材料	Utah大學博士	
林坤豐	1985	超合金	交大獲博士學位	
馬堅勇	1985	高溫合金	Stuttgart大學博士	
吳世全	1986	單晶生長	清華大學博士	
李士勇	1986	鎳鋁潛變	Stuttgart大學博士	台大共同指導
劉正賢	1987	鎳鋁潛變		台大共同指導
董一中	1987	耐溫高分子		台大共同指導
張吉本	1988	擴散接合		
蔡篤幸	1988	磁性材料	成功大學博士	成大共同指導
高世銘	1989	超導薄膜		
周兆玲	1989	磁性材料		
呂炳標	1989	有機轉無機		
劉安民	1989	瀝青熱處理		台大共同指導
黃銅武	1990	超導材料	成功大學博士	成大共同指導
吳宗明	1991	碳/碳材料	台大獲博士學位	台大共同指導
林志銘	1991	鎳鋁單晶		
翁炳志	1993	機械性能	台大獲博士學位	台大共同指導

※以下為曾授課，雖未指導論文，但日後合作密切者

姓名	獲碩士年度	論文領域	爾後進修學位	備註
吳錫侃	1976		伊州大學博士	
王建義	1979		日本東京大學博士	
童 山	1982		日本東京大學博士	
葉明堂	1983			
李訓杰	1984		台大獲博士學位	
葉建宏	1984		日本東北大學博士	
李仲仁	1985		MIT獲博士學位	
許毅中	1997		台大獲博士學位	

　　表列名單之中並包括曾選我課，但論文並非由我指導，而日後有密切合作研究之研究生。由二十幾年在台大任教的經驗，確實享受到「得天下英才而教之」真乃人生一樂也。有一次，我到台南成功大學擔任一位博士研究生的論文口試，返程途中，在台南火車站等車時，忽有一位年輕人呼我老師，原來他是成大機械系的教授，說起他叫蘇××，我似有印象他上過我的課。上車後坐在一起，他對我非常恭敬，推崇我教他的「材料結構及X光繞射原理」是他在台大唸書時，講授最好的老師。他雖然取得美國大學機械研究所的博士，但那門課卻讓他終身受用無窮。他說話的恭謹，不像是特意奉承我，但卻也讓我感到窩心。

　　在我教過的學生中，讓我印象最深的是一位李姓同學，初看起來，他不像個學生，身材高高的，穿拖鞋，面無笑容，倒像個作苦力的泥水工。他選我「潛變理論」這門課，一次逢期中考試兩小時，考試過了一百分鐘他才氣急敗壞的跑進來，說他睡過頭忘了考試。跟著下課了，我不能用同樣題目讓他補考，這樣對其他同學不公平，所以就在第三節時間，另出題目給他，當然題目稍難些，並包括計算題，以示對他的教訓。一百二十分鐘的題目，他在一百分鐘時繳了卷，待我一看，真令我大吃一驚，原來他的考卷幾乎無懈可擊，拿了滿分。後來我將此事與同事老師談起，他們也知道有

這麼個怪才，據說他都是通宵在實驗室，白天多在睡覺。有一天，他找我寫推薦信申請美國幾個名校深造，我才詳細的看了看他的面孔，也是我第一次看到他帶著靦腆的笑容。後來據同學說他在柏克萊取得博士學位，在美工作，並未返國。

　　在二十幾年的教書生涯中，最大的樂趣是師生重聚，享受著桃李春風。很多年的教師節都看到資深的師兄帶著師弟師妹，以及他們的伴侶和小娃娃圍繞著老師和師母，一大堆稚齡的聲音叫爺爺和奶奶，真感到無限的溫馨和快慰。這種場景在這新時代裡確實在也不多見了。我發覺師生的情誼和家庭子女的關係有很大的不同。主要是學生們個人的發展與前途，對老師而言沒有任何責任與負擔，所謂「師父領進門，修行在個人」。人總有愛與憎，曾經對幾個學生有過十分高的寄望，但後來他們卻表現平常，甚至把老師忘得乾乾淨淨；有的是並未對他們有任何期許，但後來卻得衣缽傳承。但兩者都不會有任何遺憾和任何負擔。

學術研究涉獵領域

　　在國外大學中，大學教授中流傳著一個諺語「要就發表，要就報銷」（Publish or Perish），發表論文就變成一位大學教授最主要的試金石，論文要多，而且要好，衡量好與不好，主要是看發表學刊的水平和評價。世界上就有一種專門評估學刊價值的組織，叫做「論文引證」（Paper Citation）的機構，他們將各種學門的刊物評列成1到4的等級（數字愈大，價值愈高），如果你發表的刊物榜上無名，縱使發表了一百篇，也等於未曾發表。發表在評列為4等的一篇論文，其價值相當於四篇評列為1等的論文。同時你的論文如果廣泛的被「引證」，那麼你的原始論文也會被加點。這樣一來，一個教授最主要的作為就是要發表創造性的論文，同時形成一種「良性循環」。你發表論文的集點愈多，外界對你研究計畫的支持度愈高，

換句話說，你所能掌控的研究費用也愈多（所獲預算，學校依比例抽成），希望跟你的學生愈多，也愈優秀，當然學校也對你愈重視。學生愈多，當然發表好論文的機率也愈高，因而你的論文集點也就更高。相對地，對一個論文發表少或較差的教授，則形成相當集點愈來愈少，計畫愈來愈少，學生愈來愈少，論文愈來愈少，終會至自己被淘汰、被報銷的「連鎖反應」。

提到論文發表，論文著作人的排名順序也很有學問，通常是以排名順序第一位為主要作者稱第一作者（First author）。當然，如果只有一位不會有任何問題，一個人的論文，不是創造也是創作。如果兩位以上，通常是第一作者為論文的主要作者，一般多為碩士或博士的研究生，而最後一位往往是論文的指導教授；中間的一位或多位多半是與研究專題有關的共同合作人或共同指導人。如果作者只有兩位，事實則視情況而異。正常情形，第一作者為學生，排後作者是老師，如果並非首次發表，兩人為合作關係，則往往第一作者或較資深，或較資淺，並無定律。但孰知這排名之爭竟也會造成享譽國際的中國人的兩位瑰寶，諾貝爾獎金得主楊振寧、李政道的「楊李交惡」的導火線。兩人一狀告到他們的恩師吳大猷那裡，吳先生看到來信，也只有「空呼遺憾」。（參閱江行健所著《楊振寧傳》。）

本書附錄（一）臚列我和我的共同發表人歷年所發表學術論文之標題及出處，乍看起來涉獵範圍廣泛，十分雜亂，但經分類後，可分為下列材料科技內各不同之領域，包括：固態高溫材料機械性能及物理冶金、複合材料、強磁與弱磁材料、電子及精密陶瓷、高溫超導體研究、材料科學與科技等個項領域，及出席會議所發表論文。

發表論文涉獵領域廣泛的原因，一因材料科學本身是較新興的學術，其本身涉及近代工程與物理，我希望每個研究生都能在新的領域上發展一些創新方向；第二個原因則是中科院所從事的「材料

科技的愚公移山」的工作，可作為台大研究生學理研究的共同試驗室。這樣一來，無論在台大或是中科院，都可獲得實學實用、立竿見影的效果。

當你的學術論文連續出現在國際學術期刊，不待你自我宣傳，國際上一些學術團體和一些傳記名人錄一類的編輯出版組織，會主動與你聯絡，當然你自己也要付出購買出版刊物的代價。於是我的名字分別出現在下列文獻：

一、《世界名人錄》（Marquis' Who's Who in the World），
　　1995、1996、1997、1998年版。

二、國際傳記中心（International Biographical Center），1996年
　　選授國際學人勛帶（The Order of International Fellowship-
　　WOIF）。

The Marquis Who's Who
Publications Board

Certifies that

Shu-En Hsu

is a subject of biographical record in

Who's Who in the World
Twelfth Edition
1995

inclusion in which is limited to those individuals who have
demonstrated outstanding achievement in their own fields of
endeavor and who have, thereby, contributed significantly to
the betterment of contemporary society.

Sandra S Barnes
Publisher

▲世界名人錄證書。

三、《介金屬》雜誌編輯委員（Editorial Board, Journal of Interme-
tallics, Elsevier Science Publication Ltd,），1993年迄今。

四、《材料物理與化學》雜誌編輯委員（Editorial Board, Journal
of Materials Physics and Chemistry），1998年迄今。

五、《材料研究學會》會刊國際顧問委員會委員，凡十年（In-
ternational Advisory Board, MRS Bulletin, Materials Research
Society, 1987-97）。

六、亞太材料學院（The Asia-Pacific Academy of Materials-
APAM）選出第一屆院士，1997年瀋陽大會。

成立中國材料科學學會

材料科學是實用科學，自從1958年，我在西北大學的指導教授毛
理斯·范教授，第一個成立材料科學研究所以來，經過四十五年後，
全世界各國大學或研究所，有關礦冶工程的相關系所，全部都跟著改
為材料科學及工程的系所。雖然稱材料科學系所，但幾乎無一不隸屬
工學院，而不屬理學院，這表示材料科學脫離不開工程與技術。

1967年，我在西北大學獲國內第一個材料科學碩士，在中山
科學院籌備處服務的兩年期間，陸志鴻、唐君鉑、李振民三位先
生倡議成立「中國材料科學學會」，所有學會命名、籌備、聯絡、
向政府登記，都由我負責執行。在我赴史丹福大學出國前，「中
國材料科學學會」發起人大會正式成立。待四年後，我自史丹福
大學獲國內第一位材料科學博士返國，再擔任材料學會的總幹事多
年，繼唐君鉑先生擔任第一任理事長之後，我膺選為第二任「中
國材料科學學會」理事長。那時國際上最大的「材料研究學會」
（Material Research Society，簡稱MRS）才在美國波士頓成立，我
們也是原始創立發起會員。這時我們也發覺，原來「中國材料科學
學會」是全世界第一個以「材料科學」為名義的學會。初時在國內

頗有「標新立異」的感覺，雖然曾任「礦冶工程學會」總幹事多年的吳伯楨先生給予大力支援，但始終與具有悠久歷史的「礦冶工程師學會」各立門戶。中國材料科學學會自始至終未參加「中國工程師學會」的總會，這種情形頗類似國際MRS組織，它與美國礦冶工程學會（AIME）各豎旗幟，雖然後者AIME（American Institute of Metallurgical Engineering）中的M字後來已修正為Metallury and Materials (冶金與材料)，但仍然各有自己的會員和活動。

中國材料科學學會曾以我個人名義為出版人，出版兩系列工具書，一為「鋼鐵手冊」系列，曾再版多次，以後並由黃振賢教授主編修正版。另一為「材料手冊」系列，下分《金屬材料手冊》及《非金屬材料手冊》，均為材料科學學會奉獻給全國工程師有關材料工程之重要參考書。

有趣的是在我們以「中國材料科學學會」名義擔任MRS原始創立會員國三年之後，中國大陸也申請加入。還記得中國代表為北京清華大學之李恆德教授，當在波士頓開理事會時，被詢及中國大陸有無與材料研究相關學會組織？李教授答覆說：「有，有一百多個。」果然在大陸上成立了一個「材料研究聯合會」，結合幾十個工程技術的學會，後來，我們與中國大陸同時成為IUMRS（International Union of Materials Research）的共同發起會員國。

最初兩年，出席MRS年會，旅費均由中科院資助，在波士頓會場，每次都遇到新竹清華大學陳力俊教授，與他共同出席理事會。後來「中國材料學會」移交工研院管理，林垂宙所長和以後的吳秉天所長，我們都曾一起出席IUMRS理事會。我並曾應邀擔任《MRS會刊》國際顧問委員凡十年之久。我們在中科院以IR-dome模具壓製一個半圓形高溫超導體，在液態氮溫度可將一塊強磁體浮起，照片刊登在《MRS會刊》封面，很像是地球上空懸浮一個人造衛星，那張照片曾引起很多會友的驚奇。

材料科技與國防和國家重點科技

　　自1983年至1990年間，國內有兩個機制可以促進各學術團體的研究計畫，得與中科院國防科技研究計畫掛勾：

　　其一為「國防科技研究計畫」，此計畫由國防部設立基金，透過國科會設立一計畫管理委員會，主任委員由中科院院長兼任，執行秘書則聘請清華大學萬其超教授兼任。研究計畫則針對中科院各研究所研發任務，包括航空、火箭動力、電子及電訊、化學、材料科學等項，分別核撥研究預算給審查合格之教授。我則負責國防材料研究題目之鑑定，以及研究計畫之審查。

　　第二個機制是「國立清華大學自強科學研究中心」，此一中心最初只是針對軍用化學之專題，由中科院吳謀泰所長與清華化學研究所合作之計畫，後來由黃孝宗代院長主導，輔導四個國立大學成立與中科院國防科技相關的四個研究所（或中心），那就是台灣大學的力學研究所、成功大學的航空太空研究所、交通大學的電子相關研究中心，以及清華大學的材料科學研究中心。因為清華大學已有材料研究所，而且自強科學研究中心已在運作，所以就將清華大學自強中心之功能與研究領域予以擴大，劉兆玄校長請我兼任自強科學研究中心主任，先後凡六年之久。後來清華自強中心發展為財團法人，專門從事材料科技之職能訓練，對新竹工業園區從業工程師做尖端科技在職訓練，對工業發展貢獻甚大。

　　1976年，行政院院會宣佈成立一個「應用科技研究發展小組」，簡稱「應技小組」，當時行政院長蔣經國先生指定李國鼎政務委員為小組召集人。應技小組的目的是擔任部會聯繫，以促使經濟、國防、社會與工業的進步與發展。1978年召開第一屆「全國科學技術會議」（當時我已經出任中央印製廠總經理，曾應邀出席會議）。1979年將第一次科技會議之決議案列為「科學技術發展方

案」，並正式公佈實施，成為國內第一個科技指導方針。依此方案，各部會都成立了科技顧問組，同時在行政院下也設置「行政院科技顧問組」。在科技顧問組策劃下，把材料、能源、電子資訊及自動化等四項列為我國四大重點科技發展項目。在以後第二屆、第三屆……全國科技會議中，陸續將「四大」重點科技項目，修正為「八大」及「十二大」，但無論如何修正或增減，唯一未變的科技重點項目是「材料」，所以「材料科技」成為台灣經濟發展，及近代科技出現發展奇蹟的重要因素。

但如果要問究竟有哪樣具體的「材料科技」表現呢？除了在本書第十章我所述「材料科技如愚公移山」的國防科技項目外，卻又難以舉出具體的實例。這是因為凡是近代工業的發展過程，都可以稱之與「材料過程」有關，其開端幾乎都是材料科技，但成熟後則很自然地轉化成其他科技與工業了。最明顯的例子是電子工業、資訊工業、光電工業，以及最時髦的奈米材料工業，甚至於生化科技。

在應技小組之下後來又衍生出「材料科技指導小組」，由當時的科技顧問組執行秘書吳伯楨先生擔任召集人，並聘請美國Garth Thomas, Robert I. Jaffee和日本鈴木弘茂為材料科技顧問，隨後召開「材料科學會議」，我為主席團之一，討論議案及決議爾後成立工研院「工業材料研究所」，及建議教育部輔導國立大學冶金及材料相關間研究所，建立材料科技第二專長，以及促進國立清華大學成立「材料科學研究中心」等案，都產生育種的功能。

吳執行秘書因病逝世，續由阮大年先生繼任執行秘書，當時他在電視上開闢了一個「科先生與紀小姐」推廣「科技」觀念的科普節目，曾廣受社會人士及青年學生之歡迎。在以後夏漢民先生擔任科技顧問組召集人任內，我曾被推選擔任「材料科技指導小組」召集人達數年之久。

中國近代科技之父──李國鼎先生

李國鼎先生，國人尊稱他是「中國近代科技之父」，在台灣，我想大家都公認他是台灣經濟發展與工業化的第一功臣。他原本研讀物理，對日抗戰前（1934年），考取中英庚子賠款公費留學，前往英國劍橋大學深造，但抗戰軍興，他立即返國。

他雖具物理背景，但返國後卻發揮在實業及經濟建設上。在台灣他是曾先後擔任財政部長七年及任經濟部長四年的第一人。李先生是我平生最敬佩的一位平實的偉人，他的豐功偉業，書不盡言，而我最欽敬的是他對「科技發展」的先知先覺，並能採簡捷可行的策略付諸實施，這類的事不勝枚舉，如「獎勵投資條例」、「加工出口區」、「工業科學園區」、「科技預官役」、「科技應用小組」、「科技顧問組」、「×大重點科技」……等，可說無一不出自他的創意。台灣能從接受美援的國家（他曾任美援運用委員會執行秘書），到從事技術援外的國家（參閱本書第九章「技援沙烏地阿拉伯」一文），他都是關鍵人物。

直到近二十年電子與資訊工業的蓬勃發展，台灣已佔世界舉足輕重的地位，電子、通訊、資訊工業界等也都公認幕後的搖籃手為K.T. Lee。為了加速「資訊工業」觀念的貫徹，和避免官方色彩的窒礙，他以財團法人的管道成立了「資訊工業策進會」所謂「III-Triple I」。直到現在無論資訊工業化，或工業資訊化，他都是最原始的倡導人。待至國際上「材料科學」這個名詞應運而生，如以上所述，他把「材料科技」從始至終列為國家科技發展重點項目，有今日電子工業之成就，就不難想像到他對科技發展的「先知先覺」了。還有一點是一般國人難望其項背的是，只要他發覺任何一種新科技，他即刻會動腦筋如何啟動他所知的人力與資源，來如何「富國」與「利民」，所以前行政院長郝柏村先生讚譽他是「一生都在圖利他人的人」。

　　李國鼎先生對我有「知遇之恩」，他與我既無師生的關係，也非長官部屬的關係，卻對我倍加愛護，成為我終生難忘的人。我現在特將與李先生結識的經過，以及他倡導科技、提攜後進的往事追憶於下，分項述之：

　　一、大約是1977年的一個清晨，李政務委員請材料界的年輕朋友們在仁愛路吃豆漿，是吳建國安排的，主要是吳要邀請他們的老師，美國加州柏克萊大學G. Thomas教授來訪。Thomas在台的學生，尚有程一麟和陳力俊，他們想將電子顯微鏡的權威學者介紹給李先生。當然，K. T. Lee在台灣無人不知，但我卻是第一次見面，令我訝異的是，他不但叫得出我的名字，而且對我的底細一清二楚，反而是他把我介紹給其他一起吃豆漿的同好。原來他的資料是科技顧問組執行秘書吳伯楨先生提供的。那時只有中科院設有材料科學組，同時他也知道是我在協助唐君鉑先生、陸志鴻先生創立「中國材料科學學會」。他當時是行政院政務委員，政務委員亦稱不管部部長（Minister without Portfolio），不管任何部會，但卻任何部都可以管，這個頭銜對李先生是再適當不過了。科技顧問組就是替他建立人才檔，任何部會只要有新的科技問題，他即刻知道到什麼地方找什麼人，來解決這個問題，最具體的實例是「我國肝炎防治政策」之實施。他是行政院「應用科技小組」召集人，「應用科技」中，他已預知「材料科技」將是關鍵科技，所以就把材料科技列為「×大重點科技」，同時建起一個概念，要解決材料科技問題要到中科院去找許樹恩。事實上這類事例不勝枚舉，包括推薦黃孝宗到中科院發展國防科技，以及促使張忠謀在國內創設積體電路工業。

　　二、在第一屆全國科技會議的晚會上，李先生特別把我介紹給他的夫人：「這位是台灣材料科技界的權威」。

　　三、1981年，我在中央印製廠工作期間，突然接到李先生的電話，囑我到沙烏地阿拉伯一行，因而促成「中沙印製合作技術團」

之成立。在印製廠有人說中央銀行兩度向中科院徵調，是因李先生所推薦，是否屬實，則央行及李先生均未證實。

四、我與清華大學材料所吳泰伯教授合著《X光繞射原理及材料結構分析》一書，經過多年分別撰寫，終於在1992年由國科會科儀中心出版。李先生特允作序，此書為台灣材料研究所用書及工程界有關材料研究之主要參考書，曾再版多次。有一次參加學術研討會，當簽名時，一位小姐研究生問我：「許教授是不是《X光繞射原理及材料結構分析》一書的作者？」我說「是啊！」她特別向我鞠了一大躬，這時頗感到被讀者尊敬的榮耀。

序言

七十年代起各國均將材料科技列為重點研究與推動工作，對傳統材料改質精進、新材料研發、生產、設計及應用，均有突破性之發展，不但大幅提昇產品功能，促進新興工業開展，更進一步增進人類生活品質。展望廿一世紀高科技、高生產力時代，咸認材料科技之發展與運用，攸關國家生活福祉及國防安全，亟為重要，材料科技更將是主宰國際經濟、貿易競爭之致勝關鍵。

行政院於民國六十九年明定材料為重點科技，確認我國材料科技整體發展之必要性，強化材料教育、開展工業與國防材料研究能力，增進工業生產技術，已奠定良好基礎。然工業愈發達，所用材料愈複雜，功能愈特殊，技術愈專精，人才需求愈迫切，為配合此一發展，材料人才培育要做整體考量，延攬優良師資，充實教學設備，及強化研究能量，尚需重視編輯完整材料科學與工程教學書籍，才能培育各類科技所需材料技術、工程及研究人力，全面配合國家經建計畫及工業發展。

本書作者許樹恩教授與吳泰伯教授分別執教於台灣大學及清華大學，學識淵博，並從事尖端材料研究工作，經驗豐富，現將多年教學心得及研究成果合著本書，內容精闢，詳盡解說X光繞射理論，深入探討結構分析技術，並涵括應用之實務經驗，為一不可多得之專書，除作教科書外，亦可供國內科技界同仁參考應用，對我國科技發展有直接助益，樂為之序。

李國鼎

八十一年六月廿五日

▲作者與吳伯泰教授合著《X光繞射原理及材料結構分析》，李國鼎資政特允作序。

五、1992年，台大管理學院舉辦「李國鼎先生科技政策與管理講座」，事後出版演講論文集。第一卷為重點科技之發展策略與計畫管理」，其中第八講「我國材料科技發展之策略」，李先生指定由我主講，詹武勳擔任背景說明。第一講由李先生自己親自擔任講座，他把「科學」與「技術」界定得很清楚。他說發展科技的三大目標是增進人民福祉、支援經濟建設和加強國防工業。

李國鼎先生科技政策與管理講座
演講論文集

我國材料科技發展之策略

背景說明人：詹武勳先生
主　講　人：許樹恩先生

▲1992年，台大管理學院舉辦「李國鼎先生科技政策與管理講座」，事後出版演講論文集。

六、李國鼎先生對科技發展的先知先覺，以及由他擔任舵手，使台灣所表現的經濟奇蹟，很快被全世界所矚目。K.T. Lee的名聲不脛而走，特別是全世界最有名的三大學府，英國劍橋大學、美國哈佛大學，以及史丹福大學都有具體的行動，以反應對他的崇高敬意。劍橋大學是他的母校，邀請他返校表揚他這位傑出的校友，頒給他伊曼紐學校榮譽院士；哈佛大學國際事務中心成立「李國鼎講座」，並譽他為二十世紀有卓越經濟成就的人；史丹福大學更為具體，籌設工程、經濟、生物醫學及中國文化等四個K. T. Lee基金講座，基金之百分之六十分由在美與在台校友籌措，百分之四十之相對基金由史丹福大學承擔。為達成此一任務，在台校友特成立了「史丹福大學李國鼎講座基金會」，由王華燕、余範英校友為召集人，我也有幸參與。現在四個講座均已圓滿設立，其中生物科技及經濟講座教授，曾應邀來台演講。史丹福大學並將一個經濟院區命名為「國鼎苑」。除了李國鼎先生外，大概歷史上罕有人有這種光彩。

七、1991年，台南實業家吳尊賢先生感念李國鼎先生對國家的經濟貢獻，特捐獻鉅款，發起成立「李國鼎科技學術基金會」。當時行政院院長為郝柏村先生，六年經濟建設甫開始，在第四次全國科技會議的晚餐會上，國立清華大學校長劉兆玄先生，持一名單來找我，說李先生指定我為「李國鼎科技學術基金會」董事，約訂時地，召開首屆董事會。首屆董事會，李先生曾親自與會，推選劉兆玄先生擔任董事長，此一基金會成立到現在已滿十二年了，董事會已改選三次，董事長因出任行政院副院長而一度改由曾追隨他十四年之久的前行政院秘書長王昭明先生接任，後來政黨交替，仍改由劉兆玄先生主持。基金會執行長為清華萬其超教授，直到2003年7月，我已僑居澳洲三年，萬執行長仍以長途電話囑我補蓋連任董事章。李先生已仙逝兩年多了，我仍能被選擔任李國鼎科技基金會董事，開拓一些紀念他而對社會有所貢獻的科技事業，實是我最大的光榮。

李國鼎科技學術基金會是弘揚李國鼎精神，以基金孳息，來推動社會科技教育的財團法人機構。其基金全部來自企業界，實業家因對李先生之崇敬而自動捐獻。基金會之董事，有幾位是中央研究院院士、大學校長，以及對李先生推動科技重點代表性人物，董事會每四年改選一次。基金會每年之科技學術活動包括：國際奧林比亞學術競賽之資助、弱勢兒童技能競賽之補助、社會通俗科學寫作之獎助、對國際發行學術期刊《材料化學與物理》的獎助、國際學術論文英文修飾之服務，以及兩岸科技之交流。其中以對後者最具績效，北京清華大學配合基金會特成立相對機構以加速科技之交流。有一次我趁出席在北京召開之學術會議之便，特別代表基金會到北京清華大學訪問那邊合作的教授。行前我特別到和平東路科技大樓去看李先生，他親口告訴我說：「大陸上朱鎔基這個人很有作為」。原來在1993年6月，中國大陸在大連舉辦「中國宏觀經濟調控

管理國際會議」，朱鎔基透過世界銀行邀請李國鼎先生與會，隨後朱鎔基在北京單獨約見李先生，並聽他暢談九十分鐘關於中國經濟改革的建議。事後證明，朱鎔基全盤接受李國鼎先生的建議，中國的經濟也逐漸脫胎換骨。這部分史實，有李國鼎1993年6月15日的手記為佐證①，當時朱鎔基為副總裡兼清華大學經濟學院院長。朱鎔基經濟改革成功，升為總理，對李國鼎充滿感激。1998年7月，中國科技部長朱麗蘭來台訪問，她當時特別表示，朱鎔基交代她一定要代為向李國鼎先生致謝。

八、1990年，小女嵐音與徐和志醫師成婚，婚禮特請李先生福證，他慨允親臨，那時李先生已逾八十高齡，他的秘書劉小麗小姐說，他已多年不曾為親朋好友的子女證婚了。

九、1999年2月3日是李國鼎先生九秩大壽，他的舊屬，特別是財經界故舊，以及科技相關企業界的負責人，在台北世貿中心，為他祝壽，餐後並與我合影留念（見書前彩色照片），隨後我即旅居澳洲，孰料那竟是與這位偉人所見最後的一面了。

2001年5月21日，在電腦電子報上獲知李國鼎資政因腦出血昏迷，住進台大醫院。我徹夜都在思念這位對我有知遇之恩的長者，昏沈中竟在夢中相逢，我兩人緊握雙手，但卻未發一語，待醒來時，迴思夢境，難道李先生的靈魂已離開人世，居然遠隔重洋，來澳洲和我這晚輩握別？清晨我將夢中印象說與妻子純惠聽，同時將夢境記在日記上。十天後，5月31日，從電視上看到李資政辭世之新聞，同時從電子報上知道他自昏迷住院起，到醫師宣佈病逝，中間未曾甦醒。再翻閱21日的夢中握別的奇遇，就更憑添對這位偉人的懷念。電話囑小婿徐和志醫師至靈堂致祭，李公子永昌說李先生知道我在澳洲。

行筆至此（2003年8月），我將台北寄來的「台達電子文教基金會」紀錄片光碟「競走財經版圖──李國鼎」②播映，重睹斯人，

令我不勝欷歔。謹將該影碟製作緣起「為耕耘台灣的英雄立像」一
文中的一段摘錄於下，作為懷念李先生這一段的結束：

> 告別風起雲湧的二十世紀，回顧台灣耀眼的經濟、科技成
> 長，有一個人，曾經引領台灣人走出戰後的蕭條與困頓，在適
> 當的時機，採取適當的政策，與民同心開創出舉世矚目的經濟
> 成就。他，就是李國鼎先生。從資委會、美援會到經濟部長、
> 財政部長，一直到行政院政務委員、總統府資政，五十餘年的
> 公職生涯，他把熱情投注在新觀念、新政策的推展上，始終是
> 身先士卒、即知即行的政策領航者。

我的學術耕耘與收穫

經過二十年的耕耘和播種，分由三種途徑：在中科院的愚公移
山的研發、在台大的材料教學，以及參與材料學會和政府倡導的重
點科技。至1992年，距從史丹福大學出師剛好二十年，一些工作的
業績和對個人的榮譽，終於陸續顯現出來，如下述兩項。

1991年台灣首屆「侯金堆科技成就獎」頒獎給我，「侯金堆
科技成就獎」是東和鋼鐵公司董事長侯貞雄先生為紀念他的尊翁，
也就是東和公司創始人侯金堆先生所創設的文教基金會獎項，在當
時是國內對科技學者最高的榮譽。基金會每年設材料科技、鋼鐵冶
煉、數理生醫及環境保護四個獎項。我有幸在創設的首屆獲獎，其
他兩位，一是鋼鐵獎項的台大黃振賢教授，一是生醫獎項的台大李
鎮源教授，環保獎項則從缺。當時頒獎地點設在青島東路台大校友
俱樂部，主持頒獎人為中央研究院副院長李崇道。因為侯貞雄先生
也是台大校友，三個受獎人都是台大教授，隨我的觀禮人，妻葉純
惠（她在台大教職員業餘畫社教國畫）及三個兒女和他們的伴侶，
也都是台大人。那時一位觀禮的貴賓開玩笑說：「你們好像是台大

辦家務事嘛！」這一科技成就獎在台灣頗受重視，以後各屆，當我在台灣時，多被聘請為評審委員及頒獎時之觀禮人。算起來，今年應已是「侯金堆科技成就獎」的第十三屆了。

1994年，屆齡六十五歲，是我服務公職退休的一年，退休前半年，我有幸獲頒「中山先生學術論文創作獎」。頒獎典禮是在

▲作者獲頒1991年首屆「侯金堆科技成就獎」。

台北國家圖書館舉行，頒獎人為基金管理委員會主任委員孔德成先生。觀禮人除親朋好友外，尚有孫兒輩以及學生的子女，讓孩子們觀看老爺爺受獎，那種感受格外溫馨。

創新材料合成技術

在1990年以後，我個人研究興趣逐漸集中在高溫材料的「自然反應合成法」。所謂「自然反應合成」（Spontaneous Reaction Synthesis，簡稱S.R.S.）這是我創用的名詞，是指有些耐高溫材料，譬如炭化鎢（WC），不必經由傳統的「熔煉」或「鍛燒」方法製造，也可以用 S.R.S. 的方法合成，且既迅速又理想。我首先將傳統的「熔煉」和「鍛燒」的方法，以最通俗的文字說明一下：

熔煉是將不同的原料加熱到共同煉解的溫度，變成熔質，然後去掉不想要的渣滓，留下想要的精品，譬如「煉鐵」，這種精煉後的產品就是純鐵。然後將純鐵（Fe）設法加入少許的碳（C），讓鐵中含有少許的碳化鐵（$3Fe+C \rightarrow Fe_3C$），於是（$Fe+xFe_3C$）我們就稱之為「鋼」。因有×％碳的含量，視×值的多少，我們稱其為低碳鋼、中碳鋼、高碳鋼及鑄鐵。在這個製程裡，無論是煉鐵還是製

鋼,都需要較鐵熔點要高的容器(小的稱坩堝,大的叫熔爐),但是遇到更高溫的材料,譬如WC,這熔煉的方法就行不通了。

我們再談鍛燒,鍛燒其實是中國人老祖宗的絕活,是製造「陶瓷」的手藝,陶瓷到今天不仍叫china嗎?鍛燒陶瓷就是將高嶺土(Gaolin也是源自中文「高嶺」)、黏土、砂石混在一起放在窯中去燒,中國人稱之為「燒窯」。鍛燒的作用就是讓不同的氧化物(內含氧化矽、氧化鋁、氧化鈦、氧化鈉、氧化鈣、氧化硼)合成為陶瓷的組織,相當為A+B+C→ABC。鍛燒的作用就是在低於A、B、C,或ABC的熔點的溫度,維持充分的時間,讓原子擴散,重新排列最後變成陶器,再加一道塗釉,重燒而成為美麗的陶瓷。

所以無論是熔煉或鍛燒,都必須有昂貴的設備、加溫的系統和充分的時間,三者缺一不可。

現在再談一談S.R.S.法——「自然反應合成法」,是利用「反應生成熱」。當化學反應時,有放熱反應及吸熱反應兩種。物質產生「相變態」時,也有放熱反應和吸熱反應兩種,中國北方有俗語稱「下雪不冷化雪冷」,就是指當化雪,由冰化成水時,要吸收熱量所以才會感覺冷。材料內部在不同的溫度,呈現不同的「相」,當「相」產生變化時,和冰化水一樣,並不一定是化學反應,但同樣會有放熱反應或吸熱反應。S.R.S.就是利用材料A和材料B產生局部相變化(A+B→AB)時產生的熱,促使鄰近的材料瞬間自然合成,所以稱之為「自然反應合成」。

S.R.S.法有很多優點,例如以下三項:它不必要有複雜的設備;此法合成非常迅速,甚至兩分鐘就可合成一公斤的耐高溫產品;促成加溫的系統也較簡易。但是它不是萬靈丹,這必須看反應生成熱是放熱反應或吸熱反應,同時放熱反應的熱量是否足夠促成自然反應。

1978年,我國學人朱經武和吳茂昆發現,在液態氮的溫度,「釔鋇銅氧」陶瓷會出現超導現象(電阻為零),震驚了全世界。

但在次年，反而把諾貝爾獎頒給了另三位低溫物理學者，包括伊州大學的巴丁教授，巴丁是當今世界上唯一曾獲兩次物理獎的諾貝爾獎金得主，他原曾在1956年與夏克萊（Shockley），共同因發現電晶體而獲獎。是因為早在朱經武發現液態氮溫度超導之前，巴丁等三位就已經分別發表過非金屬材料也可超導的理論，稱之為「BCS理論」。朱經武和吳茂昆則在1978年發現並證實氧化釔＋氧化銅＋氧化鋇的「釔鋇銅氧」陶瓷，居然在液態氮的溫度（-78℃）就可以超導，乃稱之為「高溫超導」。

　　「釔鋇銅氧」陶瓷完全是人造的陶瓷，與普通陶瓷不同的，他是「單相」(single phase)，就是說「Y_2-Ba-Cu-O_7」的原子結構雖然複雜但排列完全一致。當高溫超導研究流行的時期（參閱本書第十章「材料科技如愚公移山」一文），無論是從釔鋇銅金屬氧化也好，或從Y_2O_3＋BaO+CuO濕混、燒結也好，總是脫離不了「鍛燒」的製程。換句話說，總需要設備、溫度和時間，通常實驗室準備10克重的Y_2BaCuO_7的超導體，大概總要一週的時間才能完成。

　　這時我們創始將自然反應合成法（S.R.S.）施用於釔鋇銅氧高溫超導體的研製上，由我的學生王坤龍博士主持S.R.S.合成小組，由台大化工系出身的李志明專門替我做理論性試驗，後來我們將結果發表於國際權威物理雜誌《Physica-C》③，同時並將改進合成技術及反應動力學理論試驗結果，發表於國內《物理》學誌④。

　　我是專業於材料科技研究的人，雖然材料科學也與近代物理相關，但終非專業於「物理」學界之學者，由於以上兩篇有關高溫超導的論文發表在國際及國內的權威物理雜誌上，乃引起國際上物理學出版界的重視，美國紐約NOVA科學出版公司，專門出

▲NOVA出版論文。

版當代經典物理著作，主編Anant Narlikar博士專函請託，邀我主稿高溫超導研究叢書第21卷。我以「快速合成釔基高溫超導之創新方法」撰稿⑤，封面如前頁圖，該書1996年出版時我已自中山科學院退休，而以台大為服務單位。

這裡我附帶說明一段插曲，就是當我撰寫NOVA科學叢書時，我必須引用我自己發表在國內《物理》學誌內論文的試驗數據，為了版權的關係，即使是自己的文章，也要徵求物理學會的同意，這時《物理》學誌的主編才發現我並不是物理學會的會員。

正在這時，國科會自然組正在評審並分配一筆相當龐大的物理研究計畫預算。研究計畫是以教授群體的方式提出，是依台大、清華、交大，及南部以成大為主的大學提出。國科會為了維持公正與公平，審查委員請中央研究院物理所遴選。遴選的原則當然是要超然和客觀，大概是因為我為NOVA叢書撰稿的關係，有幸當了五位審查委員之一，但當我洞悉是審查研究計畫當劊子手時，我即刻發覺這是十分艱鉅的任務，過去我也曾多次參加國科會「工程組」年度研究計畫的審查。不唯是這塊大餅是超大號，而是在觀念上有所突破，究竟是核發給一個在國際上有挑戰性的重點計畫，還是對教授群所提多種計畫大家通通有獎？所以審查委員會委請中央研究院主辦，也請我這生面孔參加（有資格主稿國際經典性物理論著，當然也夠資格稱物理學家）。當審查前分由各校主辦教授分別介紹其研究計畫的主要內容後，會場氣氛顯得格外凝重，最後經過五位委員閉門的討論與表決後，大家將結果簽字密封交給主辦單位，送給國科會主委啟封並公告。

兩週後，在媒體報紙上文教版看到今年物理研究計畫一起核給了台大，隨即引起台大以外的公私立院校一陣騷動，說太不公平了，甚至國科會自然組遭受大責難，居然有位媒體記者打電話到中科院，問許樹恩是不是審查委員？軍事單位對這類問題太容易答覆

了：「不知道！」

　　兩年後，台灣大學運動場後側方，出現一幢巍然大樓，名曰「凝態物理中心」，據知就是那一年的研究經費加上學校投入的相對建築工程費的具體結果，2003年在海外電視及電子報上有下面這段報導⑥，希望這是我所審查國科會破例研究計畫的春雷聲：

　　　　由台大物理系組成的台大高能團隊今天與美國同步宣布有「諾貝爾級」的發現，他們發現了史上首件的「新物理」徵兆，嚴峻挑戰了已被引用了三十年的「標準模型」，而且已經獲得百分之九十九的科學確認，未來全球物理教科書都可能必須改寫。

　　　　由二十多名台大物理系師生共同組成的台灣高能團隊，從一年多起開始了這項由日本的Belle實驗室主持（共有十三國參與）的研究，結果台灣代表們表現突出，在今天宣布發現了三十年來物理界最具有震撼性的發現——宇宙可能是由「超對稱」的物質組成，有更多的粒子是前所未見的。這項研究結果不但挑戰了已經被習以為常的「標準模型」，更因為標準模型是所有物理學的基礎，因此他們等於是發現了「新物理」，學者們認為，若是經過最後的確認，那麼這項研究的主持人將是諾貝爾獎得主。

　　　　該研究結果也在台北時間今天凌晨於芝加哥費米實驗室舉行的「輕子光子」會議中發表，參與該會議的台大物理系教授侯維恕表示，這項研究發現已經在這場八百多人參與的會議引起全場轟動，雖然有其他團隊做出不太相同的結論，但由於台灣團隊的正確率已經是千分之九百九十九，所以已經引起及高度的肯定與重視，學者們咸認為，這是三十多年來，瞭解宇宙領域碰到的最嚴苛挑戰。學者們評估，大約只要再經過一年的時間，就可以確認這項新物理是否成立。

研究興趣大轉移

二十世紀六〇年代以後，世界性的議題是能源危機和環保問題。兩次能源危機對台灣衝擊較小，並不是因為台灣盛產石油，而是台灣尚未轉型為工業國，卻能有效的執行了穩定的經濟政策。自是以後，尋求新能源同時提高環保意識，成為國際上挑戰性的課題。在這過程中，利用氫能發電成為國際間最熱門的話題，因為氫在地球上有無限的資源，水、空氣和碳氫化物都是氫的可靠來源，氫與氧再合成水，也是人類所需，且不給地球造成污染。利用氫做能源發電是需要做成氫能電池，現今各國都在競相致力的有兩個系列，其一是鎳氫二次動力電池（二次電池是指可充電電池），其二是指氫燃料電池（Hydrogen Fuel Cell）。其實二者都是材料科技問題，利用氫能發電涉及三種程序：氫的產生、氫的儲運，及氫能發電。

我現在將上述三種程序作一簡略說明：

一、氫的產生：可從水中電解，從碳氫化物中裂解以及從空氣中分解，依經濟觀點，目前以從天然氣中提取最為普遍。

二、氫的儲運：因為氫是最小的原子，氫有最活潑的化性，氫與氧合成變成水，但瞬間激烈反應會引起爆炸，所以一般概念裡，氫是不安全的氣體，儲運時多將氫壓縮在高壓罐中或壓縮成液態氫，但卻未想到最安全、最大容量的方法是將氫儲放在合金裡面，製成所謂的「儲氫合金」。儲氫合金是一種由A原子和B原子的金屬，依固定比例X：Y排列的「介金屬化物」，如A_xB_y，氫原子介於其中，成A_xB_yH儲氫合金。因為A_xB_yH是固態，A-B原子間的固態空隙雖然比液態氫分子間的空隙小，但是氫原子與A或B金屬原子比較，大小懸殊，所以氫成原子狀態存在於A-B金屬間空隙，幾乎相當於充滿了氫原子，所以說儲氫合金的儲氫量較液態氫還要多。而

儲氫合金儲氫最大的優點是安全，即使在空氣中用火燒，它也不會爆炸，這是因為氫原子從AxByH中出來，要經過擴散，然後合成為分子，需要溫度和時間緩慢地和氧化合反應，所以不會激烈。

三、至於氫能發電，有兩個系列，其一是鎳/氫二次電池，是利用氫氧化鎳/AxByH儲氫合金，正負極板經由電解液將化學能變為電能，這就是利用鎳/氫二次電池驅動汽車設計構想，雖然技術已很成熟，但是能量和效率迄今仍只見到鎳/氫二次電池與傳統內燃機混合的設計。另外一個系列是所謂的「氫燃料電池」，燃料電池其實並不是電池，因為它並不是將化學能變為電能，而是用氫當燃料，直接發電，所以可以說氫燃料電池是個「氫燃料泵」。氫燃料電池是全世界競相追求的尖端科技，國際上公認為它是未來能源的新希望，目前開發者有十幾種方法，其中最突出的一種稱為「質子交換膜」法（Proton Exchange Membrane，簡稱PEM），就是讓氫原子通過白金（鉑）薄膜，氫原子通過後帶負電荷的電子經由導體直接變成電流，帶正電的正離子（質子）氫復與另端氧離子結合，變成純水，所以氫燃料電池的設備成了兩個工廠，一是無煙囪的發電廠，一是最純潔的水廠，而不產生任何污染源──二氧化碳。

公職退休後，我的研究興趣即集中在「儲氫合金」的合成，技術的開發如上面所述，儲氫合金是將氫儲存在一種AxBy的「介金屬化合物」（Inter-metallic Compound）中，實際上它是AB合金，若成X：Y比例，他則出現於AxBy序化相（序化相是指A、B原子長程規則的排列），介於A相與B相之間，此種序化相一旦出現，不是超硬就是超脆，在冶金工程上它一向都是不受歡迎的化合物，直到八〇年代，一個意外的發現，Ni$_3$Al介金屬化合竟然出現強度隨溫度升高的怪現象，而引起了材料科學界的興趣，無論在理論上或科技上都引起一陣風潮。中科院材發中心在台灣，是最早啟動這方面研究的單位，所以台大成立第二專長研究領域時，以介金屬化合物為主

題，就是這個機緣，在國際上發行一本《介金屬化合物》期刊乃請我當編審委員迄今。

國際學術界對介金屬化合物的高溫機械性能並無特殊突破，但意外地發現某種AxBy介金屬化合物有儲氫的性能，此一轉變令介金屬化合物的研究有了重大的突破。AxBy儲氫合金中，A原子和B原子，其中之一A原子對氫要有強烈親和力，另一B原子則與氫只有弱親和力或無親和力的作用。合乎這種組合性質的金屬，A原子可以是鈦（Ti）和鋯（Zr），或者是稀土金屬（Re來代表），B原子則是鎳（Ni）。於是尋求鈦、鋯或稀土金屬，以及如何製成Ti/Ni合金或Re/Ni合金便成了全世界追求的目標。奇妙的是地球上百分之七十的稀土礦源出在中國大陸，原來大西北和內蒙的荒山僻壤竟然都是寶藏。

我在上面曾提及我曾創用「自然反應合成法」，能很迅速地合成高溫超導體。我以後將此法施用在儲金合金的製造上，在我公職退休後，將「自然反應合成法生產儲金合金」申請到美國、中華民國及大陸中國的發明專利權⑦～⑨。於1996年，經我在台大接續陸志鴻教授指導的研究生徐吉永的推薦，徐當時任南陽公司總經理，獲慶豐集團董事長黃世惠先生的同意，在慶豐旗下成立「旭陽」科技公司，專門生產儲氫合金，由我出任慶豐集團科技顧問兼旭陽科技總經理，因而有機會與中學知友魯錡（他是中國「計委」）相聚，經他介紹到甘肅稀土公司參觀，並洽購稀土金屬。在旭陽科技的第二年，依我的專利設計，儲氫合金之真空反應爐建造完成並正式生產，遺憾的是正需要資金擴充生產能量時，增資案未獲董事會通過，可謂技術成功，經營失敗。待我移居海外，側聞一位馬姓經銷商以旭陽產品在大陸試銷，頗受歡迎，並有廠商洽購儲氫合金反應爐，反被慶豐集團所拒。

以手邊最新資訊獲知⑩「全球氣候變化中心」現今調查，顯示美國和中國大陸是交通系統製造二氧化碳最多的國家，於是布希總

統在2003年1月份宣布，將撥十二億美元作為氫燃料電池五年發展計畫，估計十年內將耗費一千億美元，才能完成以氫取代汽油作為「燃料」的努力，同時也提出「氫氣的生產與儲運」是其中關鍵的課題。

看起來，我在二十世紀結束前，做成以「自然反應合成」技術生產儲氫合金，我們已然在「氫能開發」構想下，走在時代的最尖端了。一場戰役下來，急先鋒也往往是最早躺下的人。

夏克萊的故事

夏克萊（William Shockley，1910-1989年，美國人）於1947年間，和巴丁（John Bardeen）及布萊登（Walter Brattain）等三人在貝爾實驗室發明了電晶體（Transistor），並製造出第一個有放大電流效用的固態三極體，稱「點接觸電晶體」。於1948年夏克萊再設計出由兩組pn接面的半導體，稱「接面電晶體」。由於他們三位的發明，引為半導體電子的先驅，所以他們共同獲得了1956年諾貝爾物理獎。

後來夏克萊到史丹福大學電機系任教，當我1968年到史丹福就讀時，他正在學校，是我的指導教授施畢（O. D. Sherby）的好友，所以曾應邀到材料研究所做專題講演。他曾介紹他創導的幾個「差排」理論的公式，令人訝異的是當時尚未開始使用「差排」(dislocation)這個名詞。恰如他在1947年發明電晶體，而電晶體也好，半導體也好，雖完全是有關材料的科學，但「材料科學」這一名詞，卻是在他發明電晶體數年之後，才由我在西北大學的指導教授毛理斯‧范所創用。所以現在看起來，夏克萊才是最原始的材料科學家。

不僅如此，我們且看今天近代科技的電子工業世界，雖然電子是在1887年由劍橋的J.J. Thomson所發現，當時他還說：「電子

會有用嗎？」。半導體元素鍺（Ge）和矽（Si）也早已經出現在週期表上，但六十年後正式將鍺與矽長成單晶，加以利用。鍺和矽都是週期表第四族元素的半導體，它們在原子外殼層（shell）都有四個電子，可以與周遭四個原子形成共價鍵（稱價電子），任一個價電子脫離共價鍵的位置就造成一個自由電子，同時留下一個電洞（hole），電洞引進另一個自由電子，又造成另一個電洞，這樣就造成鍺或矽半導體有導電性質。這相當自由電子和電洞都是導電的電荷，它們載負著電荷而移動，因而它們都稱為載子（Carrier）。利用載子導電而造成今天的電子工業革命，應說是從它們開始。

夏克萊的傑作，是在生長矽單晶時（鍺是最早先被發現的四價半導體，但因為矽在地球上蘊藏豐富，SiO_2就是砂石，所以矽就成了主流，隨之才有了矽工業，以及「矽谷」，矽谷誕生在加州灣區，也是與史丹福電機系及夏克萊有關），加入三價（如硼）或五價（如磷）的雜質，讓原子外殼缺一個電子（或形成一個電洞），稱p型半導體；或多一個電子稱n型半導體。將p型與n型半導體接合在一起，則稱為pn二極體（pn junction diode），p與n型半導體交界處稱為接面(junction)，接面處加偏壓則可變更電阻而控制電流，夏克萊更將兩個pn接面緊緊相鄰接在一起的半導體元件，稱為雙極性接面電晶體，直到今天都是半導體工業的主流。因為雙極性電晶體可以用作變更電阻，改變電壓及調整電流，所以它的用途極廣，最主要的是整流（將交流變直流）、信號放大（將電流、電壓及功率放大），以及做信號開關及數位電路。他的發明以後再被進一步的改進，變成場效電晶體（FET），更改為接面場效電晶體（JFET）以及金氧半場效電晶體（MOSFET），並將金屬（導體）、氧化矽（絕緣體）半導體（pn接面的電晶體）用奈米科技設計製造成積體電路板，就成為今天革命性的電子及資訊工業。現在我們檢討這些成就，夏克萊應居首功。

在本節夏克萊的故事中，我除歌頌這位直接與材料科技相關的諾貝爾獎得主外，在此記述他一向為世人所爭論的話題──「種族歧視」。當我在史丹福讀書的時候，夏克萊教授已經六十多歲，雖然他在電機研究所做研究工作，但已很少出現於公共場合作專題講演，偶而有之，只會公佈時間、地點，但卻不說講演題目。事實上，一些師生已經能揣測他要講什麼，甚至學校當局要採取保護措施。他的講演結論大致可歸納為：「……美國的黑色人種天生就笨，繁殖又快，美國政府如果不採取斷然措施，或獎勵自願節育措施，半世紀後，美國人的平均智商將顯著降低，終而變成落後的民族……。」難怪每當他應邀講演，場內擠滿了觀眾，靜靜地聽他分析，場外也擠滿了群眾，吼著要宰了他。

上面我已提及，夏克萊是我的指導教授施畢的好友，有一天，施畢邀他到材料科學暨工程研究所講演，我親身聽到他的專題研究報告，姑不論其結論如何，但對他的研究方法和研究精神，真讓我佩服得五體投地。

首先，他研究一個人的智商（IQ），是受先天遺傳的影響因素多？抑或受後天的環境影響因素多？他從世界各地蒐集到兩百對學生的同胞樣本，特別留意這些樣本的生長過程，尤其重視那些出生於窮（或富）的家庭而後分別成長在不同的環境的人，夏克萊派遣他旗下的研究團隊，到世界各地個別調查訪問這些樣本，並做智商測驗，隨後將調查結果作一統計分析，他並創用了一種頗新穎的統計方法，那就是將兩百對（四百人）的IQ分佈圖，用他的統計理論分析圖形，如果平均分佈點呈圓形，則表示智商受「先天遺傳」的影響與受「後天環境」的影響相若，如果分佈圖成雪茄形，則表示遺傳因素與環境因素有所差異，復觀察雪茄的寬窄與斜率，則可判斷差異的程度。他們這次調查的結果是呈現雪茄形與水平呈45°，根據原設統計理論得出的結論是：人類智商受「先天遺傳」的影

響佔四分之三，受「後天環境」的影響（包括境遇、教育及工作）
佔四分之一。進一步將種族因素和才藝的因素加進去，可得出如下
的總結：黃種人（調查以日本人、中國人、韓國人為主）的平均智
商較高，白種人平均智商次之，黑種人平均智商最低。由於影響智
商的因素中，遺傳佔四分之三，環境佔四分之一，黑種人並不因移
民到美國而使智商升高，反而因黑膚人種欠缺節育觀念，繁殖率較
快，久之，美國人平均智商則趨降低。但另一方面，研究報告指
出，黑膚人種之音樂與體能先天優異，且與智商無關。

此項研究報告一經披露，舉世譁然，尤以美國境內黑人最為激
烈，夏克萊成為倡導「種族歧視」的罪魁禍首，連帶的，史丹福心
理系所創用的智商IQ是否能代表人類的智慧，也成了話題，而這些
反應絲毫都不影響夏克萊的喜好，他依然我行我素，一位白髮的老
教授，一副微笑很自信的樣子，每天出現在校園漫步。

本章註釋

① 2001年6月5日，中時電子報，林志成／特稿。
② 《競走財經版圖》—李國鼎，2002年台達電子文教基金會，DVD光碟。
③ S.E .Hsu, J.Y, Wang, C.M. Li, T.W. Huang and K.L. Wang, "A Quick Process for Synthesis of YBa2Cu3O4 Single Phase Superconductor" Physica-C 207, (1993) 159-166, North-Holland.
④ S.E. Hsu, C.M. Li, K.L. Wang and Y.C. Wang, "The Improvement and Kinetics of SRS Process for Synthesis of Y1Ba2Cu3O7 and related Superconductors", Chinese Journal of Physics, Vol.31, No.6-11, 1993.
⑤ Shu-En Hsu, "A Novel Process for Quick Synthesis of Yttrium Based HTSC", in the series of "In Studies of High Temperature Superconductors Volume 21", Edited by Anant Narlikar, NOVA Science Publisher Inc. 1996, p126-143
⑥ 2003年8月13日，中時電子報，楊心怡／台北報導。
⑦ S.E. Hsu, M.T. Yeh, J.Y. Wang and H.P. Kao, "Process and Apparatus for Preparation of Hydrogen Storage Alloys", Patent granted (#5,376,330) for

17 years from U.S. Patent Office,1994.

⑧ S.E. Hsu, "Apparatus for Spontaneous Reaction Synthesis of Hydrogen Storage Alloys", New model patent granted (#Z.L. 94239941.2) for 10 years from PRC Patent Office,1995.

⑨ S.E. Hsu, M.T. Yeh and H.P. Kao, "Process of Manufacturing of Hydrogen Storage Alloys by Spontaneous Reaction Synthesis", Patent granted (#085771) for 17 years from ROC Patent Office,1997.

⑩ Nature Materials, Vol. 2, #7, July 2003.

第十四章　數十萬里，海外遊蹤

　　1992年，當我尚在中科院材發中心時，澳洲新南威爾斯大學材料工程學院即與中科院材發中心就高溫防蝕專題進行國際建教合作。該院院長大衛‧楊（David J. Young）偶爾被邀來台做專題指導，我亦藉在澳洲出席國際會議之便至該校做專題講演。記得有一次應邀到新南威爾斯大學應用物理館，就「自然反應法合成高溫超導體」題目，介紹給化學及物理研究所的教授及研究生。該校實用物理館在國際上頗有學術地位，因為在1908年獲諾貝爾化學獎、創始原子模型、確定原子核存在的拉賽福（E. Rutherford，紐西蘭人，1871-1937）就曾在該校物理館的實驗室研究多年，當時走廊上還掛著他的照片。

新南威爾斯大學榮譽客座教授

　　我擔任新南威爾斯大學榮譽客座教授的聘期為兩年，曾被續聘兩次，連續四年，榮譽客座教授不必常年在校，但每年累計宜有一個月時間客座指導。在校期間可享有在校教授一切權益，並有研究補助經費，唯一的義務是在應聘期間如有著作發表，應冠以新南威爾斯大學之名義。

　　我對澳洲這個國家一向存有好感。第一印象緣自多年前赴日本參觀橫濱世界博覽會，澳洲館意外地吸引了我，我發覺在南半球居然有這樣一個既遼闊又青春的土地。以後有幾次在墨爾本參加國際防蝕年會，去雪梨參訪CSIRO（國家科學工業研究院），以及在MRS（國際材料研究學會）與澳洲代表的交往，就更加深了我的印象。最特別的一點是澳洲人，無論是教授或販夫走卒，都會本能

地表現澳洲的形象。好友鄭統先生，原是中科院同事，早在1980年代移民到澳洲，至1990年前後，中科院各研究所先後以技術移民到紐澳者已有三十餘位。但從鄭統口中得知，澳洲雖然以技術類別做為澳洲移民的審查條件，但移入後真正以原有技術在澳洲發展事業者，卻又少之又少。

我確有於退休後在澳洲環境中安享餘年的憧憬，但卻礙於年齡條件不適於技術移民，又經濟限制無力作投資移民。1994年公職退休後，在我以榮譽客座訪問期間，反而是移民局告知我，我可以以傑出專業（distinguished profession）身份申請，後來我得知此一類身份多屬國際知名之士，如名演員、高球明星、百米冠軍、有名藝術家之類，抱著根本無望的心境，我找了兩位澳洲教授寫了推薦函，投進去申請了事。孰知在1996年底竟收到澳洲移民局的通知，我與妻純惠已在805類（即傑出專業類）身份下核准永久居留權。而持這類身份簽證的人，確實很少，在黃金海岸（Gold Coast）移民局，竟很少職員聽說過這一分類，所以有些華僑稱這類移民是「國寶級」。

在新南威爾斯大學第一次客座訪問期間，認識來自台灣成大在此攻讀博士的李政哲（Oscar Lee），由於結識Oscar Lee，得能對澳洲的環境和安居有進一步的瞭解，也能與他父母李吉川夫婦相識，並成為在黃金海岸的異鄉好友。李博士（Oscar）年輕有為，對科技與管理均有超人長處，任職研華科技公司，2004年於上海昆山主管研發工作。

由於與李博士及其雙親的交往，得以結識自澳洲國立大學退休史學家吳緝華教授夫婦，和在黃金海岸邦德大學哲學教授呂武吉教授夫婦，他們都來自於台大。從吳教授那裡，與三十年未見的蔣中元取得連絡，蔣中元原是中科院同事，西北大學校友，並且是海軍官機兩校同期校友。蔣中元、康嫻夫婦，在昆士蘭華人社區文化耕耘諸多貢獻，他是昆省華人作家協會會長。

香港科技大學訪問教授

1995年春，我從公職退休後，曾在香港科技大學（Hong Kang University of Science and Technology，簡稱HKUST）客座訪問三個月，當時香港尚未收回，商業與社會仍維持英國殖民地「東方之珠」閃亮的姿態。HKUST位於九龍清水灣的山崖上，完全遠離香港的商業喧嘩。HKUST是依山興建，建築新穎、現代化，稱理工大學，當然以理學院與工學院為主，全校的教學、試驗、研究與行政全部都在依山的一幢建築裡。我在HKUST訪問的一年，當年才將要有第一批畢業生，換句話說，當時HKUST只有四、五年歷史。在我訪問的經驗裡，確實感覺到那確是一座相當現代化的好學校。因之從HKUST的經驗，得到一個辦現代科技教育的啟示，只要有以下三項條件：極充分且持續的基金來源、維持最高學術水準的審查制度、足以維持高學術水準的師資待遇，則一定可以辦好學校，甚至遴選名人主持校務，都不是問題，HKUST的現任校長即為發現高溫超導的朱經武博士。至於期望成為世界級的名校，除以上三條件外，尚須有學校的歷史和學生的素質。對HKUST來說，學生素質就是較現實的問題，因為依香港政府的規定，HKUST的新生需有百分之六十來自香港，而統計資料顯示香港的優秀高中畢業生卻有百分之二十志願在美、英和台灣求學（此一比例，不知現今有無改變），剩下的百分之四十新生則由香港四個大學競爭。

HKUST的工學院，特別是機械研究所，師資比例以台大出身者較多，材料部門屬機械所，故稱機械暨尖端工程材料中心，我在訪問期間，辦理了一次「尖端材料加工與應用研究講習班」，教材封面如附圖，因HKUST學生人數有限，研讀領域又廣，所以當有研究講習班（workshop）開班時，實際聽眾除HKUST外，多來自香港大學、香港理工大學及香港中文大學。我主持講習班所授課程多為航

Hong Kong University of Science and Technology

Workshop on
"Processing and Applications of
Advanced Materials"

Department of Mechanical Engineering
and
Centre for Advanced Engineering Materials

▲尖端材料加工與應用研究講習班
教材封面。

太科技之航太材料，及尖端材料之合成技術，以香港之科技環境，涉有完整概念者尚不多見，但亦確有其他學校之教授對所授內容感到興趣，如香港理工大學一位李教授，因壓電陶瓷恰為他研究主題，而特別邀我到該校參訪及討論。

嚴格來講，HKUST對材料科學研究尚未建立基礎，機械所雖然涵括「尖端工程材料研究中心」，但實際上主要側重於力學的研究，特別是複合材料的力學分析。當時尖端工程材料中心的負責人米教授（米教授的「米」，香港廣東發音是「麥」（Mei），米變成麥，倒也有趣），他即是專長於複合材料應力分析的教授，他同時奔波於澳洲雪梨大學和HKUST兩校，似不能兼顧，待我離校時，他已離港去澳。

到HKUST訪問，最感尷尬的是不善運用電腦，因為在中科院工作多年，所有文稿的整理及打字，皆由秘書蘇雅琴小姐代勞，以致養成一種無能運用現代工具的落伍習慣及依賴心理。初到HKUST，機械所分配一間訪問教授辦公室，室內備妥兩部電腦，此時方感到沒有秘書、自己又不會操作的苦惱，所以從那時起，才開始透過長途電話跟小兒子毅中學電腦。若非如此，真正退休僑居海外，如無電腦輔助，豈不真正與世隔絕？

退休後，海外訪問教學都能偕妻純惠同行，是個人生涯中一大重要改變。退休前多次出國都未能偕眷同行，乃由於經濟問題、子女照料問題、妻之工作問題，以及影響出國任務問題。一旦退休，這些問題都不復存在。所以當有機會與妻同行去新南威爾斯大學以

及HKUST客座訪問，確實感覺在生活上有獨立自主的充實感。在HKUST有許金造教授夫婦相助，他是我在史丹福讀書時的校友，在香港當時有另一位史丹福校友黎昌意先生擔任國府駐港商務代表，對我們諸多照料。所以我們於假日可以遨遊港九以及深圳地區之名勝，以致在香港訪問期間，雖然時日短暫確也感到愉快。

學術會議重回故土

　　1994年公職退休後，至1999年五年內，曾有三次機會往中國大陸參訪。第一次是在1994年出席北京召開的國際「形狀記憶合金」（Shape Memory Alloys）會議，會中我有論文宣讀，會議是在北京友誼旅館召開。

　　這次會議是我離開北平四十六年來第一次重返故都。所以行前約了在美工作的長子一民在北京機場相會，並帶他到故鄉玉田縣一行，也曾約會國立北平高工校友魯錡在機場相晤。將近半個世紀的闊別，一切景象用「恍如隔世」來形容實在切當不過。在飛機上，降落北京機場前，那種心境用「近鄉情怯」來描述也最貼切。

　　回想四十六年前，我是十八歲的中學生，隻身離開北平，如今帶著自己的兒子重返舊地，我已是六十五歲兩鬢霜白的退休老人了，連兒子一民都已經三十二歲，獲有博士學位，是兩個孩子的父親。我為了讓兒子知道一些他的「根」，曾偕他返鄉一行，也帶他瞻仰北京的古蹟，晉謁明陵，到居庸關、八達嶺，踏上長城。摯友魯錡讓他的小女兒魯捷帶我們遊故宮、登煤山、逛北海、走天壇，魯捷服務於經委會外事處，專門嚮導外賓，由他陪許伯伯遨遊真是再好不過了。我們訪北京時，正值人民政府國慶日，也恰好是北京三環路完工的日子，二環、三環都是環繞北京舊城，新闢的無紅燈高速路，主要幹線一年即竣工，讓我們看到新政府的效率面，但在新舊交替的首都也仍殘留著一些不堪入目的場景，我偕一民逛街，

大如新華街,當時仍有無門的公廁,參觀明陵時,攤販市場小販竟當眾搶美金,使我們在同遊外人面前感到十分尷尬。

機場送走一民後,我應台北朋友之託曾去武漢一行,並曾參訪幾個重點大學,應邀對幾個尖端材料問題,提出我的觀點,華中科技大學有意邀我做一年的客座教授,我以澳洲有約婉謝盛情。在武漢曾參觀甫出土戰國時代的青銅鑄件文物,對一些展品,以現代的眼光加上材料科技的知識,很難想像在三千年前會有那種精密鑄造的技術。

第二次參訪中國大陸是在1995年,當時偕妻純惠從雪梨新南威爾斯大學客座訪問後,經香港飛北京,參加在北京北郊密雲縣召開之「國際介金屬會議」。此次會議是由會議發起人劉錦川(C.C. Liu,服務於美國Oak Ridge國家實驗室)商請大陸中國冶金部及北京科技大學共同主辦。會議地址在密雲縣境內之北京水庫區政府官員休假勝地,環境幽美,準備周到,因所有參加者均經會前一一邀請,而且論文在會前均經學術審定,會後發表於《中國冶金學誌》(Acta Metallurgica, China),所以會議相當於「閉門式」學術會議,出席會議人士多為國際知名之士,且大半攜眷參加。因此並安排有眷屬活動節目,會議期間大陸材料學會理事長師老先生及冶金部長劉銖均全程參加。劉部長看起來不到三十歲,年輕人出頭給新政府帶來莫大希望。會後,與會學人自組一內陸五日旅遊團,旅遊城市包括西安、桂林、昆明、到香港,隨團安排有全陪(全程導遊)及地陪(地區導遊),行程緊湊,規劃周詳,名勝古蹟瀏覽無遺。在西安參觀兵馬俑、華清池、碑林、大雁塔、古城堡,當晚並觀賞「唐宮豔舞」舞台劇,戲裝、音樂、舞蹈以及佈景之豔麗,據說完全重現唐代盛世,氣派不輸巴黎麗都劇院(Lido)之表演。此劇已連續演出一年多,場場客滿,入場券票價也是世界水準,千餘年前中國已有此繁華,真令同行外人以及我自己感到驚訝不已。

相對地，此一外籍旅行團的消費與祖國同胞的境遇，可就不可同日而語了，無論是在西安、桂林或昆明，任一旅遊勝地都見到一群求乞的群眾，間雜著缺腿、少肢的殘障同胞，路上求乞，或有以小貝石求售者（據說是億萬年化石），初時妻純惠不忍所見，將隨身零錢施捨，孰知他們有他們的通訊系統，立即圍上來幾十位更嚴重殘障的同胞，幾乎令旅遊巴士難以行駛，這時隨行的「全陪」才對團員發出善意的警告，請切勿再予施捨，以免影響行程。類似景象隨處發生，只有在昆明西山較寧靜，因該處山路陡峭，攀上山顛至一隘徑稱龍門，可遙望洱湖之遼闊。畢竟攀山遊客稀少，殘障人士更難身臨，但另一景象卻令我迄今難以釋懷，當我們其中三人像是爬扶梯似的攀登台階時，忽見兩位背負竹簍運土的工人，手持一T型木棒，行進時作手杖，停止時將T棒支撐在簍下，得以靠在山壁上休息，看似非常費力。我們三人見到此情形趕快側身讓他們先過。當他倆以T棒支撐休息的當兒，同行慕老太太（同行團員慕台剛先生之母，慕為史丹福大學學弟，他與主管J. Wadsworth同行出席北京會議，Wadsworth亦為史丹福校友，且為我同窗師弟，他現在是柏克萊Livermore國家試驗室主管），問他們作此苦工工資是多少，回答是一趟「三角人民幣」（每趟約一小時），慕老太太和我聽了都「啊」了一聲。慕老太太隨即掏出五元美鈔給他，並幫他擦了擦頭上的汗。我在旁直感到花美金代價觀賞唐宮豔舞與面前苦力對比，令我產生一種莫名的罪惡感。

第三次參訪中國大陸是在1998年10月，當時我在旭陽科技公司工作，率同仁葉明堂及白普天（V. M. Beibutian，亞美尼亞籍）出席在杭州舉行之「國際金屬—氫系統」會議（International Symposium on Metal-Hydrogen System）。此一會議原由歐洲國家發起，每二年召開一次，這是初次在遠東舉行，由浙江大學王啟道教授主持並主辦。金屬—氫系統之內涵，主要以鎳/氫二次電池為主，逐漸擴展

至儲氫合金以及氫燃料電池之研究。論文發表後刊載於國際《合金/化合物雜誌》（Jour. Of Alloys and Compounds），我們提出兩篇論文，均為稀土類儲氫合金之研究。開會地點位於西湖湖畔一觀光旅社，開放前原屬政治幹部活動隱密所在，其中一棟頂樓曾為林彪的辦公室。

開會之餘我們曾到西湖八景遊覽，並到湖濱之岳飛廟參觀，仍見到文革期間紅衛兵破壞之遺跡，偶亦見到「損失多少億」的警語。會議期間適為中秋前後，每年一度的「錢塘江潮」潮期。我們曾參加大會協辦之觀潮之旅，乘巴士至錢塘江口之海寧縣。此地據說地靈人傑，歷史上曾出過百餘位進士。觀潮台建在江堤頂上，漲潮時但見一帶潮峰，由遠而近，洶湧澎湃，確如萬馬奔騰，錢塘潮自古列為世界級自然景觀，自幼即嚮往之，今藉參加會議之便有機會觀賞，宿願得償。會議結束，我三人登記歸程路線為經蘇州、上海、香港返台北。在蘇州得參觀蘇州名勝及工業區，經上海瀏覽浦東工業區，見浦東工業區發展迅速，交通建設採架空、平面及地下同時發展，漫步外灘街頭，除南京路大光明電影院尚陳列「一江春水向東流」白楊劇照外，其他一切都改變了，已完全沒有1948年時我們在上海時的影子。

膺選澳洲國家科技暨工程學院外籍院士

由於在中科院時與澳洲已有學術的交往，國科會與澳洲進行國際學術交流時，籌組第一個台澳材料訪問團，我曾擔任領隊，以及後來新南威爾斯大學聘我為榮譽客座教授等因素，所以澳洲國家科技暨工程學院三位院士I. J. Polmear (原Monash大學校長)D. Young (New South Wales大學材料學院院長) 和M. Tegart（工程學院國際合作委員會主席）聯名推薦我為外籍院士，經院士審查委員會通過，並經年會院士會議通過，於1998年在西澳Fremental大會上正式頒授

院士證書。外籍院士自1996年起每年遴選一至二位，在我之前，已有德國及泰國各一位，至2003年外籍院士已有九位，分別是德國、泰國、台灣、日本、韓國、馬來西亞、紐西蘭、瑞典及英國。我來自台灣的中華民國，他們也看作是中國，所以迄今我是中國籍的唯一外籍院士。

根據澳洲國家科技暨工程學院（Australian Academy of Technological Science and Engineering，簡稱ATSE）的會章，外籍院士除不當選理事會理事外，一切權益和國內院士完全相同，因而可在名字后冠以院士（FTSE-Academy Fellow of ATSE）頭銜。

至於ATSE到底是一個什麼樣的組織？在國內台灣並沒有類似的組織，它不同於中央研究院，也有異於工程師學會，它是百分之百的民間組織或稱社團法人，但它是專門過問和影響國家建設政策的社團法人。一個民間組織如何才能影響國家建設呢？那就是每年從全國的學術界、工程界、科技界選拔有能力或有實力，曾經或正在執行國家建設的科技暨工程人才，冠以FTSE永久性的榮譽頭銜。在澳洲，與ATSE平行發展的社團組織，尚有澳洲國家科學院（自然科學院）、國家社會（人文）學院和國家醫藥學院，國家科學院似與國內中央研究院功能相類似。

世界上類似「澳洲國家科技暨工程學院」功能組織的國家有瑞典、泰國、英國等，美國則有自然科學院（NSF）及工程學院（Academy of Engineering）。大陸中國工程學院成立於一九九四年，目前擁有六百零九位院士，大陸上有所謂兩院（中國科學院和中國工程院），其中中國工程院的宗旨和澳洲國家科技暨工程學院十分類似，所以每年ATSE開年會時，中國工程院都會派代表致賀。

澳洲ATSE創始於1976年，現有院士六百七十六位，概分為四組，是為應用物理科技類組、應用生物科技類組、工程類組和管理發展及統御領導類組。主要的目的是以院士們卓越學識與智能，組

成此一最高榮譽性、諮詢性的學術團體，利用院士們卓越科學與工程的知識來促使澳洲國家達成實際的建設目的，因而實際的目的有別於科學院的純學術目的。

ATSE每年召開年會一次，選舉新院士，每年選出十二位，自2002年起增為三十位，並召開專題研討會，所選專題之主題則多為當代世界性或國家性發展中課題，在我膺選前後六年內之主題為：永遠的能源：持續成長的科技挑戰（1997年）、科技——澳洲的未來：傳統工業所需新科技（1998年，西澳伯斯）、「雪山計畫」精神五十年（1999年紐省托馬）、澳洲能永續經營嗎？（2000年布里斯班）、向南（極）看——經營科技與全球環境（2001年，塔斯巴尼亞島）、擁有新發明：從觀念到授權（2002年，雪梨）水——澳洲的困境（2003年，於墨爾本舉行）。

在非年會時間，ATSE院士分別參加各省（澳洲有維省、紐省、昆省、南澳、西澳、北疆六個省及塔斯馬尼亞島）分會活動同時並透過網站做學術性聯繫。因而在2001年我曾被核定代表ATSE參加角逐日本私人企業（Asahi玻璃工業基金）主辦的「藍色行星」（Blue Planet）獎（企求以氫能概念同時解決能源與環保問題），但結果落選。當年獲獎者為史丹福大學生物科學系Mooney教授，他是研究植物生理、生態學的先驅。事有湊巧，在2002 ATSE年會上遇到2000年「藍色行星獎」得獎人，牛津大學的梅爵士（Lord R. M. May）。梅爵士是ATSE的榮譽院士，也是英國皇家學會2000年至2005年間的主席及英國政府首席科技顧問，他獲得2000年藍色行星獎的理由是他導出一個公式，可以推演地球的生態和某種動物（或生物）的生存條件和數量，但不知是否包括SARS的生存期和消滅期。他在2002年會上特約講題是「新發明——從新知識到新產品」。

空中飛人趣聞拾遺

　　回首前塵，人生已虛度了四分之三世紀，自己已經數不清出國了多少次，概估飛行的里程恐已超過三十萬里。中國人有句諺語「夜路走多了會遇到鬼」，所幸尚未碰到劫機或恐怖事件，但乘飛機次數多了，總會碰到一些趣聞、奇聞或糗事，我現在就記憶所及記述幾樁。

　　有一次我隻身經香港、西貢、曼谷到歐洲開會，當時南越尚未淪亡，總統為阮文紹。當我到達西貢機場到過境候機室時，飛機扶梯旁停放幾部小型旅行車，梯口一位戴白手套的接待人員擺手勢請我登上其中一部，隨同幾部旅行車到達一棟十分雅緻的候機室，室內掛著阮文紹的半身像，大家坐下來喝咖啡，但似乎很嚴肅，無人講話，但等候至登機時刻，我感覺到反常的靜，於是詢問地勤人員，去曼谷的登機口，這時方才發覺他們認錯了人，急忙派車把我送上即將起飛的原機，並向我道歉。原來是日本首相到東南亞訪問，在香港轉機，與我同機到了西貢，下機時，他們竟然把我看成是日本人，以為是首相的隨員。

　　有一次從德國史圖加飛往法蘭克福，深夜途經一小機場轉機，已到登機時間，仍不見其他旅客，從自動時間牌示上只見預定轉機的班機起飛時間欄顯示「99：99」，我問機場人員那是何意？他說德文我不懂，後來他說英文，我懂了，原來是代表取消（Cancel）。

　　1982年當我在中央印製廠服務，代表政府赴沙烏地阿拉伯洽談中沙印製技術合作事宜，飛抵吉達機場，正值吉達機場擴充設施，從事現代化工程竣工的日子。在沙國，任何大型工程無不假手外人，當然吉達機場擴建工程也不例外，工程項目很多，譬如航站大廈地磚鋪滿1m x 1m義大利大理石；一座朝覲大廳無窗無門，但

全天二十四小時維持空調；由航空大廳輸運旅客登機，全部自動化設施。全部工程由德國人得標負責承製，我與中印廠鮑良玉在吉達之日，正值德國公司主持運作驗收演習，其輸運系統運作構想是：由出境大廳二樓驗票口進入一條兩側有座位之走廊，再由走廊進入一設有空調之貨櫃車廂，乘滿旅客之車廂由本身之升降機降至一樓拖車上，拖駛車廂到停機坪預定班機旁，再升降機將車廂升至登機門，旅客進入機艙。飛機到達，旅客入境，逆向操作亦同。這一運作構想，立意是讓旅客直接由航站大廳進入機艙，而不必讓飛機停靠在伸展台。孰知第一天操作，處處失控，不是升降機升不上去，再就是對不正艙門，運作失效，拖返航站，進口操作亦生故障，旅客（包括我倆）被當作貨物，運來運去，幾乎全天都困在貨櫃車廂，儘管旅客群起抗議，咆哮跳腳，班機早已起飛，而我們仍被困在車廂，莫名其妙被困一整天。

有一次同趙繼昌教授（C.C. Chao）赴歐出席國際航太會議，飛行中途遇到亂流，飛機顛簸起伏，令人恐懼，這時老趙說一椿故事抒解我的驚恐。他說他的一個朋友乘飛機遇到亂流，嚴重到機艙門被打開，幾乎機艙內所有未繫安全帶、可以活動的人與物都被吸出艙外，造成空難，但飛機居然安全返航。檢查損失，只有他的朋友安全無恙，原來他正在入廁，屁股被馬桶強烈氣流吸牢，動彈不得。他故事說完了，亂流也平息了，故事是真耶？假耶？只有他自己知道，因為他是史丹福大學航空系教授。

有一次從美國紐奧爾良搭727型飛機，夜航經洛杉磯返國。飛抵丹佛前，忽然從艙內廣播知道一位旅客罹心臟病，問旅客中有無醫生協助緊急救助，有兩位應聲站起。他倆一番交談後，其中一位提隨身皮箱至患者座位診治，當時患者已失意識，隨之艙內警示，飛機將緊急降落，十分鐘後緊急降落在科州境內一小型軍用機場，從艙窗可以看到一輛軍用救護車已停靠在機旁，那位旅客醫生也隨之

陪伴患者下機，一切就緒，隨即起飛。這緊急人道救護，任何國度都有可能發生，但親臨此景，一切那麼自然、迅速而有條不紊，真是嘆為觀止，頓感到人生溫馨的一面。

再一次是我與楊景櫖從南非約翰尼斯堡飛往哥本哈根，轉機到瑞典斯德哥爾摩出席國際航太年會。這條航線從南緯35°到北緯55°，從盛夏到寒冬卻沒有時差。一路上當義工保母照顧兩個稚齡小姊弟（參閱本書第十一章「專業中心對主計畫的貢獻」一文）。到達哥本哈根轉機時，上來一群滑雪隊選手，一路上充滿青春氣息。但當降落時，因當地風雪奇大，機場跑道結冰，兩次試降皆失敗，機長決定在空中盤旋，待消耗部分油料後再行試降。在斯京上空盤旋飛行約一小時，心情異常緊張，頗有大禍臨頭前的恐慌。這時，同機旅客已不再有嘈雜的歡笑聲，一陣寧靜後，忽然聽到有人帶頭合唱，大概是他們的愛國歌曲，跟著，警示燈顯示即將降落，於是大家靜下來一起胸前劃十字祈禱，接著飛機安全降落，著陸後滑行當兒，這些年輕人不約而同的歡呼，爆出：「機長，你真了不起！」下機後相互擁抱，這時我體會到北歐孩子們的民族性。

1998年，當我在旭陽科技公司的時候，曾偕工程師小傅（傅以正）到德國紐倫堡GFE公司洽談合作案。返國途中住在荷蘭阿姆斯特丹機場過境旅館，在清晨等候巴士去機場，轉身到販賣機購飲料的瞬間，手提箱被竊賊偷走，四處遍尋無所獲，嚴重的是，護照及證件亦在其中，幸虧信用卡及一些現金尚留口袋，經華航櫃台代辦臨時簽證並由機場航警開列被竊證明，始能狼狽返台。當地航警局似對此類案例已司空見慣，並告知阿姆斯特丹是全球竊盜最猖狂的機場。更糗的是出國前，景美家中也被竊賊光顧一次，一個月內遺失兩只手提箱，這大概就是所謂「夜路走多了會見到鬼」了。

材料也神奇
科技學者許樹恩的一生傳奇

第十五章　若有所失，若有所悟

　　著手寫自傳已經一年多了，本來至第十四章脫稿後，自傳應已告一段落，但仍感意猶未盡。我願意在這一章，敘述一下寫此自傳的感觸。

人生逆旅

　　現在，2004年，我已經七十六歲了，即使說「人生七十才開始」，此刻也是「老」兒園的大班了。當我自己在翻閱已寫就的本書前文，發現自傳中的人、事、物，多已走進歷史。我走過的途程，充滿了波折、崎嶇和坎坷，再加上無數次未曾寫出來的挫折和失敗，才塑成一個鬢髮皆白的現在的我。有人說我們是苦難的一代，但也有人稱之為多采多姿的一群。

　　我自己衡量一下這大半生，大致可分成兩個階段。前半生多半是隨環境，包括時局，隨遇而安，任何一階段的安穩都是上一階段的不安穩所造成，談不到有何建樹；後半生則多半是隨自己的意志有所作為，加上對所學專長有所發揮，和應用「協致工程」的理念（事實上，矩陣管理就是緣起於「協致工程」的理念），讓我從多種主題上都能對社會有所貢獻。

　　這時似乎才反映出人生的意義和價值觀：一個人在有限的歲月裡，究竟做出哪些表現或事業，才算有所貢獻？世人熙熙攘攘，似乎每個人都在追求他的理想。一個圍棋天才，終其一生追求一座本因坊；一個相撲選手，每天吃五斤牛肉，變成非人形，追求一具橫剛；不喜讀書，打電玩也可以拿到世界冠軍。一生一世搬一塊磚石築成萬里長城或金字塔；瑞典北極圈國家物理實驗室，幾十位科

學家徹夜經年觀測研究北極光；愛因斯坦一生追求「統一場論」；
毛澤東躺在天安門的透明棺裡等待後人歌頌和唾罵……，這都是
人生。我孫輩的孩子們，資賦多優異，功課好，音樂、美術、電腦
好，連奕棋都好，兒女問我：「爸！他們將來學什麼比較好？」我
卻不知所答，只有說：「隨其自然發展吧！」

　　任何人從小到大都會遇到順境和逆境，在我的前半生幾乎每天
都在逆境裡。掙脫逆境走向順境本來就是人生奮鬥的方向，後半生
開始有順有逆，安於順境現狀往往是對命運的妥協，勇於放棄順境
比克服逆境有時更要困難。1980年代，我曾自動放棄專利審查委員
兼職，而自己創造一些新發明，迄今仍持有十二項新發明專利權。
台大教授同事中，有幾位具有天生的發明家素養，若非甘心作順境
的審查委員，一定會有重大的發明出現的，但卻因審查委員不得就
本身專業申請專利，他們祇好放棄發明，這實在是國家的損失。

　　同樣類似情形出現於年輕人的就業，所謂順境與逆境，完全是
個人主觀的看法。如果獲得較滿意的工作認為是順境，因而放棄自
己的理想和發揮自己才華的機會，對奮鬥的人生來說，則應是一種
浪費。

　　我已將走入人生的盡頭。回首前塵，幾經波折、起伏，檢討來
程，發現影響我一生最深遠的兩個重要的轉捩點，一是與材料發生
不解緣，一是落葉未歸根，漂泊於他鄉異國。我現在就將其抒寫在
這一章，作為自傳的後記。

與材料結了不解緣

　　本書第六章，我曾提及考取國防科技中山獎學金之事。國防部
創造獎學金留學，是劃時代的創舉，是一項非常特殊，也非常倉促
的措施。如非我當時因限於困境，而去考取了海軍「國內研究所進
修補習班」，得以複習大學數理課程，否則在荒廢十年未讀書的狀

況下，絕無可能考取獎學金，所以我喻讀惡補班為「種豆得瓜」。現在檢討起來，這一種豆得瓜的際遇，確是我一生重要的轉捩點，從此跟材料科技結了不解緣，影響之深遠，不唯是對我個人，甚至深及政府與社會，說明如下：

1964年我錄取首屆國防科技獎學金的名額是在「冶金」類，申請到美國西北大學，因該時研究所已更名，而讀了「材料科學」研究所，且成為「材料科學」一詞的創始人毛理斯・范教授(Morris Fine)的第一個中國研究生，也是國內第一位以「材料科學」為名義的碩士，後在台灣發起了「中國材料科學學會」，後來我才發覺中國材料科學學會竟是世界上第一個以「材料科學」為名義的學會組織（國際有名的「材料研究學會」（MRS）是在三年之後才成立）。

因為我有西北大學「材料科學」碩士的基礎，得以順利申請到史丹福大學讀博士，所以我又成為國內第一位「材料科學研究所」出身的博士。在中山科學研究院成立專業中心「材發中心」，以愚公移山的精神克服了國防材料科技上許多困難。以後行政院設置國家重點科技，「材料科技」自始至終都列為重點項目。我也是台灣大學第一位以「材料科學」為專業領域的教授，初時每年只有兩、三位研究生，隨後材料組從台大機械研究所移出，成立「材料工程研究所」，2000年，台大奉准成立「材料科學暨工程」學系，首次聯招竟列為甲組前幾名。以前，誰能料想到這一路來的發展！

移居澳洲退休安養與照顧愛妻

我第二個人生重要轉捩點，是移居澳洲，讓我安心寫自傳的際遇經過。我稱得上是個二十世紀科學工作者，但從這兩大轉捩點，使我深感受到冥冥中確是有神在幫助我，或是先人在另一個世界指引給了我庇護。

　　我於1994年公職退休，1996年澳洲政府就已核給我「傑出專業」類的永久居留權。雖然說移居澳洲是多年的憧憬，但當時在台灣，本經學生徐吉永(南陽公司總經理)介紹，以自己的發明專利權，為慶豐集團輔導成立旭陽科技公司，生產出儲氫合金，乃是自己的宏願。那時如果經營順利，當不會出國。但三年後，公司技術成功而經營卻失敗，乃辭去旭陽總經理職務，移來澳洲定居。

　　其時兒女均已長大成人，我的退休薪俸，足敷我倆老退休生活所需，遠適異域，可說了無牽掛。卻未料到當我們來澳兩年後，在2002年4月17日，妻純惠突然中風，送往急診中心，住進Pendarra私立醫院，醫師告知，純惠患了輕微的血栓型腦中風，癥候是右手右腳不聽使喚、喉嚨不順暢、講話不清晰。半月後轉院至一新成立之St. Vincent's 公立復健醫院，主治醫師依據腦科醫師之診斷記錄以及復健經驗，肯定的告知我，純惠可在八週內自己走路出院。醫生的話給我莫大的安慰。

　　詎料五週後病況並未依預期好轉，反而更趨沈重，主要是當物理治療（physio-therapy）時，她因嘔吐而不能配合復健，復健課程包括物理治療、職能治療（Occupational therapy）及社會治療（Social therapy）。復健醫院是公立醫院，完全免費治療，但滿八週未癒就必須出院，改換醫療環境，改依職能治療及社會治療。屬於政府的老人照顧評鑑小組（Aged Care Assessment Team，簡稱ACAT），依照醫院病況報告、病患家境調查，以及社會醫療條件等三項，評鑑出病患屬於重障病患、輕障病患或短期病患。純惠不幸被評為重障病患，也等於宣布她終生殘障，雖然可合格申請重障病患的安養中心（Nursing Center）。安養中心在澳洲各城市均有設置，但澳洲每六個人中就有一個合於申請條件，粥少僧多的情況下，平均候選時間是一年。社工人員達泯先生（Damain）很有耐性的帶我走訪黃金海岸附近的安養中心，並提出ACAT的評鑑表，但都

被以優先列入候住名單作回覆。

　　這時我陷入了此生中最痛苦的長考，當時的處境是，復健醫院住滿八週必須出院了，雖有合於ACAT評鑑重障條件，但無安養中心可容身。女兒來電，勸我們搭機返台，申請雇一菲傭照顧媽媽。但住在何處？雇菲傭也要時間，目前搭乘計程車都有困難，遑論遠行返台。若回家自己照顧，或者可以找到兼差護士來家協助，但家中缺少無障礙設施。長考結果，除接純惠返家一途外，哪有什麼選擇？何況任何情況下，我都不忍與妻分離。長考之際，苦惱與一絲淒涼感掠過心頭，難道摒棄「養兒防老」想法，就必得承受老來孤獨？煩惱之際，以電話婉拒一位善心的張太太好意地想陪同慈濟會友安排為純惠服務之約。在無望中本能地向母親遺像暨先父牌位祈禱。先父牌位是1994年退休後同一民一起返鄉時，二弟遺孀交給我們的，那是唐山大地震，從二弟死難的廢墟中挖出的唯一遺物。

　　就在這時，奇蹟出現了，忽然電話鈴響，是從Hibiscus安養之家打來的，說他們剛剛有一個床位空出，限我一小時內答覆是否讓純惠進住？一小時內若無回電則由其他登記順位遞補。突如其來的訊息，反而讓我瞠目不知所措，急促中，立即直覺地回覆願意進住。對方電話中告知，翌日即需遷入，即使有要事待理，也必須先行報到，然後請假外出。我們只有遵辦，次日我即護送純惠自St. Vincent's 復健醫院出院，搭乘醫院救護車直接送往安養之家。出院時辦理出院手續，方知八週復健完全免費，醫院主管為未能在八週內治癒純惠，反而向我致歉，同時由職能治療師指導如何租購助動器材。社工人員並指導我如何接洽義工護士，以減少我在家照顧病患之負擔。以一個外國人初次承受澳洲政府的社會如此周延的醫療照顧，頗有受寵若驚之感。

　　將純惠送至安養之家報到後，順便到愛爾港退休院村（Earle Haven Retirement Village）訪問，令我驚喜的是院村恰好有一棟雙臥

室住戶出租，此戶距純惠進住的安養之家僅百米之遙，步行約一分
鐘，是照顧純惠最理想的場所，所以我未假思索立即承租下來，院
村將該戶重新翻修後讓我遷入。一轉眼，我與純惠分別住在E/Haven
退休院村已經一年半多了。能在痛苦、絕望、窮途、末路的瞬間，
摒棄了邀約，接獲意外的電話（當時很像是專程在家等那一瞬即逝
的電話），在關鍵時刻有如此重大的轉變，除了說是父母在天之靈
庇護外，找不出任何對此契機的解釋。我並無宗教信仰，但我確信
有神，特別是一些超意識、超自然、靈感與靈異現象。容在下章最
後再做較深入試探性的瞭解。

　　純惠意外中風，使我們生活上產生重大改變。從痛苦絕望中，
奇蹟似的得到轉機，將原住清島水地（Clear Island Water）寓所出
售，遷到尼然（Nerang）附近這所愛爾港退休院村。這是座落在黃
金海岸郊區，一個約六百戶，自成體系的村落，在一片叢林中顯得
格外淳樸和寧靜，對我們來說，確是山窮水盡疑無路，柳暗花明又
一村。更難能可貴的是，在這老人村的恬靜生活成為我撰寫自傳的
驅動力。

澳洲的醫保和社福

　　世界上很多國家，都以社會福利政策相標榜，但有的只說而作
不到，尤其是一些以社會主義為標榜的國家；有些國家則是做而不
說，我想北歐以及澳洲就是這一類。經過我幾年來的親身體驗，加
上我們住進這退休院村，逐漸對這種制度多所瞭解。自小就曾朗讀
「禮運大同篇」，對其中「鰥寡孤獨廢疾者皆有所養」很熟悉，但
讀來容易，做起來何其困難？我現在就我所感受的描述一二。

　　澳洲退休人員院村（Retirement Village）是配合政府社會福利
政策，由私人經營的企業組織。如果院村內附設安養中心，則中心
部分由政府出資，而由企業公司管理。退休院村部分各有特色，視

住戶之個人情況而定，豪華者與五星級飯店無異。愛爾港退休院村屬中階層社會退休人員住區，進住條件限六十五歲以上，房舍均為平房，分單身之旅社區（Lodge）和兩臥室之住宅區。住宅可售可租，但近年已全部改為永久租賃（Permanent lease），但退租時，可依其市價增值回饋給承租戶。院內公共設施包括餐廳、俱樂部、醫務室、室外老人球場，室外調溫游泳池及spa。另有手工藝小工廠設立，以及清理庭園之園丁隊，並備有每天去市場和醫療中心之交通車，以及呼之即來的甲蟲車（隨乘的簡易便車）。每月收取管理服務費澳幣兩百五十元（相當台幣六千元），包含有水費。院村內一切設施以保障居住老人安全為主，全院區無路障，輪椅可四處通達，室內均設有手觸緊急通訊系統，以及下班後醫療聯絡系統。院內居民平均年齡八十歲，那時，有一天院區一位女性管理員得知我75歲後，告訴我：「You are young kid」。

　　妻純惠所進住之安養之家（Hibiscus Nursing home）為政府所設老年殘障照顧機構之一，各城市地區均有此種機構設置，並由民間企業經營管理，但與退休院村設在同一院區者則絕無僅有。所以我與純惠同在無望中，同時進住愛爾港退休院村，讓我能照顧近在百米「安養之家」的老伴，我一直認為是奇蹟。安養之家病患進住條件已如上述，進住之費用，每一病患均不同，主要含三項：一是基本安養費，標準由政府統一制訂，依個人狀況，政府貼補大部分；二是膳宿費由管理單位提出，經政府核定；三是病患個人及伴侶之收入折算費，經政府健康與老人福利部門評估，如無收入則不須繳交第三費用。以妻純惠之情形，每月費用約相當在台北雇一菲傭之代價。至於安養中心之人事、醫護、設備、行政管理均由政府負責，正因為如此，安養中心內絕不容許有忽略或虐待病患之情事。

　　即使如此，我們絕不能視其為樂園，因為安養中心畢竟是安養重障礙病患的地方，特別是中風、失智或殘障病患，身處其中，所

▲作者小女嵐音赴澳洲探望父母歡欣合影。

見痴呆、囈語、或殘廢甚至垂危的景象，自是難免。以純惠神智清醒，言語無困難，唯不能站立之情形，在安養之家尚屬少見。因而她與護士之間，相處和睦，她們都似慈母或姊妹一般，照顧她的起居，政府規定病患每年可有五十二天外宿假(Social leave)，中心也同意我在週末帶純惠回家。

寫自傳的經緯和原動力

在愛爾港退休院村中有一醫務室，一位馬來西亞籍華裔繆醫師（Dr. Miau）定時來院負責照顧院內居民，以及安養中心之病患。澳洲是公醫制度，所有居民持醫護卡（Medicare card）可至全國任何醫護中心免費看病，同時每個居民也都有他的家庭醫師（GP）。住進退休村後，繆醫師就成為我與妻純惠的家庭醫師，他有自己的診所，但每週有三天在退休院村服務。我們非常感謝他

的醫德和醫術，他居然在一年半內，治癒純惠導致中風的糖尿病，和阻礙復健的嘔吐（經他安排在私立醫院開刀取出輸尿管結石）。有一天，他囑我到眼科專業醫師檢查眼睛，因為他擔心大半患有糖尿病的老年人，視力會衰退。但當我到一眼科專業診所檢驗後，醫生寫一診斷證明說一切正常，可於一年後再來檢驗。這一檢查報告給我很大的啟示，既然眼睛好、記憶好、四肢健全，何不利用照顧純惠的退休環境，將我一生多樣的經歷寫下來？這一念頭與多年前摯友吳曉峘醫師慫恿我寫回憶錄的建議不謀而合，這樣讓我有了寫自傳的決心。

　寫自傳的決心一經確定，忽然間似乎一切產生一百八十度的大轉變，不利的因素變成有利的因素，譬如退休院村的孤寂、沒有應酬、沒有青春氣息、沒有成人的爭吵、沒有兒童的嬉戲……，這些豈不都是求之不可得的寫作環境？本來住進退休院村是為了照顧安養之家的老伴兒，現在反而倒因為果，是純惠給我造成的機緣，讓我寫作。住在退休老人院村最大的特質，是看破人生歸路的淡薄。有人戲稱老人三大通病：「貪財、怕死、睡不著。」我在這裡的經驗是「無慮財富、看破生死、睡得安穩。」尤其是生死一關，在院村裡，每個人都看成是回家的一步路，進住院村或安養中心前，大家都會依規定填寫處理身後事的志願書，包括要土葬或火葬，及往生穿什麼衣著都預為填妥，加上當我寫自傳是以材料的立場寫人生，人也是材料，人有生就有死，從活材料變成死材料，死了就是死了，沒有人例外。無論你學了多少，經驗了多少，賺了多少，人死了沒有一點兒可帶走，唯一讓後人知道你走過的路，就是趁活的時候，留下一些記號，「文化」一點講，是給歷史留點記錄，寫自傳就是在軀體以外的材料上留下記號。

　寫自傳的決心一經決定，接下來是該如何寫？像是四十年前的「爬格子」方式寫稿子？寫了再改，改了再謄？這對老人有實際

困難，尤其是資料的查詢，對遠適異域，寄居退休院村的我來說，更是難題。但這些難題，隨之迎刃而解，主要是靠女兒嵐音，她辭去台大醫學院工作，在家照料兩個孩子，她願意替我電腦打字兼校對，她打字的速度，無論中英文皆遠超過我撰寫的速度。有關資料的查詢，這時我發現，老來學藝，從小兒子處學到的電腦技術，加上人腦的玄妙，竟然令我寫自傳達到「福至心靈」的境地。例如，我想知道地球直徑的資料，即使在台北，有無電腦，也必須跑圖書館查書，但在澳洲，那一天恰逢火星沖日，在電腦網路上，我竟然同時找到火星與地球的完整天文資料。

另一例是，寒假時女兒帶我的兩個小外孫到澳洲來看我們，臨走把一具小型網路辭典留給我。初時，我以十年前電動玩具的眼光未予重視，孰知它居然包括英漢辭典、漢英辭典、國語辭典、網路辭典、牛津辭典、劍橋百科等等內涵，不但資料齊全，而且會發聲。此時我感覺到自己是落伍了，好在及時用它來輔佐我寫自傳，雖稍遲，猶未晚也。

自傳的書名原本計畫用《十萬里路南（澳洲）西（歐美）中（中土）》，但當我寫至第八章時，我將寫作大綱和已寫就的前七章做成磁碟，冒昧寄給台北一家出版公司，請教出版合作機會，但被委婉拒絕，是怕銷路不好吧！這一試探性的反應，的確給我一點教訓，雖我原來就沒有寫自傳賺錢的意念，但可能要選擇自費出版。和我一生中不安定的經歷一樣，遇有波折也有轉機，像是物理的行進波遇有阻力可使波峰消失，但也可激起反射波，更增加波的能量。由於這一點教訓，促使我做了兩項較重要的改變，其一是書名要改，基於大半生都跟「材料」結了不解緣，而材料並不是死的東西，材料更不是「身外之物」。我決定將書名更改為《材料也神奇》。其二是書的內容也要改，改成比較更有意義些，除了以一生的經歷為經，以材料的專業為緯，盡可能探索些材料的「物質世界」與人生

的「心靈世界」有無交集之處。至於寫自傳給什麼人看，我確實費過一番思考，最後還是女兒的一句話：「只要寫給我和哥哥、弟弟看就好了」，我感到無限釋然。她的電腦打字製出圖文並茂的光碟當無困難，更不必要考慮迎合讀者口味和出版商的問題了。

然而，就在這時，經與兼營出版社的資訊科技公司李協理連繫，雙方達成以傳統出版方式開始合作出版事宜。此書能保持我要表達的內容和意涵，讓它即是文學，又是科學，亦是傳記史學，成為一本反傳統出版著述，當此時機，有這樣轉變，對我來說，也是一項奇蹟。

寫自傳最大的助力來自三位摯友，一是吳曉峒醫師、二是鄭兆煇同學、三是亦師亦友的張天心先生。吳醫師是最先鼓勵我寫回憶錄的人，吳、鄭兩位對本書每一章節都曾親自校正。尤其鄭兆煇對書中內容除做文辭修飾外，對做人處事看法也給我不少珍貴的建議。張天心先生是頗有名望的作家，當我著手撰寫自傳時，他正在華府因案繫獄中，兆煇兄與我每月均有書信給天心兄，以慰他在獄中之孤寂。天心兄對寫作技巧以及自傳內涵，在信中多所指導。當我請他閱讀此書前九章後，驚聞他病逝獄中，享年八十歲。2003年10月底，在華府公祭時，我在澳洲未克前往，但在公祭紀念資料中，家屬徵得我同意，附有我為他撰寫之「張天心小傳」。我非作家，但能為作家作傳，卻也是一項榮譽。（參閱本書第三章「機校生活片段與張天心先生」一文。）

我服務公職時間較長的兩個單位──中山科學院和中央印製廠，經歷三位女秘書。她們雖然對我的自傳並無直接關係，甚至她們並不知道我在寫自傳，但她們在我服務公職時，特別是對外事宜，無論是技術性的、或是學術性的，都曾給我最大的襄助，她們都是我的英文老師，所以在自傳中，間接地都曾助我一臂之力，我想我在這一章帶一筆，向她們表示我的謝意與敬意。

　　湯可珍小姐是我在中央印製廠服務時的秘書，她是台大外文系畢業，為中央日報名記者劉本炎之夫人，她最大的貢獻是幫我起草「中沙印製合作計畫書」。

　　陳心華小姐是我在中山科學院材發中心初成立時的秘書，她對中科院與美國李海大學合辦首屆國際複合材料研討會貢獻最大。後來她到元智工學院任教，找我寫推薦函到加拿大進修，獲博士後，現在元智技術學院任英文教授。

　　蘇雅琴小姐是我在中科院材發中心最後十年的女秘書，他也是出身台大外文系，幾乎我所有學術論文都經過她的打字和修飾。她的夫君為台大電機系博士，他們安心工作奉獻一生，我想跟他們的宗教信仰有關。

第十六章　材料也神奇

綱要

一、材料科學與物理...............................359

　　1.從數位談起

　　2.「能」與變率

二、材料探源...................................370

　　1.材料與物質

　　2.化學元素與原子

　　3.粒子、原子與分子

三、奈米的世界.................................373

　　1.何謂奈米技術？

　　2.奈米技術的由來

　　3.奈米技術的範疇

　　4.奈米技術與材料革命

四、材料與人生.................................379

　　1.人類生存的時與空

　　2.跨千喜年的新時代

五、材料對未來世界的影響.......................381

　　1.材料讓資訊科技(I.T.)得以發展

　　2.材料使生命科學內容改觀

　　3.材料令社會科學引起憂慮

六、超意識、超自然、暗能與神...................392

　　1.物、人與神

　　2.神與科學並存嗎？

本章純以科學的立場來闡述「材料也神奇」，在闡述「材料與物理的關係」中，首先從數位的概念開始，並在「能」與「變率」的關係式中，作者特別強調「變率」的物理意義。

在本章第五節中提到「人腦與電腦」之文中，倡議關於「物質波」、「電磁波」和「意識波」的新觀念。「意識波」存在於人腦中時，與腦細胞材料交互作用產生「意識」、「精神」和「思想」；「意識波」離開依附的材料則成為「靈異」或「靈魂」。這一擬議有待作者暨學者們進一步研究與驗證。

一、材料科學與物理

1. 從數位談起

(1) 人類對數字的認知，其本身就代表文明與進化。幼兒成長中，練習數指頭，一、二、三……，數到十，繼而數到百，這是「一進位」的伊始。據說現今世界上仍有野人，只會屬到三，三以上都叫很多。動物如貓狗，一胎生五隻，哺乳時少了一隻似乎也會找，但都沒有像人類運用數字的智慧。

數目變大了，計數的進位也代表人類的進化。二進位是近代科技電腦邏輯的重大突破，卻發現早在四千年前的「八卦」已然是二進位。從一進位，中國的老祖先開始計數一五、一十的（算盤算法）從五進位到十進位到百進位，因而有百、萬，跟著為萬進位，而有億、兆的單位。世界上以中國為主的亞洲國家，如日本、韓國，迄今都還沿用萬進位。記得1978年在中央印製廠當總經理的時候，每次出席中央銀行行務會議時，要提報鈔券庫存量的面值，天文數字念起來實在是難念。

爾後，大數目施用在幣制和度量衡上，歐美等國家各有其歷史背景與困難，因之有英制與米制的繁雜性。譬如英制一碼為三呎，

一呎十二吋；錢幣一磅十二先令，運算十分困難。國際標準組織統一制訂，無論幣制或度量衡均依「千進位」，稱為米制，亦稱公制。英國政府為了配合英制改米制，曾花了幾十億英鎊先從教育民眾著手，耗了十年功夫，方告改制完成。國際統一制訂之進位法，有兩個具體的優點，其一是可以用指數冪次「3」增減，其次是同時涵括小數，例如 $0.001 = 1/1000 = 1/10^3 = 10^{-3}$，但是，這一表示法也容易引起誤解，以為 10^{-3}-1 與 1-10^3 同樣長度。我們現在將千進位，數位線列，錄在下圖（一），英文代表意義如下表（一）。

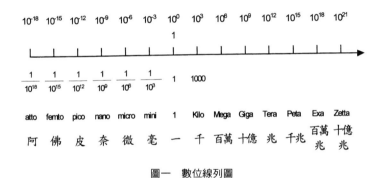

圖一　數位線列圖

表一　米制數位英文代表意義

THE METRIC MEASUREMENT								
Prefix name	Prefix symbol	Factor by which the unit is multiplied						Description
exa	E	10^{18} =	1 000	000 000	000 000	000		one million million million
peta	P	10^{15} =		1 000 000	000 000	000		one thousand million million
tera	T	10^{12} =		1 000 000	000 000			one million million
giga	G	10^9 =		1	000 000	000		one thousand million
mega	M	10^6 =			1 000	000		one million
myria	my	10^4 =			10	000		ten thousand
kilo	k	10^3 =			1	000		one thousand
hecto	h	10^2 =				100		one hundred
deca(or deka)	da	10^1 =				10		ten
deci	d	10^{-1} =				0.1		one tenth
centi	c	10^{-2} =				0.01		one hundreth
milli	m	10^{-3} =				0.001		one thousandth
micro	μ	10^{-6} =				0.000	001	one millionth
nano	n	10^{-9} =				0.000 000	001	one thousand millionth
pico	p	10^{-12} =				0.000 000	000 001	one million millionth
femto	f	10^{-15} =				0.000 000	000 000 001	one thousand million millionth
atto	a	10^{-18} =				0.000 000	000 000 000 001	one million million millionth

(2) 長度數位概念：將上述圖（一）長度單位設為一米（m），
則直線長度表示於下圖（二）。

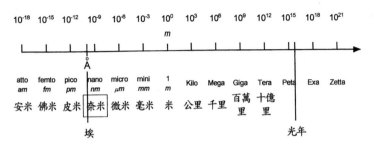

圖二　長度數位線列圖

　　從圖（二）中，請特別注意「奈米」一詞，是由 Nano-meter 譯
出，是長度的單位，1 nanometer (nm)=1×10^{-9}m，此一單位出現，尚
不及二十年，但它是原子的尺度，最近數年，新聞媒體上已大張旗
鼓，未來出現之頻率將愈來愈多，奈米材料、奈米科技……，這個
世紀將有望成為奈米世界。在本章之最後，將做更清晰之解析。從
這一圖示中，有「光年」一詞出現，特別在此註釋，光年是長度，
直線距離的單位，並不是時間的單位。一光年是以光的速度（C=3
$\times 10^8$m/sec）行進了一年的距離（3×10^8（米/秒）$\times 365$（天）$\times$
24（小時）$\times 60$（分鐘）$\times 60$（秒）$= 9.4608 \times 10^{15}$米，約為$1 \times$
10^{16}m）。地球的平均直徑為 12,742 公里，約為 1.27×10^7m，所以從
圖（二）我們可以得出一個很有趣的概念：如果以地球的大小（直
徑）和一個乒乓球大小相比，恰相當一個乒乓球與氫原子相比，從
而我們對「奈米」的尺度，可有較具體的觀念。

　　另外，我們知道一光年的距離約為 1×10^{16}m，我們曾聽說宇宙
可探測到十億（1×10^9）光年，算起來十億光年的距離為1×10^{25}m，

指數為 25。

　　另一方面，從圖（二）中向左探測，由原子核中粒子分析，目前所知有輕子光子，直徑 <10^{-18}m（稱為安米am）之尺度，其指數為 -18。從安米到十億光年，指數從 -18 至＋25，絕對值總和為43，換句話說，二十世紀人類的知識範圍，數字指數約為 10^{43}，但直線距離仍約 10^{25}m（因10^{-18}-10^0小於1m）。依照中國老祖宗對「大」與「小」的定義，所謂「大」是其大無外，所謂「小」是其小無內。因此其線性指數絕對值，在未來的世紀，或不止於 43。

　　(3) 時間的數位概念：將上述圖（一）中單位時間 (t) 設為 1 秒 (s) 則時間線列如下圖（三）所示。

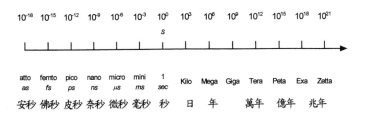

圖三　時間數位線列圖

　　眾所周知，一年是指地球繞行太陽所需時間，365 天 5 時 48 分 46 秒，一年共計有：365×24×60×60+5×60×60+48×60+46=31,536,000+18,000+2,880+46=31,556,926秒＝$3.16×10^7$ 秒（三千一百六十萬秒）

　　從上圖可知，人生百歲也只活了 $3.16×10^9$ 秒，吾皇萬歲也只是 $3.16×10^{11}$ 秒。

　　相對地，從一秒向左端看，時間從1秒——0秒，人類已經有能力測到佛秒（femto second——fm=10^{-15}sec），在這瞬間，卻在發生著超高能量的變化，留在下一節再做說明。

2.「能」與變率

(1) 物理上的「能」：「能」（Energy）或「能量」，是與一切物理過程（包括材料過程）和對象，有關之抽象但可計算的量。它的總量永遠守衡不變，用「E」表示，單位為焦耳（Joule）。（註：焦耳是國際單位，表示一牛頓的力，沿施力方向行進一公尺的距離所作之功，$J = 10^7 erg$）。能量是物理學也是自然現象最重要的概念之一，包括：

(i) 能量是具有可加性的純量，其總量永遠守衡不變，即所謂能量守衡定律。

(ii) 能量從高能狀態走向低能狀態，能量差是一切變化的趨動力。

(iii)能量可以轉換，但永遠不會消失，因此在過程分析中，它可起有用的記帳作用，它轉換的形式可以是作功（力能）、熱能、化學能、聲能、電能、磁能、光能，以及放射能。

(2) 量子論：在研究原子尺度 $Å = 10^{-10}m$（稱 Angstrom，譯為埃）或更小的粒子力學體系，1900 年經德國蒲朗克（Planck）提出量子理論，量子力學有別於傳統力學，是描述所有原子及物質的性質和現象。他首先假定光是由光量子（以後稱光子，photon），一種各帶能量 $E = h\upsilon$ 的光包所組成，式中 h 為普朗克常數，υ 為光的頻率，從 $E = h\upsilon$ 這一式中，它把光量子的能量與光的頻率聯繫起來，普朗克常數為 h：

$$E = h\upsilon \qquad \cdots\cdots(1)$$
$$h = 5.626 \times 10^{-34} J\text{-sec}$$

h 變成量子理論所有方程式中的一個基本常數，同時，注意式中指數 -34 是所見物理公式中指數絕對值最大者。任何方程式加入 $h\upsilon$ 則表示能量的量子化，指任何能量必有質量，量子化後的量子

系統有固定的能量值。量子系統最低的能隙狀態稱為基態（ground state），例如原子中的電子只能處於確定的能階，若原子吸收能量，此時原子就處於激態，當受激原子的電子從某個能階躍遷到另一個較低能階時，即發射一個光量子 hυ，因而原子中的電子的能量，不具有「連續的光譜」值，而是僅允許取一特定的值，稱「特性光譜」。

　　光量子在以後的發展中，證實它是具有「質量」和「波動」雙重性質，以後更證明物質的所有粒子同時也可具有波的行為，例如電子這樣的粒子，它的波長 λ＝h/p，其中 p 就是粒子的動量（質量×速度），h 為上述之蒲朗克常數。由於粒子有波的性質，所以在 1936 年薛丁格（Schrödinger）完成了一個描述物質波動行為的數學方程式，稱為薛丁格方程式，開創了作為量子理論的波動力學，基於此方程式，舉凡電子和其他粒子的波動特性都可用波函數來表示，同時可以精確的預測原子光譜。自從這一波動方程式提出後，所有粒子，包括電子，不再當作點狀的物質，而是按波函數決定的方式散佈開來。波函數的平方是在指定的地點找到粒子的機率。

　　所以量子力學必然意味著以機率的方式來描述自然，它的特徵是所有可測的值都是離散的，因而後來有海森堡（Werner Heisenberg）的「測不準原理」和庖立（Wolfgang Pauli）的「不相容原理」等。一個原子，與外圍繞著多層電子雲霧的球相類似。電子的波動波長 λ＝h/p，表示電子波動的能量已量子化（E＝hυ），頻率 υ 與波長 λ 的關係相當光速 C（光速 C＝λ/t ＝λ・υ，因而頻率 υ＝C/λ ＝3×10^8 m/λ），依照愛因斯坦的理論，光速是個定值，C＝3×10^8 m/s。現將電磁波波長與頻率的關係繪如下圖（四）。

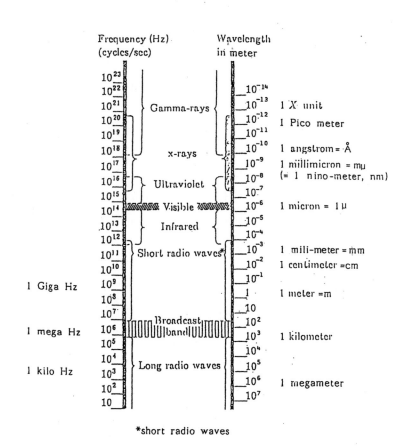

圖四　電磁波全程光譜

　　(3) 波動與頻率：由量子論引出粒子的行為可以用量子波動
力學來詮釋，而波動力學和傳統力學一樣，都可以用波長和頻
率來表示。原子中的電子，它是帶負電的質點，根據馬克斯維爾
（Maxwell）所論，他認為光就是電磁的攪動現象，電子的波動，

隨即產生電場和磁場，所以我們稱之為電磁波。因而電磁波和光波一樣，都具有質量和波動的雙重性質。因為它具有質量，所以有動能，因而發展以後電子世界的各種功能；因為它具有波動，所以它是頻率的函數，依照頻率的線性變化，配合上述圖（一）的指數關係，現將電磁波的頻率變化圖，也就是全程光譜，如下圖（五）①。

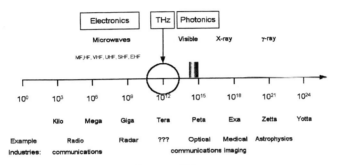

圖五　電磁波頻率全程光譜

　　人類對全程光譜的利用，並不是由低頻而高頻，也並非由高頻而低頻，而是偶然性的發生，首先是從可見光開始，由波長的些微差異，從紅光 3.8×10^{14}Hz 到紫光 7.7×10^{14}Hz。人類視覺可鑑別紅、橙、黃、綠、藍、靛、紫，混起來則為白光（歐美用英文似較科學，稱白光為 all colors，稱黑色為 no color）。其次是無線電波，從長波、高週波……，短波、微波……這些都是因為材料科學的出現，人類可以控制晶體而改變波長所致。上圖中毫米波，稱 tera 赫（10^{12}Hz）波段，直到二十世紀末，方開始尋求它的科技用途。

　　在二十世紀初，當量子力學導出電磁波具有波動與質量雙重性質之同時，X 光的發現是一個重要的里程碑。X 光是 1895 年樂琴（Rontgen）作陰極射線試驗時的一個意外發現，因為他發現了一種

不知名的光，他將之命名為 X 光。X 光的發現驗證了多項量子理論的正確性，包括 (i) 電子在原子中只存在確定的能階，電子加速或急速停止，產生能階躍遷即會將能量量子化以 X 光發射； (ii) X 光可以貫穿物質，證明X光具有質量，且具電磁波的性能； (iii) 除了與光波的光學性質，如反射、折射、感光、極化之外，X 光可以進入物質，被原子繞射與散射； (iv) X 光波長小於原子間距離，所以原子的排列像是 X 光的光柵。

樂琴因為發現 X 光，而在 1901 年獲得諾貝爾首屆物理獎。以後因 X 光研究而相繼獲諾貝爾物理獎的有八位之多。而 X 光的發現對人類最大的貢獻是對材料結構的分析，經由一個極簡單的公式 $d = n\lambda/2\sin\theta$，稱布瑞格定理（Bragg Law），竟改變了現代科技的世界，式中 d 為晶面距離，n 為晶面層次，可設為1，λ 為 X 光波長，θ 稱布瑞格角。我只舉一例說明其用途，即可證明他改變了世界，所言不虛：我們生長矽晶，沿某一晶面切成晶元，X 光沿某一方向 θ 角對晶元照射，這時晶面距 d 即已確定，由 d 與 θ 之確定，即可決定波長 λ（亦即改變了頻率）。如果生長單晶時，摻入另一元素，隨之 d 值又不同，如此，半導體、光電原件，一切電子、資訊工業，從此開始，豈不改變了世界？此段可參考余著《X光繞射原理與材料結構分析》②。

(4) 頻率與變率：無論 X 光或可見光，都是具有質量和波動性質的「波」，光波或電磁波和普通的物質波，如水波、音波、震波……，一樣具有波的特性，如行進波、駐波、反射波，它具有波形、波峰、波谷、波長和頻率。所不同的是普通波的物質要藉介質（如水、空氣）進行，而光波不需要任何介質，所以它可以在真空中進行。主要的差異是頻率。

頻率（frequency）的定義為每秒完整的周數，適用於所有波動和週期性的現象，頻率的單位為赫茲（Hertz），是為紀念無線電波發明人赫茲所制訂的國際標準單位，即每秒鐘的完整周數（1Hz＝周

數/每秒）或 Hz = 1/sec = sec^{-1}。最初頻率是界定於波動或圓周運動或簡諧運動，如連續的波動，繼而擴展到電子的振動，形成信號、資訊、與號碼，如電腦代號的 0 與 1、通與不通（on-off），由直流電而組成的類比（analog）信號，以及由交流電組成的數位（digital）信號，是為訊息科學（information science）的來源。因而「時間的倒數」（1/time），似乎是一個獨立的變數，我們將它稱之為「變率」（rate of change），時間仍採以「秒」為單位，則變率的單位為 1/秒（或 sec^{-1}）。如此一來，赫茲則是變率中一個適用於波動或圓周運動的一個特例。

譬如，在研究材料的機械性質時，彈性力學中，應力與應變成比例，比例常數 E 稱為剛性常數，或稱為楊式模數（Young's Modulus），其中的「應變」（strain），其單位為「無單位」（unit less），如公尺/公尺，或公分/公分。而應變率（strain rate常以 ε 代表之），其定義則為「應變/單位時間」（單位為 1/time 或 1/sec=sec^{-1}），應變率的變化很大，且與溫度 (T) 相關，它的指數變化，可以從 10^{-9}……到 10^{6} (sec^{-1})。地球上應變率的變化 10^{-9}-10^{-7} 相當地質變遷，10^{-7}-10^{-4} 稱為潛變（creep），航太材料在高溫環境下，構成嚴重的威脅，10^{-4}-10^{-2}sec^{-1} 則為人類日常常遇之變率，可假定在彈性限內，故可忽略之，但如果應變率大於 10^{2}，則誘導的應力顯著增加，一旦應變率到 10^{6} 以上，則相當於激烈的震波導致爆炸。因此，我在本書中，擬議將能量通用公式修正如下：

$$E(T) = H \cdot (1/t) \qquad \cdots\cdots(2)$$

或寫為 $E(T) = H/t$

式中 E(T) 指受絕對溫度 (T) 影響之能量；(1/t) 為變率，單位為 1/sec=sec^{-1}，若能之變率為行進波，則變率為週期或頻率，如行進波為電磁波，則電子之變率 1/t=υ，即光子之頻率。

H 為在某種作用場中，能量與變率的換算常數。若作用場為

「應力場」（包括物體、流體、氣體），物質有其具體的質量，
包括物體的質量，水分子或氣體分子的質量，H 值則為運動質點作
用力所做功與變率的關係。若作用場為「電磁場」，電子行進波
為電磁波，則 H＝h＝Planck constant（蒲朗克常數），h=5.626×
10^{-34}J-Sec，h＝λ/p，λ 為光波之波長，p=mv=電子之動量（m為電子
之質量，v 為電子速度），由 E＝hυ=λ/p(1/t)=C/p，C 為光速，代表
量子化，此說明兩點：一為凡能量都有質量；二是光（量）子兼具
質量與波動的雙重性質。

從上面所擬議的能量與變率的關係式 (2) 中，我們可以獲一結
論：

宇宙萬物，在某一絕對溫度下，它的能量是它本身變率的函數。

換言之，能量 (E)、絕對溫度 (T) 與變率（時間的倒數1/t）三者
是決定宇宙萬物變化的主要因數；任何兩者可決定其三；其它變數
（如長度、質量……等），均為衍生變數。既然是變率的函數，則
它一定是在變，它一定是在動，果如是，則吻合中國老祖宗「易」
經的哲理，和「行」的哲學。

〔註：

變率（時間的倒數1/t）的單位為（1/秒＝1/sec=sec^{-1}），
切勿與秒相混淆，譬如 10^{-3} sec^{-1}=1/1000 sec^{-1}=1/(1000sec)≠
(1/1000)sec。

這裡介紹倒數數學的概念：我們把正常數字用於長度單位所
代表三度（三維）空間座標稱真實空間（Real Space），若將長度
單位的倒數形成三維座標，則稱倒數座標空間（Reciprocal lattice
Space）。倒數座標和真實座標之間有確定的數學和幾何關係，
是處理材料結構和結晶學最重要的數學工具，譬如真實空間裡的
一個結晶面，在倒數座標可以以倒數座標點（Reciprocal lattice

Point）來處理。倒數座標也是詮釋 X 光繞射原理及電子顯微鏡最重要的數學依據。請參考余著《X光繞射原理和材料結構分析》一書第三章。

顯然，時間的倒數，我定義為變率，它是宇宙間能量變化最重要的基本函數。〕

二、材料探源

1. 材料與物質

本書所說「材料」是中國人所泛指的「物」，是具體的「東西」，是由物理學上所說的「物質」所組成。所以它是有實質的，有質量的，是有形體的（包括軀體），也包括無固定形體的，如流體、氣體，它的對應詞是「精神」和「心靈」；物質的材料有異於文、法上的材料（如寫書內容材料，或法律上所說案件的材料）。因此材料的範圍可說是非常廣泛，包括宇宙萬物以及地球上所有活的（有機）、死的（無機），天然的、人造的一切物質、物料、物體、物件。中國人造字造成「物」字，確有其妙用，人為萬「物」之靈，人死了為「物化」，研究「物」的道理稱「物理」，顯然包括「材料科學」。那麼，什麼是「物質」呢？

物質（substance）是指物理學或化學上所說的元素所形成原子或分子後的統稱。物質因溫度的不同，會呈現固體、液體、氣體和電漿四種型態（state），形態的差異主要是因為原子或分子活動的變率不同。固體和液體兩者都有限定的容積，所以都稱為凝體（condensed matter）。固態與液態的區別主要是形態，固體不但有固定的容積，且有固定的形態，也就是說，原子間有確定的排列（稱原子結構）。實際上原子結構也會隨溫度而改變，我們稱之為「相變」（phase transformation）。研究相變的科學，就是材料科學的主要內涵。

2. 化學元素與原子

物質是由化學元素所組成。化學元素是指物質不經核反應而分裂成的最簡單物質③。每種元素有其原子核中的質子數，即元素的原子序來表示。化學元素首先由門德列夫（Dmitry Ivanovitch Mendeleyev）於 1869 年建立「週期表」，依原子序數遞增順序排列，各行的元素表示各電子層漸次填滿，而各列的元素表示相應的電價數，根據原子順序排列，對預測未發現元素的存在和化學性質具有相當的作用。依此預測，一些當時未知的元素，以後果然一一發現，週期表是現代無機化學的中心概念。週期表中，約有 90 種天然存在的化學元素，加上人造元素共有 105種，地殼中最常見的元素是氧，佔 49％，其次是矽，佔 26％，再其次是鋁和鐵，分別佔 8％和 5％。每一種化學元素最小的單位就是原子。

原子由帶正電荷的核，和環繞原子核、數目等於核中質子數，帶負電荷的電子所組成。電子藉由電磁力被核吸引，並把原子束縛在一起，原子量子化可由量子力學來描述。原子外層電子電價數，決定了原子的化學性質。原子直徑約為 10^{-10} m，稱為埃（$1\text{Å} = 1/10$ nm），是為最小原子的尺度。所以原子的尺度可以視作物理研究的分水嶺，原子核以內的內涵，稱粒子，屬高能物理，原子包括外圍的電子雲，視作一個球，漸而發展成凝態物理、固態物理、應用物理，以及材料科學。

3. 粒子、原子與分子

原子是每一化學元素最小的部分，也是以「能」出現的基本單位。早在五百年前就已有「原子」這一名詞出現，但真正發現物質世界是由原子組成的，是在十九世紀末葉。以原子為基本尺度，向內發展我們稱之為次原子粒子，向外發展為分子，非分子晶格，以迄物質和材料。

　　粒子物理學又稱高能物理學，粒子物理中的所有理論都屬量子論，原子是構成物質世界的基點，每個原子又都是由位於中心的核，和環繞核的電子組成，而核則由質子（proton）和中子（neutron）組成。質子、中子和組成它們的粒子，被認為不可分割的小粒子稱為亞原子粒子或稱基本粒子，有質量的基本粒子，如夸克、中微子、電子、μ 子和 π 介子等，載力的粒子有膠子、光子、玻色子和引力子，現今仍在陸續發現已有40餘種。粒子的尺度已微小到 10^{-18} m，研究粒子物理學試驗需要使用大型粒子加速器，以迫使粒子靠得足夠近而發生相互作用。電子也是粒子，且有負電子與正電子之別，正電子和負電子相遇（對撞）則湮滅，而釋出能量稱為 γ 光。

　　在材料科學研究立場，亞原子以下的粒子物理，除電子外，非其研究範圍，電子確實是一個例外，電子是在 1897 年由英國物理學家湯姆森（J. Thomson）發現的，他發現時還說：「電子會有用嗎？」卻未料到，半個世紀不到，它竟改變了這個世界。

　　我們現在就站在原子的尺度，埃（Å=10^{-10}m=1/10nm=10^{-1} 奈米），朝大的方向著眼。首先就是兩個或多個同樣原子的有限組合，再者就是兩個或多個不同原子的無限組合。組合體則為物質具有其特性的最小單元，也分為兩種：一種即所謂的分子（molecule），由分子組成的物質有氫（二個氫原子 H_2）、氧（二個氧原子 O_2）或水（二個氫原子和一個氧原子，H_2O），大多數的有機化合物，球蛋白和病毒（如 SARS）等。另一種則屬非分子組成的物質，如金屬、離子合成物（稱為陶瓷，ceramics）及金鋼石等。

　　無論分子或非分子，當其組合時，原子外圍的電子都扮演最重要的角色，也決定了分子和非分子的化學性質，不同原子組成分子時則產生化學反應，反應率則直接影響了化學能，反應後的產物，分子或非分子，視環境的絕對溫度，和分子的活動率，呈現固態、

液態和氣態。固態時，分子和非分子間，相連結原子的電力，稱為化學鍵。化學鍵（chemical bond）有三型：(1) 離子鍵，如氯化鈉（NaCl），是由電子的得失，其結構由 Na^+ 和 Cl^- 離子的相互吸引而聚集在一起；(2) 共價鍵，如氯氣（Cl_2）中，一些電子與兩個原子和相結合；(3) 金屬鍵，如鈉（Na^+）中，價電子是非定域的，並與許多原子核相結合，產生電導性，包括 2、4、和 6 個電子的共價鍵分別稱為單鍵、雙鍵和三鍵，並用－、＝、≡代表。分裂一個化學鍵（例如將一個氯分子轉化為二個氯原子）所需的能量稱為鍵能（bonding energy）。除了以上三型化學鍵外，尚有一種凡得瓦力（Van der Waals force）是作用於各種分子間的弱吸引力，特別是對惰性氣體間的狀態。

從上面三種化學鍵，原子外圍電子的狀態，我們可以區分固態材料為良導體和絕緣體，以及外圍四個電子的半導體。

三、奈米的世界

1. 何謂奈米技術？

所謂「奈」（nano），它只是個數位的冠詞（請參考圖一），和個、十、百、千一樣。而稱「奈米」則成為長度的單位（參考圖二），長度的國際標準單位是「米」（meter），我們稱公尺，同時制訂千進位，所以對「巨觀」來說，稱米、千米（里）、千里……，對「微觀」來說，則為米、釐米、微米、奈米、波米、佛米……。因而奈米（nano-meter，代號 nm）是指 $1/10^9 = 10^{-9}$ m，也就是一米的十億分之一的尺度。那麼一米的十億分之一是多長呢？參閱圖（二）的說明可作一比例的概念，那就是以地球直徑和乒乓球相比，相當於一米的長度和一奈米相比。奈米是個新名詞，是因為國際標準制（ISS）制訂標準較晚，在以往採 cgs 制時，長度以公

分（cm）為基本單位。當X光發現時，波長尺度以埃（Angstrom代號Å）為單位，（1Å=10^{-8}cm=10^{-10}m=1/10 nm），從這裡我們可以知道，奈米尺度（nanoscale）也就是原子的尺度（註：通常 50nm 以下，可用量子物理處理），也就是化學元素成為物質的尺度。所謂「奈米材料」（nano-materials）也就包括所有無機、有機、一切原子、分子、非分子尺度的物質之總稱。至於亞原子以下（<10^{-12} m）的粒子，則不屬於奈米範圍。

那麼，何謂「奈米技術」（nano-technology）？奈米技術就是人類在奈米尺度範圍內，發揮他們的知識，稱奈米科學（nanoscience），改變物質奈米結構（nano-structure），由此衍生對人類生活有用新機能的相關技術。換句話說，奈米技術也就是操控原子、分子的技術。

2. 奈米技術的由來

奈米這一名詞是 1980 年代才出現的新名詞，但奈米技術應區分為人工的和自然的兩種。人工的奈米技術，應從半導體的發現，單晶生長的成功，以及材料科學的發展開始，總之，應溯自二十世紀中葉開始。但是自然的奈米技術，很可能在幾千年、或幾萬年前即已存在了。最具體的例子是蜘蛛織網和蠶吐絲，以及人體的 DNA。以最新的科技來模擬這天然的奈米技術，恐怕要再等一個世紀。那麼，何以人工奈米技術出現會如此的遲緩呢？這是因為人的技術知識與感測能力和觀測工具有關。

二十世紀以前，人們用視覺肉眼可以分辨一公毫（mm）的解析度，以後人們就界定一公毫以上的材料為巨觀（macro-）。以後有了顯微鏡，觀測的解析度稱微觀（micro-），微觀的尺度為微米（micron, 1μm=10^{-6}m），在微觀的尺度裡，我們觀測到微生物可以從事微處理（micro process），進行顯「微」技術的「微」機電系統（MEMS）（Micro-Electric-Machine-System），以及「微」電子系統

（Microelectronics），於是有積體電路和 LSI 等的電子科技。這時才又發覺有再朝更微小科技發展的趨勢，所謂「次微米」（Sub-Micron），實際上以已晉入奈米的範圍，因為次微米＝0.1μm=10^{-7}m=100nm。同時由於電子顯微鏡的問世，不但可以直接觀測原子的結構，而且可以利用電子來發揮奈米技術，扮演操作原子和分子重整奈米結構的角色。

3. 奈米科技的範疇

一旦進入奈米的天地，也就是到達以原子為基點的世界，如上面所喻，1nm 與 1m 的比例，很像是一個地球裡面裝滿了乒乓球的比例。這時再以科技發揮乒乓球大小原子的活力與周圍類似網球、壘球、足球、籃球……大小的原子發生作用，進而研究他們的新機能。因而奈米技術的輪廓，可說大得難以想像，但我們可以概略歸納為以下內容與方向：

(1) 在電子和 IT（資訊科技）方面：將有超高速訊號處理，超高密度記憶體、超高精密顯示器、量子元件、量子電腦……。2000 年 1 月，美國前總統柯林頓提出，美國國會圖書館之所有文獻可以儲存於一塊方糖大小的晶體內。當時他是在爭取奈米科技的預算④，而現在估算起來，卻一點都不誇張。我們且看以下的分析。

假定儲存一個位元（bit）（也就是儲存0與1的信號），需要 5×5×5 個原子，相當（1.5 nm）立方的體積。那麼，15nm 立方體積可以儲存 10^3bit 信號；15μm 立方晶體可以儲存 10^{12}bit 信號；一塊方糖（1.5cm）立方晶體，可以儲存 10^{21}bit 信號。

據估計，一本書的資訊量為10^8bit；

一百萬本書的資訊為100萬 ×10^8＝10^{14}bit；

美國國會圖書館存書 1800 萬冊＝1.8×10^{15}bit

換句話說，一塊方糖的晶體可以儲存十萬個美國國會圖書館的存書資訊。豈不相當全世界的圖書資訊都可以儲進去？

目前使用磁粉記錄，資訊儲存密度已接近每平方英吋 1000 億位元（100giga bit=10^{11}bit），若以奈米技術將晶片作成立體晶體元件，確實可以達到方糖般大小的資訊密度。

(2) 奈米材料之合成與改質：由上面奈米技術的定義，我們知道奈米材料，也就是在奈米的尺度，一切有機、無機的原子、分子、非分子物質之總稱。在這個原子的尺度範圍內，也正是化學元素形成一原子，開始與其他原子相反應、相結合、相排斥後，形成物質的開始。兩個氫原子結合在一起成為氫分子（H_2）是因為降低能量。兩個氫原子和一個氧原子結合在一起，形成一個水分子（H_2O）。炭（C）原子和其他三個炭原子組合，排列成各種不同的結構，它們分別叫做碳、石墨和金剛鑽。炭原子和氫原子結合，可以形成多種碳氫化合物，單一分子叫做碳氫單分子（-Mer），聚合成多個單分子則稱為聚合體（polymer）。兩個氧原子結合在一起為氧分子（氧元素佔世界物質重量 49%），氧原子外殼缺兩個電子，與外層有多餘電子的金屬元素反應結合形成金屬氧化物，使導電的導體變成絕緣體。因此除了幾種稀有金屬外（如金），地球上很難見到未被氧化的天然金屬。以上這些都是自然現象，也就是我們所見到微觀以及巨觀的世界。

但現在進入奈米世界，情形有些不同了。除了有電子顯微鏡作結構分析外，更有掃瞄式隧道顯微鏡（S.T.M.）；原子力顯微鏡（AFM）以及掃瞄式探針顯微鏡（scanning probe），可以直接觀察單一原子和分子的劃時代儀器，並且可以利用這些儀器將單一原子或分子，一個個拉拔起來，移動到不同的位置，這樣可以令材料改變，或完成人造材料。

二十世紀人類最精彩的傑作是半導體矽晶的生長。矽（Si）是外圍四個電子的四價半導體。地球上以 SiO_2 不同的原子排列組織出現，稱之為矽石、石英、及雲母，經過還原（去氧）製成約 98%

純度的矽金屬,再經過蒸餾提煉、區熔(zone refining)變成 11N
(99.999999999%)高純度的 Si,(即 10^{11} 個矽原子中,只含一個雜
質(非 Si 原子)),再經過在真空環境石英坩堝中熔解,液面放置
一晶種(Seed)棒,邊轉邊拉,則長成矽單晶棒(或稱晶元),技術
發展,從初始 1 公分晶棒,繼而1"、2"、4"、6"、8"、10"、12",至
現今 400mm(約16")直徑 ×2 公尺高之龐大矽晶棒。然後沿一特定
晶向,通常為 [111] 切成厚約 2mm 之晶元片,經雙面拋光後,再切
割成 10mm×10mm 晶片,再經電子微處理則製成積體線路之基板。

4. 奈米科技與材料革命

從奈米科技的範疇和發展趨勢,令我們在日常的思考和基本概
念產生了徹底的改變:

(1) 我們一向把材料分成有機的、無機的、結構性的、功能性
的,或何者是金屬、何者是絕緣體、何者是聚合體……,但在奈米
世界裡,這些界定會變得十分模糊。

(2) 微觀世界材料科學基礎理論,如擴散、相變、強化、差排、
析出、晶界、燒接、熱處理、電性、磁性、光電、電光……,到了
奈米世界裡有些適用,有些完全不適用。

(3) 在微觀的世界裡,複合材料(composites)是將兩種不同的
材料複合在一起,如玻璃纖維放在塑膠裡形成 FRP,但在奈米世界
裡,我們可以將任何分子和非分子混合在一起,包括有機的和無機
的混合在一起,成為奈米級複合材料,譬如將奈米級 SiO_2 顆粒和癌
細胞合在一起,你可以稱它為複合材料,或稱為癌細胞吃下致命毒
藥以致害死癌細胞,而稱治癒癌症,亦未嘗不可。

(4) 從 M 到 N —— 在微觀世界,人們的科技知識,已有能力在
微米尺度(micro-scale)組合為微機電系統(micro-electric machine
system,簡稱 MEMS)製成微米尺度的馬達,感測器和電子系統,

且漸已形成 MEMS 工業，但未及十年光景，奈米科技興起，微米尺度縮小 1000 倍，成為奈米機電系統（nano-electric-machine system，簡稱 NEMS）將它裝入人體，包括分子馬達、奈米感測器，將形成隨身診病系統。所以由 MEMS 變為 NEMS，或謂 M→N 是工業重大的轉變（M→N 的概念，為作者首次創用）。

(5) 人也是材料——人體是有生命的有機體，自從對於奈米科技以及生物奈米科技有了較透徹的瞭解之後，方發現人體是最複雜的活材料。雖然人類對我們自己身軀的材料，隨著奈米科技的延伸已逐漸有些新認識，並開始合成人工蛋白質、DNA 的奈米結構、人工移植細胞、移植器官、移植 NEMS 到體內、DNA 治療，甚至複製細胞、複製動物、複製人……，都在進行中，但對人是有思維、有思想、會思考、有理想、有知識……活的材料，瞭解的程度仍然非常有限。

四、材料與人生

1. 人類生存的時與空

地球——人類賴以生存的這個星球，是環繞太陽星系，存在於銀河星系一個角落，宇宙中相當渺小的一塊材料。運行多久了，沒有人知道，也沒有必要知道。但有一點似乎是確定的，那就是在宇宙間，人類能力所探測到的星球中，還沒有發現與地球相類似的星球，特別是上面有「人」的活材料。

我們檢討一下，在這個地球上，人類的進化史，實際上也就是人類對材料的利用史：

(1) 石器時代，是人與天然環境的材料，共同生存，茹毛飲血的時代。

(2) 新石器時代，是利用石器材料鑿洞穴，為武器，維護生存的

時代。距石器時代不知經歷了幾萬年。

(3) 銅器時代,是人類開始以智慧利用「熱」,將地球上的銅礦煉鑄成銅材料,做成工具和祭祀用具。先煉鑄青銅(銅錫合金),後煉製黃銅(銅鋅合金),因為青銅熔點較黃銅低,新石器時代到銅器時代,中間經歷了幾千年。

(4) 鐵器時代,從人類有煉銅的技術,到煉鐵的技術,中間又經過了二千年。原來人類運用熱,產生高溫的知識,從煉銅材料(1100℃)到煉鐵材料(1550℃),竟需二千年。但爾後將鐵鍊成鋼,以及發展成合金鋼,全程卻不到五百年,時代已進入「近代史」了。

(5) 到了二十世紀,超合金材料發展了航空工業新時代,將人類生活空間縮小,複合材料促進了太空世紀,復將人類生存空間擴大。

2. 跨千載的新時代

回顧我這一生,不幸生在一個兵荒馬亂、流離失所的年代,但也有幸親身跨越二十世紀到二十一世紀,更巧合的是有幸跨越千禧年,從公元第二個千年跨越到第三個千年(2000 年到 2001 年)。還記得讀中學時,看過一部電影,劇情是講英國海軍名將納爾遜(Nelson, 1758-1805 年)的故事,他於 1800 年除夕,在地中海邂逅它的情婦漢米爾頓夫人,擁吻時,午夜鐘響,他說他吻了她一個世紀。兩百年後,我們這一對老夫妻,身在南半球的澳洲,雖然沒有像納爾遜的羅曼蒂克,但我們守候著 2000 年最後一個除夕的電視節目,看著奧運年雪梨大橋煙火瀑布,同聲倒數,並在倒數至零時,攝影留念。在 2001 年 1 月 1 日 1 時 1 分 1 秒時,我發現這一天,也就是二十一世紀的第一個星期的星期一,真正所謂「一元復始,萬象更新」,實在有趣。這個歲月堪稱是「新時代」。

　　在這個新時代，特別是在我度過大半生的二十世紀的後半世紀裡，我們將今天的世界和六十年前世界作一比較，發現這一個甲子，真是發生了太大的變化。令人難以相信的是，這一變化原動力竟然是「現代知識」，尤其是人類以現代知識掌控「材料」的能力。且看下列事例：

　　(1) 依據核能知識，製成原子彈，結束了二次世界大戰。在愛因斯坦的質能關係式，$E=mc^2$，式中 E 為能量，c 為光速，m 為對運動物體測得的質量，其意義在於一切能量都具有質量（而不是「質量和能量可以相互轉換」）。在一般情況下，能量和質量都是守恆的，但在核衰變中，衰變碎片在靜止時所測到的總質量比初始靜止質量減少，E/c^2，所以原子彈並非因愛因斯坦質能關係式所造成，但確可由此式估計能量[5]。

　　(2) 賓拉登依據簡單的動能公式知識 $KE=1/2mv^2$，式中 KE 代表動能，m 為物體質量，v 為物體行進速度。他把物體設想為 747 噴射機，並裝滿旅客的質量；行進速度 v，則為 747 噴射機全速飛行的速度，代入公式，其動能豈不相當原子彈？因而製造了 2002 年 911 紐約和華府的恐怖事件，瞬間死難四千人。

　　(3) 且看 2003 年伊拉克戰爭，當巴格達決戰前夕，我在南半球坐觀某中文電視台的戰局分析節目，一群戰略專家和幾位有實際作戰經驗的軍事領導，分析坦克大會戰將如何慘烈，會戰期間將拖延多少個月。專家們戰略戰術分析尚在熱烈討論時，一則新聞說美國 B-2 重轟炸機投下了數顆超級鑽地炸彈，跟著伊拉克所有宣傳的聲音都止息了，巴格達居然不必打，就如此結束了。

　　(4) 人類智慧掌控材料新知：二十世紀後半個世紀，人類智慧掌控材料科技影響這個世界最深遠的，我認為有三大項目。當然，我們必須先重新界定「材料」的含義：一是「材料」將泛指一切有形的物質，甚至涵括無形（如氣體及部分次原子粒子）的物

質；二是死的材料和活的材料，人（指軀體），也是材料，活人和死人。

上述所說三大項目即是：一為材料讓資訊科技得以發展；二為材料使生命科學內容改觀；三為材料令社會科學引起憂慮。

五、材料對未來世界的影響

1. 材料讓資訊科技（IT）得以發展

（1）現代電子資訊：自從英國湯姆森（Joseph John Thomson）於1897年發現電子，量子物理證實電子是兼具質量和波動特性的 β 粒子，它環繞在原子外圍不同能階運行。至二十世紀中葉，半導體發明後，電子可以在材料中藉載子動起來，因為電子是帶負電荷的粒子，兼有波動特性，離開材料它仍可藉電磁波在真空中前進，因它可以量子化，所以能量受波動變率而變化。

翻閱本章第一節，作者所擬議的「能量與變率關係式」：

$$E(T) = H(1/t) \qquad \cdots\cdots(2)$$

意指宇宙萬物，在某一絕對溫度下，它的能量是它本身變率的函數。式中變率（$1/t$）（單位為 $1/sec=sec^{-1}$）視能態（力能、聲能、電能、磁力能、化學能、熱能、光能……）而稱為週期、頻次，或頻率。式中 H 為能量與變率換算常數，如果是在物體（或物質）運動的應力場（包括流體如水波，氣體如聲波、震波），H 值相當功率常數；若在電磁場，電荷為電子載子，能量量子化，此時 H= h =Planck Constant=5.626×10^{-34}J-Sec。

無論是應力場的物質波（含水波、或音波）或電磁場的電磁波或光波，都是波（wave）。凡是波，必有波形、波幅、波長、週期（頻率或變率）。波的每一週期的變化都構成一種特定的記號，因為每一種化學元素，都有其不同的電子結構，因而每種元素都有其

特定的波形，所以不同元素所顯示的波形記號，則是光譜。物質所顯示的光譜，則稱質譜。

最簡單的記號是數碼，最早用於計算數字的代碼，就是手指和腳趾。人腦早就有能力製造、識別、記憶、運算這些記號，並且將這些記號記在身體以外的材料上，如刻在石頭上、甲骨上、竹片上和紙張上，這些符號有些就發展為文字（特別是象形文字），遺傳下來有記號的材料，就成為歷史的考據對象。

二十世紀後半世紀，人的智慧，發明一堆材料叫電腦，就是利用數字 0 與 1 代表的符號，可以指示電腦讀、寫、存取與運算資料工作的碼。0 是斷路，表示現在沒有電流通過；1 則是通路，表示正有電流通過，利用電路的開關，依循著代碼的指示，電腦就會存取資料。現在的電腦中，資料則以百萬計的微小電路進行儲存。早期的電腦是類比式（Analog），是由連續流動和變動的變數（如電壓或電流）所組合，相當連續的電子脈動。而數位（Digital）式，則是開關的組合，如 0 與 1、開與關、正與負、N 與 S，可由數位或滑動式的機構來調整，效果則相當光學信號，可透過光纖來傳送。所以類比式如同連續波，數位式相當脈衝波，以數字每秒×千次來表示。由此更證明上述公式 (2) 以變率取代頻率更正確。

0 與 1 相當二進位（binary digit，簡寫 bit 為位元）。位元也就是電腦辨識信息的最小單位，電腦由電路組成，電子信號不是出現就是未出現，由於電路只有兩種狀態，可以由位元（0 與 1）組成電腦碼，得知應該維持現狀或是改變現狀。以電路通暢與終止形態的組合形式，讓所有的資料都可以組合在電腦中，電腦之所以正確無誤，就是因為位元是截然可分，而絕對不會有模稜兩可的信號。一頁文稿需要八萬位元，一秒鐘講稿要五萬六千位元，而呈現一秒鐘 TV 畫面，則需一千萬位元。八個位元組成一組稱位元組（byte），資料通常以位元組的方式來打包。一個位元組表示一個字元（包括

數字、文字或符號）。在計算機領域，命名十分巧妙，位元以小寫 b 來表示，位元組以大寫 B 來表示，Kb 表千位元，卻代表 1,024 位元（$2^{10}=1,024$）；MB 則表百萬位元組，等於 1,048,576 位元組。一個軟碟可以容納 1.44 百萬位元組的資料，難怪四、五十萬文字的稿件，可以存放在一片磁碟裡。一台規格 540MB 的電腦硬碟，就可以容納 540 個百萬位元組的資料。更難怪進入奈米世界，說美國國會圖書館所有藏書，都可以儲放在一塊方糖大小的晶體裡。

生在二十世紀後半世紀的人，不管懂不懂電腦和資訊技術，無形中都在享受近代資訊科技（Information Technology，簡稱 IT）所帶來的便利。五十年代，第一次出國時，訂飛機票，必須以電報通知到達的機場，更改或取消班機也必須一兩天後才得知；年輕時，寫一篇稿子，必須以爬格子的手稿完成，如有修改，要重新爬過，而如今電腦處理則不消幾分鐘。清乾隆下旨由紀曉嵐主編《四庫全書》，編妥一部必須請數十位大學士照樣正楷抄寫另三部，經年累月，始克完成；同樣的工作，若以電腦處理，大概不需數日，當可更完美而無誤。相對的，人類踏上月球，探測火星，如果沒有電腦瞬間精確計算的能力，尚不知多少世紀後方得實現。

(2) 人腦與電腦：材料科技創造了資訊科技，資訊科技製造了電腦，電腦的計算與儲存信號能力遠勝過人腦，那麼，這是不是代表電腦更厲害？而答案是「不然」。

人腦與電腦最大的差異在於人腦有「思想」，以「想」去執行。用思想去想，所以才有思維，才有意識，才有智慧，才有知識，才有創造。電腦則是依據人腦想出來的點子去執行，它會在最短的時間，最複雜的資料中，達成最完美的任務。譬如，依指紋識別管制門禁，什麼人可以進，什麼人不准進，以及用這個怪點子代替警衛，這完全是人腦的思維和智慧。若依照人腦的餿主意自己去執行，恐怕一個月的功夫也難辨識一個人，但是用電腦卻不到一秒

鐘，絕不會認錯一個人。在這個跨千載難逢的新時代，儘管現代知識掌握材料科技，可以發展出智慧型的電腦，但真正製造出會思想的電腦，還不知在多少世紀之後！

究竟人腦是如何工作的呢？

最近紐約時報所屬《科學時代》週刊，評選出過去二十五年中最具爭議性的二十五個科學問題，以紀念《科學時代》創刊二十五週年⑥。第四項科學問題是：「人的大腦是怎樣工作的？」（前三項問題分別是：一、自然科學重要嗎？二、戰爭是否終將毀掉一切？三、人類能登上火星嗎？第五項為地心引力到底是什麼？）。人腦如何工作？在二十五大科學問題中列第四項，可知這的確是個未解的大問題。

首先我們以非專業醫師，就以日常生活經驗來描述一下大腦工作的現象：人先天就有本能利用自己的感知系統（sensors），包括視覺、聽覺、嗅覺、味覺和觸覺（感覺）等，將外界的訊息傳到大腦的中樞神經（相當電腦的 CPU），傳送到腦細胞及時處理。先過濾這些訊息待處理的優先順序，然後傳令給感知系統（如四肢、口舌），迅速處置或記憶、存檔。有些行動幾乎是同時的，例如一隻蚊子咬了右頰一口，幾乎同時左手擊下。眼睛看到的、耳朵聽到的，和皮膚感觸的資料，隨即分析出是美的、醜的，然後交由司管七情六慾的感官去執行屬於人的感受。這些感知系統都是活的（有機）材料；其實任一種感知系統，屬於「人」的並不見得優於其他「生物」的，譬如人的嗅覺不如狗、視覺不如貓、聽覺不如海豚、記憶不如牛馬、跳躍不如蚤、耐力不如駱駝。但是綜合起來講，特別是反應某種感知訊號，經過「思考」後再決定下一步的行動來說，人確是萬物之靈。尤其是腦、手、口聯合作業，形成了一個人文社會。

腦、手、口雖然都是人的一部份，都是軀體的材料，但是腦顯然是個樞紐，最特殊的是腦會思想，會完全獨立的發掘問題、

解決問題,同時腦決定人的生與死,所以腦實質上包括腦細胞的材料部分,和純意識的精神部分的組合,即所謂「靈與肉」。當意識附著在腦細胞時,稱作「活人」,當意識離開腦細胞時,稱作「往生」,因為腦已死。有人稱意識(或精神)為靈魂,當靈魂離開軀體,往哪裡去?這已屬於超意識或宗教問題,但是當意識附在腦細胞的時候,人腦究竟如何工作?這確是大疑難,難怪列為當代科學難題。

我們再重新思考一下去「想」和「思想」這個作為:

(i) 想問題會很吃力,甚至會很累,一場重要考試下來,考生面紅脖粗,頭暈腦漲,都是用腦的徵候。

(ii) 很多難題,很多遺忘的人事物,常會因聚精會神的「想」而得出答案,甚至有不可思議的腦力,來展現令人難以置信的奇蹟,真所謂「精誠所至,金石為開」。

(iii)思考(想)也是「能」的發揮,所以用腦力的人和用體力工作的人,同樣需要飲食能源供應。

(iv)想問題不但消耗體力,同時也消耗時間,所以思想相當於智慧做功。

(v) 思考既是「能」與「做功」,所以需要「睡眠」來恢復,因而人之一生幾乎有三分之一的時間在睡覺。何況腦的一部份,當睡覺時仍在工作。綜觀上述這些現象,將其與「能與變率關係式」(2) 同時考量:

$$E(T) = H/t \qquad \cdots\cdots (2)$$

作者發現腦力激盪可以用醫學器材測得「腦波」,而頻率範圍遠低於無線電波,所以據以判斷腦波既非電磁波,亦非物質波,所以作者擬議稱「腦波」為一種「意識波」。是腦組織血液中的電子,透過腦細胞和腦神經的運作而產生的意識狀態。參照上式 (2),意識波能量 E(T) 十分顯明,因為用腦力的人和用體力的人,同樣

需要充足的營養，集中「想」問題，相當腦力激盪，頗似雷射之激光（optical pumping）突升至某一能階，而釋出密集的雷射光。同樣地，集中對某一事物思考，會產生突破性的概念而解決重大的問題。意識波的變率（1/t）是腦波行進於腦細胞之間所產生的震盪率，因為腦細胞是不規則的組織，所以意識波有異於電磁波行進於半導體材料之序化晶格，也有異於超音波行進於壓電陶瓷非分子間的原子排列。(2)式中，H 值為與介質相關的能與變率單位換算常數，意識波的介質是腦組織中的血液，正常能量的來源是血液中的氧和醣，所以血液中醣與氧供需失調，必將影響大腦的運作。

2. 材料使生命科學內容改觀

當材料研究從毫米（milli-meter）到微米（micro-meter），再到奈米（nano-meter）尺度範圍，也正是物質從顯微鏡晶粒大小，再放大到分子、非分子，以及原子的範圍。材料分析（我們應稱其為「物質」了）從無機的金屬、陶瓷、到有機的生物和聚合物，從無生命的化學，到有生命的生物以及活人。人們開始研究奈米材料，以及生物奈米技術（Bionanotechnology），開始直接認識細胞、氨基酸、染色體、基因、蛋白質、DNA、RNA 等生命單元。

我們首先從奈米科技談起，在前述奈米材料之合成與改質一文裡，奈米尺度的空間提到一些非金屬元素原子如氫、氧、碳，彼此結合，或反應組合成分子，和聚合體。有些變成醣或葉綠素或脂肪，如果「氮」原子也參與反應，則會組成胺基酸（amino acid），再加上些磷，及無氧的核酸，稱 DNA（deoxyribonucleic acid），加有氧的核酸則稱 RNA（ribonucleic acid），另外由氨基酸合成的蛋白質，這些聚合物分子，就變成有生命的基幹物質。DNA 和 RNA 形成 2nm 直徑的雙重片螺旋，兩片螺旋間鑲嵌有擴大生命訊息的蛋白質條紋，其中並包括遺傳因子，這組 DNA 聚合體就構成生物的生命

現象。這些新機能的科技，就是生物奈米科技，系統性的開發則稱「遺傳工程」。

將生物科技施用到人體上，加上上面所述電子與資訊（IT）技術，將成為奈米生物醫學，是生命科學的主要部分，也是保健新天地，例如遙控健康診測、隨身健康保健、量身定做醫療、DNA 鑑別晶片、健康照顧機器人等。跟著，人們進一步合成、重組、移植、及複製這些生命單元。

生物奈米技術特別對下列三種診斷和治療寄予重視：一是以人類基因資訊為基礎的疾病診斷與治療。一般相信 DNA排列資訊中只要有一個鹽基分子排列產生變異，即形成癌症，如將異常蛋白質修復，則可能治癒；二是可進入人體執行檢查或治療之奈米機器（nanomachine），如治療心肌梗塞之精密設備；三是移植醫療相關人工器官或組織，特別是 ES 幹細胞（由動物或人體初胚分離之細胞，具有分化體內所有細胞之功能），移植幹細胞，或可治療老年癡呆症。（註：2003 年 12 月 19 日出版的美國《科學期刊》，把精神病基因的發現，列為 2003 年十大科學成就之第二位，首位為研究宇宙擴張的神秘力量：暗能量「Dark energy」。）

3. 材料令社會科學引起憂慮

我們在前面討論人類的生存時與空時，曾經談及人類的進化史，實際上就是人類對材料的利用史。爾後人類群居，開始有了「社會」的型態，社會的形成，實際上也是因材料而產生變遷，如游牧社會是因飼養牲畜（也是生物材料）尋找草原（天然食品材料），隨後成為農業社會（農產材料種植、產銷），繼而發展至工業社會，因蒸氣機發展成為工業材料與材料工業的工業化社會。時至二十世紀後半，由於奈米材料以迄奈米科技世紀的到來，預期未來的社會，以及社會科學將產生前所未有的改變，如下述：

(1) 從生命的品質（Quality of Life，簡稱 QOL）來說：QOL 有兩種意義，一是指生命或人生，一是指生活或生存。生命的品質常以地球上的人口所能享有地球上的資源（包括糧食和能源）來衡量。在當今的社會裡，無論糧食和能源，儘管生產技術如何改進，但總是趕不上人口增加指數，以致於人類的 QOL 會愈來愈差。但是當進入奈米技術的思維後，才發覺糧食和食品都是材料，稱為食品材料，食品用遺傳工程來合成，稱「遺傳工程食品」（Genetically Engineered Foods）。食品可以由工廠生產，而不必由農田生長，或由漁牧養殖，這樣一來，農漁牧業廣大社會民眾，不失業也要減產，勢將成為社會問題。

2003 年，美國有兩個關於奈米科技的法案，送交眾院與參院審議，一件是三年內以二十四億美元預算，針對奈米科技的研究與發展，另一件是調查奈米科技所引起的社會與道德層面。審查時國會外面集結一群農漁民手持抗議牌，高呼反奈米「anti-Nano」，以及反對「遺傳改造」（Genetically Modified，簡稱 GM）食品[7]。

有關 QOL 的第二個基本是「能源」。現今地球上兩個主要的能源，一是太陽能，二是古生物、石化原料（古生動物的原油和古生植物的煤炭），尤其後者做為工業能源，簡易方便。但是石化原料資源有枯竭的可能，同時碳氫化合物加氧燃燒必然產生二氧化碳，對地球環境造成污染。因此尋求對地球環境無污染的新能源，是這個時代最大的挑戰。

隨著奈米科技的發展，尋求新能源，或對能源的利用和轉換也有了新解。氫燃料電池（Hydrogen Fuel Cells）是同時解決能源與環保問題的新希望（參閱本書第十三章），其中關鍵的科技是奈米尺度氫與氧原子的交換。氫是最小的原子，也是最活潑的化學元素，氫原子在奈米尺度其他元素的空間格子裡，可以來去自如，但奇怪的是，據知只有鈀（Pd）和鉑（Pt）兩種金屬元素對氫離子全無

遮攔。氫可以從鈀片完全通過，甚至試驗室用鈀片來過濾氫，而鉑（又稱白金）就更奇怪了，鉑只容許氫質子（proton）通過，但順便將外圍帶負電荷的電子撈走，經陰極變成電流，所謂直接發電；帶正電的氫離子則透過鉑膜與氧原子重新結合變成純水。過程不經過化學能直接變成電能的設備就稱為中子交換膜燃料電池 PEMFC（Proton Exchange Membrane Fuel Cells）。這種奇妙的現象為加拿大人所發現，控有國際專利權，世人耗盡心血尋求具有這種性質的第二種金屬或有機材料，但至今尚未成功。

利用太陽能將碳水化合物轉化為葉綠素，是藉光能轉化為化學能及氧，是自然界藉「光合作用」製造植物生命體的巧妙反應。而在奈米科技的今日，可摩仿自然行「人工光合作用」，將太陽能藉奈米級 TiO_2 半導體及微量色素（dye）轉化為電能，成為較傳統矽太陽電池更高效率的奈米色素太陽電池。（註：100nm 直徑大小的 TiO_2 顆粒，表面吸附大量含有釕（Ru）元素的有機分子，其結構宛如天然葉綠素，可有效吸收陽光之太陽能。經過類似電解之化學作用，釋出電子。）

在生活方面的 QOL 則包括精神和文化層面的滿足，奈米資訊科技將使電子進入家庭（e-home），形成家庭圖書館，家庭博物館，以及一切以電子控制的自動化設備。

(2) 從生命的起源來說：自從奈米技術開發後，較顯著的突破和快速進展，是在生物奈米技術方面，特別是在基因複製和遺傳工程上的突破。現在生體移植已經不是新聞，哺乳動物的複製，如羊、牛、鹿等物種已有成功實例。人的複製並非技術上沒有可能，而是在道德上和宗教上容不容許這種反自然的行為。譬如複製羊和牛，成功或失敗皆可當作食品吃掉，但複製人失敗又該如何收拾這些無思想的人形動物，名副其實的行屍走肉？這些豈止是社會問題，亦將成為地球的生態問題。所以複製人不僅是各國政府立法禁止，連

天主教梵諦岡教廷也在設法規範。

　　生物奈米科技最值得稱頌的成就是對 DNA 的認識、蛋白質設計，以及基因治療。

〔註：

　　　　DNA 為去氧核醣核酸，存在染色體中與蛋白質相結合的核酸，包含遺傳指令。DNA 由四種鹽基（Adenine、Guanine、Thymine、Cytosine）和醣（D－脫氧核醣）及磷酸組成，排列成規則結構。DNA 的骨架包括兩條由醣和磷酸根交替連接成的螺旋鏈組成，兩鏈以雙螺旋形成相互盤繞，每個醣連結一個鹽基，兩鏈因兩鹽基之間的氫鍵而靠在一起，各鹽基的順序提供遺傳資訊密碼，然後由 RNA 轉錄、編排和執行，每個人體細胞核約含 3×10^9 個 DNA 鹽基對，總長約兩公尺，但因其一圈又一圈地自相纏繞，因此能容身於直徑小於 10μm 的細胞核內（DNA 雙螺旋內徑為2nm），DNA 在生長和複製期間準確地自我複製，其結構很穩定，因此可遺傳的變化（突變）很罕見。

　　　　利用 DNA 中的 A、G、T、C鹽基或 RNA 中的 U（uracil）鹽基，書寫遺傳指令的字母系統，則稱為「遺傳密碼」（Genetic Code）。這些鹽基的每種三聯體將決定合成何種特定的氨基酸，因為共有20種氨基酸和64種可能的三聯體，所以決定一種特定氨基酸遺傳密碼的三聯體不只一種，這種密碼是重疊的，三聯體按頭尾相偕的順序讀出（例如 UUU＝苯級丙胺酸，UUA＝白胺酸，CCR＝喀胺酸），有三種三聯體未翻譯氨基酸，作用為顯示鏈止，遺傳密碼普遍適用於一切物種⑧。〕

　　從以上註釋中，我們可以瞭解，DNA 可以準確地自我複製，且普遍適用於任何物種，是為任何生物的遺傳特性。人類利用 DNA

的鑑定，解決了多少刑事案、親子遺傳案，君不見當伊拉克海珊被
捕時，第一件事是迫他張嘴取樣（即使唾液中仍含有確定是海珊的
DNA）。

DNA 中含 AGTC 四種鹽基的氨基酸，AGTC 氨基循正常的排
列，人類細胞則有正常機能，是為健康，若排列順序產生變異，則
成為異常蛋白質，而產生細胞病變，則造成癌症。奈米生物科技可
以找出變異鹽基（是為基因診斷），隨之修復成正常氨基酸（是為
基因治療）。

(3) 從社會與道德談起：材料與社會、道德產生關連，初聞似
乎風馬牛不相及，除如上述因 QOL，即因奈米生物引起的社會問題
外，我們再就「奈米科技」為例，說明它引起社會與道德的疑慮。
早在二千年前，希臘哲學家亞理斯多德⑨ 曾經就道德的概念指出，
知識份子應就知識，分析其不同的價值和社會的興趣。近代學者
Flyvbjerg⑩ 特別就奈米科技的社會道德問題提出四項質疑：

(i) 奈米科技將帶我們到哪兒去？

(ii) 什麼樣的權力機構可以決定誰獲益？

(iii)誰受損？會令人滿意嗎？將怎樣作呢？

的確，當科學家發現材料進入奈米尺度，縮小到 50nm 以下
後，量子物理將主宰材料之特性。奈米科技被預示為科技範例中的
「分裂性」技術。一方面它可以創造新分子，用在極少量的產出，
卻可能有極大規模的適用；另方面又在社會和生態方面保有強大的
分裂態勢。就以複製技術來說，複製動物可取自耳細胞，複製成功
是奈米生物科技一大突破，但複製人所引起的社會和生態問題，誰
來負責？又譬如，發明新病毒的人，究竟是英雄，還是罪人？因為
奈米生物科技起始規模很小，一旦成功非常容易為專利權所保護，
既使是有益於全世界人類健康的產品，世人也必須付出享用的代
價。在社會福利公益的觀點，這公平嗎？同理，前面提及 PEM 燃料

電池，可用鉑膜交換質子，這一壟斷性專利，阻滯了世界性新能源的開發，在人類進化的立場，這合理嗎？

七、超意識、超自然、暗能與神

1. 物、人與神

在本書的最後一章最後一節裡，我要談一談「物－人－神」的問題，此與中國老祖宗「天、地、人」的概念似有所吻合。

物指物質、物種、物件、物料，其材料涵括 山、水、土地、空氣、生物，和人類、地球、月亮、星球和宇宙的星系，即是中國老祖宗所說「五行」，金（金屬）、木（聚合物）、水（化合物）、火（反應物）、土（陶瓷）。

人是指活體材料中 DNA 內有特定遺傳密碼的一群，特徵是他們有思想、有思維，利用他們的思維會編織成一套一套的構想、計畫、理想。而他們會依照這些構想去實現，發展歷程有以下的特徵：

(1) 人類歷史就是人類對所處環境材料的利用史。

(2) 人和其他生物一樣，有生則有死，人死即腦死，腦死，意識波則無從運作，因而停止一切意識狀態和思維，腦中儘管有天大的計畫，和親身的體驗，都隨之湮滅。怎麼辦呢？只有在有生之年，留下記號。記號留在石頭上、甲骨上、陶瓷上、銅器上，這就是歷史考據；符號留在竹片上、紙張上，這就是文字和經典。

(3) 當人的思維僅及於周遭有限的材料（包括他自己）時，其輸出的符號，包括宗教、哲理、經典、修行、禪修、古天文、和內功等，往往是記載當代的文化（如老子、莊子、孔子）。

(4) 當人的思維與智慧可及於周遭的材料，藉以利用材料、選用材料、改造材料、設計材料，進而創造材料，終而改變環境達成新的工程或建設目的，這時已是科技世紀，其表現則代表當代的文明

（如火星探測落地成功）。

(5) 何以有「物」？何以有「人」？均非吾人或任何科學家所能回答的問題。這正是本書最後一節的問題與結論。

2. 神與科學並存嗎？

科學與宗教的討論，由來已久，科學家相信有上帝，也分兩支，一是真正的科學家，對一些終極的問題，依科學的立場無法解釋或者找不到答案，不得不相信有上帝，我想這一支可以愛因斯坦為代表。二是科學家原本就信上帝，終生從事科學鑽研，待有重大突破後，他才理解科學與上帝可以並存。這一支可以 1997 年諾貝爾物理獎得主威廉‧菲力（William D. Phillips）為代表。他曾說由於在量子物理中對於基本粒子的研究，使他認識到上帝的存在 ⑪。

本人並不信教，但我確信有神，應屬上述第一支，是在材料研究過程發覺，太多的疑點只有神才能解釋。（因為我非基督徒，所以稱神，未稱上帝。我想神、上帝、上天、天主、天父、甚或太極都屬同一意義，但必然不是佛，因為依據哲學思想史，佛教是無神論。）茲就自然科學現象和超自然靈異現象例舉如下。

在自然科學現象：

(1) 材料科學的固態相變化（phase transformation）是指固態材料在某一溫度和壓力下，原子排列產生變化的現象。如純鐵在910℃升溫時，會由 α－鐵（面心立方, fcc）→ δ－鐵（體心立方, bcc），每一立方公釐鐵，內涵約 $10^7 \times 10^7 \times 10^7 = 10^{21}$ 個鐵原子，若不是有神力，怎可能瞬間完成重新排列？如果是合金 A 和 B（兩種不同金屬原子），重新排列前後，都必須依立體三維 ABAB 的排列有序，豈不更要神助？

(2) 當生物奈米科技，以奈米尺度瞭解 DNA 內遺傳密碼的奧妙編排後，你不得不相信上帝造人的巧妙。你的一滴血、一點唾液、

體液，都能從密碼找出你和子子孫孫的血緣關係。這豈不證明幾萬年前，神已有運用超級數位電腦原理的神力？

(3) 當物質研究進入奈米尺度後，大約在 50nm 是一個分水嶺，向外則為原子、分子、非分子、晶粒、細胞、粉末、塊料、工件、工程、建築、山、石、樹木、生物、地球、星球……宇宙；向內則為核子、粒子，一個屬於量子物理難以捉摸的天地。向外探測要多少億萬年，向內探測只需 1as（atto second=10^{-18}sec），這只有神才能做得到。原來認識宇宙，卻不能向「外」看，反而要向「內」看。二十世紀，「電子」這些帶負電荷的粒子，開始出頭露面，向外發展，居然不到五十年就改變了這個世界，中子這些粒子，稍稍不安於舍，居然就變成核彈和氫彈，現在我的母校史丹福計畫耗三億美元，自 2006 年起，接續 SLAC（線性加速器）之後，開始規劃世界上第一個 SPEAR（Stanford Positron Electron Asymmetric Ring），計畫使正子與電子反向加速碰撞，製造接近 γ 射線的 X-ray，用以研究奈米及材料之結構⑫。原來宇宙的 γ-ray 就是這樣產生的。 相信只有神才能做到，神的傑作讓人模仿起來多麼吃力！

(4) 2003 年《科學期刊》，選出 2003 年度十大科學成就，首位為「研究宇宙擴張的神秘力量取得的突破」。我想既然是神秘的力量，應該就是神的力量。研究宇宙擴張力量，發現了進一步的科學證據，證實我們的宇宙遠較幾十年來傳統所想像的宇宙奇怪得多。據說宇宙是由「暗物質」和「暗能量」所構成，這裡所說的「暗物質」和「暗能量」是指不可見的物質和能量。大概與近代物理所談論的「反材料」相關，也與十分熱門的「新物理」有關。一種叫做「宇宙協和」的模型提出，不斷擴張的宇宙中有 70％ 是「暗能」，25％ 是「暗物質」，只有5％才是正常的物質。換句話說，我們所見到的這個浩瀚的宇宙，在新物理中僅佔全部能量的 5％。根據這個模型，暗物質不斷地被暗能「拉扯」而擴張。根據人造衛星所觀測到

對宇宙多達一百萬個銀河外星系的繪測，進一步證明了在整個宇宙存在一種神秘的「反重力」力量。

在超自然現象：

這裡所提超自然的現象，侷限於我一生個人的感受，或是屬於心靈，或超意識的現象。是否與神相關則難解說：

(1) 心電感應——當至親好友遇有危難，雖遠隔重洋，依然受感應。

(2) 先人庇護——當我夫妻遭受重大困難或病痛時，因無宗教信仰，只有向先父母祈禱求助。說也奇怪，立即會有轉機或奇蹟似的痊癒，且百試不爽，尤以妻子純惠中風為然。

(3) 靈異現象——在本書第二章中，曾提及車禍不死或冥冥中肢體移動，躲過一劫的經驗。這些現象似乎以靈異解釋，比用巧合或奇蹟解釋更合理。台大李嗣涔教授（史丹福校友）以科學為方法研究氣功，以及用觸覺識字的現象。他認為在力場、磁場、電場之外，有一個「信息場」，在信息場裡有屬於心靈的世界⑬。

(4) 預感與命理——每個人都有預感的經驗，遇到厄運時也有問卜算命的經歷。我在第五章提到曾找仇慶雲算過命，現在想起來，幾乎他說的每句話都兌現，唯只有一句，我不曾與任何人說，他說我會活到七十四歲，我倒要驗證一下，所以保持天機不可洩漏，可是我現在，已經七十六歲了，說明人定尚可以勝天。

此外，一生中走過成功的路，走過失敗的路，也走過很多似乎是沒有意義的路。但走完全程之後，才發現那些無意義的路正是最關鍵的路。這種預為安排的旅程，應該說是神的意志。

(5) 因果與輪迴——以一個研究材料的人來觸及宗教與神的哲理，似乎有些牽強，尤其自己並未信教，更無從以教理修正人生的旅途，只是本乎正常人的平常心，懵懵懂懂地走畢全程，但神祂並不介意你信不信教，依然檢查你這一生，拿祂的標準設計 DNA 遺傳

密碼，給你的子孫，讓他們來驗收你這一生的得與失。

本章註釋

① Review article "Materials for Terahertz Science and Technology", Nature Materials , Vol.1, No.1, Sep. 2003.
② 許樹恩、吳泰伯合著《 X-光繞射原理與材料結構分析》國科會精儀中心出版，一九九三年六月。
③ 化學元素之定義，劍橋百科辭典。
④ 王建義編譯，大泊巖編著《圖解奈米技術》，全華科技圖書公司印行，2003年4月出版。
⑤ 愛因斯坦「質量—能量關係式」，劍橋百科辭典。
⑥ 大紀元時報（澳洲版）第七版〈科學園地〉，Dec. 10, 2003。
⑦ Nature Materials社論，"Responding to 'Nanotech' Concern", Nature Materials, Vol. 2, No.8, 2003.
⑧ 註釋內容取材於劍橋百科辭典CD—88,互動式網路辭典，2003。
⑨ Fiona Solomon,澳洲國家科技工程學院，2003年。
⑩ Flyvbjerg, "Making Social Science Matter." Cambridge: Cambridge University Press, 2001.
⑪ 美國華府Sun Gazettel文章刊載維州，麥克林，路德教會舉辦，宗教與科學討論會，大紀元時報刊載。19 Dec. 2003。
⑫ Nature Material社論，Nature Materials. Vol. 2, No. 11, Nov. 2003。
⑬ 李嗣涔、郭美玲著，《難以置信》，張老師文化公司，2000出版。

附錄一

作者歷年在國際學術學刊發表之論文篇名

Technical Papers Published:

計有約155篇論文發表於學術學刊，其內容包括：

(I) 原著論文（Referred Papers）：

    (A) 固態材料高溫機械性能及冶金（High Temperature Mechanical Behavior of Solid Materials and Metallurgy），

    (B) 複合材料（Composite Materials），

    (C) 硬磁與軟磁材料（Hard and Soft Magnetic Materials），

    (D) 電子與機械精密陶瓷（Electronic and Mechanical Fine Ceramics），

    (E) 高溫超導体（High Temperature Superconductors），

    (F) 材料科學與科技（Materials Science and Technologies）

(II) 會議論文（Conference Papers）

論文標題及出處如次頁：

I. Referred Papers

(A)High Temperature Mechanical Behavior and Metallurgy:

1. S.W. Chiang and S.E. Hsu, "Liquid Nitriding of Some Steels and the Enhancement of Fatigue Resistance," Jour. Of Materials Science, 5,4,1972, P.189.
2. S.E. Hsu, "The Influence of Strain-Rate and Temperature on Mechanical Behavior in Polycrystalline Aluminum and Its Composite," Jour of Materials Science, 6,3,1974, P. 167.
3. F.K. W. Li, B.C. Fu and S.E. Hsu, "The Mechanical Properties of Cu-Infiltrated P/M Tungsten Products," Mining and Metallurgy, 19, 3, 1975, P. 35.
4. S.E. Hsu, Y. Shen, F. K. W. Li and C. I. Chen, "Mechanical and Thermal Properties of Cu-Infiltrated P/M Tungsten Nozzles," Jour of Space and Rockets, 14, 4, 1977, P. 207
5. H. S. Liu and S.E. Hsu, "The Influence of Sprayed Ni-Cr Film on Creep Behavior for 1100-Al Alloy, " Jour. Of Materials Science, R. O. C. , 9, 3, 1977.
6. S. K. Chung, Y. T. Han, Y. T. Pao and S.E. Hsu, "The Corrosion Behavior of Welded SAE4130 Steel," Chinese Iron & Steel, 1, 1978, P. 37.
7. J. N. Aoh and S.E. Hsu, "The Effect of Sprayed ZrO_2 Coating on Creep Behavior of Zircalloy-4," Jour of Materials Science, R. O. C., 13, 2, 1981.
8. S.E. Hsu, G. R. Edwards and O. D. Sherby, "Influence of texture on Dislocation Creep and Grain-Boundary Sliding in Polycrystalline Cadmium," Acta Metallurgica, 31, No.5, 1983, pp. 763-772.
9. S.E. Hsu, N. N. Hsu, C. T. Tong and C. Y. Ma, "Recrystallization and Grain Growth Kinetics of Ni_3Al," Chinese Jour of Mat. Sci., 18A, No. 1, 1986, pp. 40-53.
10. S.E. Hsu, N. N. Hsu, C. H. Tong, C. Y. Ma and S. Y. Lee, "High Temperature Mechanical Behavior of Some Advanced Ni_3Al," Mat. Res. Soc. Symp.Proc., Vol. 81, 1987.
11. C.H. Tong, L. G. Yao, C. Y. Nieh, C. P. Chang and S.E. Hsu, "Castability of Al-Li-Mg and Al-Li-Cu-Mg Alloys," Jour. de Physique, 1987, pp. C3-117-122.
12. S.E. Hsu, C. H. Tong, T. S. Lee and T. S. Liu, "The Creep Behaviors of Cr Modified Ni3Al Single Crystals," High Temperature Ordered Intermetallic

Alloys (III), 1988.

13. C. H. Tong, S. Y. Lee, T.S. Liu and S.E. Hsu, "Effects of Cr on High Temperature Creep Behavior of Ni_3Al," Proceeding of NATO A.R.W., Irsee, Germany, 1991.

14. T.H. Chuang, C.Y. Chang, J.H. Cheng, H.P. Kao and S.E. Hsu, "Diffusion Bonding/Superplastic Forming of Ti_6Al_4V/SUS 304/Ti_6Al_4V," Trans. Of AASC, Dec. 1990, P.829.

15. S.E. Hsu, T.S. Lee, C.C. Young and C.H. Tong, "Development of Intermetallic Compound Ni_3Al Single Crystal with Cr and Ta Modifications," Morris E. Fine Symposium, TMS Annual Meeting, 1990, p.101.

16. S.E. Hsu, H.D. Wu, C.M. Li, H.Y. Chou and K.L. Wang, "Mechanical Behavior of Ti-Al Alloy Prepared by Two Innovation P/M Processes", Proceeding of JIMIS-6, The Japan Institute of Metals, 1991, p. 979.

17. T.H. Chung, V. C. Pan and S. E. Hsu, "Grain Boundary Pest of Born-Doped Ni_3Al at $1200°C$," Metall. Trans. A. Vol.22A, Aug. 1991, p.1801.

18. S.E. Hsu, Y.P. Wu, T.S. Lee and S.C. Yang, "Ductility Enhancement via Microstructural Control in Cr Modified Ni_3Al Single Crystal," Mat. Res. Soc. Symp. Proc. Vol.288, 1993, p.617.

19. S.E. Hsu, H.Y. Chou, C.Y Wang, S.C. Wang and C. I. Chen, "Process and Mechanical Behavior of SiCf/TiAl Composites" Structural Intermetallics Proc., TMS published, 1993, pp.749-752.

20. S. E. Hsu, S.C. Yang, W. P. Hon, C.Y. Wang, T. S. Lee, I.C. Hsu, S. Chen and D. L. Anton, "Strain Rate Sensitivity of Polycrystallin and Single Crystal NiAl", Invited paper for IWOLAC Beijing, June, 1995, published in Acta Metallurgica Sinica, Dec. 1995.

(B)Composites Material:

1. S.E. Hsu, "The Mechanical Behavior of Cadmium Base Particulate Composites," Ph.D. Thesis, Stanford University Pub., 1972.

2. I.C. Huseby, S.E. Hsu, T.R. McNelley, G.R. Edwards, D. Francosis, J.C. Shyne and O.D. Shcrby "Yield Point and strain Aging in Hexagonal-Based Particulate Composites," Mat. Tran., 6A, 11, 1975, p.2005.

3. S.E. Hsu, G.R. Edwards, J.C. Shyne and O.D. Sherby, "Mechanical Behavior of Cadmium-Boron and Cadmium-Tungsten Particulate Composites," Jour. Of Materials Science, Great Britain, 12, 1997, p.131.

4. S.T. Chen and S.E. Hsu, "High Temperature Creep Characteristics of Steel Wire Reinforced Aluminum Composite," Jour of Materials Science, R. O. C.,

12,2,1980.

5. Y.J. Lo, S.K. Wu, D.C. Hwang and S.E. Hsu, "A Correlation Between Strength and Acoustro-Ultrasonic Signal for a CFRP Laminate," MRS International Meeting of Advanced Materials, Tokyo, 1988.

6. G.S. Ger, D.G. Hwang, W.Y. Chen and S.E. Hsu, "Design and Fabrication of High Performance Composite Pressure Vessils," Theoretical and Applied Fracture Mechanics, 10, 1988, pp.157-163.

7. S.E. Hsu, J.C. Chen, J.F. Chang, B.J. Weng, D.G. Hwang and W.Y. Chen, "High Temperature Organic and Ceramic Hybrid Composite," the 21st International SAMPE Technical Conference, Advanced Materials, Univ. of Delaware, Oct. 1990.

8. "Carbon/CSPI: An Innovation in High-Temperature Polymer-Matrix Composites," Tech Report CCM 90-29 for Center of Composite Materials, Univ. of Delaware, Oct. 1990.

9. S.E. Hsu, C.I. Chen and S.T. Chou, "3D C/C processing with High Gas Pressure," Mat. Res. Soc. Symp. Proc. Vol.251, 1992, pp161-169.

10. B.J. Weng, S.T. Chang and S.E. Hsu, "Microfracture Mechanism of Fibre-reinforced Aluminum Composites," Materials Science and Engineering, A156, 1992, pp.143-152.

11. S.E. Hsu, H.D. Wu, T. M. Wu, S.T. Chou, K.L. Wang and C.I. Chen, "Oxidation Protection for 3D Carbon/Carbon Composites," World Space Congress, 1992, IAF-92-0328.

12. T.M. Wu, W.C. Wei and S.E. Hsu, "Temperature Dependence of the Oxidation Resistance of SiC Coated Carbon /Catbon Composite," Materials Chemistry and Physics, 33 1993, pp.208-213.

13. H.Y. Chou S.C. Yang, K.L. Wang, C.I. Chen and S.E. Hsu, "High Temperature Mechanical Behavior of SiCf/Ti-Al Composites," Mat. Res. Soc. Symp. Proc. VOL.288 1993, pp.1161-1166.

14. H.D. Wu, C.I, Chen, S.T. Chou, K.L. Wang and S.E. Hsu, "The Sizing and Hipping Effects on the Properties of 3D-C/C Composites", Materials &Manufacturing Processes, 8, 1993,pp.549-562.

15. B.J. Weng, K.Yang, S.T. Chang and S.E. Hsu, "Heat Resistance of Graphite Fiber Reinforced Aluminum Phosphate Composites", Chinese Journal of Materials Science, Vol.23, No.3, pp.287-295 (1995).

(C)Hard and Soft Magnetic Materials:

1. K.L. Wang and S.E. Hsu, "Preparation of Permanent Magnet Alnico-V by

P/M Technique," Jour. Of Materials Science, R.O.C., 9,1,1975.

2. K.L. Wang, T.T. Tsai and S.E. Hsu, "Improvement of Manufacturing of Magnet Alnico-V by P/M Process," Jour of Materials Science, R.O.C., 9,1,1977.

3. K.L. Wang, S.E. Hsu and J. Chen, "A Study on the Magnetic Properties of Two-Phase Particulate Magnetic Composites," Jour of Magnetism and Magnetic Material 30, Nov.1982.

4. K.L. Wang, S.E. Hsu and J. Chen, "The Hysteresis Loop of Two-Phase Particulate Magnetic Composite with Non-linear Hard Magnetic Components, " Jour of Magnetism and Magnetic Materials, JMMM 772, 37, No.1, 1983, pp.77-82.

5. D.R. Huang, W.H. Dow, P.C. Yao and S.E. Hsu, "Electromegnetic Shielding Properties of Amorphous Alloy Shields for Cathode Ray Tubes," Jour. Of Appl. Physics, 67, No. 8, Part II, A, 1985, pp.3517-3519.

6. H.Y. Yu, D.R. Huang and S.E. Hsu, "Magnetic Anisotropy of Ferromagnetic Amorphous Ribbons by Field Quenching Technique," IEEE Trans. Of Magnetic, Mag-22, No.5, 1986, pp.558-559.

7. H.Y. Yu, D.R. Huang, P.C. Yao and S.E. Hsu, "Innovative Melt-Spinning Technique for Ferromagnetic Amorphous Ribbons," Mat. Res. Soc. Symp. Proc., 58 1986, pp.19-22.

8. D.R. Huang, M.H. Dow, P.C. Yao and S.E. Hsu, "Composite Dependence of Magnetic Shielding Properties for Amorphous Ribbons $(FeNi)_{78}Mo_4B_{17}Si$," Mat. Res. Soc. Symp., 58, 1986, pp.169-171.

9. H.Y. Chang, P.C. Yao, D.R. Huang and S.E. Hsu, "Magnetic Properties of Composite Amorphous Powder Cores," Mat. Res. Soc. Symp. Proc., 80, 1987, pp.423-428.

10. S.E. Hsu, K.L. Wang and L.C. Su, "Studies on Heat Treatment for Nd-Fe-B Magnets," IEEE Tran. On Magnetics, Vol. Mag-23, No. 5, 1987.

11. L.C. Su, K.L. Wang and S.E. Hsu, "Some Studies on Ni-Fe-B Permanent Magnets," Chinese Jour. of Mat. Sci., Vol.19, No.4, 1987. pp.256-261.

12. D.S. Tsai, T.S. Chin, M.P. Hung and S.E. Hsu, "The Phase Diagram of the Pseudobinary Nd-$(Fe_{14}B)$ and the Fe-Nd-B Ternary System," Tran. On Magnetics, Vol. Mag-23, No.5, 1987, pp.3607-3609.

13. D.S. Tsai, T.S. Chin, M.P. Huang and S.E. Hsu, "A partial Phase Diagram of Fe-Nd-B Alloy," Mining & Metallurgy, CIMME, Vol. XXXII, No.2, 1988, pp.89-98.

(D)Electronic and Mechanical Fine Ceramic Materials:

1. S.E. Hsu, W. Kobes and M.E. Fine, "Strengthening of Sapphire by Precipitates Containing Titanium," Jour. of American Ceramics Society, 56, 3, 1967.
2. S.E. Hsu and M.E. Fine, "Heat Treatment of Grown Single Crystal," Crystal Technology, Japan, 1971, p.915.
3. Y.T. Chung and S.E. Hsu, "Some Properties of Cobalt Ion Doped Nickel Ferrite," Jour. of Materials Science, R.O.C., 7,3,1975, p.1.
4. L.Y. Hsueh and S.E. Hsu, "Study on Preparation of Fe-Cr-Co Hard Magnet by P/M Process," Jour. of Materials Science, R.O.C., 13,1,1981.
5. "Characterization of PZT-polymer Piezoelectric Composites," Advanced Composite Materials and Structures, edited by G.C. Sih and S.E. Hsu, published by VNU Science Press, 1987, pp.163-172.
6. C.P. Chang, T.H. Chuang and S.E. Hsu, "Solid-State Bonding of RB-Si_3N_4 Ceramics," Ceramics Proc. Of Chinese Ceramics Society, Vol.8, No.2, 1989, p13.
7. T.M. Wu, W.C. Wei and S.E, Hsu, "The effect of Boron Additive on the Oxidation Resistance of SiC-Protected Graphite," Ceramics International 18, 1992, pp.167-172.
8. T.M. Wu, W.C. Wei and S.E. Hsu, "Sol-Gel Silica in the Healing of Microcracks in SiC-coated Carbon/Carbon Composites," Journal of the European Ceramic Society 9, 1992, pp.351-356.
9. T.S. Yeh, L.J. Hu, S.L. Tu, S.J. Yang and S.E. Hsu, "Growth and characterization of $Bi_{12}(Si_{1-x}Tix)O_{20}$ Mixed Crystals, J. Appl. Phys. 73(11)1993, pp.7872-7876.
10. S.E. Hsu, C.T. Wang, D.S. Tsai and S.J. Yang, "Effect of Isostatic Gas Pressure on Optical Quality of $MgAl_2O_3$ Spinel", Mat. Res. Soc. Symp. Proc. Vol 251,1992.

(E)High Temperature Superconductors:

1. W.N. Wang, H.B. Lu, W.J. Lin, P.C. Yao, M.F. Tai, H.C. Ku and S.E. Hsu, "Formation of High-Tc $YBa_2Cu_3O_{7-\delta}$ Films on Y2BaCuO5 Substrate," Japanese Journal of Applied Physics, Vol.27, No.7, 1988, pp.L1268-L1270.
2. C.T. Wang, L.S. Lin, J.H. Lin, J.Y., Su, S.J. Yang and S.E. Hsu," YBa2Cu3O7-δ Superconductors Produced by Hot-Pressing of Freeze-Dried Carbonate- and Oxalate- Coprecipitated Powders," Mat. Res. Soc. Symp. Proc. Vol.99, 1988 MRS.

3. Y.D. Yao, J.W. Chen, W.S. Perng, M.T. Yeh, I.N. Lin, P.C. Yao, S.J. Yang and S.E. Hsu, "Fabrication of High-Tc YBaCuO and BiSrCaCuO Superconducting Wires," Proc. Of the 1989 Annual Conf. Of the Chinese Soc. For Mat. Sci., 1989, pp.1131-1133.

4. W.N. Wang, M.F. Tai, H.C. Ku, M.J. Shieh, T.Y. Lin, Y.F. Wang, H.B. Lu, P.C. Yao, S.J. Yang and S.E. Hsu, "Effect of Pb Doping on the Crystal Morphology and Superconducting Properties of the 110K Bi-Ca-Sr-Cu-O System," Supercond. Sci. Technol. 2, 1989, pp.55-58.

5. T.W. Huang, N.C. Wu, M.P. Hung, J.W. Liou, W.N. Wang, P.C. Yao, M.F. Tai, H.C. Ku, T.S. Chin and S.E. Hsu, "Reproducibility of Tc in a $Bi_2Sr_2CaCu_2O_8$ Superconductor," Jour of Mat. Sci., 24,1989, pp.2319-2323.

6. Y.D. Yao, J.W. Chen, Y.Y. Chen, W.S. Pern, P.C. Yao and S.E.Hsu, "Thermal annealing Study of High-Tc YBaCuO and BiSrCaCuO Superconductor Wires," 1989 MRS Fall Meeting, Boston, 1989, p.475.

7. W.J. Lin, L.C. Wang, H.B. Lu, I.N. Lin, C.C. Young, W.Y. Lin, S.J. Yang and S.E. Hsu, "Preliminary T-T-T Curve of Bi-Pb-Si-Ca-Cu-O Thin Films," Japanese Jour. of Appl. Phys., Vol.29, No.5, May, 1990, pp.846-850.

8. Y.D. Yao and S.E. Hsu, "Thermal Annealing Study of High Tc YBaCuO and BiSrCaCuO Superconductor Wires," Mat. Res. Soc. Symp. Proc., Vol.169,1990, p1251.

9. T.W. Huang, T.S. Chin, H.C.Ku and S.E. Hsu, "Formation Reactions of the $Tl_2Ca_2Ba_2Cu_3O_{10}$ and $Tl_2CaBa_2Cu_2O_8$ Phase," Modern Physics Letters B, Vol.4, No.13, 1990,pp.885-893.

10. L.H. Perng, T.S. Chin, C.H. Lin, I.N. Lin, S.J. Yang and S.E. Hsu, "Preparation of High-Tc (Bi, Pb)-Sr-Ca-Cu-O Superconducting Films on MgO(100) by a Crusibleless Melt Growth Method," Physica C, 175, 1991, pp.667-675.

11. S.E. Hsu, "The Quickest Process to Synthesize YBaCuO Superconductors," Jour of Chinese Soc. Of Physics, Feb. 1992.

12. W.J. Lin, L.C. Wang, H.B. Lu, I.N. Lin, C.C. Young, W.Y. Lin, S.J. Yang and S.E. Hsu, "Preliminary T-T-T Curve of Bi-Pb-Si-Ca-Cu-O Thin Films," Japanese Jour. of Appl. Phys., Vol.29, No.5, May, 1990, pp.846-850.

13. B.J. Weng, S.T. Chang and S.E. Hsu, "Structure and Properties of Si_3N_4-SiO_2 Ceramics Using an Organic Precursor," Materials Science and Engineering, A149, 1991, pp. 129-134.

14. T.S. Chin, J.Y. Huang, L.H. Perng, T.W. Huang, S.J. Yang and S.E. Hsu, "Bi(Pb)SrCaCuO films on $NiSi_2$/Si(100), CeO_2/Si(100(and MgO(001) by in sity DC-sputtering," Physica C 192, 1992, pp.154-160.

15. K.H. Wu, J.Y. Huang, C.L. Lee, T.C. Lai, T.M. Uen, Y.S. Gou, S.L. Tu,

S.J. Yang and S.E. Hsu, "Optimization of Depositing $Y_1Ba_2Cu_3O_{7-\delta}$ Superconducting Thin Film by excimer laser ablation with CO_2 Laser-heated Substrates," Physica C 195, 1992, pp.241-257.

16. H.B. Lu, T.W. Huang, J.J. Wang, J. Lin, S.L. Tu, S.J. Yang and S.E. Hsu, "Artificial Grain Boundaries of $YBa_2Cu_3O_{7-x}$ on MgO Bicrystals," IEEE Trans. On Applied Superconductivity, Vol.3, No.1, 1993, pp.2325-2328.

17. J. Lin, T.W. Huang, J.J. Wang, H.B. Lu, S.L. Tu, S.J. Yang and S.E. Hsu, "YBCO DC-Squid on MgO Bicrystal Substrate with Flux Transformer," IEEE Trans. On Applied Superconductivity, Vol. 3, No.1, 1993, pp.2438-2441.

18. T.S. Chin, J.Y. Huang, L. H. Perng, T.W. Huang, S.J. Yang and S.E. Hsu, "As-Grown BiPbSrCaCuO Superconducting Films on MgO(100) by DC-Sputtering," Jpn. J. Appl. Phys. Vol.31, 1992, pp.2092-2093.

19. J.Y. Huang, L.G. Wang, C.C. Yang and S.E. Hsu, "Lateral Orientation Relationship Between $YBa_2Cu_3O_{7-x}$ Thin Films and MgO(100) and $LaAlO_3$(102) Substrates," Materials Chemistry and Physics, 32, 1992, pp.295-299.

20. S.E. Hsu, J.Y. Wang, C.M. Li, T.W. Huang and K.L. Wang, "A Quick Process for Syntheses of $Y_1Ba_2Cu_3O_7$ Single Phase Superconductors," Physical C, Vol. 207, 1993.

21. P.Z. Chang, J.H. Lee S.E. Hsu and K.L. Wang, "Design of a Hybrid Superconducting Bearing Operated at 100,000 rpm Between 10K and 77K," Chinese Journal of Physics, Vol.31, No. 6-II, 1993.

22. S.E. Hsu, C.M. Lee, K.L. Wang and Y.C. Chang, "The Improvement and Kinetics of SRS Process for Synthesis of $Y_1Ba_2Cu_3O_7$ and Related Superconductors", Chinese Journal of Physics, Vol.31, No. 6-II, 1993.

(F)Materials Science and Technology:

1. H.Y. Chen and S.E. Hsu, "Study on Welding Residue Stress," Jour of Mat. Sci., R.O.C., 9,2,1977,p.55.

2. D.S. Tsai, T.S. Chin, M.P. Hung and S.E. Hsu, "A Simple Method for the Determination of Lattice Parameters from Powder X-ray Diffraction Data" Mat. Tran. JIM, Vol.30, No.7, 1989, pp.472-477.

3. T.J. Lee, G.T.K. Fey, W.J. Lin, P.C. Yao and S.E. Hsu, "Preparation of Thin Film Solid-State Electrochromic Device by Spray Pyrolysis Technique," Mat. Res. Soc. Symp. Proc., Vol.135, 1989 MRS, pp.597-602.

4. T.J. Lee, P.C. Yao, D.J. Fray and S.E. Hsu, "The Electrical Conductivity Measurements of Solid Electrolyte, $CuZr_2 (PO_4)_3$," Mat. Res. Soc. Symp,

Proc, Vol.135, 1989 MRS, pp.287-293.

5. T.W. Yen, C.T. Kuo and S.E. Hsu, "Adhesion of Diamond Films on Various Substrates," Mat. Res. Soc. Symp. Proc., Vol.168, 1990, p.207.

6. C.T. Kuo and S.E. Hsu, "Adhesion and Tribological Properties of Diamond Films on Various Substrates," Jour of Mat. Res., Vol.5, No.11, Nov.1990, pp2515-2523.

7. S.E. Hsu, T.S. Lee, C.C. Young, C.Y. Wang, C.H. Tong and S.K. Wu, "Intermetallics Research and Development in Taiwan R.O.C.," Invited paper presented at NATO-ARW, Irsee, Germany, June 1991.

8. T.H. Chuang, S.Y. Chang, J.H. Cheng, H.P. Kao and S.E.Hsu, "Diffusion Bonding /Superplastic Forming of Ti_6Al_4V/SUS 304/Ti_6Al_4V", The Japan Society for Research on Superplasticity, 1991, pp.661-666.

9. T.M. Wu, W.C. Wei, and S.E. Hsu, "On the Oxidation Kinetics and Mechanisms of Various SiC-Coated Carbon-Carbon Composites," Carbon Vol.29, No.8, 1991, pp.1257-1265.

10. S.M. Lee, T.P. Perng, H.K. Juang, S.Y. Chen, W.Y. Chen and S.E. Hsu, "Microstructures and Hydrogenation Properties of $TiFe_{1-x}M_x$ Alloys," Journal of Alloys and Compounds, 187, 1992, pp.49-57.

11. H.Ko, S.E. Hsu,, S.J. Yang, M.S. Tsai and Y.H. Lee, "Characterization of Diamond Films for Optical Coating," Diamond and Related Materials, 2, 1993, pp.694-698.

12. B.J. Weng, S.T. Chang, H.N. Liu and S.E. Hsu, "Crack Initiation and Propagation of Austempered Ductile Iron and Its Properties", Chinese Journal for Materials Science, Vol.23, No.3, pp.278-286(1993).

13. C.Y. Ma, E. Rabkin, W. Gust and S.E. Hsu. "On the Kinetic Behavior and Driving Force of Diffusion Induced Grain Boundary Migration" , Acta Metall. Mater. Vol.43, No.8 (1995) pp.3413.

14. S. E. Hsu and I. C. Hsu, "Study on VPS-cladding of NiAl intermatallics on the TiAl-based intermatallics", Corrosion Science, 41 (1999) 1431-1445

15. S. E. Hsu, M. T. Yeh, I. C, Hsu, J. Y. Wang and V. Beibutian, "Segregation control for the preparation of rare earth based hydrogen storage alloys", Jour. Of Alloys and Compound, 293-295, (1999) p658

16. M. T. Yeh, V. Beibutian and S. E. Hsu, "Effect of Mo modification on hydrogen absorption of rare earth based hydrogen storage alloys", Jour. of Alloys and Comp. 293-295, (1999) p721

17. S. E. Hsu, V. M. Beibutian and M. T. Yeh, "Preparation of hydrogen storage alloys for application of hydrogen storage and transportation", Jour. of Alloys and Comp. 330-332, (2002), p882

II.Conference Papers

1. S.E. Hsu, "Creep Mechanism in Cadmium," presented in 1976 AIME Annual Meeting, Las Vegas, 1976.

2. C.Y. Yeh, D.R. Huang, P.C. Yao and S.E. Hsu, "Corrosion Effect of $Fe_{40}Ni_{38}B_{18}$ Metallic Glass in the Application of EMI Shielding," the 4th Asian-Pacific Corrosion Control Conf., Tokyo, Japan, 1985, pp.1288-1294.

3. H.Y. Yeh, D.G. Huang, W.Y. Chen, G.C. Chang and S.E. Hsu, "Studies on the Ballistic Protection FRP Composite Plates," Proc of the 10th Nat. Conf. On Mechanics, 1986, pp.387-398.

4. "Theoretical Analysis and Explosive Testing for Personal Protection Basket," Proc. Of the 10th Nat. Conf. On Mechanics, 1986, pp.625-633.

5. L.G. Yao, C.H. Tong, C.P. Chang and S.E. Hsu, "Melt-Mold Interactions and Their Effects on Al-Li-Mg Alloy," Proc. Of 1987 Annual Conf. Of Chi. Inst. Of Mat. Sci., 1987.

6. N.N. Hsu, C.H. Tong, B.C. Fu, C.Y. Ma and S.E. Hsu, "The Influence of Zr Addition on Ni_3Al Mechanical Properties," Proc. Of 1987 Annual Conf. Of Chi. Inst. Of Mat. Sci., 1987.

7. L.C. Su, K.L. Wang and S.E. Hsu, "Preparation of High Coercivity magnets Based on Nd-Fe-B system," presented at the 9th Int'l Conf. On Rare-Earth Magnets, Bad Soden, FRG, 1987.

8. K.L. Wang, T.I. Hou, D.S. Tsai, T.S. Chin and S.E. Hsu, "Hot Isostatic Pressing of a SM_2TM_{17} Type Magnet Alloy," presented at the 9th Int'l Conf. On Rare-Earth Magnets, Bad Soden, FRG, 1987.

9. T.S. Chin, D.S. Tsai, Y.H. Chang and S.E. Hsu, "Further Study on the Phase Diagram of the Fe-Nd-B Tenary System, presented at the 5th Int'l Symp. On Mag. Anisotropy in Rare-Earth Transition Metal Alloys, Bad Soden, FRG, 1987.

10. C.H. Tong, T.S. Lee, T.S. Liu and S.E. Hsu, "Single Crystal of Intermetallic Compound Ni_3Al," Proc. Of 1988 Annual Conf. Of Chi. Inst. Of Mat. Sci., 1988.

11. W.J. Lin, H.B. Lu, I.N. Lin, P.C., Yao, S.J. Yang and S.E. Hsu, "Preparation of Y-Ba-Cu-O Superconducting Thin Film by RF-Magnetron Sputtering," Annual Conf, of the Chinese Soc. For Mat. Sci., 1988.

12. L.C. Chen, H.W. Ko and S.E. Hsu, "High Temperature Corrosion study of Modified Ni_3Al Intermetallic Compound," the 5th Asian-Pacific Corrosion Control Conference, Melbourne, Australia, Aug. 1988.

13. C.Y. Ma, C.H. Tong, B.C. Fu and S.E. Hsu, "The Influence of Tantalum

Addition on Ni_3Al Mechanical Properties," Proc. Of the 1989 Annual Conf. Of the Chinese Soc. For Mat. Sci., 1989, pp.145-149.

14. S.G. Kao, C.H. Tong, C.P. Chang and S.E. Hsu, "Production Plan at Chung-Shan Superalloy Smelting Plant," Collection of Technical Papers, Symp. On Steel Production Tech, 1989, pp.2B-9/1-1.

15. C.H. Liu, D.G. Hwang and S.E. Hsu, "The Damage Tolerance and Impact Resistance of the 3-D Textile Structural Composites, Model II," Proc. Of the 1989 Annual Conf. Of the Chinese Soc. For Mat. Sci., 1989, pp651-655.

16. S,T, Chou, H.D. Wu, K.L. Wang, C.I. Chen and S.E. Hsu, "The Effect of Surface Treatment and Sizing of Carbon Fiber on Mechanical properties for the Carbon-Carbon Composite," Proc. Of the 1989 Annual Conf. Of the Chinese Soc. For Mat. Sci., 1989, pp.811-815.

17. C.Y. Ma, S.T. Chiang, T.S. Lee, C.H. Tong and S.E. Hsu, "Fabrication of Titanium Carbide Reinforced titanium MMC," 1989 Chinese Materials Conference, 1989.

18. T.S. Chin, M.P. Hung, D.S. Tsai and S.E. Hsu, "The Homogeneity Range of Nd in the $Nd_2Fe_{14}B$ Phase," presented at the 10th Int'l Workshhop on Rare-Earth Magnets and Their Applications, Kyoto, Japan, 1989, pp.451-457.

19. L.C. Su, K.L. Wang and S.E. Hsu, "Magnetic Properties and Microstructure Studies of Nd-(Fe, Co, Ga, Nb)-B Magnets," the 5th Symp. On M3, Taipei, Taiwan, R.O.C., 1989.

20. L.C. Su, D.S. Tsai, K.L. Wang and S.E. Hsu, "Hot Isostatic Pressing of Nd-Fe-B Type Anisotropic Magnets," presented at the 10th Int'l Workshop on Rare-Earth Magnets and Their Applications, Kyoto, Japan, 1989, pp.623-629.

21. D.S. Tsi, K. Yang, K.L. Wang, C.I. Chen and S.E. Hsu, "Mechanical Properties of the Pressure-less Sintered Silicon Nitride," Proc of the 1989 Annual Conf. of the Chinese Soc. For Mat. Sci., 1989, pp.983-985.

22. H.Y. Chou, H.D. Wu, K.L. Wang, C.I. Chen and S.E. Hsu, "A Study of the Formation of SiC Thin Layer on Graphite Surface," Proc. Of the 1989Annu of the Chinese Soc. For Mat. Sci., 1989, pp.817-821.

23. J.Y. Wang, Tadatomo Suga, Yoichi Ishida and S.E. Hsu, "Solid State Bonding of Si_3N_4 and Ni," 1989 Annual Conf. Of MRS, Boston, 1989.

24. W.T. Huang, M.P. Hung, Y.C. Cheng, T.S., Chin, P.C. Yao and S.E. Hsu, "A Kinetic Study on the Solid State Reaction of the Y-Ba-Cu-O System," 1989 Annual Conf of the Chinese Soc. For Mat. Sci. 1989.

25. T.W. Huang, M.P. Hung, T.S. Chin, H.C. Ku, W.N. Wang, P.C. Yao and S.E. Hsu, "The Effect of Zinc Doping on Superconductivity of the Tl-Ca-Ba-Cu-O System," 1989 Annual Conf. Of the Chinese Scc. For Mat. Sci., 1989.

26. "The Current Development of High Temperature Superconducting Ceramics in Chung Shan Institute of Science and Technology ," Presented in the 5th Symp. On M3, Taipei, Taiwan, R.O.C. , April 1989.

27. T.W. Huang, M.P. Hung, T.S. Chin, P.C. Yao and S.E. Hsu, "Solid State Formation of Superconducting Phases in the Tl-Ca-Ba-Cu-O System," 1989 MRS Fall Meeting, Boston, 1989, p.457.

28. H.P. Kao, M.T. Yeh, S. Torng. And S.E. Hsu, "Investigation of Processing and Characters of Ni-Ti Shape Memory alloys," Proc. Of the 1989 Annual Conf. Of the Chinese Soc. for Mat. Sci., 1989, pp. 125-128.

29. P.K. Chen, C.H. Wang, Y.M. Pang, S.J. Yang and S.E. Hsu, "Characterization of $An_xCd_{1-x}Te$ Crystals Grown by Vertical Bridgman Method," Proc of the 1989 Annual Conf. Of Chinese Soc. For Mat. Sci., 1989, pp.1031-1033.

30. P.L. Chen, Y.M. Pang, S.J. Yang and S.E. Hsu, "Polarity Identification of CdTe by Etching Study," Proc. Of the 1989 Annual Conf. Of the Chinese Soc. For Ma. Sci., 1989, pp.1115-1117.

31. S.E. Hsu, C.C. Young, L.C. Chen and S Torng, "Corrosion Behavior of Single- and Poly-Crystal Ni_3Al," the 6th Asian-Pacific Corrosion Control Conf., Singapore, Sep. 1989.

32. S.T. Chou, H.Y. Chou, H.D.Wu, K.L. Wang and S.E. Hsu, "Surface protection of 3D-C/C Composite at Elevated Temperature," Proceeding of Mat Tech ' 90, Finland, 1990.

33. K.L. Wang, J.J. Hwang, B.J. Chen, B.J. Weng, L.I. Chen and S.E. Hsu, "An Innovative Ceramics, SINO, and SINO-based C.M.C. Composiites," Proceeding of Mat Tech' 90, Finland, 1990.

34. C.L. Chou, L.C. Su, K.L. Wang and S.E. Hsu, "Effect of Ga Addition on the Magnetic Properties and Microstructure of Nd-Fe-B Magnets," Proc. Of 1990 Annual Conf. Of CSMS, 1990, p.551.

35. T.H. Chuang, V.C. Pan and S.E. Hsu, "Grain Boundary Pest of Born-Doped Ni_3Al at $1200°C$," Metall. Trans A, Vol.22A, Aug. 1991, p.1801.

36. "Superceramic Processing with High Gas Pressure," Invited paper presented in 1991 MRS Fall Meeting, Boston, 1991.

37. "Effect of Isostatic Gas Pressure on Optical Quality of $MgAl_2O_4$ Spinel," Invited paper presented in 1991 MRS Fall Meeting, Boston, 1991.

38. D.C. Hwang, Y.J. Lo and S.E. Hsu, "A Study on the Behavior of Composite Laminates by SPATE Technology," Proc. Of the 2nd R.O.C. Symp. On Fracture Science, 1992, pp.500-508.

39. T.H. Chuang, S.Y. Chang, C.R. Chen, H.P. Kao and S.E. Hsu, "Superplastic Forming/Diffusion Bonding of Ti_6Al_4V Sheet," Trans of the Aeronautical and

Astronautical Soc. Of the R.O.C., in Vol.24, No.1, 1992, pp.89-96.

40. M.T. Yeh, H.P. Kao and S.E. Hsu, "Fabrication of Ti-Ni-Cu Shape Memory Alloys by spontaneous Reaction Synthesis and Directed Hot Extrusion Forming," presented at the 7th World Conference on Titanium, June 1992, San Diego.

41. Y.S. Yang, S.K. Wu, I.C. Hsu, J.Y. Wang and S.E. Hsu, "(111) $_T\Sigma 2$ and Σ 6 Boundaties of $_T$ lamellae in α_{2+T} Two-Phase Titanium Aluminide Alloys," presented at IUMRS-Japan, Sep. 1993.

42. S.E. Hsu, C.M. Lim and K.L. Wang, "The Improvement and Kinetics of SRS Process for Synthesis of $Y_1Ba_2Cu_3O_7$ and Related Superconductors," Invited Lecture presented at Taiwan International Conference on Superconductors, Sun-Moon Lake, Taiwan, August 1993.

43. S.E. Hsu, H.Y. Chou, C.Y. Wang, S.C. Yang, K.L. Wang and C.I. Chen, " Process and Mechanical Behavior of SiCf/TiAl Composite," presented in IS-SI at Seven Spring, PA, USA, Sep. 1993.

44. B.J. Weng , S.T. Chang and S.E. Hsu, "Microfracture Mechanism of Nichel Aluminide—6061 Aluminum Composites," Proceeding of 3rd. ROC Symposium on Fracture Science, March 1994.

45. S.E. Hsu, M.T. Yeh and H.P. Kao, "Damping Characteristics of Ti-Ni shape Memory Alloys and Their Vibration Absorbing Applications on Tennis Rackets," Proc. Of Int' l conf on Shape Mem. Alloys, Beijing, Sep. 1994.

46. Y.P. Wu, Y. L. Lin and S.E. Hsu, "Microstructure and Mechanical Properties of Fe Modified NiAl Based Alloys," Proc of IUMRS-ICA-94, Hsin-Chu, Taiwan, ROC, 1994.

47. S.E. Hsu, and T.S. Lee, "on the Single Crystal Growth of Superalloy Turbine Blade ", Proc. Of IUMRS-ICA-94, Hsin-Chu, Taiwan, ROC, 1994.

48. S.E. Hsu, "Oxidation Protection for 3D Carbon/Carbon Composites," Keynote Speech in the 9th Asian-Pacific Corrosion Control Conf.(APCCC), Nov.5-10, 1995, Kaoshiung, Taiwan, ROC.

49. S.E. Hsu, "Prospect of New Materials Development in 21th Century," Invited Speech, Chinese Engineer Society for Metallurgy, Nov. 1995, Taipei.

50. S.E. Hsu, M.T. Yeh, J.Y. Wang, C.Y. Ma and C.Y. Hsieh, "An Innovative Process for Preparation of Hydrogen Storage Alloy by Spontaneous Reaction Synthesis," Int'l Symp. On Metal Hydrogen Systems-1996, Les Diablerets, Switzerland, August 25, 1996.

51. I.C. Hsu, H.Y. Chou, S.K. Wu and S.E. Hsu, "Oxidation Protection of TiAl Intermetallic Alloy by Cladding of NiAl Intermetallics," 13th Int'l Corrosion Congress, Melbourne, Paper #283, Nov. 1996.

52. S.E. Hsu, M.T. Yeh and J.Y. Wang, "Synthesis of Hydrogen Storage Alloys", 1997 Gorden Research Conference on Hydrogen-Metal Systems, New Hampshire, USA, July 1997.

53. S.E. Hsu, M.T. Yeh, I.C. Hsu, S.C. Yang and C.Y. Wang, "Pseudo-Elasticity and Super-plasticy of copper Modified TiNi shape Memory Alloys", The Seventh International Conference on Creep and Fracture of Engineering Materials and Structures, Edited by Mohammed and Earthman, UC Irvin, California, USA, Published by TMS, 1997, p.567.

54. S. E. Hsu, "Strain-rate Sensitivity and Creep-behavior of some Nickel-based Intermetallic Compound", TMS Annual Meeting, 2000, Nashville, Tenn. USA

附錄二

許樹恩　年譜

公元　年	民國　年	年齡	事　蹟
1928	17	一歲	生於河北省玉田縣窩洛沽鎮許家橋村
934	23	六歲	就讀村小
1938	27	十歲	日寇侵華、全面抗戰、家鄉淪陷
1940	29	十二歲	就讀沽小
1941	30	十三歲	沽小六年級
1942	31	十四歲	就讀唐中、鄉村車禍大難不死
1943	32	十五歲	唐中初二
1944	33	十六歲	父喪
1945	34	十七歲	對日抗戰勝利　考取北平市立九中
1946	35	十八歲	家庭經濟斷絕　考取國立北平高工
1947	36	十九歲	國立北平高工二年級
1948	37	二十歲	考取海軍機校、南京覆試、上海入學
1949	38	二十一歲	海軍機校南遷馬尾、再遷馬公、抵左營
1950	39	二十二歲	海軍機校大一、韓戰爆發
1953	42	二十五歲	海軍機校畢業、艦習官赴日
1954	43	二十六歲	修械所任技佐
1955	44	二十七歲	海軍機校任區隊長、主編《海軍機械》
1956	45	二十八歲	信陽艦任政工官
1957	46	二十九歲	赴美受訓、入水雷班及教官班
1958	47	三十歲	任水雷場主任、水雷場倉庫大火
1959	48	三十一歲	任海總人事官、與葉純惠女士結婚
1960	49	三十二歲	長子許一民生
1961	50	二十三歲	軍官外語學校留美儲訓班受訓半年
1962	51	三十四歲	赴美國珍珠港受光儀訓練
1963	52	三十五歲	任第一造船廠工程師、女兒嵐音生
1964	53	三十六歲	考取進修補習班、考取首屆國防科技獎學金
1965	54	三十七歲	申請到美國西北大學攻讀碩士
1966	55	三十八歲	美國西北大學獲材料科學碩士學位
1967	56	三十九歲	返台籌辦中山科學研究院、材料科學學會
1968	57	四十歲	選送史丹福大學攻讀博士、毅中兒生

1970	59	四十二歲	博士研究生第三年、通過博士候選人
1972	61	四十四歲	史丹福大學獲材料科學博士學位、返國任職中科院
1973	62	四十五歲	中科院副研究員、組長、台大合聘專任副教授
1974	63	四十六歲	升等台大合聘專任正教授
1975	64	四十七歲	中科院二所材料組組長
1976	65	四十八歲	中科院二所202材料館落成、發展絕熱及噴嘴等航太材料
1978	67	五十歲	中央銀行徵調任中央印製廠總經理
1979	68	五十一歲	軍職外調、海軍上校退役、改任簡任文官
1981	70	五十三歲	擴建第四條印鈔生產線
1982	71	五十四歲	代表政府與沙烏地阿拉伯國簽訂「中沙印製技術合作」協定
1983	72	五十五歲	復被國防部徵調返中科院成立「材發中心」
1985	74	五十七歲	籌建材料研發大樓及鼻錐罩生產區
1986	75	五十八歲	克服飛彈材料困難、獲頒雲麾勳章
1988	77	六十歲	蔣經國總統逝世、李登輝接任總統
1989	78	六十一歲	多項關鍵材料研發成功
1990	79	六十二歲	榮獲中山學術著作獎
1991	80	六十三歲	中科院材發中心十周年慶、榮獲首屆「侯金堆科技成就獎」
1992	81	六十四歲	與吳泰伯合著《X光繞射原理及材料結構分析》出版。
1993	82	六十五歲	文官限齡退休
1994	83	六十六歲	受聘澳洲新南威爾斯大學UNSW榮譽客座教授
1995	84	六十七歲	香港科技大學UHKST訪問教授
1996	85	六十八歲	慶豐集團顧問兼旭陽科技公司總經理
1997	86	六十九歲	發展自然反應法生產儲氫合金
1998	87	七十歲	膺選澳洲國家科技暨工程學院外籍院士
1999	88	七十一歲	辭去台大材研所兼任教授
2000	89	七十二歲	辭去旭陽科技公司總經理、移居澳洲
2001	90	七十三歲	僑居澳洲黃金海岸
2002	91	七十四歲	妻純惠中風住進安養之家、賣掉舊居、遷入澳洲昆省寶爾港退休院村
2003	92	七十五歲	撰寫自傳《材料也神奇》定稿、歸化澳籍
2004	93	七十六歲	自傳《材料也神奇》出版

國家圖書館出版品預行編目

材料也神奇：科技學者許樹恩的一生傳奇 / 許
樹恩著. -- 一版. -- 臺北市：秀威資訊科
技, 2004[民 93]
　　面 ；　　公分. --
　　ISBN 978-986-7614-39-1(平裝)

　　1. 許樹恩 – 傳記　　2. 材料科學

782.886　　　　　　　　　　　93013914

史地傳記類　　PC0018

材料也神奇－科技學者許樹恩的一生傳奇

作　　者 / 許樹恩
發 行 人 / 宋政坤
執行編輯 / 詹靚秋
圖文排版 / 張慧雯
封面設計 / 莊芯媚
數位轉譯 / 徐真玉　　沈裕閔
圖書銷售 / 林怡君
網路服務 / 徐國晉
法律顧問 / 毛國樑律師
出版印製 / 秀威資訊科技股份有限公司
　　　　　　台北市內湖區瑞光路 583 巷 25 號 1 樓
　　　　　　電話：02-2657-9211　　　傳真：02-2657-9106
　　　　　　E-mail：service@showwe.com.tw
經 銷 商 / 紅螞蟻圖書有限公司
　　　　　　台北市內湖區舊宗路二段 121 巷 28、32 號 4 樓
　　　　　　電話：02-2795-3656　　　傳真：02-2795-4100
　　　　　　http://www.e-redant.com

2004 年 8 月 BOD 一版
定價：360 元

讀 者 回 函 卡

感謝您購買本書，為提升服務品質，煩請填寫以下問卷，收到您的寶貴意見後，我們會仔細收藏記錄並回贈紀念品，謝謝！

1.您購買的書名：＿＿＿＿＿＿＿＿＿＿＿＿＿＿＿＿

2.您從何得知本書的消息？

　　□網路書店　□部落格　□資料庫搜尋　□書訊　□電子報　□書店

　　□平面媒體　□ 朋友推薦　□網站推薦 □其他＿＿＿＿＿

3.您對本書的評價：(請填代號　1.非常滿意 2.滿意 3.尚可 4.再改進)

　　封面設計＿＿　版面編排＿＿　內容＿＿　文/譯筆＿＿　價格＿＿

4.讀完書後您覺得：

　　□很有收獲　□有收獲　□收獲不多　□沒收獲

5.您會推薦本書給朋友嗎？

　　□會　□不會，為什麼？＿＿＿＿＿＿＿＿＿＿＿＿＿＿＿＿

6.其他寶貴的意見：＿＿＿＿＿＿＿＿＿＿＿＿＿＿＿＿＿

＿＿＿＿＿＿＿＿＿＿＿＿＿＿＿＿＿＿＿＿＿＿＿＿＿＿

＿＿＿＿＿＿＿＿＿＿＿＿＿＿＿＿＿＿＿＿＿＿＿＿＿＿

＿＿＿＿＿＿＿＿＿＿＿＿＿＿＿＿＿＿＿＿＿＿＿＿＿＿

讀者基本資料

姓名：＿＿＿＿＿＿＿＿＿　年齡：＿＿＿＿　性別：□女 □男

聯絡電話：＿＿＿＿＿＿＿＿　E-mail：＿＿＿＿＿＿＿＿＿

地址：＿＿＿＿＿＿＿＿＿＿＿＿＿＿＿＿＿＿＿＿＿＿＿

學歷：□高中(含)以下　　□高中　□專科學校　□大學

　　　□研究所(含)以上 □其他＿＿＿＿＿＿＿

職業：□製造業 □金融業 □資訊業 □軍警 □傳播業 □自由業

　　　□服務業 □公務員 □教職　□學生 □其他＿＿＿＿＿

To：114

台北市內湖區瑞光路 583 巷 25 號 1 樓

秀威資訊科技股份有限公司　　　收

寄件人姓名：

寄件人地址：□□□

(請沿線對摺寄回,謝謝!)

秀威與 BOD

BOD（Books On Demand）是數位出版的大趨勢，秀威資訊率先運用 POD 數位印刷設備來生產書籍，並提供作者全程數位出版服務，致使書籍產銷零庫存，知識傳承不絕版，目前已開闢以下書系：

一、BOD 學術著作—專業論述的閱讀延伸
二、BOD 個人著作—分享生命的心路歷程
三、BOD 旅遊著作—個人深度旅遊文學創作
四、BOD 大陸學者—大陸專業學者學術出版
五、POD 獨家經銷—數位產製的代發行書籍

BOD 秀威網路書店：www.showwe.com.tw
政府出版品網路書店：www.govbooks.com.tw

永不絕版的故事‧自己寫‧永不休止的音符‧自己唱